U0736428

抗日战争档案汇编

抗战时期国民政府军政部兵工署第十工厂档案汇编

7

重庆市档案馆 编

中华书局

本册目录

五、生产概况

（五）业务计划报告

（六）基础建设

六、财务

五、生产概况

（五） 业务计划报告

兵工署第十工厂工务处第八所一九四四年度工作报告（一九四四年十二月二十三日）

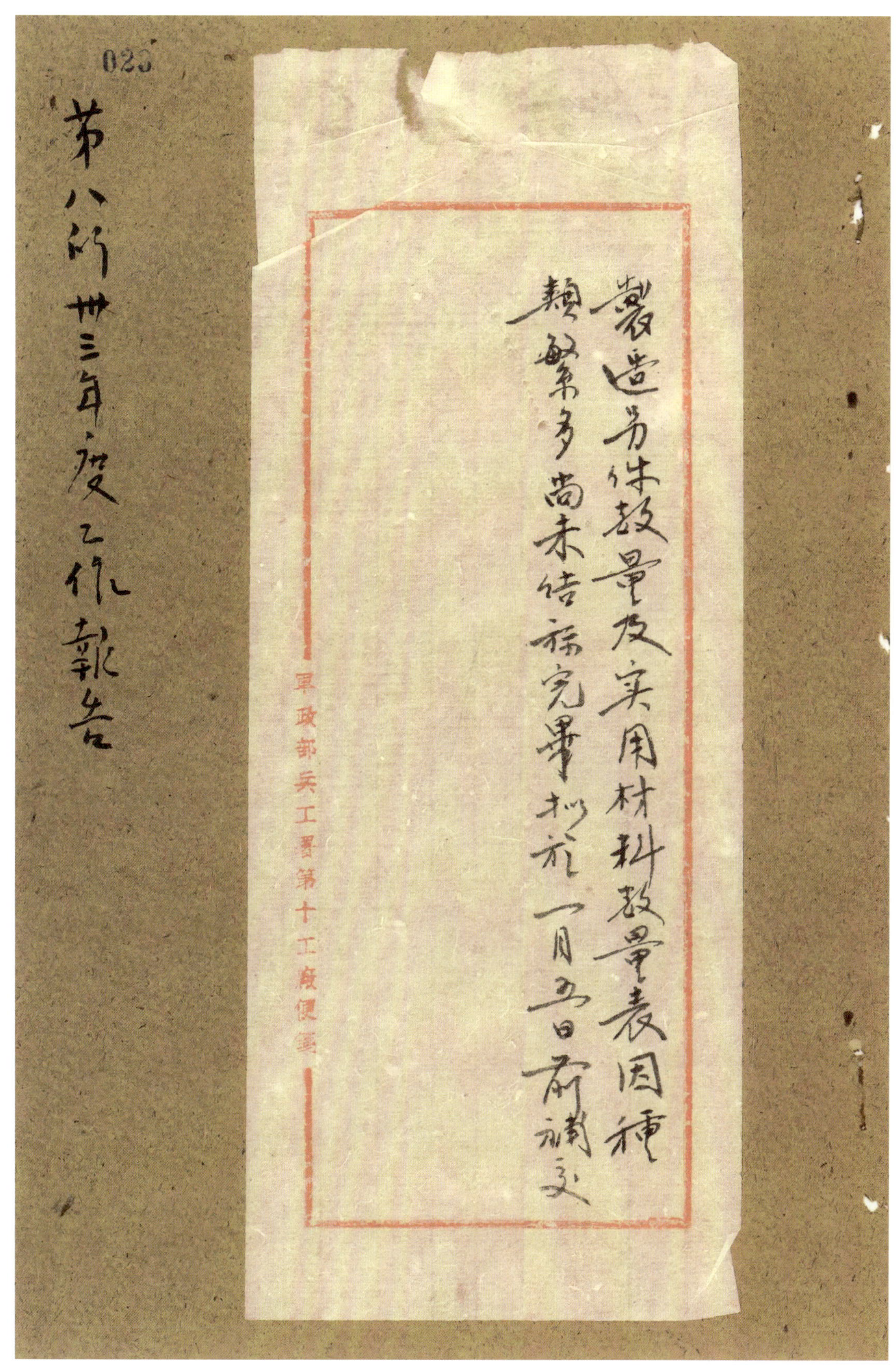

023

第八所卅三年度工作報告

軍政部兵工署第十工廠便箋

製造另件數量及實用材料數量表因種類繁多尚未結算完畢擬於一月五日前補交

報告 十二月廿三日 第八所

竊查職所自本年五月份起依照上年度所擬定中心計劃奉

准將製造迫擊砲部門劃出單獨成立迫擊砲所，原製造工具部門仍稱第八所，專任工具製造及另星修配工作，茲遵將工具製造部門本年度工作進度及明年度中心計劃分別繕具如下。

本年度工作進度

（一）關于人事方面

甲、職員 本所除有一部人員調歸迫砲所外現有技術員八人事務員四人本年內到差及離職與

24-1

調動人員分別紀錄如下。

人數	到差	
五人	技術員	楊駐思、金性初、賀聖懷、邵國宣、方和昌
一人	事務員	盧立英

人數	離職	
五人	技術員	蕭鳴貴、居憶椿、林在剛、姚茂富、劉安民
一人	事務員	閔耀東

人數	附註	調動
七人	升任所長（朱宝鈺）；調歸迫砲所	朱宝鈺、沈培孫、王声達、金性初、張鴻祥、賀聖懷、潘維燾
一人	調歸迫砲所	盧立英

025

技術員

事務員

乙.工人 本年度工人流動数目因[illegible]機器工業一般情形不景氣故較往年為少每月份工人数目参見下表：

工别＼月份	1	2	3	4	5	6	7	8	9	10	11	12
車	56	56	49	46	30	34	30	29	27	27	27	26
鉗	94	89	81	70	23	25	24	27	27	25	26	22
鉋	6	6	7	4	2	2	3	3	3	3	2	2
銑	3	4	4	4	2	2	2	2	2	2	2	2
焊	4	4	3	3	3	3	2	2	2	2	2	2

25-1

磨	8	8	8	8	8	8	8	8	8	8、	8	8
煆	3	3	3	3	4	3	3	4	4	4	4	4
淬	1	1	1	1	1	1	1	1	1	1	1	1
學	25	24	26	26	26	27	32	36	35	34	33	33
白	2	2	2	2	2	2	2	2	2	2	2	2
冷					1	1	1	1	1	1	1	1
刻						1	1	1	1	1	1	1
烘			1									
鑄			2	2								
化			2	5								

026

小	43	41	37	44	25	25	21	18	21	33	29	31
徒	10	10	10	10								
監		2	1	2								
總計	255	250	237	230	127	134	130	134	134	143	138	135
附註	本表每月工人數目係以每月份首之工人數目作準				本月份起一部份工人調歸[illegible]所。							

(二)関于製造方面

甲、出品　本所除承辦一部份額定出品另件外，大部為承辦各所請辦各件。本年度因本廠改造出品工具樣板與夾頭設備等等均為新的設計。本所所担

26-1

負上項製造工作大部尚能依限完成、主要出品未為躭擱誤。但最初設計製造難免不週，幾經試造應用漸見熟手。茲將本年度主要出品及所製工具樣板及另星修造名稱數量分別各所列表如次。

額造品

本表數量係自本年度一月份至十一月份止。

工作令	名稱	數量	單位	工作令	名稱	數量	單位
Ag-12201	迫砲製板毛胚	2,600	件	Ag-12140	迫砲彈簧	901	件
	〃 彈簧片	157	公斤	〃-10080	〃 〃	835	〃
Ag-10430	迫砲彈簧	1,583	件	〃-10730	〃 〃	1,299	〃
〃-10250	〃 〃	3,272	〃	〃-12210	〃 〃	1,190	〃

A9-14081	迫砲瞄準器鉤子	1,800	件	13200	冲迫彈之尾	414,955	只
A9-14371A	〃 对標点蓋之板	700	〃		擦膛具成品	39,400	〃
〃 -14330	〃 对標点	100	〃	B11-B	一公斤爆發管外殼	2,000	〃
A16-10021	迫砲之底胚	158	只	B11-C	〃 〃 雷管套	2,000	〃
-10551	〃 砲管座胚	300	〃	C25-1	皮帽凸及壳子 11Q eg 平面樣板	2	〃
-10701	〃 〃 框胚	300	〃	C25-2	〃 11Q H8 〃 〃	2	〃
-10461	〃 護管	300	〃	-3	〃 16Q h11 〃 〃	2	〃
-12051	〃 弯头	84	〃	C9-1	80Q×4×1Q 角网鉸刀	6	把
A12-3320	紫銅帶	55,772	〃	D2 D6 -1	超迫彈之壳	80	只
13201	焊迫彈之尾	414,955	〃	D1 -1	試造來美式電木手榴彈	50	〃

27-1

DS-1	試造超迫彈擲彈器	2	套		

工具樣板及其他修造

本表數量係自本年度一月份至十一月份

所別 / 類別	一所	二所	三所	四所	五所	七所	八所	九所	十所	迫砲	檢驗	探槍	其他	總計
各式樣板		32	43				32				309			416
各式車刀樣板刀	100	457	385	70	8	2	363	10	4	164				1557
各式占頭	60	629	750	285			2	430		266				2422
各種螺絲工具	40	1166	660	124	2	10	50		2	152		2123		4329
各式銑刀				34			227			236		15		512
信號彈銅殼模	47													47
三七銅殼冲具	88													88

迫弹引信另件冲具	385													385
迫弹尾叶冲具	46													46
迫砲另件冲具	43													43
其他冲具	5													5
其他工具		50		50		177	152			205	79	125		838
翻砂工具			307							136				443
煅工工具							35							35
迫弹火工具					912	204								1116
三七火工具					98									98
其他火工具					47									47

023

28-1

各式夹具	42	396	15			4		36		150				643
迫砲零件夹具		25												25
其他修造	178	1634	90	38	840	191	425	48	712	1125	107	6	94	5528

乙.附料　本所制各件過于瑣碎，所用正料名目繁多，未及細載。副料向有額定預領數量，並包括工具損耗，錄如次。

號碼	名稱	數量	單位	號碼	名稱	數量	單位
6	粗元銼	8	把	4"	細元銼	5	把
8"	〃〃〃	7	〃	6"	〃〃〃	7	〃
10"	〃〃〃	1	〃	8"	〃〃〃	5	〃
12"	〃〃〃	6	〃	10"	〃〃〃	4	〃

4"	粗扁锉	5	把	12"	细方锉	6	把
6"	〃	5		8"	粗半圆锉	2	〃
10"	〃	10	〃	4"	细半圆锉	4	〃
11"	〃	2	〃	6"	〃	5	〃
12"	〃	31	〃	8"	〃	1	〃
13"	〃	15	〃	10"	油光扁锉	1	〃
4"	细扁锉	8	〃		什锦圆锉	3	〃
6"	〃	5	〃		〃〃扁〃	3	〃
8"	〃	3	〃		〃〃三角〃	3	〃
10"	〃	5	〃		〃〃半圆〃	3	〃
11"	〃	1	〃		〃〃刀〃	4	〃
12"	〃	32	〃	0.3mm	麻花占	4	支
4"	细三角锉	7	〃	0.8	〃〃〃	5	〃
6"	〃	4	〃	0.9	〃〃〃	8	〃
8"	〃	4	〃	1	〃〃〃	9	〃
10"	粗方锉	9	〃	1.1	〃〃〃	8	〃
12"	〃	6	〃	1.2	〃〃〃	13	〃
4"	细方锉	8	〃	1.3	〃〃〃	7	〃
6"	〃	4	〃	1.4	〃〃〃	12	〃
10"	〃	3	〃	1.5	〃〃〃	11	〃

29-1

1.6	蔴花占	6	支	4	蔴花占	12	支
1.7	〃 〃 〃	2	〃	4.2	〃 〃 〃	3	〃
1.8	〃 〃 〃	2	〃	4.5	〃 〃 〃	4	〃
1.9	〃 〃 〃	2	〃	4.7	〃 〃 〃	1	〃
2	〃 〃 〃	17	〃	4.8	〃 〃 〃	2	〃
2.1	〃 〃 〃	3	〃	5	〃 〃 〃	11	〃
2.2	〃 〃 〃	1	〃	5.1	〃 〃 〃	1	〃
2.3	〃 〃 〃	2	〃	5.5	〃 〃 〃	1	〃
2.4	〃 〃 〃	4	〃	5.6	〃 〃 〃	2	〃
2.5	〃 〃 〃	17	〃	5.8	〃 〃 〃	11	〃
2.75	〃 〃 〃	1	〃	6	〃 〃 〃	6	〃
2.9	〃 〃 〃	2	〃	6.5	〃 〃 〃	2	〃
3	〃 〃 〃	12	〃	6.7	〃 〃 〃	1	〃
3.1	〃 〃 〃	2	〃	7	〃 〃 〃	2	〃
3.2	〃 〃 〃	2	〃	7.5	〃 〃 〃	2	〃
3.4	〃 〃 〃	1	〃	8	〃 〃 〃	3	〃
3.5	〃 〃 〃	6	〃	8.5	〃 〃 〃	3	〃
3.7	〃 〃 〃	1	〃	10	〃 〃 〃	1	〃
3.8	〃 〃 〃	2	〃	13.5	〃 〃 〃	1	〃
3.9	〃 〃 〃	5	〃	2.5	頂針占	5	〃

1/8"	螺丝公	1	只	5/8"	四　板	1	付
3/16"	〃〃	6	〃	1/2磅	四唧头	1	把
1/4"	〃〃〃	8	〃	18°	铣　刀	1	〃
5/16"	〃〃〃	2	〃	50x25	滚筒铣刀	1	〃
3/16"	〃〃〃	2	〃	4	元柄〃〃	1	〃
1/2"	〃〃〃	1	〃	5	〃〃〃〃	1	〃
5/8"	〃〃〃	1	〃	6	〃〃〃〃	13	〃
2mm	〃〃〃	2	〃	8	〃〃〃〃	1	〃
3	〃〃〃	6	〃	10	〃〃〃〃	5	〃
4	〃〃〃	7	〃	50x15	元片铣刀	1	〃
5.5	〃〃〃	1	〃	60x1	〃〃〃〃	11	〃
6	〃〃〃	4	〃	60x2	〃〃〃〃	1	〃
8	〃〃〃	2	〃	80x25	〃〃〃〃	1	〃
10	〃〃〃	3	〃		丁形〃〃	4	
11	〃〃〃	3	〃		刀　架	2	
3M	钢　板	3	块		各种车刀	150	
4M	〃〃	5	〃		光　刀	1	
6M	〃〃	2	〃	8.5	佼　刀	2	
8M	〃〃	2	〃	26	椎空铰刀	1	
1/2"	〃〃	1	付	27	〃〃〃〃	1	

30-1

100×70	鋼角尺	1	把			
	哈夫夹头	2	只			
	平錘	1	〃			
简料消耗表：						
名稱		數量	單位	名稱	數量	單位
明礬		42	kg	代柴油	636	加侖
硼砂		7	〃	松香	3	kg
排笔		136	排	盐酸	16	〃
粉〃		15	盒	12"网鋸条	338	条
火柴		132	〃	纯碱	89	kg
焦煤		1100	kg	扎肥皂	12.8	〃
打鉄〃		6400	〃	2#砂布	383	張
细車油		223	加侖	1½# 〃 〃	347	〃
冷却油		116	〃	1# 〃 〃	170	〃
煤油		60	〃	0# 〃 〃	74	〃
黄牛油		16	kg	309#金网砂	0.6	kg
ELS机〃		30	加侖	305# 〃 〃 〃	1	〃

031

304#	金剛砂	1	Kg	40W	灯泡	56	只
303#	〃〃〃	0.9	〃	75W	〃〃	190	〃
302#	〃〃〃	2.2	〃	100W	〃〃	28	〃
0#	〃〃〃	1.3	〃	100W	螺丝灯泡	7	〃
15#	皮帶扣	164	支				
25#	〃〃〃	138	〃				
	細麻綫	2.4	Kg				
	黃脂	1.2	〃				

（三）技術方面之改進

甲、年来高速度鋼料補充不易，製造工具儘量改用普通工具鋼料。雖寿命較短，亦所不計。再可多量製造，以為彌補。到非用高速度鋼等儘可能利用接合方式，以求節省。車廹彈口彈螺絲刀具本年内製成五百餘支，始終採用低炭鋼料螺

31-1

無接合製造。節省高速鋼料不在少數。

乙、利用炭化鎢片配製刀柄焊接以代高速度鋼車刀，提高切削速度，工具壽命延長使第三所車追彈外圓工作得以順利進行。

丙、鋸床[illegible]用20"鋸条外貨來源斷絕，早經自製，總嫌壽命太短，經常趕製尚有不及。茲經改短為14"淬火較易，應用壽命甚而較外貨為高。

丁、一般工具及標板另件大致合乎標準者先期製成大批數目存貯，待需要時即以取用裝配或精製後交貨。蓋大批製造省工省料，且因此提早若干

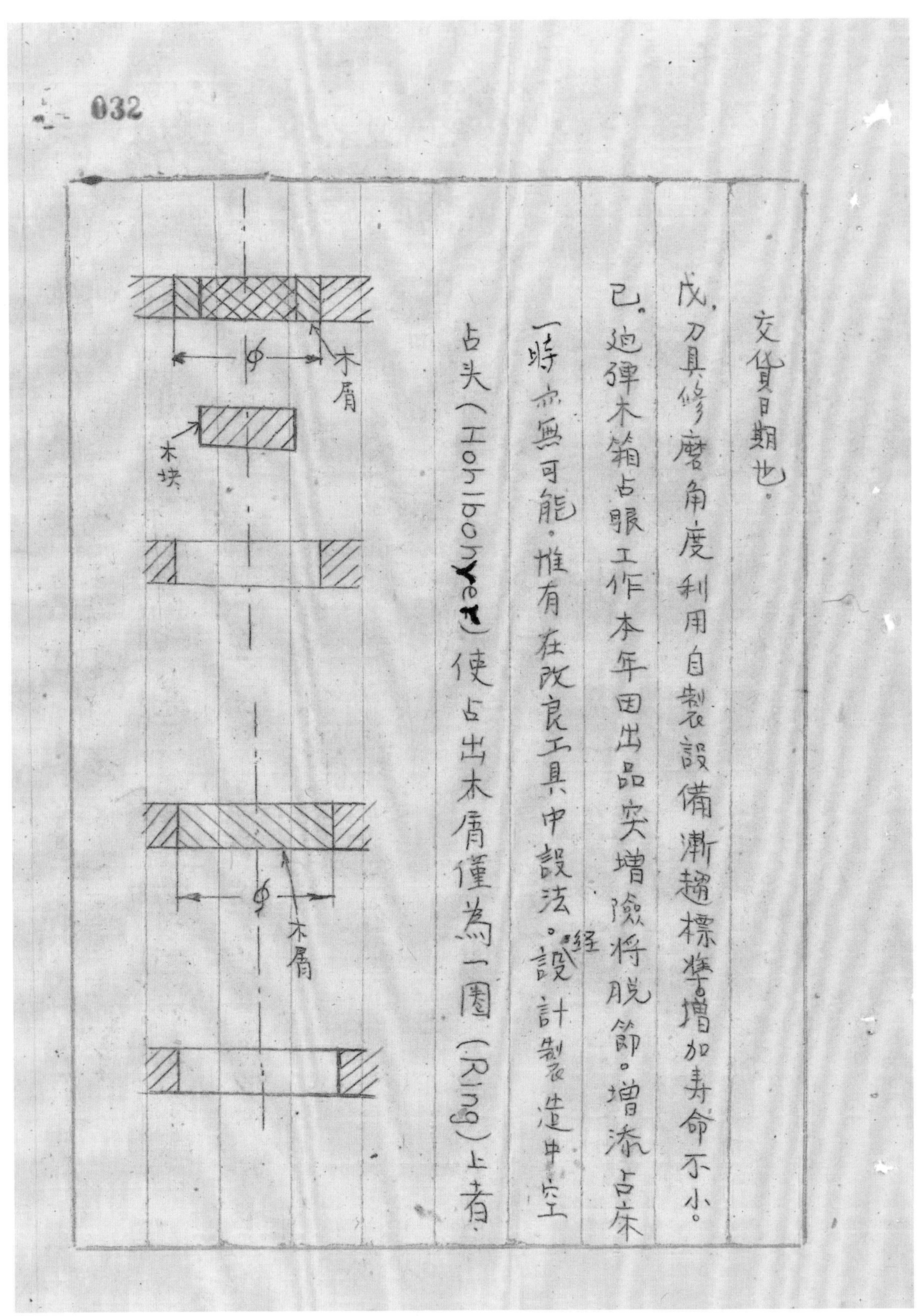

032

交貨日期也。

戊、刀具修磨角度利用自製設備漸趨標準，增加壽命不小。

己、迫彈木箱占眼工作本年因出品突增險將脫節。增添占床一時亦無可能。惟有在改良工具中設法。經設計製造中空占头（Iohlbohyet）使占出木屑僅為一圈（Ring）上者一則提高工具壽命而修磨工作遠較原來占头為簡易再則占時速度大為提高。

(四) 設備之增添

甲.新建煅工部廠房一所，150公斤汽錘一部已裝置完工試車。500公斤落錘一部另件不全正在設計中。

乙.焊迫弹尾叶工作尚感点焊機不敷應用，本年增添一部，已經裝置竣工應用。

丙.第五所撥來小型車床一部製造細小工作用。

丁.開山機一部經本所修整完工，現擬利用此機壓汽設備自製噴沙機配合，以為淬火部應用。

（五）管理方面之改善

甲、工作支配　為達到集中支配起見現已統制各部積壓工作不致過多。所本部依工作令号數填寫工作紀錄卡片分别工作部門置放，並紀錄製造工人工号及開始與完工時間，藉以明瞭某項工作現在何處，工作情形如何，不致茫無查考。材料領用統歸所本部辦理，並分别填寫工作紀錄卡反面，某項工作用去若干材料一目了然，瞬可查出。

乙、考工　本所工作頗碎，有時工人一日間數換工作，為求工作時間確實起見儘可能由各部技術員自負考工之責，同時使技術員對各種工作實作時間漸有熟悉經驗以爲將来估計工時之先期準備。

丙。訓練　製造工具樣板工作在在需要準確，工件隨時亦在變更，故招考適當技工殊非易事。外間一般對某項工作有相當手藝技工来本所工作未必盡能勝任，故本所對訓練技工素極注意，雖無系統的教程，但經常個別予以教導如圖樣之認識，一般應用数學，工作方法等。修磨刀具工人尤應具備簡單切削學理，已定有課程每週講授一次。

明年度中心計劃

本所数年来秉承上級長官指示並賴前任所長及

各同仁之努力已漸具規模。年来對各所工具樣板之供應大致還可接得上。觀乎本年出品之激增，本所雖有時難免感覺供應不易，但總予達成任務也。根據以往經驗，現在最為迫切需要期將本所業務有所進展納入正軌者，首推交貨日期之預定，俾使集中支配工作得以順利進行，不致茫無所從。而各應用部門亦可預先準備，不致有等待工具不能工作延誤出品之事發生。下列各点當為達到上述目的所必須辦到者，亦將為本所明年努力目標也。

(一)製造時間之預定　此点根據以往經驗與統計，參以理論想不難解決，同時對工作方法須予合理改善，工

34-1

人勤情並予考核。

(二)工具樣板使用壽命與損耗情形應請各所供給資料，本所並當隨時與各所取得聯系，此点甚為重要，使本所先後次序有所遵循，否則或將有急需應用者未製，不急需者反在趕製也。

(三)工具樣板另件務求儘量標準化。一則可利用空間先期製存。再則本所仍自用工具亦可趨於標準化。以免臨時設法費工費料，不免誤時。

綜上本年度工作作進展及明年度中心計劃一併

呈請

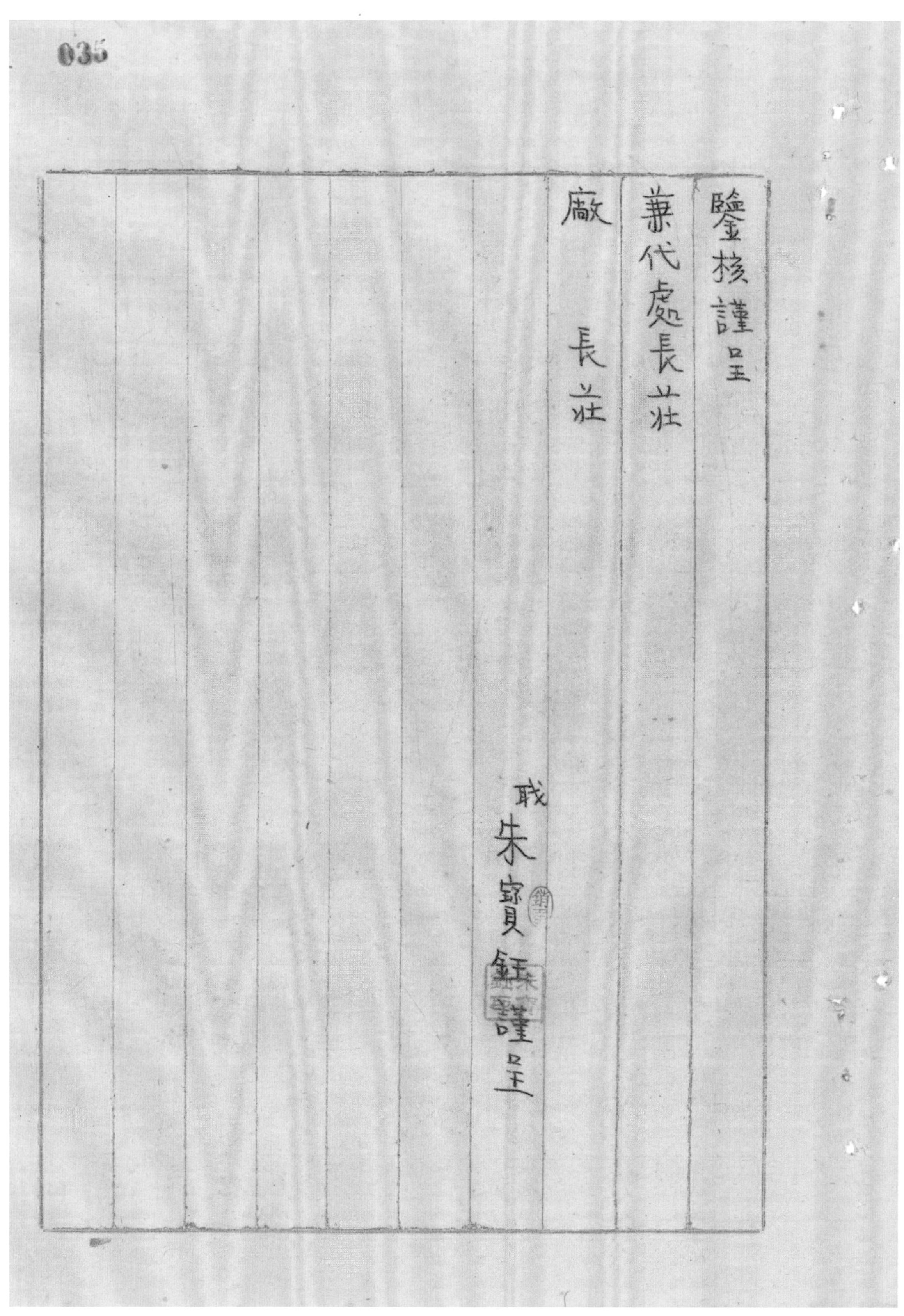
035

鑒核謹呈

兼代處長莊

廠　長莊

職朱寶鍾謹呈

兵工署第十工厂作业课一九四四年度工作报告（一九四四年十二月二十五日）

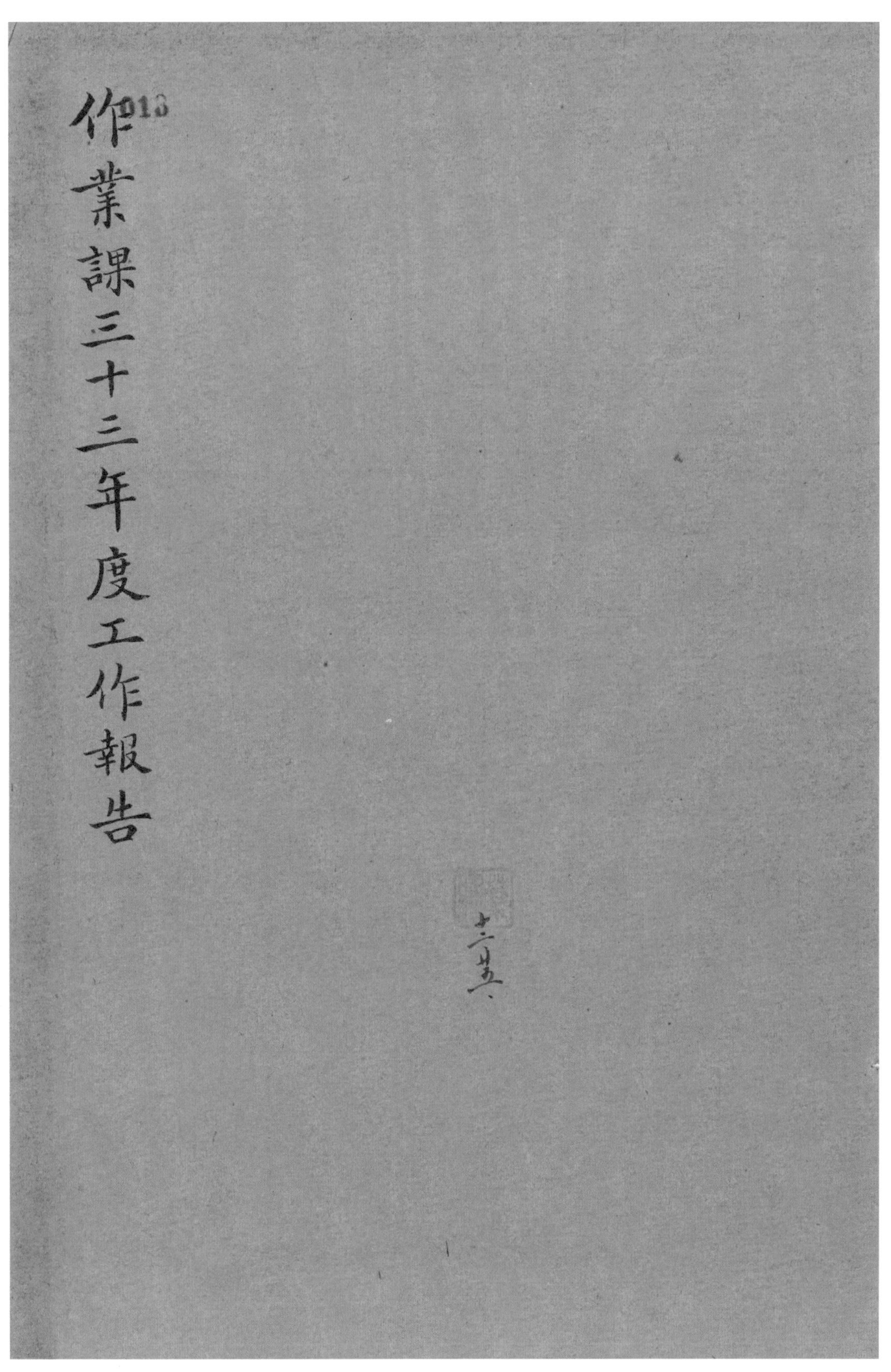
作業課三十三年度工作報告

三十三年度工作報告

(一)本年度工作進度

甲、本廠全年械彈作業狀況：

本廠自三十二年開始製造六公分迫彈及迫炮後，時以迫炮另件達三百餘種，所需工具夾頭添設費時，缺乏實際製造經驗，且原設計尚有缺点，隨時需要改良。迫彈：壳鑄製工作，以本廠向乏翻砂設備，經驗不足，廢品甚多，短期內難上軌道，加以新添機器精度太差，影響效率，炮弹設計尚有缺点，製成後發生近弾弊病，應予改良，致進展費事費時，該年度應交之迫炮四百門，迫彈九萬發，未及如期交出，不得不移至三十三年度補交。

14-1

按照三十三年度作業計劃，規定全年應造主要械彈，計六公分迫炮九百門，迫彈十八萬發，三七破甲彈四萬五千發，擲槍器具二萬四千套。自九月份起奉　令加造迫炮五十門，迫彈四萬發，擲槍器具一萬六千套，後以增造六公分填沙彈一萬七千五百發，於原造之迫彈內減扣一萬六千五百發，俾資互抵。

故本廠連同補繳去年數量，全年應造主要械彈計：六公分迫炮一千三百五十門，迫彈叁拾壹萬壹千發（內一萬七千五百發為填沙彈），三七破甲彈四萬四千六百發（照署飭造令數）及擲槍器具四萬套。

其間雖因材料供應不調，時感匱乏，技術未臻純熟，機力不敷應用，械彈構造屢加更改，於製造方面時生困難，阻礙進展，但經一年努力結果，本年應

015

交各種械彈，仍能如限完成，其中迫彈一項，且超出預定達八萬六千五百發之多。

茲將全年械彈造交狀況及分月進度情形，各列一表於後：

三十三年械彈造交狀況表

械彈名稱	飭造數量	單位	造交情形	附註
六公分迫炮	1,350	門	已交700門尚有650門明年一月份可全部交出	依照署令本年度各種械彈因新辦理驗收等手續可展期一月製交驗收迫炮彈時隨時抵交
六公分迫彈	297,500	發	（年底可造成380,000發多造82,500發）	
六公分填沙彈	13,500	〃	已交7000發尚有6500發年底可交足	
三七破甲彈	44,600	〃	年底可完成	
擦槍器	40,000	套	已交30000套餘10000套若皮袋能及時供給年底可全部完成	
中正式撞針	10,000	支	年底可完成	
一公斤爆發罐	2,000	個	年底可完成	
T.N.T.元藥包	60,100	〃	已完成	
T.N.T.方藥包	100	〃	已完成	
特出兒元藥包	50	〃	已完成	
特出兒方藥包	50	〃	已完成	

15-1

攻擊手榴彈藥柱	50	個	已完成		
第一式大帽	5,000	〃	已完成		
陸地魚雷藥柱	2,800	〃	已完成		
陸地魚雷有孔藥柱	110	〃	已完成		
八號雷管	12,500	〃	年内可完成		已完成
竹板爆破器	5	套	已完成		
三七平射空炮彈	1,000	發	已完成	奉令在三七破甲彈令内抵交	
三七填沙彈	700	〃	已完成		
藥柱	11,000	個	年内可完成		已完成
八號電氣雷管	2,500	〃	已完成		
蘇二曳榴模型	1	套	已完成		
蘇二破甲模型	1	套	已完成		
蘇三榴彈模型	1	〃	已完成		
蘇三破甲模型	1	〃	已完成		

三十三年主要械彈造交分月進度表

械彈名稱	造成數量	單位	造交狀況 一月	二月	三月	四月	五月	六月	七月	八月	九月	十月	十一月	十二月	附註
六公分迫炮	700	門								250	300	150			餘650門明年一月份完成
六公分迫彈	380,000	發				30,000	20,000	50,000	20,000	45,000	50,000	35,000	52,500	77,500	
六公分填沙彈	13,500	〃											7,000	6,500	
三七破甲彈	44,600	〃				5,000	2,500	2,500					20,000	14,600	
擲榴器	40,000	套				8,000		6,000	5,000	5,000		6,000		10,000	

乙、本課本年度作業狀況：

一、應付本年度工作：自製品步入正軌，械彈大量出品以後，作業計劃，數度增改，額定產量激增，又加迫炮迫彈構造統一另件改動，以致原有之工作支配及材料準備大多不切實際，必須從新部署添備，期於正個計劃之進行，可以配合，尤以材料來源困難，供應難如人意，一切進況，無法預定，故本年之主

16-1

要工作，在如何利用原有材料，添代補充，配合各所機器性能，合理分配，俾能隨時適應環境，源源製造，不使脱節，以達到預定之產量。

二、準備明年度工作：明年度之工作準備已分兩期執行。

第一期，決定明年度產品為六公分迫炮、迫彈、三七炮彈、信號槍彈及擦槍器具者，所須一切正副材料，凡可能預先想到者，已列詳表分别開單請購及分期請撥。各所應行担任工作，亦已分别支配，除裝配者外，現均絡繹施工，俾明年度仍可按月造交，無虞停頓。

第二期，預定明年度加造超迫炮及超迫彈者，各道另件工作程序，施工部别，根據現有設計，業已詳細規定，所需一切機器材料，亦已呈請補充，分别購備，一俟試造成功，補充略足，決定製造時，即可開始支配工作。

三、內部整理工作：作業課與任何部份接觸商洽之点特多，稍有隔閡，即可阻礙進行，影響工作效率。故與各部融會貫通，加強聯繫，實所必須。俾各部能明瞭作業課之立場，作業課亦可詳悉各部工作之實況，誠心協力，互諒困難，以增加工作之效果。此点本年已略有成就，希望明年能更加改善。考工核料工作，迄今仍未辦到圓滿之境地，現各所工作大致已上軌道，若材料供應狀況轉佳，明年度對於考工核料，擬再求精進，庶幾略能合乎理想。惟欲辦到此点，最先應健全內部機構，充實考核資料，使方法力求合理嚴密，手續儘量簡捷便利，俾各所有所適從，無隔閡紛擾之苦。該項準備工作，如整理圖表薄冊，擬訂實施細則，添備應用單表，改進核登手續及調查整理各所機器附件，俾訂每種工件所需之工料，編定每種工件工作程序等，本年內均已絡繹着手辦理。

(二)明年度中心工作計劃

甲、本廠明年度作業計劃可分下列三種：

一、署定上半年作業計劃：

出品名稱	單位	每月產量	附註
六公分迫擊砲	門	一二五	
六公分迫炮另件	付	一〇	
六公分迫炮彈	發	三〇,〇〇〇	
三七炮彈	發	五,〇〇〇	
信號彈殼	個	一〇,〇〇〇	
擲榴器具	套	二,〇〇〇	

二、本廠所定作業計劃：

依照本廠已有設備，每日工作十小時，可能達到之最高產量計劃：

出品名稱	單位	每月產量	附註
六公分迫擊炮	門	一二五	若加造超迫炮及超迫弾須根據實際工作情況於迫炮及迫弾產量内抵扣之
六公分迫炮另件	付	一〇	
六公分迫炮弾	發	三五、〇〇〇	
三七炮弾	發	五、〇〇〇	
信號弾殼	個	二〇、〇〇〇	
擦槍器具	套	四、〇〇〇	

三、預定應添之機器設備補充後之產量計劃：

出品名稱	單位	每月產量	附註
六公分迫擊炮	門	一〇〇	
超迫炮	門	一〇〇	
六公分迫炮另件	付	一〇	
六公分迫炮弾	發	四〇、〇〇〇	

181

超迫弾	發	五,〇〇〇
三七炮弾	發	七,五〇〇
信號弾壳	個	二〇,〇〇〇
擦槍器具	套	四,〇〇〇

要達到上列三種作業計劃，必須具備下列各點：

甲、機器設備必須補充

乙、材料能源之供給不虞匱乏

丙、技工必須補充

丁、廠房工人住宅必須增添

茲將應添之機器設備及廠房列表於下：

明年度應添廠房數量表

部别	明年度必須添增廠房			造超迫炮超迫彈後尚須添增廠房			用途	附註
	長×寬 公尺	面積 平方公尺	數量 座	長×寬 公尺	面積 平方公尺	數量 座		
第一所	21×7	147	1				原有廠房不敷應用	擬在原有廠房中接出一部份
第二所				30×10	300	1	作機器房	
第四所	20×9	180	1				作半成品及工具房	若照括弧內面積建造造超迫彈機器添加時可不必再行添造廠房
	(28×9	252	1)					
第五所	10×8	80	2				作白药房	
	15×8	120	1				作雷管房	
				5×2.5	12.5	1	作裝配房	
第七所				(20×10)2	(200)×2	1	作裝配房	20×10二層樓房
第八所				45×20	900	1	作電焊房	
第九所	30×10	300	1				作廠房	連同機器增加後所應添加之廠房在内
	10×5	50	1				作烘房	
第十所	18×4	72	1				作方棚间	
迫砲所	30×10	300	1				原有廠房不敷應用	
				30×10	300	1	作機器房	
擦槍所	30×10	300	1				作機器房	原有廠房讓给第四所
	6×4	24	1				作鍜工房	

19-1

實施第三種作業計劃尚需增添機器設備表

機器名稱	主要規格	數量	單位	附註
自動車床	主軸孔12公厘	1	部	
〃	〃 18公厘	2	〃	
六角車床	〃 36 〃	16	〃	
〃	〃 47 〃	8	〃	
〃	〃 60 〃	11	〃	
精細車床	頂針距750-2000公厘双桿重式	1	〃	
〃	〃 2000公厘双桿重式	2	〃	
普通車床	6呎双桿重式	16	〃	
〃	10 〃	6	〃	
木車床	6呎	1	〃	擬由本廠舊車床改造
平銑床	床面200x600公厘	7	〃	
靠模銑床	〃 300x350 〃	1	〃	
鉆床	鉆孔0-10$^{\phi}$公厘枱式	9	〃	
〃 〃	〃 0-40$^{\phi}$ 〃 落地式	3	〃	
牛頭刨床	最大衝距500公厘	4	〃	
木刨床		1	〃	
鋸床	可鋸面積150口公厘	2	〃	

020

名稱	規格	數量	單位	備註
木元鋸		2	部	擬由本廠自造
直形筍頭鋸		1	〃	
鳩尾形筍頭鋸		1	〃	
剪刀機	可剪厚度⅜"	1	〃	擬由本廠自造
冲床	12-24吋	5	〃	
砂輪機	双面式	1	〃	
切口機	枱式	1	〃	擬由本廠自造
篩沙機	移動式	2	〃	
噴沙機	旋轉式	1	〃	
縫焊機	20-30 KVA	4	〃	
點焊機	20-30 KVA	2	〃	
弧焊機	15-20 KVA	7	〃	
滚彈機		2	〃	擬由本廠自造
彈頭螺字機		1	〃	〃
抽水機	Weise式 1415 Liter/min.	1	〃	
濾油機		1	〃	
變壓器	500 KVA	1	〃	

乙、明年度預定之作業計劃，能否圓滿進行，依照目前情況推測，技術

20-1

人工與乎廠房設備問題，影響不多，最嚴重者，當為機器及材料能否及時供應。源源補充問題，故明年度作業課對於機料準備之中心工作，已不在預算數量問題，而是萬一購撥不到，補充困難時，應如何補救，或設法替代問題。然此不能預為計劃，亦非作業課獨力所能承担，須加強聯繫，視當時情形，與有關各部隨時合作辦理。

丙、假定明年度國際路線暢通，運輸好轉，材料供應能趨正常，除超迫炮及超迫彈因係新造設備不足，經驗缺乏，製造技術方面或多困難，一時不易走上軌道者外，其他械彈當已比較穩定，每月製造進度亦可平均發展。故明年度作業課之中心工作，擬先健全內部之機構，再致全力於考工核料工作之精進，以冀各所負担之工作得合理之效率。

兵工署第十工厂工务处第四所一九四四年度工作报告（一九四四年十二月二十六日）

第四所工作報告　卅三年十二月廿六日

（一）本年度工作進度

1. 卅五式引信另件廿八万，各体確數詳附表（連卅二年度之十二万共四十万。五、六、七、八、九數月因作業計劃未定工作甚閒）

2. 破甲彈引信四万四千發，各件確數詳附表（一部份另件卅二年度尚有餘剩）

3. 代造迫砲另件五十六種，擲槍器另件三種，確數詳附表。

4. 改良卅五式引信另件工作方法減少工时節省用料

52-1

並配合現有機器提高產量約三分之一

5. 完成卅五式引信另件之裝車圖樣及刀具圖樣自動車曲線圖樣.

6. 自動捲簧機裝成應用

7. 規定卅五式引信另件工作时間後因材料不適合不能全部实行.

(二) 明年度中心工作計劃

1. 每月破甲彈引信五千發

2. 每月卅五式引信四万發

053

3. 代造迫砲另件及擦槍器另件
4. 增加廠房(9X20公尺)一座、洞内機器全部遷出
5. 機器輪流拆卸檢查修理，期于三月内完成、
6. 增加工具夹頭及機器使產量增至每月破甲彈引信一万，卅五式引信五万
7. 工作較繁之數種另件添加樣板实行公道檢驗以節省工作時間
8. 訓練高等学工以補車工之不足。

054

·卅三年度

（自一月一日起至十二月十五日止）

第四师出品数量清册

六公分追擊炮彈引信另件數量統計表 (1)

工作令	另件名稱	單位	繳驗數量	合格數量	廢品數量	附註
13710	火針	個	158,424	155,070	3,354	
13720	火針座	〃	157,013	153,980	3,033	
13710	火針体	〃	128,909	124,910	3,999	
13740	火針簧	〃	——	220,000	——	該項另件不檢驗
13760	火帽売筒	〃	320,428	298,011	22,417	廢品大約有2/3尚可修理
13770	引信体	〃	169,472	150,433	19,039	~~廢品大約有2/3尚可修理~~
13780	保險簧	〃	298,725	296,674	2,051	
13800	保險簧	〃	——	280,857	——	該項另件不檢驗
13810	套圈	〃	297,760	296,847	913	

55-1

13820	火帽筒底板	〃	379,600	371,739	7,861	
13830	火帽座	〃	295,057	291,213	3,844	
13840	火帽底塞	〃	384,735	384,735	——	
13860	起爆管螺絲	〃	291,096	289,762	1,334	
13240	塞頭	〃	——	241,864	——	該項别件不檢驗
13250	木塞	〃	——	236,250	——	該項别件不檢驗
13610	火帽殼	〃	60,485	49,758	10,727	該項别件由一所移來本所代為切口.

六公分迫擊炮另件及瞄準器另件數量統計表 （2）

工作令	另件名稱	單位	繳械品庫數量	附註	工作令	另件名稱	單位	繳械品庫數量	附註
10120	駐螺	個	4,182		11820	釘	個	1,456	
10290	駐螺	〃	4,862		12240	螺釘	〃	21,096	
10320	駐螺	〃	5,057		12260	螺釘	〃	14,570	
10760	駐螺	〃	2,520		12270	螺釘	〃	5,607	
10780	鉚釘	〃	3,070		12760	螺公	〃	2,706	
11100	別針	〃	715		12770	螺帽	〃	1,462	
11210	別針	〃	1,320		14060	錐梢	〃	5,268	
11410	油杯套	〃	1,916		14070	元頭螺釘	〃	5,585	
11430	彈簧	〃	12,275		14090	螺釘	〃	3,620	

14110	小　軸	〃	2,415		14270	掣　螺	〃	3,220	
14120	小軸套	〃	2,635		14290	螺　柱	〃	1,992	
14130	錐　梢	〃	4,402		14330	螺　針	〃	2,170	
14140	掣　螺	〃	2,323		14340	螺　桿	〃	2,570	
14170	錐　梢	〃	5,391		14350	螺　帽	〃	780	
14180	螺　柱	〃	2,672		14360	掣　螺	〃	3,575	
14190	掣　螺	〃	3,237		14370	銅梢子	〃	775	
14210	彈　黃	〃	4,310		14370B	元　柱	〃	750	
14230	擋　圈	〃	4,020		14370C	梢　子	〃	1,667	
14240	錐　梢	〃	2,118		14390	螺　釘	〃	3,435	

（3）

工作令	另件名稱	單位	繳制成品庫數量	附註	工作令	另件名稱	單位	繳制成品庫數量	附註
14390A	墊圈	個	750		14800	擋圈	個	2,415	
14390B	彈簧	〃	770		14810	圓梢	〃	2,525	
14390D	梢子	〃	2,525		14830	鉚釘	〃	2,490	
14430	皮盒銅扣	〃	978		14840	墊圈	〃	2,420	
14720	墊圈	〃	2,376		14870	鉚釘	〃	7,810	
14730	墊圈	〃	2,360		14890	墊圈	〃	2,925	
14740	彈簧	〃	2,325		14900	彈簧	〃	2,514	
14760	圓梢	〃	2,680		14920	擋圈	〃	2,570	
14770	錐梢	〃	2,600		14930	圓梢	〃	2,640	

三、七破甲彈引信另件、擦槍器具另件數量統計表 (4)

工作令	另件名稱	單位	繳驗數量	合格數量	廢品數量	附註
2440	火帽座	個	34,840	34,766	76	
3220	砧螺	〃	43,690	40,069	3,591	
4410	引信体	〃	45,797	44,483	1,314	
4420	延期管	〃	57,660	57660	——	
4450	保險梢	〃	——	70,400	——	該項另件不檢驗
4480	套管	〃	41,925	41,091	834	
4620	底螺	〃	41,152	33,663	7,489	
2520	內管	〃	24,920	22,391	2,529	
187	蓋螺	〃	——	15,944	——	該項另件不檢驗

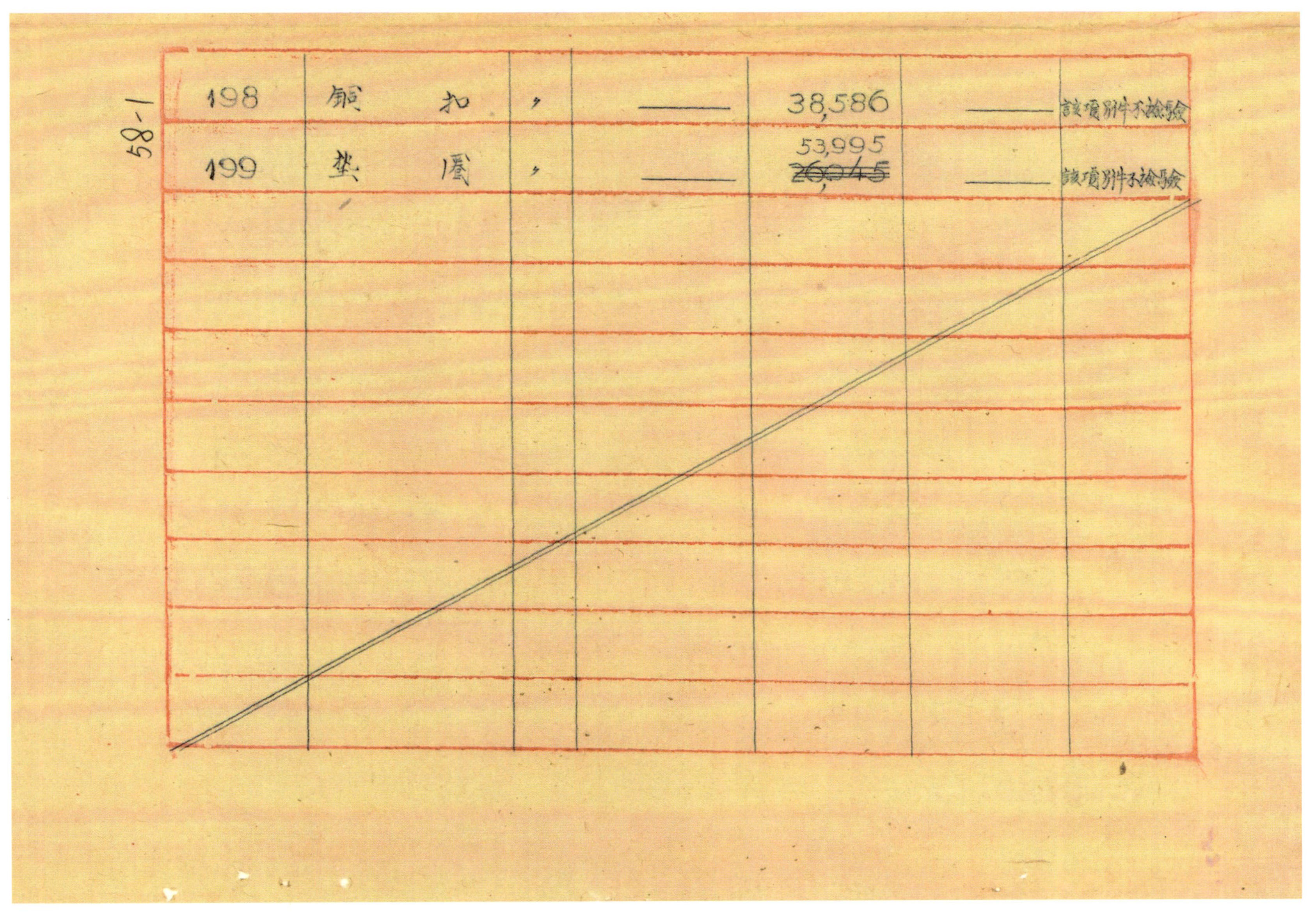

58-1

198	銅扣	〃	——	38,586	——	該項別件不檢驗
199	墊圈	〃	——	53,995 (~~26,045~~)	——	該項別件不檢驗

研究室卅三年度工作進度及卅四年度中心工作計劃

卅三.十二.廿七.

(一)卅三年度工作進度

化學部份

A.分析檢驗

本年度共代全廠各部份化驗試樣二百五十八種分類列表于后.

B.研究

1.第一所酸洗池殘渣之利用　經初步分析結果該殘渣之百分之七十以上係硫酸鐵含硫酸銅甚少故可以利用之製藍墨水及染色繼逐步作染色試驗(1)以硫酸鐵與鞣酸試染鉄灰色所得之色甚為美觀亦耐日晒水洗惜不能耐碱應用各種方法俱不能改進(2)以硫酸銅與硫酸鉄之混

2-1

合物試染草綠色所得色調或黃或綠可任意調節以一比四之混合物染之棉紗呈草綠色如改為一比三則為草黃色但顏色稍淡不合實用

(3) 以硫酸鉄及蘇木精試染黑色、蘇木先用水抽提 Haematoxylin 繼氧化成 Haematein 混以硫酸鉄而染色所得黑色尚可應用惟以蘇木精未經精製染色稍欠均勻而渝市蘇木來源甚少、故此法不合實用、

二、迫彈彈帶防銹方法 因現時用以防銹之凡士林價昂而來源甚少亟宜覓得其他方法或代替料經多方試驗研究已有比較満意之方法

(1) 塗布硝化棉丙酮溶液

(2) 塗布磷酸硫化鉄之混合液

現正試驗防銹能力中不久即可有結果

材料試驗部份

1. 材强試驗工作大半由各部份托驗（如三廠之生鉄黃銅八廠之鋁合金）惟因材料之不易得故非至不得已時很少送驗茲分類列表于后

2. 材料細微組織試驗曾由工程師室托驗各種牌號風鋼車刀經热處理後其組織之情况以察晶度合理否當時因拋光機木桌台只未完工未能安装應用僅能藉人力拋光費時竟達六月之久至感設備不全对工作之進行阻碍殊大也、其他方面曾驗三廠生鉄及炭素鋼經各種不同热處理情况下所生不同之細微組織

3. 本室曾試製電焊條經數月之研究改進試驗得二種較佳之塗料銲時電弧頗穩定而拉力及彎曲度均合格頗為合用惟因設備人力關係致

未能大量製造以供應用

3-1

(二)卅年度中心工作計劃

化學部份

A.分析檢驗

1.各部份委託之分析檢驗務求其確實迅速減少材料驗收(如焦煤等)之遲滯增加各部份試驗工作(如黃銅鋁合金等)之進度

2.整理藥品儀器使其分類合理化同時帳目亦予以確實整理

B.研究

1.完成迫彈之防銹研究

2.研究引信改用鋅合金之方法以解決黃銅來源缺乏之問題

004

3、現時購得之藥品純度如何頗成問題，影響本室工作結果至鉅，本年度擬設法逐一分别鑑定其純度及雜質。

材料試驗部份

1、材强試驗工作，本年度擬與本廠三所及迫炮所取得聯絡，于每一爐銅或鉄合金及其他合金之産品中提取試品若干，以測其材强性能，可使同一材料于不同次爐中煉出之産品得相近之性質，同時察其疵病而改進之，精求益精，俾能以較次之設備及原料中煉得較優之産品。

2、候拋光機安裝就緒後，將加重細微組織之研究，並與庠大聞取得聯絡，以測知各種工具應具之熱處理及其細微組織變化情況、

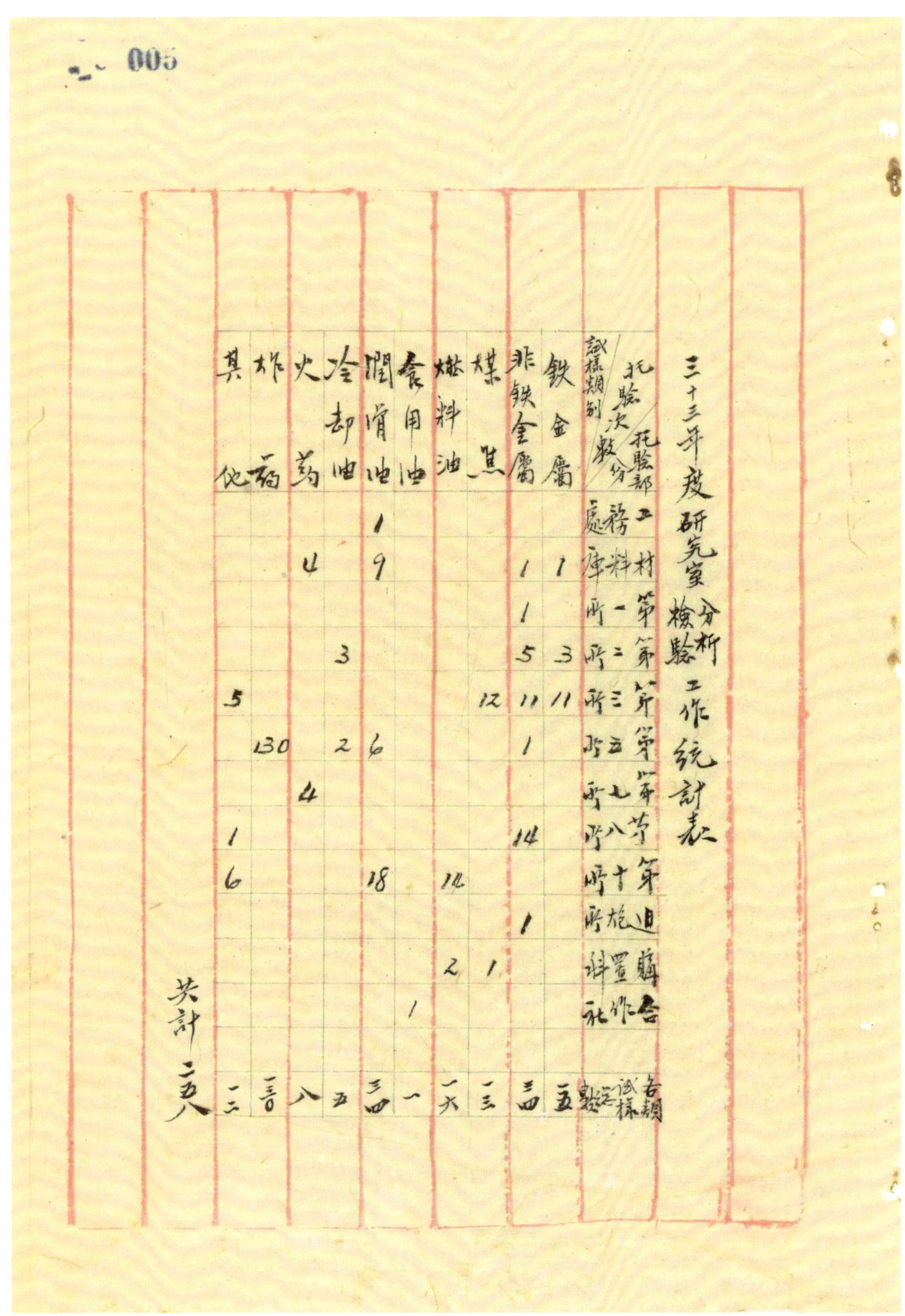

005

三十三年度研究室分析檢驗工作統計表

試樣類別＼托驗次數＼托驗部分	工務處	材料庫	第一所	第二所	第三所	第五所	第七所	第八所	第十所	迫砲所	購置科	合作社	各類試樣總數
鋼金屬		1		3	11								一五
非鐵金屬		1	1	5	11	1		14		1			三四
煤焦					12						1		一三
燃料油									14		2		一六
食用油												1	一
潤滑油	1	9				6			18				三四
冷却油				3		2							五
火藥		4					4						八
炸藥						130							一三〇
其他					5			1	6				一二

共計二五八

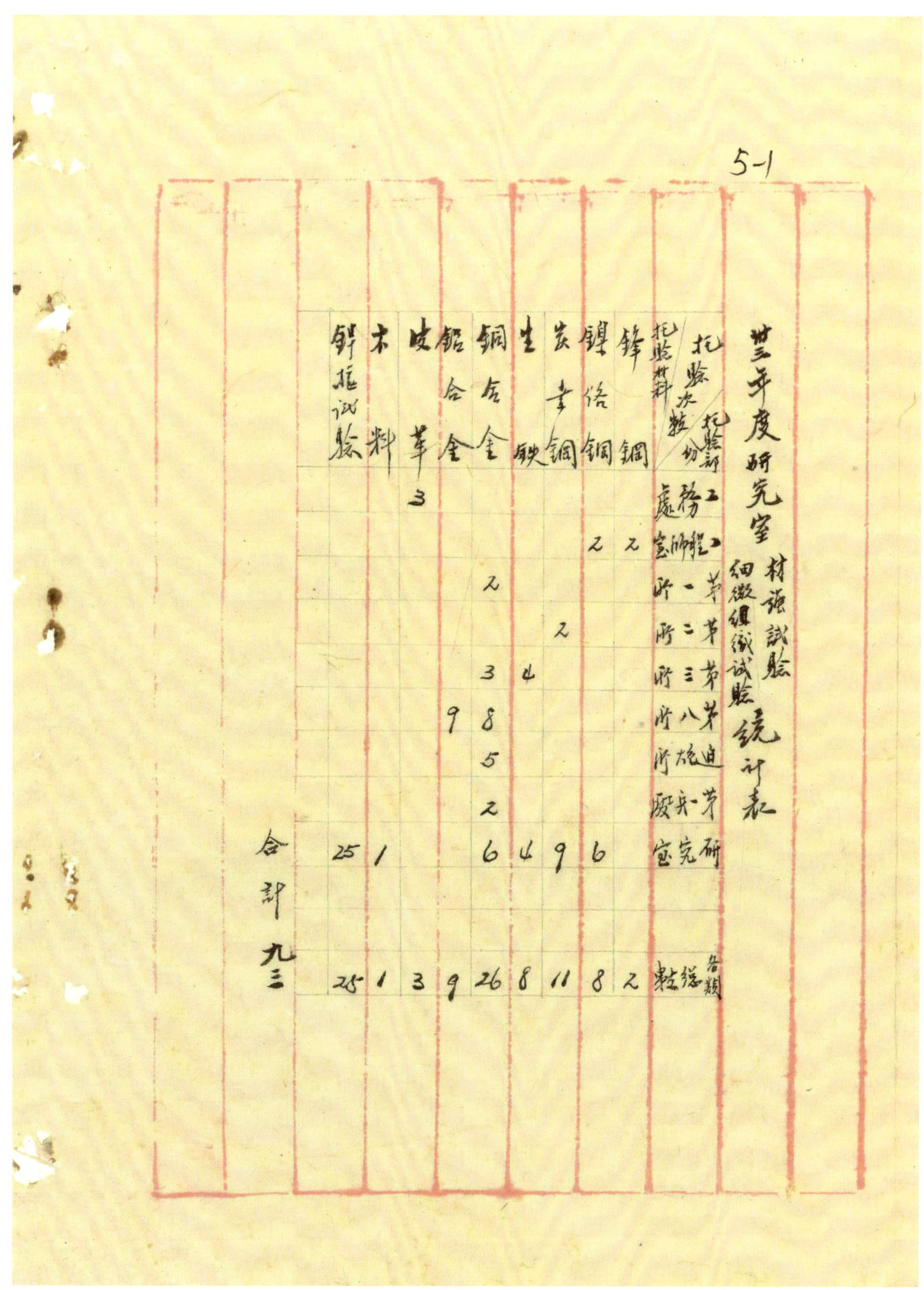

5-1

廿二年度研究室材強試驗細微組織試驗統計表

托驗部份 \ 托驗次數 \ 托驗材料	鋒鋼	鎳鉻鋼	炭素鋼	生鐵	銅合金	鋁合金	皮革	木料	鋅擺試驗
工務處							3		
工程師室	2	2							
第一所					2				
第二所			2						
第三所				4	3				
第八所					8	9			
迫炮所					5				
第一兵廠					2				
研究室		6	9	4	6			1	25
各類總數	2	8	11	8	26	9	3	1	25

合計 九三

兵工署第十工厂工务处第二所一九四四年度工作报告（一九四四年十二月二十七日）

卅三年度第二所工作報告

甲 本年度工作進度

(一) 人員動態及其任務支配

(二) 製造工作情形

(三) 實用材料數量

(四) 技術方面之改進

(1) 三七破甲彈彈體之熱處理

(2) 三七彈帶銅圈輥製之成功

(3) 六公分迫擊砲另件製造方法之改善

(4) 六角車床車製長料之成功

十二、廿六

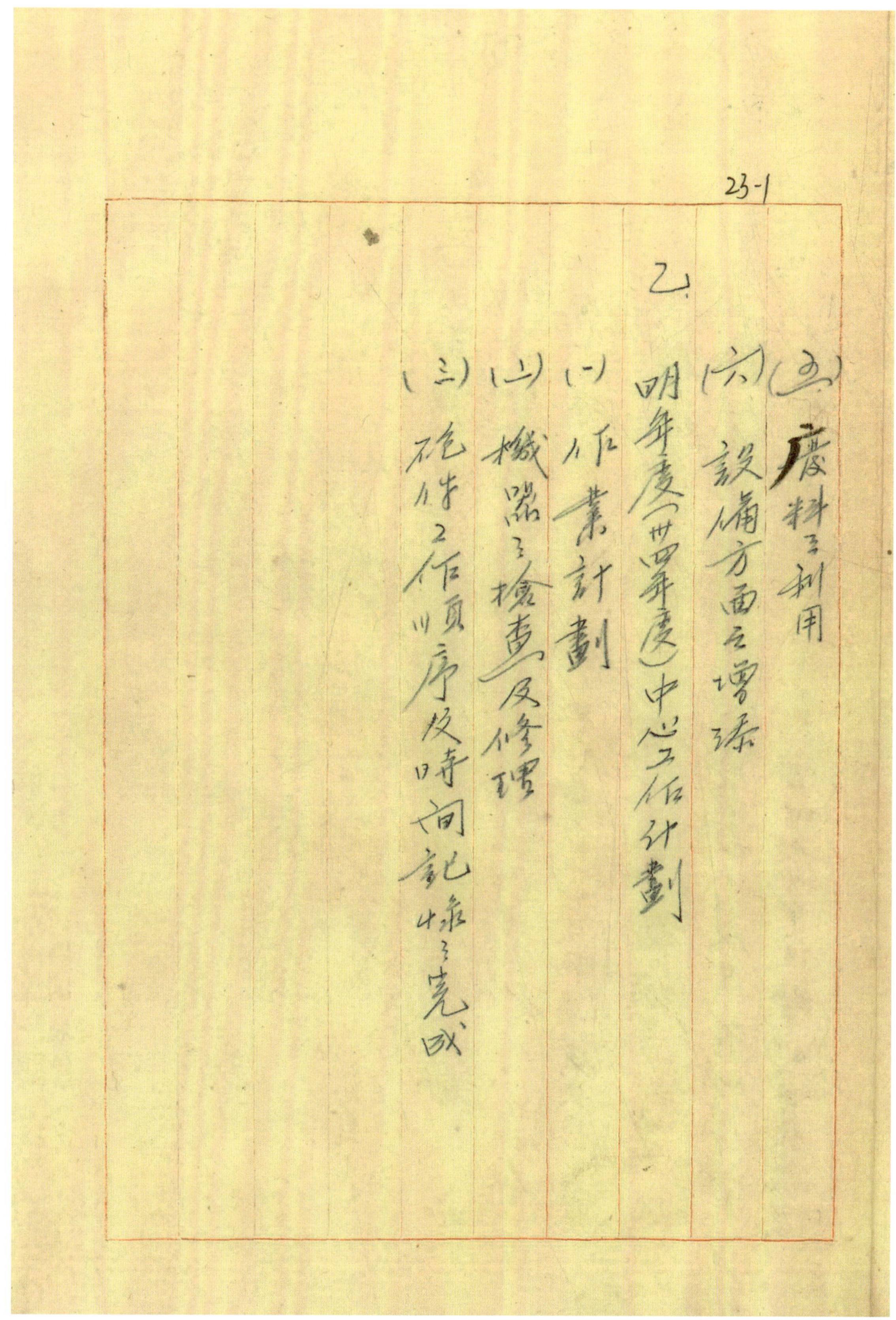

23-1

(五) 廢料ノ利用

(六) 設備方面ノ增添

乙、明年度（卅四年度）中心工作計劃

(一) 作業計劃

(二) 機器ノ檢查及修理

(三) 砲件ノ作順序及時間記錄ノ完成

卅二年度工作報告

甲 本年度工作進度

(一) 人員動態及其任務支配

(1) 職員 本年度本所有技術員三員事務員二員未有變動九月間署派技術員王熾華到廠工作嗣即調派赴美受訓并將各員所担任之職務分述如左

張技術員奉璩 負責管理三七破甲彈及六公分迫擊砲另件及七九步槍擊針及委製順昌鐵工廠皮輥心子及殼子等一切製造技術及其有關事項

鄧技術員請助 負責管理六公分迫擊砲彈及槍榴

24-1

器具另件等一切製造技術及其有關事項

陳事務員明　登記填報工人作息狀況收發文件及管理廠房内外清潔及安全事項

王事務員功懋　負責正料及製品之收發登記選驗及保管之全責

何事務員鎮林　負工具副料之收發登記及保管之全責

(二)工人　本年度開始時本所有工人一〇三名至二月底奉命裁汰先後共裁去十三名九月份後因工作較忙又繼續添雇廿五名總計本年度新進工友廿七名裁汰及解雇者

共四五名調至他所工作者計三名截至十二月廿日止共有工人九十六名計技工廿三名檢驗工七名學工卅八名小工廿四名如按照明年度作業計劃技工小工就尚感不敷應用

工人作息狀況及人數統計如附表所示

二、製造工作情形

本年度製造之另件為三七破甲彈体四萬五千發六公分迫砲彈另件卅八萬套六公分迫砲另件去年未做足之一千四百套者均補足之擲槍榴具另件五萬套另外加造七九步槍撃針一萬件承製順昌鉄工廠皮輥子心及壳子二千套各種另件各項製造數量及合格繳出數量如附表一所示

（三）實用材料數量

（一）正料　本年度製造各種另件實用正料數量如附表一所示

（二）副料　本年度製造各種另件消耗副料數量如附表二所示

（三）工具　本年度製造各種零件消耗工具机件數量如附表三所示

（四）技術方面之改進

（一）三七破甲彈体之熱處理　卅六年度開始製造之破甲彈体其間曾有一度發現裂紋頗多故本年製造時對於熱處理一項特别小心尤其對於爐溫加熱時間隨時調整故裂紋甚少本年度製造之三七破甲彈四萬五千九百發裂紋者共計〈492〉發約佔總數百分之一

工人人数统计表

月份	技工	学工	检验工	小工	共计
1.	23	51	12	21	107
2.	23	49	11	19	102
3	22	42	6	12	82
4.	22	42	6	13	83
5	22	39	6	14	81
6	22	38	6	15	81
7	22	37	6	15	80
8	22	37	6	13	78
9	22	35	6	16	79
10	24	35	7	20	86
11	24	35	7	20	86
12	23	38	7	24	92

261

工人作息時间统計表

月份	實作時间	停宕時間
一月份	233.45	11.45
二 〃	203.00	17.00
三 〃	251.00	1.00
四 〃	225.45	14.45
五 〃	259.30	2.30
六 〃	237.00	5.00
七 〃	182.00	68.00
八 〃	247.45	14.45
九 〃	229.30	20.30
十 〃	240.45	1.45
十一 〃	234.45	17.45
十二 〃	117.00	47.00
總計	2659.45	224.45

工人曠假時間统計表

月份	事假	病假	曠工	共計
一月份	880.00	235.00	337.30	1452.30
二 〃	712.30	232.30	500.30	1445.30
三 〃	331.30	276.30	107.00	715.00
四 〃	658.30	366.00	278.00	1302.30
五 〃	443.30	535.30	429.00	1408.00
六 〃	446.00	445.00	425.30	1316.30
七 〃	536.00	232.30	248.00	1016.30
八 〃	713.30	487.00	245.00	1445.30
九 〃	678.00	691.30	293.00	1662.30
十 〃	525.00	404.30	253.00	1182.30
十一 〃	626.00	110.30	660.30	1400.00
十二 〃	520.30	166.30	471.00	1158.00
總計	7071.00	4183.00	4150.00	15404.00

① 時間均以小時為單位

② 十二月份時間係截至廿日計算

卅三年度第二所消耗工具数量表

33年12月27日　　第1頁

工具名称	单位	领用数量	报废数量	備註	工具名称	单位	领用数量	报废数量	備註
4号鋒钢占頭	支	80	53		M3×1钢板	块	10		
5 〃 〃	〃	40	55		M8×0.35 〃 〃	〃	5		
10.5号 〃 〃	〃	5			M18×1 〃 〃	〃	31	1	
6号占頭	〃	20			M30×1.5 〃 〃	〃	5		
8.5号 〃 〃	〃	2			M30×1 〃 〃	〃	4	1	
15号 〃 〃	〃	2	1		W20×1/24 〃 〃	〃	60	1	
11号 〃 〃	〃	5			W28.2×1/12 〃 〃	〃	10		
12号 〃 〃	〃	5	1		10中方刀	支	150	64	
16号 〃 〃	〃	10	4		12中 〃 〃	〃	140	32	
3.2号 〃 〃	〃	2			8中 〃 〃	〃	19	14	
2号 〃 〃	〃	2	9		砲底外形方刀	〃	40		
20号油占	〃	3	2		钨钢车刀	〃	35	8	（移交四所）
13.3号 〃 〃	〃	20	3		3112切刀	〃	50	67	
14号 〃 〃	〃	30	3		3118 〃 〃	〃		3	
20.3号 〃 〃	〃	27			3152250 〃 〃	〃	23		
13.5号 〃 〃	〃	20	58		步槍击针槽样板	块	5		
13.3号扁占	〃	50	13		步槍击针光形样板	〃	5		
5/16.8号 〃 〃	〃	26	1		步槍击针偏心样板	〃	10		
20.9/22号 〃 〃	〃	15			64-0.1平面样板	〃	1		
45号元头扁占	〃	10			65-0.2平面样板	〃	2		
6号铰刀	〃	2			65-0.1 〃 〃	〃	2		
8.5号 〃 〃	〃	2			W20×1/24 〃 〃	〃	1	1	
15号 〃 〃	〃	2			110泥心盒样板	付	1		
16号 〃 〃	〃	30	11		弹头外形样板	块	1		
W1/12丝刀	只	110	68		迫弹信管偏心样板	〃	4	1	
2m/m 〃 〃	〃	30			弹尾管样板刀	把	10		
2.5m/m 〃 〃	〃	10			R14样板刀	〃	6	3	
1.5m/m 〃 〃	〃	10			步槍击针槽样板刀	〃	5		
M6×1丝公	〃	10			辊花刀	只	40		
M8×1 〃 〃	〃	30	1		0.5m/m辊花刀	〃	8		
M10×1.5 〃 〃	〃	80	2		0.3m/m 〃 〃	〃	5		
M10×1 〃 〃	〃	50	5		28号空心占	支	122	21	
M14×2 〃 〃	付	2	1		12"粗扁锉	把	4	4	
W16/12 〃 〃	只	349	166		14" 〃 〃	〃	2	1	
M26×1.5 〃 〃	〃	42			6" 〃 〃	〃	1	1	
M32×2 〃 〃	〃	6			6"粗方锉	〃	1	1	
M3×1 〃 〃	〃	9			4" 〃 〃	〃	1	1	
M4×0.3 〃 〃	〃	10	6		6"细扁锉	〃	1	2	
1/8 〃 〃	〃	1			4" 〃 〃	〃	2		
M4×0.3钢板	块	10			6"细元锉	〃	1		

卅三年度第二所消耗工具數量表

33年12月23日　　　　第2頁

工具名稱	單位	領用數量	報廢數量	備註	工具名稱	單位	領用數量	報廢數量	備註
20ᵍ 元刀	支	30	23		W4310 [illegible] 樣板刀	把		1	
15ᵍ " "	"		24		3.9 彈簧樣板刀	"		4	
15ᵍ 挖刀	"	100	11		13" 粗扁銼	"		5	
彈尾吞卡模	只	27			4" " "	"		1	
金鋼卡	"	9			12" 細扁銼	"		3	
1/100 量錶	"	2			8" " "	"		1	
鐘錶用放大鏡	"	1			8" 細半元銼	"		2	
酒精燈	"	1			8" 粗元銼	"		1	
3/4"×6" 粗砂輪	"	2			5" 油光扁銼	"		2	
150×10×13 " "	"	4			8" 粗砂輪	只		8	
150×8×40 " "	"	2			6" " "	"		3	
304.8×31.75 " "	"	2			粗方油石	塊		1	
1/2"×4" 三角油石	塊	2	3		扎榔頭	只		1	
1/2"×6" " "	"	1			螺鍬	把		4	
1/2"×4" 方油石	"	3			#52 切刀	支		4	
6.5ᵍ 卡頭	支		5		瞄準器螺母絞刀	"	10		
11.5ᵍ " "	"		1		M8×1 鋼板	塊		1	
7ᵍ " "	"		2						
W3310P8L17.5ᵍ 油卡	"		18						
27ᵍ 扁卡	"		1						
14.8ᵍ " "	"		2						
32ᵍ " "	"		3						
28ᵍ " "	"		2						
16ᵍ " "	"		2						
W4311M17.9ᵍ 型卡	"		2						
" P18.1ᵍ " "	"		4						
M12 鋼板	塊		2						
W16×1/12 " "	"		8						
M8 " "	"		3						
W20×1/24 絲公	只		5						
M30×1 鋼板	塊		1						
W4311S M21×1.5 絲公	只		66						
M22×1 " "	"		1						
M8 " "	付		1						
M24×1 " "	只		1						
M20×1 " "	"		1						
W16×1/24 " "	"		1						
14ᵍ 方刀	支		1						
W1311J 扁刀	"		12						
4ᵍ 銑刀	"		3						

28-1

卅三年第二所机件消耗数量表

33年12月27日　　　　第1页

机件名称	单位	领用数量	报废数量	备注	机件名称	单位	领用数量	报废数量	备注
2.5吋 卡 夹	只	10			R.D 丝攻套	付	30		
3吋 〃 〃	〃	19			FSIV 1 1/8吋 莲盖	只	10		
4.3吋 〃 〃	〃	8			〃 30吋 〃 〃	〃	5		
5吋 〃 〃	〃	20	5		〃 1 5/16吋 〃 〃	〃	5		
6吋 〃 〃	〃	10			〃 1 5/16吋 导咯	〃	5		
6.5吋 〃 〃	〃	10			〃 1 1/8吋 〃 〃	〃	10		
S.D 8.5吋 夹 头	〃	5			〃 30吋 〃 〃	〃	4		
R.E 60吋 〃 〃	〃	39	4		10/20吋 斜元焊刀架	〃	10		
R.D 68吋 〃 〃	〃	11	3		10/20吋 直元焊刀架	〃	10	1	
〃 3/8吋 〃 〃	〃	2			8/15吋 斜元焊刀架	〃	30	1	
〃 3/4吋 〃 〃	〃	2			8/15吋 直元焊刀架	〃	10		
〃 1/4吋 〃 〃	〃	2			三刀斜方刀架	〃	10		
〃 5/8吋 〃 〃	〃	2			二刀 〃 〃	〃	10		
R.B 6/28.2x1/12 〃	〃	15	4		二刀直方刀架	〃	10		
R.E 舵底夹头	〃	1			6x2 方 刀 架	〃	4		
8"自来夹头	〃	2			小车床切刀架	〃	4		
暗集器底盘夹头	〃	1			淬火炉铁架	〃	750	300	
舵壳轮车平面夹头	〃	2			淬火炉铁板	块	28	10	
舵壳压車球形夹头	〃	1			磨床料架另件	付	1		
连肺车圆夹头	〃	1	1		磨床靠板	块	15		
左右弯头车圆夹头	〃	2			R.E 刀架拖板进退轴	件	5		
RP/22 7/8吋 送料夹	〃	13			R.E 由线板	块	21		
〃 〃 7/8吋 紧料夹	〃	4			FSIV 由线板毛坯	〃	2		
R.E 夹头配件	付	2			R.E 由线辊子	付	4		
R.D 〃 〃	〃	2			R.D 〃 〃	〃	4		
R.B 夹头盖板	块	10	3		1"/m 切丝导世	块	40		
协丰车床夹头爪子	只	12			2"/m 〃 〃	〃	10		
R.D 26.5吋 衬 片	付	16			1.5"/m 〃 〃	〃	20		
〃 20吋 〃 〃	〃	8			1.75"/m 〃 〃	〃	10		
A匝 34.4吋 〃 〃	〃	3			1.75"/m 切丝导螺	只	2		
26/40吋 套 筒	只	15			R.D 夹头斜咯	只	10		
30/40吋 〃 〃	〃	30			〃 8.5吋 衬 片	〃	15		
20/40吋 〃 〃	〃	30			回焊机料斗	件	1		
19/30吋 〃 〃	〃	10			R.D 皮带阻油套子	只	20		
14/30吋 〃 〃	〃	10			辊料机料料板	付	1		
16/30吋 〃 〃	〃	10			W径切丝导世	块	100	22	
14.4/30吋 〃 〃	〃	10			切丝导世毛坯	〃	100		
15/20吋 〃 〃	〃	7			切丝导螺毛坯	只	5		
13.5/30吋 〃 〃	〃	10			R.D 止动紧链	〃	10	3	
20/30吋 〃 〃	〃	13			协丰车床齿轮挂脚	件	2		

卅三年度第二所机件消耗数量表

33年12月27日

第2頁

機件名稱	單位	領用數量	報廢數量	備註	機件名稱	單位	領用數量	報廢數量	備註
4吋車床5/8"斜齒正車齒輪	件	2							
R.B54 馬達齒輪	只	1							
W3/8" 螺絲螺母									
快夾拉桿腳	只	5							
頂針	〃	30							
FSIV 44/55×200 絕緣筒	〃	3							
〃 44/60×170 〃 〃	〃	3							
1.5×1×30mm 油盤	〃	3							
1.5×5×30mm 〃 〃	〃	1							
FSIV 樣板刀架	付	1							
〃 夾头開關另件	只	10							
R.E 62号夾头	付		2						
1/8" 鋼珠	只		64	移交四所					
2HP 馬達	〃		1	〃〃					
R.D 3112 切刀架	〃		3						
R.E 36号鏡片	付		2						
#158 5mm 六角螺板手	只		1						
木皮帶輪	付		2	移交四所					
螺桿及螺帽	〃		4	〃〃					
10mm 板手	只		2						
8mm 〃 〃	〃		2						
5.2mm 占夾	〃		5						
4mm 〃 〃	〃		2						
#163 8mm 木柄起子	〃		1						
#174 6mm 板手	〃		1						
#159 8mm 丁形板手	〃		1						
#159 斜桿	支		2						
#148 6mm 彎頭板手	只		1						
#154 4mm 木柄起子	〃		1						
背手板手	〃		1						
R.D 緊桿瓜	〃		2						
#133 起子	〃		2						
車斜方刀架	〃		1						
R.P 1/22 絲公套	〃		2						
R.E 車洗心子	〃	20							
R.D 軸套	〃	10							
W3/8" 切口滑螺	〃	5							

030

30-1

卅三年度第二所消耗副料统计表

日期 33 年 12 月 27 日　　　　第 1 頁

副料名称	单位	領用数量	实用数量	備註	副料名称	单位	領用数量	实用数量	備註
精製礦油	加侖	3331	3900		B88三角皮帶	支	3		
汽車油	〃	118	196		8B2 〃 〃	〃	4		
煤油	〃	75	39.35		9B3 〃 〃	〃	3		
机器油	〃	434	434		9B1 〃 〃	〃	3		
菜油	公斤	1.863	2939		M061 〃 〃	〃	3		
柴油	加侖	2260	2260		A38 〃 〃	〃	6	4	
"S"机油	〃	60	60.5		3"牛皮帶	公尺	6		
中机油	〃	53	53		2" 〃 〃	〃	5		
薄机油	〃	38	38		5" 〃 〃	〃		1	
調水油	〃	8	8		黄蜡布	〃	0.83	0.83	
E.L.S.机油	〃		21.5		12"鋸條	支	108	120	
汽油	〃		2.25		牙刷	打	12	12	
火油	〃		1.5		木槓	支	14	19	
麻油	〃		3		竹槓	〃	7	7	
黄牛油	公斤	9.5	10		白布	块	581	581	
白凡士林	〃	12	13.5		肥皂	〃	66	72	
水肥皂	〃	136	146		紅砂布	張	52	70	
純碱	〃	140	150		木砂布	〃	3	18	
烟煤	〃	11.000	12.500		火桶	只	4	4	
5/8"麻繩	〃	20	20		草笠	个	23	23	
1/4" 〃 〃	〃	25	25		3/8"鋼珠	只	15	15	
麻線	〃	1.75	2.25		皮手套	付	6	6	
5/8"棕繩	〃	21	21		竹筐	只	644	454	
3/8" 〃 〃	〃	15	15		[illegible]洋眼鏡	〃	80	80	
松香	〃	0.5	1		縫紉油	瓶	1	1	
棉花	〃	2.25	2.25		75‰磨頭光砂輪	只	3		
白蜡	〃	1.5	1.5		100‰ 〃 〃	〃	3		
焊锡	〃	0.7	0.7		#15皮帶扣	支	12	18	
1"洋釘	〃	11	12.4		#45 〃 〃	〃		1	
1½" 〃 〃	〃		1.5		掃帚	把	10	10	
打包鐵皮	〃	201	201		粉笔	盒	5	6	
40W螺丝灯泡	只	102	117		火柴	〃	60	62	
100W 〃 〃	〃	4	6		排笔	排	8	9	
100W灯泡	〃	15	15		5"皮盤	只		18	
60W 〃 〃	〃	38	8		油布	張	11	11	
40W 〃 〃	〃		14		2#銅絲	公斤		0.5	
75W 〃 〃	〃		4		50"牛皮帶	張	20	20	
B68三角皮帶	支	8	2		油帚	〃	10	10	
A60 〃 〃	〃	1			4'8'白鐵皮	〃	6	6	
B82 〃 〃	〃	6	9		3/8"×8'×830‰鋼板	块	1	1	

卅三年度第二所消耗副料統計表

日期33年12月27日　　第2頁

副料名稱	單位	領用數量	實用數量	備註	副料名稱	單位	領用數量	實用數量	備註
941-16 3/4″-3 1/4″-4 3/4″白色石	塊	2	2						
941-28-28-5 3/4″ 〃	〃	2	2						
941-13 3/8″-8-4 3/4″ 〃	〃	1	1						
941-11 1/2″-6 3/8″-1 1/2″ 〃	〃	4	4						
941-26-11-3 5/8″ 〃	〃	2	2						
941-28-17 5/8″-1/32 〃	〃	2	2						
20″×16″×5/8″ 〃	〃	2	2						
22 3/8″×3 3/8″×3 3/8″ 〃	〃	8	8						
23 3/8″×5 3/8″×4 3/4″ 〃	〃	2	2						
8 3/8″×3 3/8″×5 3/8″ 〃	〃	20	20						
23×1/2″×6 3/8″×4 1/8″ 〃	〃	46	46						
22×1/4″×7″×4″ 〃	〃	2	2						
13 5/8″×8″×4 3/4″ 〃	〃	49	49						
46″×28″×4 3/4″ 〃	〃	2	2						
5″×28″×6 3/4″ 〃	〃	4	4						

030

其次去年度破甲彈施行熱處理之工作程序為（一）淬火（二）回火（三）退火（四）回火本年曾多次試驗淬火後之回火可行省略而逕行退火技術上並無發生何種影響為節省人力及時間已將第一次回火工作省去但遇意外事件而不能立即退火時則淬火後先行回火一次以免裂紋等情形發生

（二）立彈帶銅圈輾製之成功

立彈帶銅圈原係外購紫銅管截成去年十一期紫銅管即已用完來源斷絕乃改用十二公厘厚紫銅板沖成銅管再行截斷而成紫銅板係託友廠代造者因料

33-1

之不良及技術上之欠佳料中夾灰甚多以致無法沖製翻乃倡議改用四公厘紫銅板（圓紫銅板由十二公厘改為四公厘製造時車削次數增加應其品質較佳）剪成長條再將兩邊銑光敲入彈體上但長條銅帶敲入彈帶槽內全係手工甚為費時且所得結果甚壞如此費時費力之工作決非大量生產合理之方法乃着手研究希望能先將長條銅帶軋成銅圈再利用原有之油壓機壓緊之由長條銅帶軋成銅圈乃利用普通車床以最簡單之設備即可製成茲將軋製方法說明如左

如附圖一所示A為軋軸裝於夾頭上B為軋子固定

於車床刀架上輥製時先將長條銅條C置於輥軸及輥子中間次轉動刀架搖手柄使輥子向前推進緊壓長條銅帶於輥軸上（合照緊合心位）再轉動車頭則長條銅條隨輥軸而迴轉即成銅圈矣

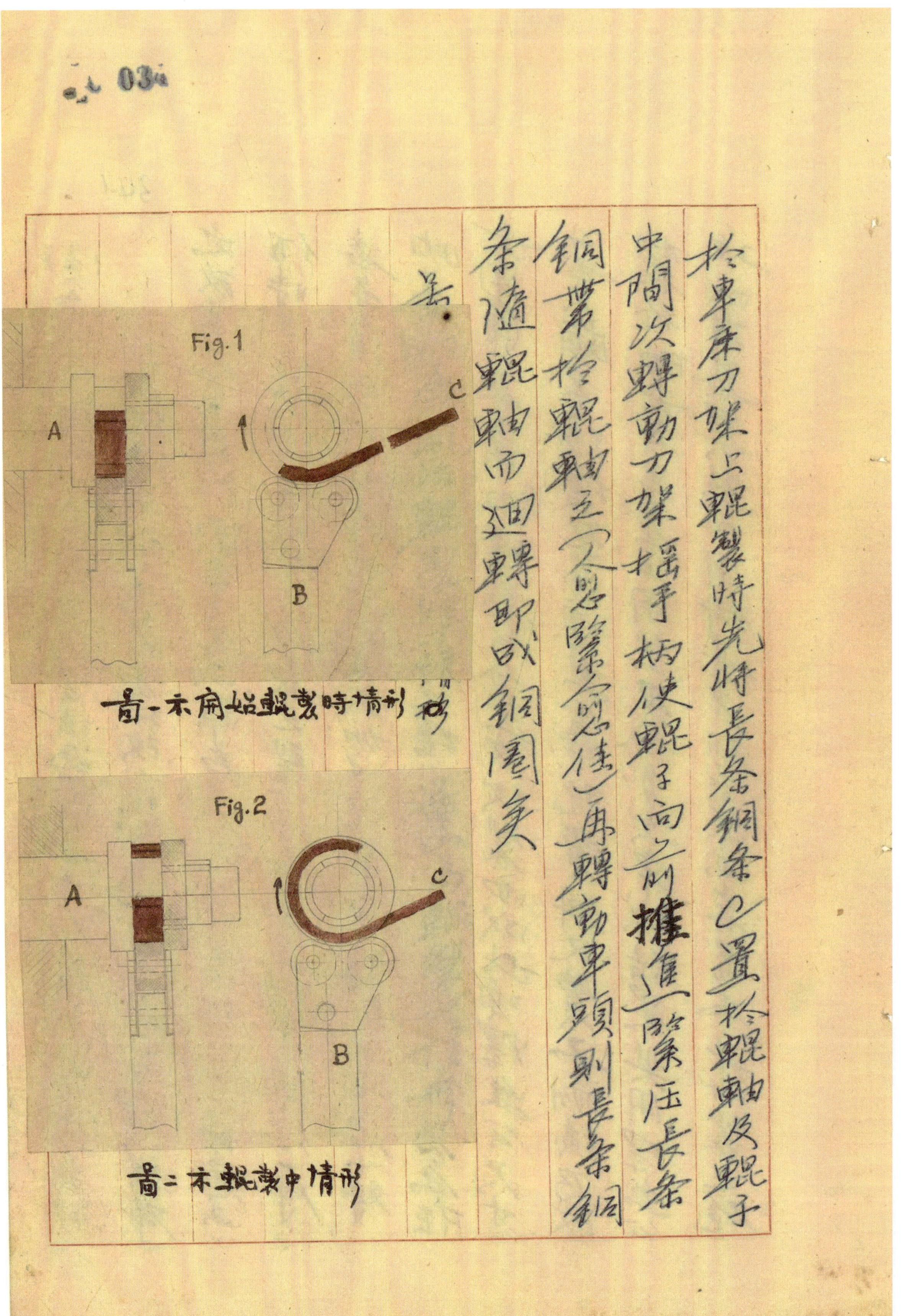

圖一示開始輥製時情形

圖二示輥製中情形

34-1

（三）六公分迫砲另件製造方法之改善

六公分迫砲另件製造方法改進之處頗多或為工作程序之改變或為製造方式之更改雖為極微小之處但均可節省工作時間增加出品數量如砲床之製造原來每件需時4.82小時本年度對於工作程序及方式加以改變後每件需時3.60小時此為時間之節省又砲床之螺絲原為M12本年製造時乃在RE六角車床上用M12螺絲公分三次攻製而成此項螺絲公尺寸甚大頗易損壞製造螺絲公時既費料又費工嗣後乃改裝於RD六角車床上用絲刀分多次車成結果與用螺絲公攻成者無異絲刀用料甚少製造工作容易本年所製之砲

底均用此法車成

四、六角車床車製長料之成功

六公分迫砲彈引信体之材料為冷黃銅条，此料需用數量甚大，每萬發砲彈需料45噸，以長度言約需[illegible]公尺，本廠月出迫砲彈四萬發，每月需料18噸，長約2300公尺，如此巨大數量，在此運輸困難之時，實無法補充，故改用鑄造黃銅条代替之。

使用鑄造銅条時，為節省工作時間，在普通車床上先將外元車光，此項工作去年係用鎢鋼刀，因車床結構薄弱，力量大小無法充分發揮鎢鋼刀最大效率，嗣後研究利用結構堅牢、力量強大之六角車床代替之，但六角車床因無頂針

35-1

設備對於車製長料殊感困難經多日試驗此項工作業已成功茲將車製方法略述如左

如附圖三四所示鑄銅齒條用夾緊於夾頭上支承套筒已固定於六角刀盤上其孔經較車成之外徑稍大作為支承材料之用開始車削時銅條突出夾頭之平面約為一百公厘車至相當距離後車光之材料即進入支承套筒中待此段材料車光後再將銅條送出五百公厘左右再行繼續切削每次可車五百公厘左右迨至車光為止 圖三示第二次切削時之情形 圖四示第六次切削時情形

此七種方法車製長料外光如材料原來表面很光滑者則

車成後之表面亦甚光滑，可用於自動車床。但如鑄造鋼條，因其原來表面不平，尺寸大小不一，故車成之外徑不能絕對平滑。在每次車削開始之處，略有不平之現象，但對於六角車床之應用毫無影響。

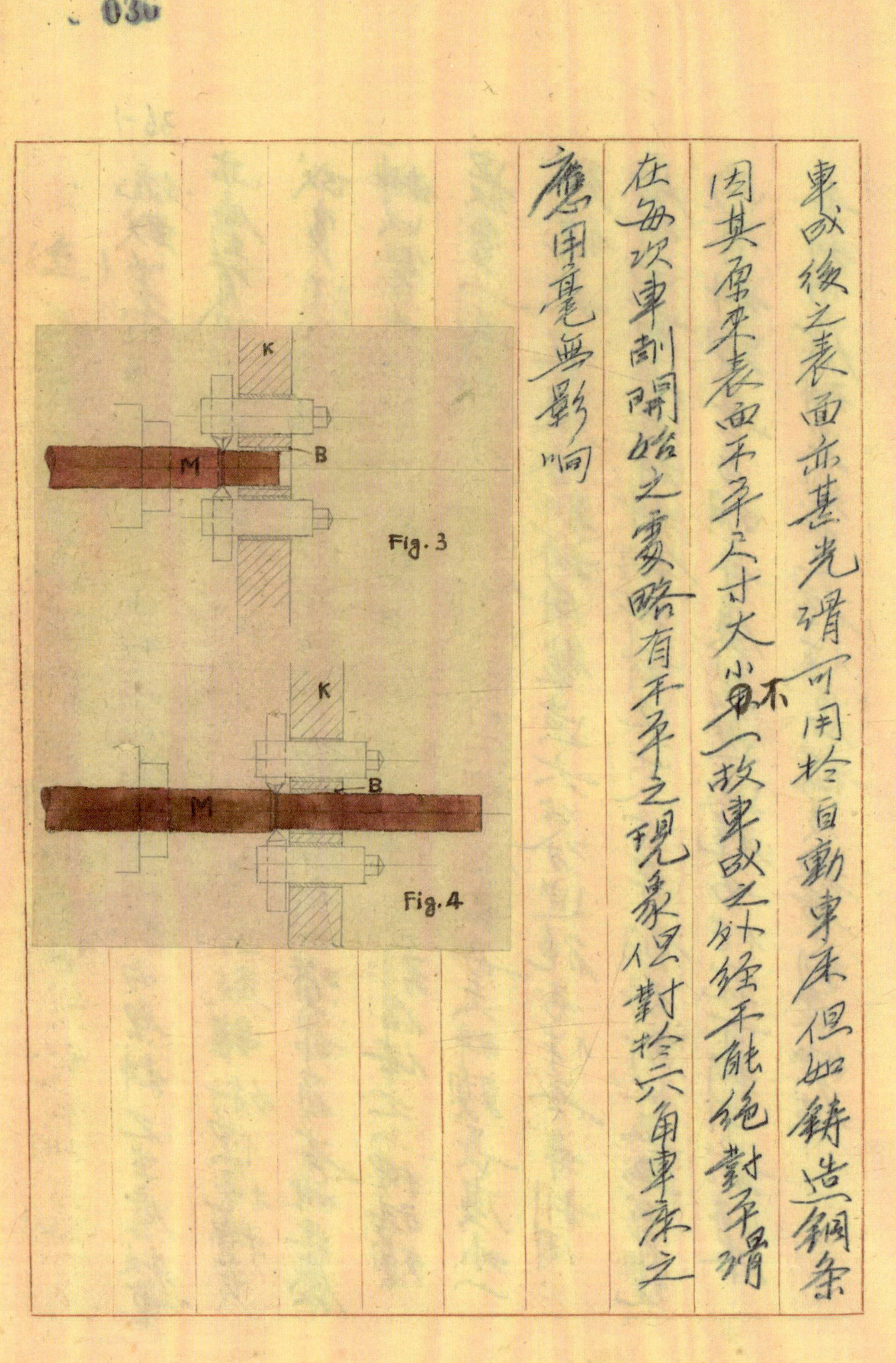

Fig. 3

Fig. 4

（三）廢料之利用

抗戰以來運輸困難，外貨材料來源甚少，國內原料之生產數量亦屬有限，故於廢料之利用頗為注意，為數雖微，但積少成多，涓滴皆可之意，盡量利用廢料以資節省。本所之廢料以製造六公分迫砲彈另件彈尾管及引信體之一種料頭最多，一為1/8"低炭鋼，一為1/4"黃銅條，每支料頭長度不一，則視其長度分別利用，製造六公分迫砲另件。本年利用廢料而節省之材料，鋼料計七·六八一公斤，銅料計七五五公斤，現尚有料頭甚多，明年度製造迫砲另件就可利用。並將本年利用廢料專製之砲件名稱及數量列表如左：

利用废料製造另件名稱數量表

件號	名稱	製造數量	每件用料	節省材料數量(公斤)
10060	墊圈	785	5/8"鋼条×11	8.365
10230	彈簧筒	353	1/8"鋼条×125	44.125
10280	螺塞	389	1/8"鋼条×25	9.725
10300	螺塞	3.998	1/8"鋼条×36	144.000
10340	襯螺	2.984	1/8"鋼条×32	95.488
10400	螺圈	2632	1/8"鋼条×11	28.952
10470	套圈	1663	1/8"鋼条×25	41.575
10510	手柄	2498	1/8"鋼条×88	219.824
10740	螺帽	1848	3/4"鋼条×18	33.264

37-1

12020	螺　段	1900	1 1/8" 鋼條×83	57.700
12030	左腿下段	132	1/2" 鋼管×57	6.732
12280	螺　桿	1439	1/2" 鋼條×53	76.320
14200	彈簧座	982	1/2" 鋼條×11	10.802
14280	彈簧蓋	228	1/2" 鋼條×16	3.648
A7-錨2	砲　座	1712	1 1/8" 鋼條×13	22.256

共計節省、鋼條 7.681 Kg

鋼條 755 Kg

六、設備方面之增添

本年度本所設備方面並無變動，下半年因彈尾管之傳火孔由八孔改為十六孔後，小台床即感不敷應用，後向各所借用，惟明年度各所工作較多，借用之小台床恐將先後收回，故小台床似應增添五部。

七、明年度中心工作計劃

（一）作業計劃

明年度本所作業計劃遵照　廠座規定月造之破甲彈体及底火体一萬套，六公分迫砲彈另件、彈壳、彈尾管、引信体、引信蓋、口塞四萬套，六公分迫砲另件、盲門、擦槍

器具另件四年度

（二）機器設備之檢查及修理

本所機器使用已達六年之久，各種另件難免有損壞之處。六年來雖曾檢查過二次，本年來工作較忙，無暇檢查。原定本年十月份起開始此項工作，終因趕造出品，人手不敷，並未舉辦。茲決定於明年度起，按照預定計劃逐一檢查，並加修理較準。檢查機器擬先以六角車床着手，因此種機器數量最多，使用時間亦較長。檢查、修理及修理後之覆查，均有表格加以登記，以供今後參考。

（三）砲件工作順序及時間記錄之完成

039

但砲弹件製造工作順序及時間記錄草稿本年度幾全部完成，因整理頗費時日，故尚未能整理竟畢，明年度當可抽暇再行繼續整理。

卅三年度第二所出品製造數量及實用正料統計表

日期 33 年 12 月 31 日

第 1 頁

另件名稱	件號	工作摘要	製造數量	合格數量	直交檢接庫量	報廢數量	實用正料數量 長(公尺)	度	重(公斤)	量	備註
3.7cm破甲彈	4311	車形	59,524				6967	5	61,089	5	
	4312	車尖	61,302								
	4313	淬火退火回火	45,953								
	4314	磨光	48,446								
	4315	試水压	46,620								
	4316	压彈帶	46,620								
	4310	車帶	45,322	44,972							
3.7cm榴彈	3311	車形	2,010				189	5	1,689	5	
	3310	車帶		1,008							
3.7cm榴彈引信件	3412	車內膛射形		4,094	600						
3.7cm導帶	3320	切長	28,743				341		1340	39	交一所[illegible]74,402件
3.7cm長火管	3210	銑板手槽	67,300		67,299						
3.7cm空炸彈[illegible]	AIC-(33)-28	車成	1,181		1,176						
6cm迫炮彈尾管	13211	車形	347,902				27,313	06	140,895	79	
	13212	割盤	350,142								
	13213	占眼	348,962								
	13214	去毛	353,036								
	13210	銑凸	321,788	358,395							
6cm迫炮彈[illegible]	13237	車尾螺	483,081								交[illegible]501,868
	13230	磨帶	475,361	438,410							
6cm迫炮彈[illegible]	13250	車成	77,303		77,303						
6cm迫炮彈[illegible]	13244	車形	159,475								
	13240	刮絲	130,145	109,462 →							
6cm迫炮彈引信[illegible]	13730	車成	327,848	326,122							
6cm迫炮彈引信件	13771	車形	180,816		57,039	3,350					
	13772	車內膛	130,153	77,857		1,957					
	13770	占板眼	43,738	74,342	800	1,100					
6cm迫炮彈[illegible]	12382	車形	2,660				254	97	318	30	
	12380	車外元	2,660		2,632						
6cm迫炮彈[illegible]	12391	車形	2,578		2,578		料头				
擦膛具	171	車形	34,669				4124	98	4800	93	
	172	車元錐	46,058		48,312						
油壺口螺	187	車形	22,811		22,811		324	09	546	90	
6cm迫炮[illegible]	10022	車外元	1,239								
	10023	車內膛	1,507								
	10024	刮絲占眼	1,564								
	10025	車元球元眼	1,382								
	10026	車元球內螺	1,179	1,243							
〃 撞針	10031	車形	7,082	10,687	1783		560	86	920	61	
〃 引信螺	10051	車絲頭	2,310	2,304			482	89	1485	40	

第五頁

另件名稱	件號	工作摘要	製造數量	合格數量	未交庫數量	报廢數量	實用工料數量				備註
							長(公尺)	度	重(公斤)	量	
6cm迫擊砲彈 垫圈	10060	車成	2,610	3,196			18	04	32	30	
〃 〃	10070	〃									
〃 桿套	10090	車形	308	142			6	16	26	80	
〃 手輪	10112	車內螺	1,474								
	10110	車外形	1,551	1426,							
〃 下蓋	10132	車內螺	288	261	16	552					
〃 大槓	10151	車形		385↓							
	10150	車大頭									
〃 螺杆	10175	割足		3							
〃 螺帽	10180	車大頭		1081							
〃 螺帽蓋	10180背	車形									
〃 銷杆	10190	車成			101						
〃 彈簧筒	10231 10233	車內膛	885 873	2,198			料夫				
〃 彈簧柱	10242	車形			186						
〃 螺杆	10271	車形	963	944			162		268	5	
	10272	銑然	485	1157							
〃 螺套	10281	車形	686	135							
	10282	換然		5,209							
〃 〃	10301	車形	2,928	3,416							
	10300	精理成		271							
〃 槽螺圈	10332	車內螺	1,545	1,334	313						
〃 螺母	10341	車形	2,984	2,937							
〃 駐栓螺簧	10361	占孔	1,819		1818		543	43	2,823	78	
〃 鋼索	10371	車形		26							
〃 垫圈	10380	車成		791							
〃 駐栓螺杆	10411	車光頭		668							
〃 螺套	10441	車形	788	1,611			18	60	162	20	
〃 彈簧	10462A	占孔	1,372		334						
	10462B	〃	812		755						
〃 垫圈	10470	車成	1,663	2,119							
〃 螺母	10481	車形	1,735	2,196			33	49	251	52	
〃 手柄	10511	車形	1,631								
	10512	車光球	1,719	1,584							
〃 手柄套	10520	車成									
〃 螺帽座	10552	車平面	1,523								
	10553	車外球形	1,324								
	10554	占大眼	1,221								
	10555	占內球	1,217								
	10556	占小眼	1,221								
	10557	車槽	1,216		1316						

41-1

第三頁

另件名稱	件號	工作摘要	送驗數量	合格數量	尚未繳庫數量	損廢數量	實際用料數量 長(公尺)度	重(公斤)量	備註
6cm迫擊砲零件擋座	10560	車成		1,585					
〃 砲管箍	10702	車平面	1,502						
	10703	〃	1,495						
	10704	車內螺	1,203						
	10705	車孔	1,181						
	10706	車球面	1,179		1,202				
〃 螺帽	10741	車形	897	804			15.92	36.00	
〃 [illegible]	10770	車鍛	6,511		6,511		42.36	46.14	
〃 上臂管	12011	車內螺	1840				1,344.04	1,705.91	共12041合計用料數量
	12012	車外元	1,882						
	12013	合眼	1,906						
	12010	鑽孔	1,885	1,836					
〃 螺箍	12021	合孔	1,900						
	12022	車外元	1,740	1,727					
〃 左腿下段	12031	車外元	132						
	12032	合眼	132						
	12030	鑽孔	132	72					
〃 右臂	12041	車內螺	1,775						
	12042	車外元	1822						
	12040	鑽孔	1,712	1,792					
〃 左套头	12053	車螺口	1,105		936				
〃 右套头	12063	〃	1317		1466				
〃 滑套	12071A	合孔	959				224.70	1,150.50	
	12071B	〃	1,648		1649				
〃 支脚	12080	車外元	4574	4,175		586			
〃 [illegible]	12091	車形	1,825	1,828			111.91	19.76	
〃 [illegible]	12101	〃		1,881					
〃 [illegible]	12111	〃	2,124				210.40	1,386.70	
〃	12112	車外螺	2,437	2,111					
〃 螺套	12120	車成	1,895	1,931			89.22	701.95	
〃 〃	12130	〃	1,179	2,486			28.80	224.51	
〃 墊圈	12150	〃		3					
〃 擋環	12160	洗孔		4,605					
〃 軸承	12251	車外元	2,418				56.34	284.25	
〃	12252	車平面	2,419	2,365					
〃 螺杆	12281	車形	1,840				100	105.20	
	12282	車方头	1,809	3,637					
〃 螺帽	12290	車成		5,800					
〃 木套	12310	〃	3,353		3,353		45		
6cm迫擊砲附件[illegible]	11514	車形							

042

42-1

第4页

043

43-1

另件名称	件号	工作摘要	制造数量	合格数量	交库数量	损废数量	实用材料数量 长(公尺)度	重(公斤)量	备考
6cm迫炮附件毛刷柄	11955	铣槽	280		280				
〃 起子木柄	12434	车形	1,959		2,142				
〃 〃	12464	〃	2,036		2,036				
〃 〃	12494	〃	1977		1,957				
〃 冲子	12551	车形							
〃 钢刷柄	12594A	车形	3,167		3,155				
	12594B	车元头	〃						
6cm迫炮瞄准器度盘	14014	车外元	1950						
	14015	车平面	1,950	1,661					
〃 盖光	14040	车成	6,728	7,123	500		28.11	33.70	
〃 插板	14053	车外元	1,282						
	14054	车平面	1,117	1,237	441				
〃 大水平簧	14101	车形	2,539		2,537		249.31	301.01	
〃 小轴	14111	车形	966	776			25.04	13.60	
〃 小轴套	14121	〃	1304	972			22.76	24.94	
〃 堵头	14161	〃	2,702		3,366		85.79	145.81	
〃 弹簧座	14200	车成	3,099		2,988		21.65	23.34	
〃 螺帽	14220	〃	1,952	1,697	250		29.62	34.79	
〃 支轴	14261	车形	1,424	830			36.61	40.54	
〃	14262	修光	1,42[illegible]	523					
〃 弹簧盖	14280	车成	228		228				
〃 标尺框	14301	车形	836		1,534		21.91	51[illegible]	
〃 标尺框盖子	14310	〃							
〃 螺钉	14711	〃	2,607		1,045		163.40	327.84	
〃 弹簧套	14757	〃	2,809		2,771		49.43	83.75	
〃 螺母	14781	〃	2,551		2,551		23.55	40.03	
〃 铆钉	14880	车成	2,633		2,640		67.77	83.70	
〃 锁片	14911	车形	2,511				35.12	45.57	
	14910	车成	2,511		2,004				
6cm迫炮附件重盖螺帽	12631	车形	2,021		1,932		23.85	78.70	
〃 〃 母	12651	〃	1,844		1,932		17.02	56.17	
〃 油壶盖螺帽	12721	〃	2,192		1,890		20.50	22.51	
〃 〃 母	12731	〃	1904		1890		20.99	23.09	
[illegible]捻线针一锭式	C27-1	切长	11,310				2265.80	2190.10	
	C27-2	车外元	11,144						
	C27-3	磨光	10,597						
	C27-4	车尖	10,567						
	C27-5	车槽	10,460	10393					
细纱机皮辊心子	C28A-1	车外元	2472						
	C28A-2	〃	2333		2373				

另件名称	件号	工作摘要	制造数量	合格数量	直交仓库数量	报废数量	实际用料数量 长(公尺)度		重(公斤)量		备注
细纱机皮辊壳子	C28B-1	车形	4,514								
	C28B-2	车成	4,512		4,168						
60迫砲铜套	11601	車形	1,109				88	00	607	00	
	11600	車成	972		972						
60迫砲弹簧压	10260	車成	1,498				36	92	86	00	

兵工署第十工厂工务处第九所一九四四年度工作报告及一九四五年度中心工作计划（一九四四年十二月二十七日）

第十工廠工務處第九所三十三年度工作報告及三十四年度中心工作計劃

目次：

（一）第十工廠工務處第九所三十三年度工作進度報告表

件號	名稱	完成合格數量	單位	備註
11010	六公分迫擊砲木箱	909	只	
13910	六公分迫擊砲彈外箱	7,562	〃	
13920	〃〃〃〃〃〃〃〃內箱	49,582	〃	
13930	〃〃〃〃〃〃〃〃引信木架	42,341	套	
11517	六公分迫擊砲砲刷体	978	件	
11527	〃〃〃〃〃〃砲刷体蓋板	1,222	〃	
12430	〃〃〃〃〃〃起子木柄	1,400	〃	
12460	〃〃〃〃〃〃起子木柄	1,637	〃	
12490	〃〃〃〃〃〃起子木柄	1,405	〃	
11920	〃〃〃〃〃〃毛刷柄	350	〃	
11956	〃〃〃〃〃〃毛刷柄	280	〃	
12463	32φ木塞料桿	523	〃	
13243	34φ迫彈塞頭	12,011	公尺	
13253	22φ彈尾管木塞	14,208	只	
14470	六公分迫擊砲定位木塊	1,324	件	
14490	〃〃〃〃〃〃定位木塊	1,300	〃	

39-1

14500	六公分迫擊砲定位木塊	1,224	件	
12590	〃〃〃〃〃〃銼刀木柄	1,398	〃	
12593	〃〃〃〃〃〃銼刀柄毛料	419	公尺	
3910	三七公分砲彈外箱	4,516	只	
3920	〃〃〃〃〃〃內箱	4,553	〃	
20110	元形藥包木箱	800	〃	
B11-D	爆發罐木箱	200	〃	
B10	竹板爆破器	5	具	
〃	〃〃〃〃〃木箱	1	只	
	42m 彈尾管木塞	160	公尺	
195	擦槍器具木箱	958	只	
193-3	〃〃〃〃木板	38,592	塊	
11542	1½"φ×350 木棍	2,380	根	
11552	1¼"φ×450 木棍	1,890	〃	
	漆迫砲木箱	909	只	
	漆迫砲砲刷体	978	件	
	漆迫砲砲刷蓋板	1,222	〃	
	漆迫砲起子木柄	4,442	〃	
	漆迫砲銼刀木柄	1,398	〃	
	漆各部份傢具	322	份	係各部份請託本所工作者.

	鋸3/8"備用木板	199.52	英方	
	鋸1/2" 〃〃〃〃	248.10	〃	
	鋸5/8" 〃〃〃〃	369.83	〃	
	鋸3/4" 〃〃〃〃	82.51	〃	
	鋸1¼" 備用木板	22.05	〃	
	鋸1½" 〃〃〃〃	379.03	〃	
	鋸1¾" 〃〃〃〃	8.40	〃	
	鋸2" 〃〃〃〃	7.87	〃	
	鋸2½" 〃〃〃〃	3.70	〃	
	鋸3" 〃〃〃〃	3.20	〃	
	配迫砲木箱	973	只	
	配迫砲彈木外箱	7,562	〃	
	配〃〃〃内箱	38,750	〃	
	配〃〃〃引信木架	38,750	套	
	配迫砲砲刷体	978	件	
	配〃〃起子木柄(三種)	4,442	〃	
	配〃〃毛刷木柄 〃	910	〃	
12463	配32Φ木塞料桿	523	公尺	
13243	配34Φ砲彈塞頭	12,011	〃	
13253	配22Φ〃〃尾管木塞	14,208	〃	

40-1

14472	配迫砲定位木塊	1,324	件	
14492	配〃〃定位木塊	1,300	〃	
14502	配〃〃定位木塊	1,324	〃	
12592	配〃〃鍘刀木柄	1,398	〃	
3912	配三七 外箱	4,516	只	
3922	配〃〃 内箱	4,508	〃	
	配元形藥包木箱	800	〃	
	配爆發罐木箱	200	〃	
	配竹板爆破器	5	具	
	配42ф彈尾管木塞	160	公尺	
195	配擦槍器具木箱	1,400	只	
193-3	配〃〃〃〃木板	38,592	塊	
11542	配1½"ф×350 木棍	2,380	根	
11552	配1¼"ф×450 木棍	1,890	〃	
	配傢具及另星修配	422	份	根據修造請託單。
	鉆迫彈内箱孔	49,582	只	
	鉆〃〃引信木架	42,341	套	
	鉆三七 内箱	3,697	只	

（二）第九所三十三年度工人更動統計表

工別／更動人數／月份	木			鉗			漆			學			鋸			小			篾			每月更動總數
	試	僱	解	試	僱	解	試	僱	解	試	僱	解	試	僱	解	試	僱	解	試	僱	解	
1	—	—	2	—	—	—	—	—	—	—	—	2	—	—	9	—	—	—	—	—	—	13
2	—	—	9	—	—	—	—	—	1	—	—	4	—	—	4	—	—	—	—	—	—	18
3	—	—	18	—	—	—	—	—	—	—	—	—	—	—	10	—	—	2	—	—	1	31
4	1	1	1	—	—	—	—	—	1	—	—	—	—	—	—	—	—	—	—	—	3	7
5	—	—	—	—	—	—	—	1	—	—	—	1	—	—	1	—	2	—	—	—	—	5
6	—	—	1	—	—	—	1	—	—	—	—	—	—	—	—	2	—	—	—	—	—	4
7	2	2	1	—	—	—	—	—	—	—	—	1	3	1	—	2	1	1	—	—	—	14
8	14	7	7	—	—	—	—	—	—	1	1	1	2	1	3	5	4	2	—	—	—	48
9	1	1	—	—	—	—	—	—	—	1	1	—	1	—	1	1	1	—	—	—	—	8
10	3	3	4	—	—	—	—	—	—	—	—	—	1	1	—	2	2	—	—	—	—	16
11	1	1	2	—	1	—	—	—	—	—	—	1	—	—	—	4	4	1	—	—	—	15
12	—	—	1	—	—	—	—	—	—	—	—	—	—	—	—	2	2	1	—	—	—	6
更動總數	22	15	46		1		1	1	2	2	2	10	7	3	28	18	16	7			4	185

042

（三）　三十四年度主要製品擬添各種機器及添造廠房預算表

項目	名稱	數量	單位	備註
1	工作廠房	2	座	面積16×30公尺
2	鉋床	1	部	專鉋各種大批木箱板（現有一部
3	筍頭鋸	2	〃	專鋸各種木箱接筍之需。
4	丸鋸床	2	〃	一部專配各種木箱之用（現有二部不够需用）。 一部專配另星傢具木料之用。
5	台占床	1	〃	專鉆另星修配木孔（現有一部）。
6	落地占床	3	〃	專鉆各種木箱之需因現有三部尚感不够應付。
7	木車床	1	〃	預備另星修配之用。

（四） 第十工廠工務處第九所三十四年度上半年中心工作計劃

件號	名稱	上半年數量	單位	備註
11010	六公分迫擊砲木箱	750	只	
13910	六公分迫擊砲彈外箱	22,500	〃	
13920	〃〃〃〃〃〃〃內箱	22,500	〃	
13930	〃〃〃〃〃〃〃引信木架	22,500	套	
195	擦槍器具木箱	300	只	
193	〃〃〃〃木板	12,000	塊	
990	信號槍彈木箱	300	只	
3910	三七公分砲彈外箱	3,000	〃	
3920	〃〃〃〃〃〃內箱	3,000	〃	
	超迫彈擲彈器木箱	300	〃	
	超迫彈木箱	5,000	〃	
12430	六公分迫擊砲起子木柄	750	件	
12460	〃〃〃〃〃〃起子木柄	750	〃	
12490	〃〃〃〃〃〃起子木柄	750	〃	
12463	32中木塞料桿	4,800	公尺	
13243	六公分迫擊砲彈塞頭	4,800	〃	

43-1

14470	六公分廹击砲定位木塊	750	件	
14490	〃〃〃〃〃〃 定位木塊	750	〃	
14500	〃〃〃〃〃〃 定位木塊	750	〃	
12590	〃〃〃〃〃〃 銼刀木柄	750	〃	
11552	1½"Φ×350木棍	750	根	
11542	1¼"Φ×450木棍	750	〃	
	漆超廹彈榴彈器木箱	300	只	
11010	漆六公分廹击砲木箱	750	〃	
	漆〃〃〃〃〃〃起子木柄	2,250	件	三種
	漆〃〃〃〃〃〃銼刀木柄	750	〃	

（五）三十四年度主要製品數量及傢具等需用工人預算表

（暫以排鋸鉋床之效率為預算標準）

件號	名稱	每月產量	每日產量	單位	直接工時	間接工時	每日需用人數及工別 木	漆	鋸	學	小	鉗	備註
11010	迫擊砲木箱	200	8	只	50		4	1					
13910	迫砲彈外箱	5,000	200	〃	90		8				1		內木工及小工各一人作配料.
13920	〃〃〃內箱	5,000	200	〃	110		7			2	2		內二人鉆孔，二人配料.
13930	〃〃〃引信木架	5,000	200	套	180		14			2	2		內二人鉆孔，二人配料.
3910	三七外箱	1,000	40	只	15		1.5						
3920	〃〃內箱	1,000	40	〃	25		1.5			1			內有一人鉆孔.
195	擦槍器木箱	125	5	〃	5		0.5						
193	〃〃〃木板	4,800	192	塊	15		1.5						
13243	迫砲彈塞頭木條	2,250	90	公尺	20		2						
13253	〃〃〃尾管木塞	2,250	90	〃	20		2						
14470	迫砲定位木塊	200	8	件	1								
14490	〃〃定位木塊	200	8	〃	4½								
14500	〃〃定位木塊	200	8	〃	2								
12430	〃〃起子木柄	200	8	〃	15								
12460	〃〃起子木柄	200	8	〃	15		5	1					
12490	〃〃起子木柄	200	8	〃	15								
12590	〃〃銼刀木柄	200	8	〃	13								
11542	〃〃木柄前段	200	8	〃	¾								
11552	〃〃木柄後段	200	8	〃	¾								
	选成品					20					2		每日成品約945件.
	管理鉋木機		500	塊	40	~~40~~	2				2		
	〃〃排鋸工作		150	根	60	~~60~~			2		4		
	〃〃所內運輸		200	〃		40					4		
	〃〃半成品收發					20				1	1		
	〃〃成品收發					10							
	〃〃檢驗工作					30	1				2		
	〃〃裝箱工作		200	只		20				1	1		
	〃〃鋸筒機工作		253	〃	20		2						
	〃〃洋釘工作		693	〃		20				1	1		
	鉗工					20						2	
	傢具及修理					110	8	1		2			
	管理工具					10					1		
	雜務					30					3		
	送文件					10					1		
	送木花		15	挑		10					1		
合計							60	3	2	10	28	2	共計 105 人

附註：（1）以上如用木工自鉋者，做箱須加百分之二十.

（2）超迫彈及擲彈筒工作尚未估計在內.

(六)對於三十四年度增强產量之說明

查本所對於各項製品之產量，依照目前情形，深覺不够迅速，考其癥結，在於大部份工作依賴人力，以致效率低折，不能應付裕如，所以對於三十四年度工作，務必有所改進，即擬儘量設法利用機械，以代人力之不逮，本所最近裝設之鉋木機一部，已在試車中，又將動工按裝之排鋸機一部，以及擬添之各項設備（列明於「三十四年度主要製品擬添各種機器及添造廠房預算表」上），等皆爲增强產量所必要者也。

又三十三年間尚有一部份工作——六公分迫砲彈外箱，即

451

因限於現時設備，未能完全自製，而求廠外供給，此種情形尚須維持至鉋木機，排鋸機等均可使用時，則該項外箱即可由本所負責製造之。

十二、廿七、

呈

兵工署第十工厂工务处第五所一九四四年度工作报告（一九四四年十二月三十日）

第五所三十三年度工作報告 十二月三十日 第五所

謹查職所成立三年於茲，始奠初基，歷積既往得失之經驗，今已明悉諸事要点與切實處理之方法，本年可謂自信心開始堅定之年，

試於此三年經過，加以概要檢討，首就作事環境條件而言有三不足：

一、本廠新立，所內一切，皆無基礎；

二、諸事急待齊舉，三年以往，始終感人手不敷或不配合，尤以未曾一得志力兼合之技術員為憾；

三、職初任主管，缺乏領導經驗，

61-1

於今三者已告補足，所務之推進，信可加速。

次就工作進度而言，火工要務，可分下列四端：

一、技術事項：包括一切出品代造品之實驗研究並及紀錄與參攷文件之整理。

二、製造事項：包括一切出品代造品之製造，內分人事管理、設備增進、考核工料等項，旨在使製品之品質、產量與成本併達圓滿效果。

三、檢驗事項：包括製造中之分道檢驗、火藥檢驗及半成品成品之檢驗，增添檢驗儀器與加強檢驗工作。火工品本身富有可變性，而又不能如機工品，遂得就外表檢驗，故所用料品，必須驗合格，裝藥壓力與操作手續，經常調較，製品隨時抽驗，而後方期確實。

四、安全事項：火工工作最為危險，凡有危害可能之操作，必裝配完全可靠之安全設備，並須選練工人，使之手脚輕細，心神專注，方可減少危害之發生。

五、設備事項：設備之增添與改善，三年以來，多半力量從事於技術事項，機器安裝與改善，故於出品品質頗具自信，於產量上，除間有一二項臨時躭延外，差能如數及時供應，惟工廠管理，考核工料，未能同時提攜並進，而檢驗與安全二事項，直至

62-1

本年，方達充實，最後以言節省之道，主為減少或減除下列之損失：

(一)廢品之損失：火工品之製造，苟於技術、製造、檢驗三事項，有一項作得不充分，即難免產生劣品與廢品。

(二)化學製造上之損失：研究實驗，或正式製造，不善研究，浪費而無成，製造管理，不週失謹，均可招致損傷儀器機具藥物之事。

(三)設計上之損失：如廠房佈置，机器安裝，工具

3

配備，謹慮周全於先，可減省不必要之修改工料費，

四、工料之損失：如員工力不勝任，或工作負担過輕過重，或工作效率未曾導提高，或工作偶因故停頓未能即調派其他工作為繼，以致人工休閒或調度失當等等，皆為耗工之事，又如鉅細正副材料，未能完全研求節用辦法，未核準用量，未能隨時統計提示用料情况於使用部份隨時糾正等，凡此皆難免材料之不必要之消耗。

歷年因於技術等事項所繁迫，而職員中又乏長於管理之能者，故除設計一項外，其他各項，皆未臻完分，

63-1

凡此皆非由加强工厂管理不为功，本年以来，即开始积

極改善。

總之，積三年之經驗，今已知處事之得失，而員工

更為一致協力從公，明年當勵行改進，進步可期較歷年

為速。

064

茲分項報告本年工作進度如次：

（一）技術事項：（1）整理紀錄與文件

1、本所技術研究撮要：已完成草稿，

2、本所製品說製造說明：已完成草稿，

64-1

3、本所火工機器圖表：協請廿二廠繪圖員工代繪，明年初可印就、

4、本所火工藥模圖表：各種藥模，皆已整理劃一，並設計繪圖其他火工品水壓機用藥模，繪就鉛筆底稿，分訂為四十六冊、

5、火工品檢驗規格：已完成草稿、

6、火工品材料規格：已搜齊參考資料，未及完稿

7、火工參考資料：仝上、

(四)技術研究

一二一

065

4.

卜、六公分迫彈裝藥：就破片與威力二項試驗，作一完全而有系統之實驗，得知於現有製造之物質條件下，本廠鑄鉄彈所可達到之最高爆炸效果，現行之裝藥法，足可通過標準規格，惟彈体上部代替傳爆管壳之融注梯恩梯，用六公分雷管雖可完全起爆，但並不充分，應添加傳爆劑，如此又恐炸力過大，破片太碎，明年初擬即酌加改善

及、六公分迫彈傳爆管（即雷管）：就六公分迫彈而言，現製之雷管，理論上差稱週妥，年來出品數十萬，未見弊端，惟查蓋帽與管壳間，雖免嵌塞雷汞，

而事先事後皆不便防除，苟引信裝配時，黃銅螺環一不旋緊，則蓋帽有移動摩擦之可能，擬先將雷汞壓入另一小帽中，而後套入雷管內，再加蓋帽以頂緊，庶可無失。已請工程師室繪就圖樣，第一所並曾試製，擬於明年初更用。

3、試造氮化鉛與三硝基銳索信（＝氮化鉛之点爆藥，破甲彈雷管用藥）＝本年初用玻璃儀器小規模製出，尚稱合用，後因機器藥模與半成品尚未齊備，未曾大量試製，明年即將應用，開年初首應試造。

066

5

4、雷汞之精造：以一般原料普通方法，製出雷汞之純度概介於98%至98.3%，偶有近乎99%者。雷汞可使用之最低純度，見諸書載者為95%，品質自以愈高愈佳。擬作一系統實驗，以查一永恒製造高質雷汞是否可能。本年初開始實驗一二次，終以其他出品事忙，未得繼續。至本年後半年，不期遭遇硝酸與酒精純度不夠，曾製壞五批計二十餘公斤雷汞，又從事改善原料（如改蒸餾酒精以除其中之油與水）之操作、精造研究，期於明年中行。

5、曳光劑之配製：僅就前第六所之配方，加以

66-1

重試、擬繼承以往之研究、更進實驗、

6、染金藥水之試製：即俗稱發藍藥水、用以使金屬表面生一有色發亮可防銹之化學膜層、曾搜集書載與習聞之單方、約作四十餘次試驗、得一基礎認識、並為迫砲所配製黃銅瞄準具發黑藥水、尚稱合用、

7、調水油之試製：用菜油製成肥皂、更加油調水、製成懸浮乳液、尚能不生銹不侵蝕不結塊、合乎普通車磨機車之用、

8、油布之試造：試知氧化桐油、頗有柔軟

067

6

與防水性能，適宜塗製油布，惟氯化用溶劑如四氯化碳等物頗貴，須覓價廉代替品，方合經濟，現仍試製中。

9. 六公分迫彈柏木箱侵化彈体油漆問題之實驗：本廠裝箱迫彈，放置二三月後，發現彈体灰漆有變黏化幾不可握持者，曾與美彈同放箱內，作一貯放比較實驗，釘製貯放二彈小柏木箱八只，楠木杉木小箱各二只，後者完全未烘，前者每二只各以下法處理之：

(1) 完全未烘，

67-1

(2)先後於60°C及90°C烘至重量不變即完全烘乾、

(3)用桐油於約50°C煮透而後烘乾、

(4)用沸水煮透而後烘乾、

美彈之帶塗有凡士林，廠彈之帶之油洗淨擦乾、每箱各置一枚，釘蓋後分貯於廠房與山洞，二月後檢視，得知放置處雖有乾潮不同，但對油漆並無差異影响，楠木杉木箱對油漆不起作用，柏木箱確可使油漆起黏化現象，未烘木箱內彈帶與彈体灰漆已生此現象，但美彈黃漆表面雖已附有一薄層油狀物而並未發黏仍堅硬如初，烘乾與水

7

煮木箱内廠彈彈帶微附黏質而油漆未變，油煮箱
内彈仍一無影响，故效果以油煮法為最佳。此實驗中
有一特殊現象，即無油之彈帶面上灰漆黃漆面上或有
油質或有黏質，但未塗油漆之彈尾翼與管面上仍潔
淨如故。尚待索解。各箱仍在繼續放置，以觀後
果。目前可下初步結論，為免除侵化油漆，一為將
柏木料加以水煮或油煮之處理，或最經濟多積板料令
其經久風曬，減除或減少其揮發性脂物；二為改善
油漆性能，使可抵抗化黏，如美彈所用之黃漆；三即
使彈体灰漆儘量塗薄，縱即變黏亦不致手不可

握，前之太黏之弊，或恐油漆太厚內層未乾透而致、甚至單獨將彈體灰漆塗至極薄，即可免除因太黏弊而退回（第七所已實行）

自配製發藍藥水以下各項化學實驗，係由職搜集資料提出方法外，概由戴凱事務員經手試驗，該員實為一優良化學助手、

10. 倣依曼效應（Neumann Effect）研究與六公分孤追彈裝藥實驗：此乃協同呂張二所長所作之實驗，大部已完成，試至最高效果可炸穿"3/8"厚鋼板14±1塊

8

凡此技術實驗，均有臨時紀錄，當於明年加以整理，以備存處參考。

二、設備事項

本年增添或改進之設備如下：

1. 厰房添置：計有融化梯恩梯房壹座，建造中之火帽底火貯存房，雷管貯存放房各壹座，火工品房弍座，均係小房，約於明年一月份完工。

2. 雷汞小烘房內部安置完竣，本年初已開始使用。

3. 改善壓炸藥係水壓机效能：其馬達動力不

69-1

足以同時開用四部水壓机，已請工程師室代為設計改善，擬增加轉速，以提高幫浦打水量，已繪就圖樣，明年初當可製試，

4. 設計並請製普通雷管、迫砲雷管、水壓机用藥模，第八所代製中，

5. 安裝普通藥物烘藥房壹座，此房已奉撥於第七所，

6. 改善貯存火工品大乾燥箱，改為螺緊鐵蓋或水銀密封鐵蓋，氣密可靠，

7. 安裝一熱汽化蜡爐灶，以備藥包沾蜡之用，

9

8. 較準双人手扳机與增添低压槓桿：此机因槓桿鉄盤等重量出入而压力隨之稍異，已秤較一致，此机最小压力為100公斤，但压製火工品有時需更小压力，已配装一部低压槓桿，可压10至100公斤之压力，

9. 仿製蒸汽管放水器：蒸汽管内凝結之水，需要此器使之隨時放出，已仿製衣壹只，尚屬合用，

10. 雷汞压葯模冲子之改善：將冲子包鑲一層紫銅，利用其軟性，幾可全免經常压炸之弊，大有助於節省葯模與減少危害，

11. 迫砲彈澆鑄梯恩梯槓桿開閉之試製：現

70-1

時之以手杓取融藥法，有嫌原始，思改用机構自動或半自動裝藥，以增效率，本年曾試製槓桿開閉澆鑄裝置，尚在改善中，明年當可試用。

12、增添檢驗儀器：本年增添者計有卡氏猛度試驗儀，鉛鑄試驗儀各壹付，千分之一秒測時儀，落錘震動試驗裝置各壹座，破片試驗裝置，威力半徑試驗裝置各壹座，工程師室代為設計之運輸顛波試驗儀已造製造中，火工品檢驗主需之儀器，今已全備

13、增添安全裝置：三部油壓机，原只一部有

保險銅板，已將此銅板改善並配全其他二部，雙人手扳机現共十八部，有銅板者五部，本年已配全，雷管房裝藥間添置安全石牆，惟自行設計試造之本製自動裝藥架，尚未臻完善，明年初當趕試完成，以便及早代替最為危險之手工裝藥操作。

三、製造事項

1.出品製造概況：本年每月出品數量，詳見附表。代廿五廠加造之八号雷管因待壳與清整並廢壳（該廠供給壳中多不合格者）稍耽誤時間，尚差三

711

萬未交足額、二氧化硫屢以缺料、未及趕出、其餘各項皆如數及時製交、

廢品：年終三個月間、因硝酸與酒精品質低劣、先後製壞雷汞三批、連前共計五批、計二十二公斤、又六公分雷管、亦因銅質不佳、裝藥時壓裂口者較以往為多、壓壞者以前多在1%以下、後有達3%、且有達5%者、全年總計壓壞六千七百只、又因雷汞品質不佳而抽出者計二件四百只

五、廠房管理之改善：職所廠房有三十二座之多皆相隔離、職員無多、監管不易、每年開初、每房選

72

三十三年第五所成品逐月製造及盤存數量報告表

工作令號	成品名稱	成品數量															單位	附記
		32年存	1月	2月	3月	4月	5月	6月	7月	8月	9月	10月	11月	12月	合計	盤存		
A15-13600	60m 迫彈引信大帽	42232	21928	23944	/	957	10033	8891	32834	71800	67490	54850	43600	47230	425885	31348	只	(本廠)用
〃〃13500	60m 〃〃起爆管	13304	36066	13224	13349	19189	9508	4358	28921	48434	46102	48131	45097	374[illegible]	390910	/	只	〃〃
〃〃13204	60m 〃〃彈頭裝藥	/	/	/	20500	19509	29100	45038	31365	53515	63600	46090	59140	20180	388037	6081	只	〃〃 (1)(2)兩月份遺不信用彈未加計算
A12-2900	330m 破甲引信大帽	/	/	/	/	500	900	26005	/	/	/	/	10070	10040	47515	1085	只	(本廠 彈道所)用
〃〃4600	330m 〃〃曳光管	13400	9010	/	/	/	/	/	/	3926	/	9502	9197	/	45035	/	只	(本廠)用
〃〃4425	330m 〃〃延期管	/	14457	2022	34738	/	/	/	/	/	/	/	11,000	/	63217	9226	只	〃〃
〃〃3230	330m 〃〃黑藥餅	8750	/	/	/	/	/	/	11300	/	/	/	/	/	20050	550	只	〃〃
〃〃4330	330m 〃〃炸藥管	/	/	42010	10945	/	/	5989	/	/	/	/	/	/	58944	44135	只	〃〃
〃〃3290 C22	330m 破甲底大帽	22806	6370	/	/	8615	20030	/	/	/	/	/	/	/	57821	/	只	(50廠)用
C18	電信雷管	5000	/	/	/	/	/	/	/	/	/	/	/	/	5000	/	只	
(B4-800) (C31-1)(C20) (C37-2)	8號雷管	2040	/	/	/	/	/	/	/	/	/	/	/	32200	34240	32740	只	(30)(25)廠與(彈道所)用
C31-2	6號雷管	/	/	/	/	/	/	/	/	/	/	8574	42226	/	50820	820	只	(25)廠用
C33-1/2 4	甲丙乙丁四種雷管	/	/	/	/	/	/	/	/	/	/	只 400	/	/	400	/	只	(彈道所)用
A8-900	信號彈	310	11108	33432	/	/	/	/	/	/	/	/	/	/	44850	/	只	前第六所製
C21	TNT元形藥包	/	/	/	/	/	6161	12242	3900	9642	28555	/	/	/	60500	400	枚	
B8 B10 B11	TNT方形藥包	/	/	/	/	/	380	10220	/	/	/	/	/	/	10600	290	枚	(爆破器 爆炸筒)(彈道所)用
C21 C21	特製方形藥包	/	/	/	/	/	50 50	/	/	/	/	/	/	/	50 50	/	枚	(彈道所)用
C30 C26	奠雷藥柱	/	/	/	/	/	2021	889	/	25	/	/	/	/	2939	/	枚	(30廠)用
C-1 C37-1	手榴彈藥柱	/	50	/	/	/	/	/	/	/	/	/	/	11,000	11,050	11,000	枚	(技術司)(30廠)用
E1-5.0	雷汞	/	49.5	21	22.5	9	9	9	31.5	48.5	90	99	151.58	99.1	645.68	16.6	公斤	
1E-6	精製麻油	/	1272	1325	848	775	636	636	318	503	397	395	2045	2412	11,582	636	加侖	
A7_11540A A9 11550A	木柄煮油前段 後段	/	/	/	/	/	/	/	/	/	333 333	243 286	437 437	/	1,013 1,056	43	只	
1E-7/8	肥皂油	/	/	504	/	/	/	166	180	100	350	100	/	/	1,400	166	公斤	
1V-210	發藍藥水	/	/	/	/	/	/	/	/	8.8	6.15	/	12	12	38.95	/	公斤	
1E-13	烘炮彈木箱	/	/	/	/	/	/	/	/	2577	690	/	/	/	3,267	/	只	後轉交第七所辦理
1V-100	壓銅末塊	629	/	/	17,582	/	/	/	/	/	/	/	/	/	20,211	/	公斤	
4V-1	拆彈藥	/	/	/	/	12832	6,000	15,923	/	/	/	/	/	/	34,755	/	只	係彈殼過厚不合規，拆藥重裝

拔優秀工人、(以品藝工年資與管理才能為条件)一人、便稱助理工、助理該房雜務並準備與請示一切事宜、及督促工作之進行、試行以來、廠房管理效能、立見增進、助理工有類机工所之上刀具工人、係管理一類之工作、絕不使其轉為一般所謂工頭、

3、考核工料：本年曾致力增進考核工料事項、製訂表格(見附表)、測定工作時間、核定出品正副材料用量、

四、檢驗事項

本年增添多種檢驗儀器(見前設備事項)並特

73-1

選練檢驗工二人，廠务製造增多分道檢驗工作。

五、安全事項

本年增添之安全設備已陳述於設備事項內，關於工人安全訓練事，因無抽調時間，本年尚未着手進行。

總之，本年以來，雖漸知各事要点所在，行之方面，仍尚未全面切實做到，本年可謂已完成明年之準備實施之工作。

明年度中心工作計劃

由前陳述，火工之要務約為五項：一、技術，二、製造，三、檢驗，四、安全，五、設備，已各有相基，明年工作在力行加強基礎，充實各項，切實比肩速進，謹將方要臚陳如次：

〔一〕技術事項：於年初一二月內完成試製氮化鉛蘇甲雷管，至遲上半年完成精造雷汞之研究實驗，其餘時力將視如何精進研究火工藥劑如：1、發射藥，2、傳火藥，3、延期藥，4、电光藥，5、傳爆藥，6、炸藥，7、燒夷藥，8、起爆藥等，並其他奉派之化學工作。

77-1

〔二〕製造事項：甲、工廠管理：擬繼續採行助理工辦法，以補技術員人數不敷與不週之弊，每週舉行一次考核進度得失之檢討，俾得隨時改進，不容流於因循。

乙、製造過程中檢驗工作：舉凡半成品用藥之尺寸性能，皆增加檢驗手續，不厭其多，操作手續隨時隨藥物之不同而與以適當調整，並隨時指正工人誤點，非如此切行不足以完全免除廢品。

丙、考核工料：工料為製造之左右二大並重之事務，各項生產需要工料之切實標準，須詳確釐

078

13

定後，一切生產計劃方可從而着手而有把握，才能研求節省之道，明年一待机用藥模製造，即可利用水压机試製一般火工品，如能順利成功，則可增加產量與節省人工不少，年来工人已增至適當數量，可以選調適宜工作，不致再如以往調度頻繁，則效率因工作固定熟練而可提高，標準工時亦可準確測定，材料方面，第一要核定用量，第二要隨時統計，先擬以一週一統計，以便隨時改進，

每人所任職務，隨時口達不足以永時與有效，擬亦明文規定細則，庶可隨時勵行，如以材料管理

78-1

員為例，其所任事要有四項：

(1)準備材料：每種用料至少所內領存一週用量，並確查材料庫已存三個月用量，否則應急速請領與請購，應製週報表，以為製造管理員參考之用

(2)考核材料：每週統計實際用量，以與規定用量相較核，製一簡表，為使用部分糾正之用。

(3)保管材料：分門別類，放置整潔，注意或（？）器損壞，隨時換裝，與受潮生霉，變形變質及遺漏損失等事。

(六)收發材料，務使收發迅速，嚴除以往有等待與不接頭等之弊，減便手續，專派領運員，助理工督察領運物品工人之工作，并察領物之質與重量。

(三)檢驗事項

現有檢驗儀器中，似仍可添置火帽火焰長度熱度與持久時間之試驗儀，書上無詳細圖說可資以仿製，擬請工程師室代為設計自製，總以簡單而相當確實為原則。木製之威力試驗儀裝置，擬於明年改為可移動之扁鐵製棚架，庶可久用，實為經濟而利便。此

79-1

外擬試製一殉爆試驗裝置，以間接測定雷管腔内安震動安全度，成品檢驗項目當增多與加强，以期火工品質更能確實及增進。

〔四〕安全事項

火工工作發生危害，十之九皆由於雷汞受意外之摩擦或引火而爆炸所釀，明年於雷汞之烘藥裝藥移取等操作，所須加强防護設備，如實事所許，將抽調從事危險工作之工友，加以意安全講解與訓練。

〔五〕設備事項

明年擬請添建雷汞房、氮化鉛房、砲彈裝藥房與雷管房各壹座，已獲批准，擬添置之檢驗儀器安全設備，已見前陳，此外視時力所許，擬請添置下列諸項：

(1) 硝酸蒸濃裝置：製硝化噴特，須用1.48比重以上之濃硝酸，如一時無有，可以此將稀酸提濃，又製硝化噴特之廢酸，可以此而收回其中殘餘不少量之硝酸。

(2) 製造硝酸裝置：此係以硫酸與鉀硝石蒸製硝酸之簡單裝置。

(3) 雷汞烘房：現有之一座小烘房，於冬季用藥又多之時，頗感不足供應，擬於晾藥房改之第二間亦改為烘藥之用。

(4)煉化鉛爐：經常鉛板試驗與日後之鉛鑄試驗需轉手煉化之鉛量頗大，擬添置一煉化爐。

(5)化學試驗用代用品：玻璃儀器，國貨者品質太差，不耐使用，擬請酌量添置耐燒之陶瓷用具。

總之，明年之一切，端在勵行，第一先應訂出每人每事行事方略細則，擬於年初數月儘力完成，其次為切實督導員工勵行，試以每週舉行一次檢討，凡屬職所員工，當皆使分明其責任，公允考成，提倡衝進之工作精神，訓養公事高於一切之信念，所務之推進，庶可不受一切人事環境之影響而永恒向前邁進，茲謹將明年度職所職員所任職務報告如次：

趙子立　技術員　担任火工製造管理與研究事宜

宋元敬　技術員　担任火藥製造管理與化學研究事宜、

戴凱　事務員　担任機器與藥模之保管與請製事宜助理化學試驗、

李度斌　事務員　担任考工與廠區整潔及成品保管支出事宜

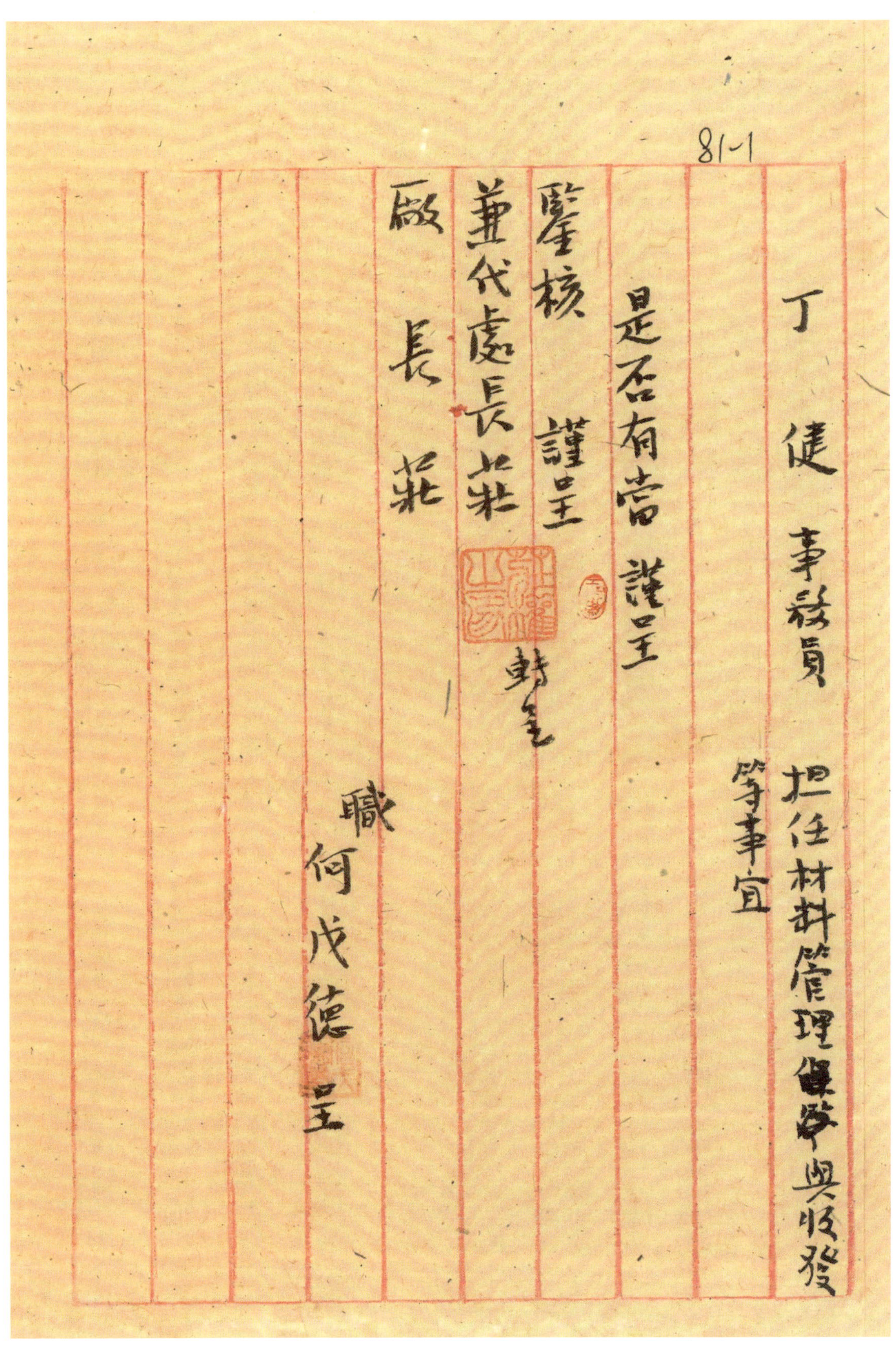
81-1

丁健事務員担任材料管理保管與收發等事宜

是否有當謹呈

鑒核謹呈

兼代處長莊

廠長莊

職何戊德呈

購置科三十三年度工作報告

一、本年度工作進度

(一)採購總值壹萬伍仟玖佰肆拾貳萬元

		佔總值百分率
1.五金	九九二六萬元	六二·〇
2.土木	一·八八六萬元	一一·八
3.機器	八九萬元	〇·六
4.燃料	二·一三〇萬元	一三·四
5.化學物及油類	九三六萬元	六·〇
6.醫藥及器械	二七九萬元	一·八
7.雜料	四三四萬元	二·七

002　130

8.辦公用品　二七二萬元　〃　一·七

查本年採購總值較去年約增二倍有半，此皆受價格增高所致、綜觀購料種類、大部份配用於六公分迫擊砲彈、例如五金中之生鉄（計一千一百噸）一項即達四千餘萬元（佔40%）、又如土木中之木箱（計四萬只）一項亦達一千餘萬元（佔50%）、即此兩項已佔全年採購總值三分之一

(二)運輸　全年運輸共計八千噸、其中十分之九為船運、僅十分之一為卡車運輸、又卡車運輸中大部份為成品輸送、計逾七百噸

二、明年度中心工作

(一)派員赴署屬各材料庫調查材料

本廠需用之材料大多仰給於兵工署、而署各材料庫所存儲之

材料，其中適合本廠需要而蘊藏未被發現者，諒必甚多，故擬派員詳加調查。此點本年度原應舉辦，因人手缺少，僅就近在重慶各庫常加以調查而已。

(二) 組織本廠駐合川辦事處

查合川爲大宗土貨之出產地，如布疋、菜油、繩索等，皆產自合川及其附近地區，本廠需用既多，而在產地採購價格亦廉，故擬派員組織合川辦事處，以便洽購。此點早有陳說，因循未辦。

(三) 加强運輸管理

本科兼管運輸，原屬相沿成事，人手既缺，設備亦簡（車船僅各有一人管理，且常出差），管理自不易週密，但仍各本職責盡力從事，以

·004 ~~132~~

人數與運量之比即見管理調度頗覺吃力將來本廠新編制有運輸課之設立則責有專成自為加强運輸管理之唯一良法惟在未實施之前不外增加人手及設備人手方面擬添補二員設備方面擬添置二十噸駁船二艘卡車間十間附設修理工場一所

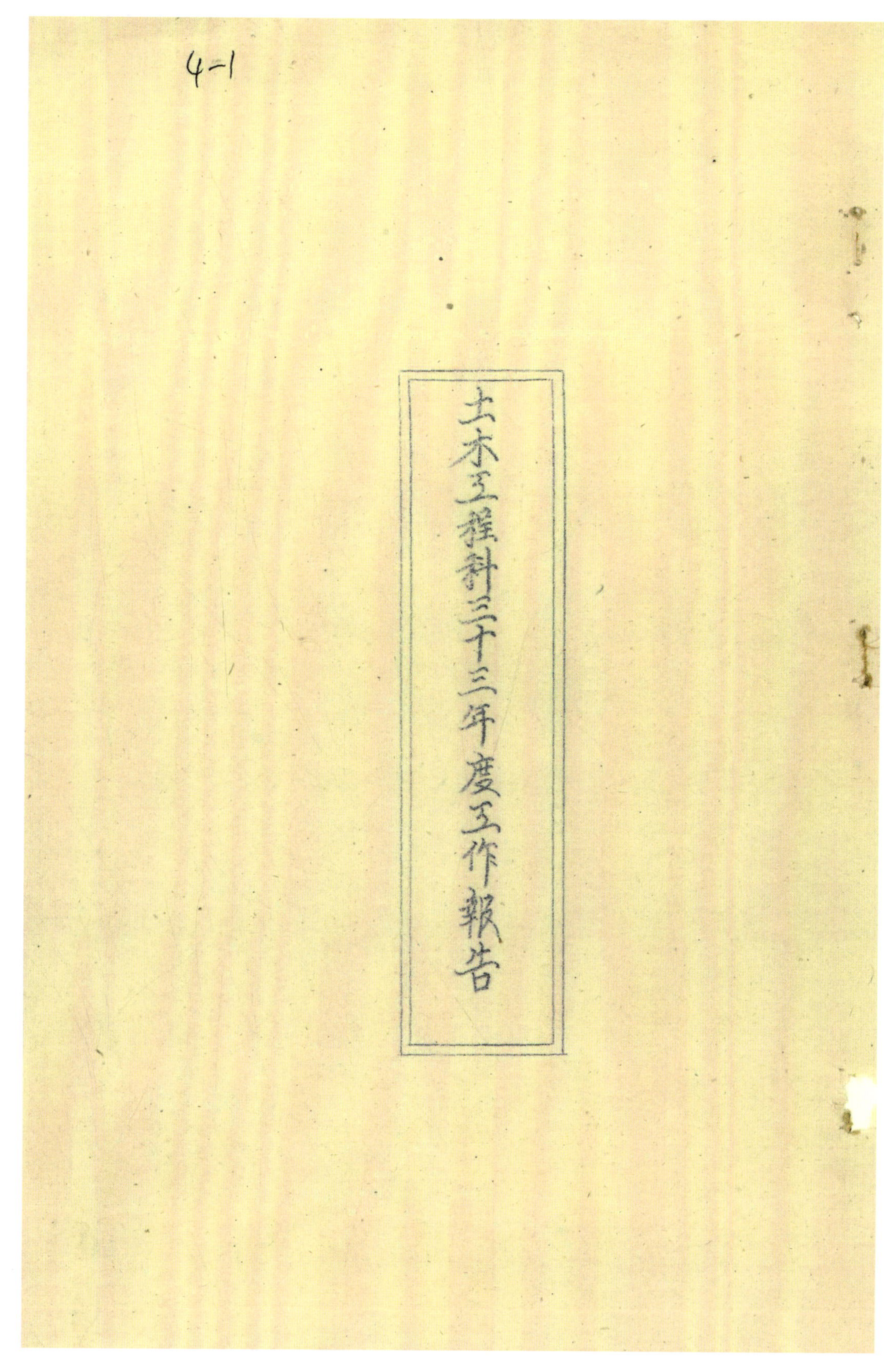
4-1

土木工程科三十三年度工作報告

005

133

土木工程科三十三年度工作報告目錄

一、工作報告

二、三十三年度本廠建築工程統計總表

三、三十三年度建築工程統計表

四、三十三年度本廠修繕工程統計表

附註：明年度建築預算各部份尚未送齊

擬請容緩再擬具呈

核

134 006

工作報告

竊查本廠各種建築經三十二年度一年之添建已大體完備本年度僅視業務所需酌量添加茲將本年度各項工作分别列舉敬祈鑒核

一、建築工程 本年度興建之工程以廠房庫房及辦公室爲多福利方面之建築則甚少計增加廠房十二座庫房七座辦公室三座修理房屋六座醫院病房一座公墓一座及其他零星建築一十八件共計建築面積爲三千七百零九平方公尺（約爲三十二年度之三分之一强）修理面積爲一〇二〇平方公尺（約爲三十二年度之三分之一）全部建築費用總計爲叁千叁百玖拾餘萬元較三十二年度約計超過壹千肆百餘

007 ~~135~~

萬元平均本年度各種建築費用約計高出三十二年度五倍以上

二、清理舊案　關於歷年舊案如第三批第四批第六批第七批第九批第十批給水工程擴三洞土石方工程及第五六號防空洞材料庫第一洞等均已掃數編造決算完竣呈報待驗矣

三、修繕工程　查修繕部份自五月份奉准增加工人及接收互務處石工隊工後工作因之增廣對於管理力求嚴密以期工作迅速確實並節工省料惟本廠房屋建築有年復因今年雨水特多住宅廠房及附近環境均需較多人工修整其他零星辦公用具之修配與較小之建築亦多由本科工人自行建造經統計本年度全部工作新村佔百分之七十廠區佔百分之十五農場合作社佔百分

136 008

之十其他各單位佔百分之五故以現有之人力僅能應付新村及廠房之修繕若期普及適應則人力尚感不敷也

四、工作之瞻望　本年度各項建築均能如限完成本未有貽誤請辦部份之需茲以本廠　奉命籌造新出品及增加產量明年度工務處方面須添造廠房十三座可增加廠房面積二千一百五十平方公尺計爲：第一所第四所迫砲所擴充廠房第五所白葯及雷管房第七所装箱房第八所電焊房第九所烘房第十所方棚間擦槍所廠房及鍛工房等工程其餘庫房辦公室及福利設備等亦將配合增加如爲：成品庫庫房及辦公室購置科卡車間事務課庫房訓育課辦公室及播音室警衛隊營房農場加工部房屋及米仓子弟小学办公室及厕所女职员宿舍高级单身职员宿舍大营门改建等工程举凡各项建筑仍本已往经济实用之原则兼顾实施至营缮部份拟再加以扩充以期实力之增强缘本厂职员住宅区及工人住宅区历年添造房屋甚多交通路及排水沟均已大致齐备但四周环境尚待改进又如厂界竹篱之经常培修以及各项零星建筑亦期尽量自造以节公帑伏查本科来年之工作必随厂务扩展而继续不懈苟有馀时当作复员后计划之研讨尚赖

厂座随时指示方针俾有遵循焉

土木科科长蒋荫松呈报 三十三年十一月

三十三年度本廠建築工程統計總表

單位名稱	建築面積		修理面積		建築費用	
總辦公廳	——		316	10	929,237	43
工務處	2,908	54	339	25	27,130,092	16
福利處	800	69	260	85	5,052,408	45
土木科	——		105	40	810,377	93
總計	3,709	23	1,021	60	33,922,115	97

三十三年度建築工程統計表　第一頁

工程類別	工程名稱	座數	建築面積	修理面積	建築費用
總辦公廳					
修理辦公廳及其他	改建老辦公廳	1		316.10	787,012.03
	警衛隊堡坎				142,225.40
	総辦公廳共計	1		316.10	929,237.43
工務處					
廠房	檢驗課廠房	1	258.50		1,938,463.11
〃	炮彈水壓室	1	54.50		275,442.20
〃	擴充機器廠房甲	1	35.20		157,946.80
〃	〃——〃乙	1	64.05		239,349.30
〃	熔鐵爐房	1	178.08		477,020.90
〃	第九所排鋸房	1	146.64		335,963.00
〃	第三所擴充翻砂廠房	1	126.62		924,321.23
〃	迫炮所擴充鑄銅間	1	80.85		627,588.90
〃	迫炮所廠房	1	240.00		3,009,536.35
〃	第七所烘房	1	70.89		684,751.35
〃	第七所装箱房	1	200.00		2,178,921.52
	共計	11	1,455.33		10,849,304.66
辦公室	工程師室	1	217.20		3,099,948.73
	運輸隊辦公室	1	73.87		441,655.00
	共計	2	291.07		3,541,603.73
庫房	第五所火工成品庫房	2	38.69		452,238.40
〃	〃雷管洩光〃	2	21.17		369,610.20
〃	材料庫房	1	416.08		4,854,283.80
	共計	5	475.94		5,676,132.40

工程類别	工程名稱	座數	建築面積	修理面積	建築費用
堡坎土方及修理等	405甲添建擱樓	1			53,291.15
	發電機底脚	1			276,726.80
	泥芯烘炉及附屬工程				102,356.60
	熔I.N.T.炉房及石擋墻	1	27.00		365,639.00
	三所拆堡坎及挖土方				329,000.00
	四号水塔後面刷坡				263,000.00
	鑄鐵翻砂廠後面堡坎				396,165.00
	滚筒機房後面堡坎				415,650.00
	檢驗課廠房前堡坎				466,476.40
	第三所土方整理				417,000.00
	第九所鋸棚	1	659.20		479,184.00
	排鋸間增加工程				495,096.00
	小鐵道修理			191.63	588,621.00
	修理第一所廠房	1		147.62	1,053,707.32
	修理材料一分庫	1			1,361,138.10
	共計		686.20	339.25	7,063,051.37
工務處	共計		2908.54	339.25	27,130,092.16
	福利處				
倉庫	米倉	1	160.38		328,266.38
	米倉内部工程				418,059.90
	修理米倉庫				497,588.00
	米倉庫加間				307,938.00
	輾米機房	1	75.17		350,978.20
	共計	2	235.55		1,902,830.48

013

第三頁

工程類別	工程名稱	座數	建築面積	修理面積	建築費用
辦公室	農場辦公室	1	68.40		795,195.00
	共計	1	68.40		795,195.00
醫院	隔離病院	1	195.78		500,033.70
	共計	1	195.78		500,033.70
修理及其他	修理及改建民房	1	269.96	260.85	768,788.47
	公墓及導烟等	1	31.00		254,358.00
	隔離病院堡坎				202,618.80
	第八宿舍前堡坎				386,184.00
	防空洞洞口整理				242,400.00
	共計	2	300.96	260.85	1,854,349.27
福利處	共計		800.69	260.85	5,052,408.45
土木科					
修理	修理辦公室	1		105.40	810,377.93
土木科	共計	1		105.40	810,377.93

14 三十三年度本廠修繕工程統計表

部別	總辦公廳														共計
	警衛稽查組	事務課	出納課	檔案股	人事股	半成品庫									
請託單完成份數	五〇	二三	一	一	一	二									七七
部別	工務處														共計
	第一所	第二所	第三所	第四所	第五所	追炮所	第七所	第八所	第九所	第十所	擦槍所	檢驗課	工政課	材料庫	
請託單完成份數	二	二	一八	四	一八	三	七	一〇	四	四	二	三	二	六	—
部別	成品庫	研究室	工程師室												共計
請託單完成份數	二	一	一												八九
部別	福利處														共計
	合作社	事業課	第一村	第二村	訓育課	子弟小學	農場	醫院	共計	會計處	統計科	購置科	土木科	—	
請託單完成份數	三九	三〇	三五二	八四	二八	四三	一七	三四	六二七	二	二	二	六	—	一二
總計請託單完成份數 805.00															

兵工署第十工厂工务处第三所一九四四年度工作报告（一九四四年十二月）

第三所工作報告

查職所之主要任務為製造六公分迫炮彈，上年度原擬每月出品二萬發，惟以成立未久，設備簡陋，經驗欠豐，致未能如愿。以償故於本年度内力求設備之增添、技術之改進，俾資增加生産，以利國防。兹將設備之增添與技術改進各項畧陳如下：

甲 設備方面

翻砂部——查翻砂間去年僅有三節爐八百公斤者二座、一噸半者一座，熔量不敷應用，每次須同時開兩爐，人手調動困難，每熔一次必須拆卸安裝，極感不便。泥心烘房僅一小間，亦感不敷應用。修爐膛所用之泡砂及炭粉用人工踏碎，亦覺方法不善。以上各項皆須速予解决，故於本年度即添設二噸熔爐一座與三噸半熔爐，於夏季安裝完成，不幸當時天雨淋漓，致後山崩塌，未及使用，至十一月中旬始重行裝好試用，成績尚佳。

46-1

另有三噸熔爐一座正在製造待修中一俟新爐完成三節爐即可淘汰此外磨砂及炭粉機亦已裝畢應用泥心烘房亦添設一間故於工作方面頗形便利

車彈部——查車彈部專司車削彈帶及割切首尾口螺工作惟以割切口螺原用車切方法殊覺耗時故本年度内經將具領之螺紋銑床三部配裝完畢試用甚佳惟以電力不足致不得使用殊為可惜此外所有車床利用時日已久漸形磨蝕故添設鉗工室一間以資修理

乙　技術改進

翻砂間——彈體之翻鑄因有効圖樣於二月初始行決定故於變改彈模於二月下旬始作正式大量生産初以經驗欠豐致毛胚廢品達30%彈帶砂眼達20%彈體漏水達25%總計廢品共作75%影响預期出品數量甚巨後力加改善日有進步卽將致廢原因詳加研討其表面壞及有砂眼者不外澆鑄時渣滓同流而入無處隔阻所致再漏水者除上述原因外再彈壁厚薄不

均凝固先後不等致被縮空即有漏水之發生故將澆口更改設阻渣漕及補縮柱此外對於製型加以嚴密之訓導而毛胚檢驗迨至四月份即降至20%十二月份竟降至5%彈帶砂眼迨至六月降至10%漏水廢品降至5%及十一月份彈體總廢品竟降至12%誠為本廠翻砂之新紀錄另關於化鐵方面亦逐次改善以期增高溫度鐵炭比例由4.5=1增至6.5=1計平均每日熔鐵七至八噸可節省焦炭五百公斤有餘以一年計可省一百五十噸又去年存積之廢炮彈及澆口等約二百餘噸經加少量矽鐵完全利用換言之即為本廠節省新鐵二百噸此外迫炮另件上下蓋原用鋁合金鑄成又支脚及方向架原用黃銅鑄成均不耐用現改用特種鑄銅其成份紫銅63%鋅20%錳4%鋁22%未見有何疵病插板度盤則加配鋁12%而硬度拉力既見倍增

車彈部——按該部機器之設置亦原以每月二萬發為限加以夾具工具欠善工作耗時甚大迨本年度改增每月四萬發尤感負荷過大幸能從事新夾具之製造與鎢刀之採用方法改善成效加倍

然尚感出品不足蓋以一方面須補去年移欠數量他方面又因鑄彈廢品率大全彈車畢竟以一砂眼或漏水而報廢誠徒勞無功迨後翻砂間鑄工改善而該部亦加班工作出品始見突增計六月份內已由每月二萬七千發而增至四萬六千餘發及至現在所車之彈壳已超出本年規定約十萬發有奇現正利用螺絲鏇床以更求工作程序之改善符合大量生產原則惟因電力不足無法開車無法進行耳

丙　今後之展望

翻砂間——關於現定之出品數量可無問題惟今後亟求設備充實以符現代化耳

1.按現在情形廢品率已降至12%但理想之廢品應在10%以下故今後仍須技術改善

2.擬於新爐完成後繼續研究鐵炭混配之比例以期達到標準溫度及節省燃料

3.擬添置型砂機三部(附汽壓機一部)以期模型之準確及省時而管理亦簡便

4. 擬添設煉鋼爐二座回火爐一座烘房一座以供澆鋼之用

5. 擬添置傾注式坩鍋爐一座以便熔鑄非鐵金屬之鑄件

6. 廹擊炮各鑄件全改用鐵模以增高強度并節省人工

車彈部——今後亟宜添置設備以期適合準確及大量生產原則

1. 擬添置變壓器一座以求電力充足而可利用螺絲鏇床

2. 擬添置多刀車床十具藉車削彈周面以期廢品減少該車床現時設計完畢

3. 擬添配工作機器另件藉供修換以求車床之準確

4. 訓練工人按該部工人多係學工故工作技能頗感低落今後擬每週訓練二小時關於車床使用刀具安裝樣板施量等以求純熟

5. 取銷加班按明年作業計劃係為每月四萬發若以上設備能充實補充則日作一班即可

達足此數故擬取銷以節省糜耗而易管理

工務處第三所一部三十三年每月生產彈殼數量送驗表

月份	品名	每月送驗数	單位	總計数	單位	每月檢驗合格数	單位	總計数	單位	
一月	彈殼	72230	個		個	73705	個		個	
二月	〃	52441	〃			43027	〃		〃	
三月	〃	58881	〃			40255	〃			
四月	〃	76466	〃			62931	〃			
五月	〃	73691	〃			64165	〃			
六月	〃	77461	〃			65521	〃			
七月	〃	82695	〃			72049	〃			
八月	〃	86427	〃			78504	〃			
九月	〃	81837	〃			73228	〃			
十月	〃	88627	〃			81868	〃			
十一月	〃	86330	〃			80406	〃			
十二月	〃	78021	〃	840179	〃	75941	〃	775596	〃	(本月廿日止)

三十三年度六公分迫擊砲零件製造總表

件號	名稱	數量	單位	備註
10041	方向架	1407	件	
10131	下蓋	1,648	〃	内有鋁質260件
10141	上蓋	3,184	〃	〃〃〃894件
10331	丁字螺母	1,022	〃	
12081	支脚	4,023	〃	
12091	彈性套管			
14021	水平套管	318	根	
14011	度盤	1,631	件	
14051	插板	1,372	〃	
10111	手輪	832	〃	

三所二部出品數量表 三三、十二、廿六、

月份	品名	每月送驗數	單位	檢驗合格數	單位	
一月份	彈殼	33600	個	21214	個	
二月份	〃	33600	〃	22584	〃	
三月份	〃	39725	〃	28543	〃	
四月份	〃	38875	〃	25960	〃	
五月份	〃	43650	〃	28621	〃	
六月份	〃	78600	〃	47832	〃	
七月份	〃	84125	〃	59029	〃	
八月份	〃	70500	〃	56392	〃	
九月份	〃	70350	〃	55782	〃	
十月份	〃	70150	〃	56117	〃	
十一月份	〃	70295	〃	57126	〃	
十二月份	〃	42450	〃	38125	〃	至二十五日止
總計	〃	675900	〃	497325	〃	
七月份	木柄前段車製	280	根	送驗 210	根	
	〃〃後〃〃〃	300		〃〃 209		
八月份	〃〃前〃〃〃	573	〃	〃〃 590	〃	
	〃〃後〃〃〃	533		〃〃 590		
九月份	〃〃前〃〃〃	203	〃	〃〃 100	〃	
	〃〃後〃〃〃	130		〃〃 100		
十月份	〃〃前〃〃〃	591	〃	〃〃 600	〃	
	〃〃後〃〃〃	652		〃〃 600		
十一月份	〃〃前〃〃〃	96	〃	〃〃 100	〃	
	〃〃後〃〃〃	103		〃〃 100		
總計	〃〃前〃〃〃	1743	〃	〃〃 1600	〃	
	〃〃後〃〃〃	1718		〃〃 1599		

047

第十工廠工務處第十所三十三年度工作報告及三十四年度中心

工作計劃

三十三年度工作報告

本所本年度除經常管理維持修配之工作外由作業課編誌工作

令發交本所承造安裝及修理者開於

G 機器　五拾七件

I 供水　壹佰二十七件

J 電氣　肆佰七十七件

K 電訊　叁拾四件

L 運輸　拾五件

47-1

M 傢具 陸拾件

N 雜物 肆拾玖件

共計捌佰拾玖件並謹將管理維持情形列報如下：

(一)拆除一五〇匹煤氣發電機弍套——本所由株州移裝之舊有150匹煤氣發電機弍座因燃煤不適奉令拆交二十七工廠本所派技工四名協同該廠拆卸于十二月六日開始至今年一月十三日全部裝箱完畢當即移交該廠胡振豫所長接收

(二)拆裝三七五千伏安柴油發電機——該機本在郭家沱第五十工廠本年一月二十九日奉諭率工前往拆卸一月三十日開始工作二月十二日拆竣後裝箱由本廠運輸隊繼續派工搬運於十七日全部搬運

048

到厰二十二日由土木科招商開始鑿製地脚至三月底完工即將該機逐件加以檢查清理較準並配造吊車油補帮濾高低壓配電板及敷設輸電線路等於四月中旬開始安裝五月底竣工六月六日正式試車九日電厰斷電該機即於該日起正式供電現每逢電厰斷電時即自行發電供應至十二月十八日止共開機四十八次發電三二七三九度

(三)修理馬達及開關——全厰馬達五佰餘具馬力最大者為68匹最小者為十二分之一匹蓋因電壓較低易於發熱平時損壞者多為小馬達及吸鐵開關本年中曾將馬達經檢查及一部份加油外全部換線圈者三十四只修換吸鐵開關線圈者四十一只更換

48-1

開關揆頭者九十只，

（四）整理全廠電線——本廠各部之擴充如二所五所八所九所及本所等原敷設之各路電力桿線因機器之增加廠房之添建均隨需要次第遷移及增設又如第一二村亦因住宅添造原設之燈線負荷過重亦均分别調整改換並增設一二村工人住宅電燈統制開關線路俾能節約電流防止火警及其他必需時之啟閉

（五）修理電訊設備——電話總機目下使用者爲六十門自製總機壹座因該機所需之各項膠木配件概以木質或紙板替代號牌彈簧銅皮亦以青銅皮替用故須經常予以撤換修配又分

全廠各部電話分機計有伍拾弍具，其中一部份分機電鈴磁鐵亦因年久腐蝕漸有消失，経常予以設法充磁修理，以茲應用。

(六)增裝河边新打水機——為便於河边打水機修理及安全計，已向上海機器廠訂購到每分鐘1415公升、76公尺水压打水機壹座，於去年底初步装設，経会同試驗，因要加熱，乃於今年由該廠掉換彈子培林，後経正式装配試用弍月，尚称可用；随於試用期中將舊打水機拆卸修配，惟新機容量感小，目下仍以舊帮浦為主。

(七)供水總管之改善——第三廠所用水原由第二廠接裝1"水管供

491

給本年因該所廠房後山坡傾塌水管分裂數段並為煤鐵所壓一時不易拆卸修理且供水量亦欠充足現改由水塔2"水管處接裝3/4"水管弍根替用又一部（即前第三部）

一部係住宅因總水管過小出水龍頭太多常感水量不足經將第三所拆出之1"水管移裝該部完成環式供水制水量亦較以前足又一部潔身館原由1"水管供給水量經擴充後1"水管水量不敷供應時有中途斷水經增裝3/4"水管一路已克敷用

（八）造鼓風機六部——分裝於材料庫及第四所各山洞

（九）添製風扇——製造三相倒順風扇二十四只掉換第八所順

為車床馬達開關損壞之用並製成個安培三八線閘刀開關

三只以作外線裝設外線分路開關之用

051

三十四年度中心工作計劃

本所職掌水電電訊等工作純以適應本廠各部工作之推進務求配合生產業務之需要隨時予以擴展外茲將各項已有手及添置設備列報於下

(一)維持現有電力設備暨擴充600KVA配電設備壹座——本廠最近三月來用電情形最大負荷自840安培至940安培平均自730至780安培現在各所機器均在繼續增開之中估計明年度各所用電可能增至最高負荷1513安培或平均負荷1400安培左右各所供應線路及總開關均感不敷除另行設法增設改換外擬另建造配電間壹座增設600KVA配電設備壹套並與原配電間

六、線路接通俾柴油機與電力廠電流互可分別應用（另附計劃裝配圖壹份）

（二）增設各所供電纜線

（a）第二所參照目前用電情形預計三十四年度增開機器計劃所需電流約增加一倍，應增設三十七股十六号銅線纜線一路，200安培自動跳開閘及電流表一套。

（b）迫炮所電流原與第四所擦槍所合用一路纜線，現該所機器添增，而第四所機器亦大多數開用，該線負荷量驟增加重，擬另添設十九股十四号線路一段，以供該所應用，原線路專供第四所擦槍所之用。

(c) 第八所現新建鍛工部及擴充工具一部不但機器增加無以電焊機忽大忽小故電壓忽升忽降相差甚大擬另設專線以供該部之電流俾能減少該所其他部份馬達所受之影響

(d) 第九所機器現正繼續添裝將視該所擴充情形繼續敷設專線

上列各路總線所需材料現正積極籌備一俟就緒當分別緩急即行着手敷設

(三) 增設第二所變壓器壹具——電廠電壓現更降落甚大通常在300伏左右(最低時降至260伏)妨礙工作影響機器至巨尤以第

52-1

三、所因線路較長降壓更甚前曾計劃全部改良然終因材料及技術問題迄未達成現擬積極設法向他廠訂製100KVA 2300/380伏變壓器壹具由配電間以2300伏高壓輸送電流至第三所經降壓調整後以380伏供給該所應用

(四)裝置播音設備——本廠為提高訓育效率起見奉諭籌劃播音設備壹套現已向中華無線電社訂製150瓦特播音機壹套於本年底完成並在第一二三四點及子弟學校橋口等處各分裝揚聲器壹具藉可聽取各種集會演講及訓示

(五)擴充沉澱池並添置打水機——本所原裝有weise式2500 liter/min 68匹馬

053

力離心式打水機壹座使用數年亟需拆卸修理並將水池打水機間擴充改築并添置打水機壹座俾能輪流掉用並能隨時修配用策安全又砂濾池因一切設較小濾層稍薄功效較差近二三年來用水量逐年遞增該池亦一再籌劃改善增高容積加厚濾層（改換濾水方式）俾至力之提高過濾之速期能達成以較小之設備過濾較大之水量求效率之增加惟以沉澱池容積過小一入夏秋洪水期中亦為用水量最高之時每日由河邊打入之水未能有充分時間沉澱即通入濾池過濾致濾層未至一週即行淤塞清洗托添築1000噸沉澱池壹座俾能澄清原水

53-1

(六)加强消防設備——本廠第一、二兩住宅區及第三所老虎溝等處因水管過小水量之限制消防裝置至今尚告欠缺茲爲貫徹消防設備計現已向第三所請造生鉄水管1500尺消防龍頭30只分裝各處一俟該所水管製就當即着手裝置以策安全

(七)製造及其他

(a)製造充磁器壹具以作修理各電話分機電鈴磁鉄消失磁性者充磁之用

(b)試製柴油發電機噴油嘴因該機噴油嘴並無備件批試造數只以資替用

054

(C)製造鼓風機或其裝置於桂製部及本七所應用

(d)準備本四所山洞遷移機器應需各項電氣裝置線路材料及佈置

(e)完成各所外線分路開關俾使用本廠柴油發電機、在流時調節分配之用

附配電間概要草圖一份

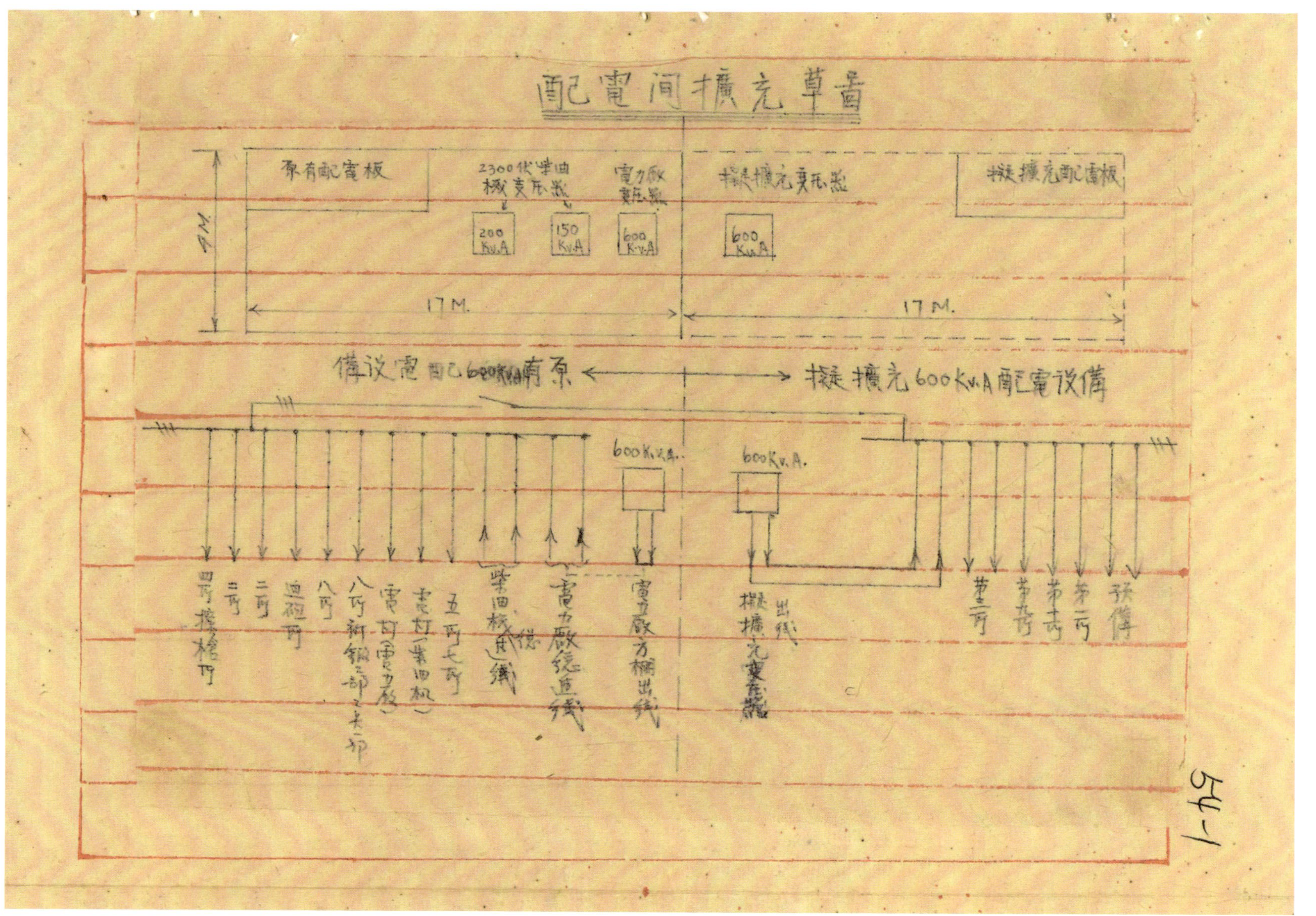
配電间擴充草圖
原有配電板
擬擴充配電板
200 KvA
150 KvA
600 KvA
17M.
擬擴充600KvA配電設備
600KvA.
預備
54-1

兵工署第十工厂为报送一九四五年日夜两班增产计划致兵工署的签呈（一九四五年一月二十三日）

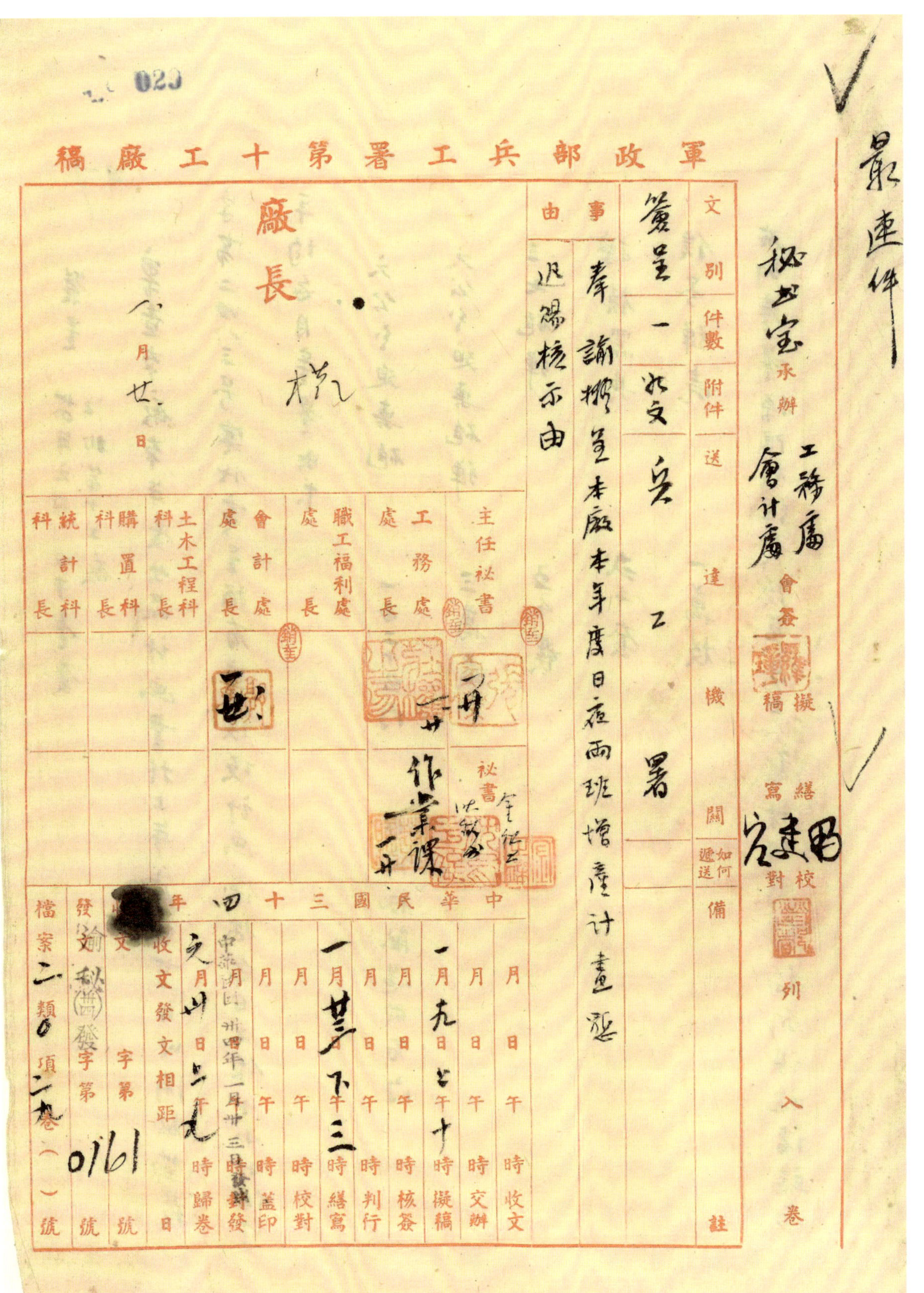

軍政部兵工署第十工廠稿

文別：簽呈
件數：一
附件：公文
送達機關：兵工署
事由：奉諭擬呈本廠本年度日夜兩班增產計畫懇迅賜核示由

廠長 杭 一月廿日

最速件

中華民國三十四年

檔案 二類0項二九卷（一）號
發文 渝秘（卅四）發字第0161號

簽呈　卅四年六月　日于重慶
江北第十工廠

案查本廠本年度生產計畫業於上年十二月廿一日以渝秘(卅)發字第二四八三號寅代電呈報有案該項計畫係按每日工作十小時估計平均每月產量如下

六公分迫擊砲　一百二十五門　目前祇能造成百門

六公分迫擊砲彈　三萬發

三七砲彈　五千發

擲榴器具　貳千套

信號彈殼　一萬枚

右列產量係限於經費預算員工人數材料周轉福利設施諸端而

确定兹事

钧座面谕发挥高度效率配合抗战急需复依前颁條代电所示甲种办法另拟增产计画按每日工作十八小时分日夜两班预计月可增加产量如下

六公分迫击砲　一百二十五门　目前祇能月造成百门

六公分迫击砲弹　六万发

信号弹壳　三万枚

操枪器具　五千套

根据该项增产计画需添上等技工六十人普通技工三百五十人小工九十人　职员以轮流分值为原则尚须稍事补充计技術员十四人

事务人员十八人廠房增建面積二千四百四十平方公尺宿舍住宅及食堂面積四千一百三十平方公尺機器设備除木工机冲机熔铁炉打水机方棚等必须添购外以侭量利用本廠現存机器为原则然尚不足自行设法補充惟事以迅速為先时以争取為贵欲完成上项设備達到新增產量有必须具備之條件六项擬请

鈞署分别予以核准

一、一次撥發擴充建设经费壹萬壹仟萬元（附表一）以為增建廠房添置设備之用俾便尅日興工

二、即行酌撥三个月所需署撥材料（詳附表二）俾即着手製造轉手之準備使大量出品不致中断

三、額造經費須預發三個月或另撥購儲材料費壹萬貳仟萬元（附表三）因目前每月額造經費均在月終始行發給扣減署撥料款外所餘無多祇能應付工資薪津電費什項等支出實不能購儲充分材料為確保供應此項材料週轉費實屬迫切需要

四、所需增加員額擬請　准由本廠臨時雇用不另加委以期人事運用靈活迅赴機宜此項增雇人員一俟加工取消即行裁撤

五、日夜兩班加工以後工人分兩班輪流作息按工給資無何問題惟職員人數雖略有增加猶尚不夠兩班分配所以每一職員在事實上必須延長工時始能配合擬請　將所增出品從單價中提

31-1

出一部份作為加工招酬藉以强化工作情緒而收事半功倍之效

六　署定單价按时搭事作合理之規定

總上所擬計画凡蒙

批准可自本

令籌備日起四個月内按期出品是否有當　理合檢附各表簽請

迅賜核示祇遵

謹呈

署長俞

（全銜）廠長莊〇

附表三件

軍政部兵工署第十工廠

（附表一）擴充生產建設經費概算表

34年 1月 18日　　　　第 1 頁

項目	數量	單價	總價	附註
建設經費			106,836,000	
I 建築工程費			93,436,000	
1. 廠房	2440 m²	17000—	41,480,000	
2. 工人宿舍	924 m²	14000—	12,936,000	容納450人之食宿處所
3. 工人食堂	430 m²	15000—	6,450,000	
4. 工人住宅	1740 m²	13000—	22,620,000	容納60家
5. 職員住宅	330 m²	15000—	4,950,000	容納10家
6. 蓄水池	[illegible]		5,000,000	
II 機器設備費			13,400,000	
1. 3噸沖壓機	1座		2,000,000	
2. 6' 車床	10部	300,000—	3,000,000	
3. 銑床	2部	500,000—	1,000,000	
4. 木銑床	1部		300,000	
5. [illegible]頭機	2部	500,000—	1,000,000	
6. [illegible]床	2部	500,000—	1,000,000	
7. 油壓[illegible]床	3部	[illegible]	[illegible]	
8. 木工床	1部		150,000	
9. [illegible]床	5部	50000—	250,000	
10. 小沖床	3部	250,000—	750,000	
11. 切口機	1部		100,000	
12. 小[illegible]口機	1部		100,000	
13. [illegible]機	2部	80000—	160,000	
14. [illegible]機	2部	50000—	100,000	
15. 印字機	2部	50000—	100,000	
16. 天秤	3台	30000—	90,000—	
17. 200 KVA 變壓器	1座		3,200,000	
18. [illegible]	1部		30,000	

024

軍政部兵工署第十工廠

（附表二）依照加開日夜班作業計劃三個月所需材料表

34年1月　日　　　第1頁

1. 署撥材料

材料名稱	規格	尺寸	數量	单位	備攷
硬鋼	St. 50.11	1/4"φ	50	公斤	
〃 〃	St. 50.11	3/8"φ	50	〃	
〃 〃	St. 50.11	1/2"φ	300	〃	
〃 〃	St. 70.11	5/8"φ	200	〃	
〃 〃	St. 50.11	7/8"φ	300	〃	
〃 〃	〃	1"φ	450	〃	
〃 〃	〃	1 1/8"φ	600	〃	
〃 〃	〃	3"φ	2,000	〃	
軟鋼水管		3/4"φ	100	公尺	
細鋼銼		6"	375	把	
鋼[illegible]		[illegible]	[illegible]	[illegible]	

337

鋼　球		1/8"	594,000	粒	
〃　〃		4 m/m ϕ	450	〃	
鋼　絲		4 m/m ϕ	10	公斤	
〃　〃		5 m/m ϕ	20	〃	
白鋼絲		0.8 m/m ϕ	300	〃	
〃　〃		1 m/m ϕ	2	〃	
〃　〃		1.2 m/m ϕ	3	〃	
〃　〃		1.5 m/m ϕ	1.100	〃	
〃　〃		2 m/m ϕ	50	〃	
〃　〃		2.5 m/m ϕ	2	〃	
鉄　板		0.5 m/m	10	〃	
〃　〃		0.6 m/m	20	〃	
〃　〃		0.75 m/m	100	〃	
〃　〃		1 m/m	2	〃	
〃　〃		1.5 m/m 或 1/16"	36	噸	
〃　〃		1/4"	30	公斤	
馬口鉄皮		0.3 m/m	21	噸	
子夬鋼皮		0.5 m/m	2.000	公斤	
鋼　板		1.5 m/m 或 1/16"	50	〃	
鉛　絲		0.5 m/m ϕ	1	〃	

軍政部兵工署第十工廠

年　　月　　日　　　　　　　　第 2 頁

材料名稱	規格尺寸	數量	單位	備攷
鉄絲	2 m/m φ	6	公斤	
軟鋼	1/8"φ	5	〃	
〃　〃	1/4"φ	100	〃	
〃　〃	5 m/m φ	2,700	〃	
〃　〃	7 m/m φ	80	〃	
〃　〃	3/8"φ	150	〃	
〃　〃	1/2"φ	500	〃	
〃　〃	5/8"φ	20	〃	
〃　〃	3/4"φ	200	〃	
〃　〃	7/8"φ	200	〃	
〃　〃	1"φ	200	〃	

327

			[illegible]	[illegible]		
〃	〃		1"φ	120	〃	
〃	〃		1⅛"φ	80	噸	
〃	〃		1⅜"φ	2.500	公斤	
〃	〃		1½"φ	1.000	〃	
〃	〃		2"φ	1,200	〃	
扁	鋼		¼"x¾"	50	〃	
黄	銅絲		1m/mφ	1	〃	
〃	〃		1.5m/mφ	1	〃	
〃	〃		2m/mφ	1	〃	
黄	銅條	MS58	⅛"φ	5	〃	
〃	〃	〃	10m/mφ	120	〃	
〃	〃	〃	7m/mφ	30	〃	
〃	〃	〃	5m/mφ	400	〃	
〃	〃	〃	5/16"φ	1,700	〃	
〃	〃	〃	⅜"φ	68	噸	
〃	〃	〃	15m/mφ	10	公斤	
〃	〃	〃	⅝"φ	24	噸	
〃	〃	〃	¾"φ	100	公斤	
〃	〃	〃	⅞"φ	10	噸	

軍政部兵工署第十工廠

年　　月　　日　　　　　　第 3 頁

材料名稱	規格	尺寸	數量	單位	備考
黄銅條	MS58	1"φ	120	公斤	
〃	〃	1⅛"φ	700	〃	
〃	〃	1¼"φ	82	噸	
〃	〃	1⅜"φ	250	公斤	
〃	〃	1½"φ	200	〃	
〃	〃	2"φ	500	〃	
紫銅			2.800	〃	
鋅			1.400	〃	
錳鉄			200	〃	
紫銅條	D·Cu	2m/mφ	10	〃	

34-1

〃　〃	〃	[illegible]	[illegible]		
铆　钉	〃	⅛"×8或9	3,000	只	
〃　〃	〃	4m/m φ×10	500	〃	
青铜丝	W.8.26	0.7m/m φ	2	公斤	
黄铜皮		0.2m/m	6	〃	
〃　〃		0.3m/m	2	〃	
〃　〃		0.4m/m	10	〃	
〃　〃	MS63F41	0.4m/m	10	〃	可以0.4m/m黄铜皮代替
〃　〃		0.45m/m	1,000	〃	
〃　〃		0.6m/m	20	〃	
〃　〃		0.7m/m	2,700	〃	
〃　〃		0.8m/m	10	〃	
〃　〃	MS63F41	1m/m	10	〃	
〃　〃		1.8m/m	80	〃	
〃　〃		2.5m/m	50	〃	
〃　〃		3.5m/m	13.5	吨	
〃　〃		6m/m	1,200	公斤	
紫铜皮		0.2m/m	100	〃	
〃　〃		0.3×60m/m	60	〃	
〃　〃		1m/m	2	〃	

035

軍政部兵工署第十工廠

年　月　日　　第4頁

材料名稱	規格	尺寸	數量	單位	備攷
焊錫			800	公斤	
鍍鋅鉄絲	16"		5	"	
獵槍弹壳	Victor 12"		200,000	枚	
T N T			18	噸	
無烟葯			2,700	公斤	
硝酸砷			9	噸	即石砷石肖
硝酸			2400 500	公斤	
水銀			100	"	
酒精			2,000	加侖	
特出耳			300	公斤	

351

氯酸鉀			20	〃	
硫化銻			15	〃	
碱			800	〃	
洋釘		5/8"	1,200	〃	
〃 〃		1"	300	〃	
〃 〃		1¼"	300	〃	
〃 〃		1½"	2,200	〃	
〃 〃		1¾"	300	〃	
〃 〃		2"	1,200	〃	
〃 〃		2½"	300	〃	以上係主要材料
炭素工具鋼		5/8"φ	100	〃	
〃 〃		¾"φ	100	〃	
〃 〃		7/8"φ	100	〃	
〃 〃		1"φ	100	〃	
〃 〃		1¼"φ	200	〃	
〃 〃		1½"φ	200	〃	
〃 〃		1¾"φ	200	〃	
〃 〃		2"φ	200	〃	
〃 〃		2½"φ	200	〃	
〃 〃		3"φ	200	〃	

軍政部兵工署第十工廠

年　月　日　　第 5 頁

材料名稱	規格尺寸	數量	單位	備攷
炭素工具鋼	4″φ	200	公斤	
鋒鋼	3/8″φ	100	〃	
〃	1/2″φ	100	〃	
〃	5/8″φ	100	〃	
〃	3/4″φ	200	〃	
〃	7/8″φ	200	〃	
〃	1″φ	100	〃	
〃	1 3/8″φ	100	〃	
〃	2 3/4″φ	100	〃	
〃	3 1/4″φ	100	〃	
〃	[illegible]	[illegible]	〃	

36-1

〃 〃		[illegible]/32"φ	100	〃	
〃 〃		9/16"φ	100	〃	
〃 〃		5/8"φ	100	〃	
〃 〃		25/32"φ	100	〃	
冲模鋼		1/2"φ	50	〃	
〃 〃		5/8"φ	50	〃	
〃 〃		7/8"φ	50	〃	
〃 〃		1½"φ	100	〃	
〃 〃		1⅝"φ	100	〃	
〃 〃		2"φ	100	〃	
〃 〃		2¼"φ	100	〃	
〃 〃		2¾"φ	100	〃	
〃 〃		3⅝"φ	100	〃	
〃 〃		4"φ	100	〃	
〃 〃		4⅝"φ	100	〃	
〃 〃		5¼"φ	100	〃	
底炭素鋼		3/8"φ	200	〃	
〃 〃		1/2"φ	200	〃	
〃 〃		5/8"φ	200	〃	
〃 〃		3/4"φ	200	〃	

軍政部兵工署第十工廠

年　月　日　　第6頁

材料名稱	規格	尺寸	數量	單位	備攷
底炭素鋼		7/8"φ	200	公斤	
〃　〃		1"φ	200	〃	
〃　〃		1¼"φ	200	〃	
〃　〃		1½"φ	200	〃	
〃　〃		1¾"φ	200	〃	
〃　〃		2"φ	200	〃	
〃　〃		2½"φ	300	〃	
〃　〃		3"φ	300	〃	
〃　〃		3½"φ	300	〃	
〃　〃		4"φ	300	〃	

371

〃 〃		2"ø	300	〃	
〃 〃		2½"ø	300	〃	
〃 〃		3"ø	300	〃	
〃 〃		4"ø	300	〃	
白铁皮	S.W.G. №10	4'x8'x0.914	100	〃	
黑铁皮		1m/m	100	〃	
〃 〃		1.5m/m	100	〃	
铁丝	SWG. №16	1.626ø	50	〃	
〃 〃	〃 №20	0.914ø	50	〃	
铅丝	〃 〃	〃	50	〃	
〃 〃	〃 №11	2.946ø	200	〃	
砂布	№0		50	打	
〃 〃	№1		50	〃	
砂纸	№1		50	〃	
機器油			600	加侖	
輕機油			600	〃	
代煤油			600	〃	
代柴油			15,000	〃	
白凡士林			100	公斤	
黄凡士林			300	〃	

軍政部兵工署第十工廠

年　月　日　　　　第7頁

2. 市購材料

材料名稱	規格尺寸	數量	單位	備攷
豬鬃		100	公斤	
薄綢		200	疋	
細洋線		1.000	團	
草綠色帆布		10	疋	
白布		50	〃	
棉紗		100	公斤	
水平管	7m/mΦ	850	只	
牛皮		15	方公尺	
射表桿		375	只	
彈槽刷		15.000	〃	
[illegible]		[illegible]	[illegible]	

28-1

[illegible]			375	套	
工具箱			375	只	
皮袋			15,000	只	
瞄準器皮盒			375	〃	
迫弹説明書			30,000	張	
紙板	1m×1m	0.3%m	50	〃	
馬糞紙		1%m	1,000	〃	
油紙			750	〃	
柏木板		3/8"	1,350	英方	
〃〃		1/2"	120	〃	
〃〃		5/8"	3,300	〃	
〃〃		7/8"	360	〃	
〃〃		1"	15	〃	
梨木			400	公斤	
青梗木			1,700	公斤	
蔴綫		1m/mΦ	3,750	公尺	
棕繩		1/4"Φ	1,000	公斤	
〃〃		3/8"Φ	600	〃	
迫炮弹装箱单			6,000	張	
迫炮説明書			500	〃	

030

軍政部兵工署第十工廠

年　月　日　　　第8頁

材料名稱	規格	尺寸	數量	單位	備攷
鋸條			120	打	
块煤			1,000	噸	
烟煤			1,500	〃	
焦炭			300	〃	
䖝炭			200	〃	
石墨粉			6,000	公斤	

軍政部兵工署第十工廠

（附表三）擴充生產建設經費概算表

34年 1 月 18 日　　　第全頁

項目	數量	單價	總價	附註
購儲材料費			121,281,500	下列材料[illegible]
1 豬鬃	100斤	450-	45,000	[illegible]
2 洋鎬	200支	6000-	1,200,000	[illegible]
3 細洋線	1000[illegible]	200-	200,000	[illegible]
4 草綠色帆布	10疋	8000-	80,000	[illegible]
5 白布	50疋	[illegible]	400,000	[illegible]資金。
6 棉紗	100斤	500-	50,000	
7 水平管	75[illegible]	100-	85,000	
8 牛皮	15[illegible]	7000-	110,500	
9 [illegible]	375[illegible]	200-	75,000	
10 鋼絲刷	15000[illegible]	5-	75,000	
11 [illegible]	375套	3000-	1,125,000	
12 皮袋	15000[illegible]	150-	2,250,000	
13 迫擊砲說明書	30000[illegible]	2-	60,000	
14 紙板	50[illegible]	50-	2,500	
15 [illegible]線	1000[illegible]	20-	20,000	
16 油紙	750張	20-	15,000	
17 杉木板	5145[illegible]	16000-	82,320,000	
18 梨木	400[illegible]	50-	20,000	
19 青桂木	1700[illegible]	30-	51,000	
20 麻線	3750[illegible]	10-	37,500	
21 棕繩	1600斤	300-	480,000	
22 迫砲彈裝箱單	6000張	3-	18,000	
23 [illegible]	120打	800-	96,000	
24 塊煤	1000噸	10000-	10,000,000	
25 烟煤	1500噸	7000-	10,500,000	
26 焦炭	300噸	20000-	6,000,000	
27 [illegible]炭	200噸	15000-	3,000,000	
28 石墨粉	6000[illegible]	510-	3,060,000	
29 迫砲說明書	500張	12-	6,000	

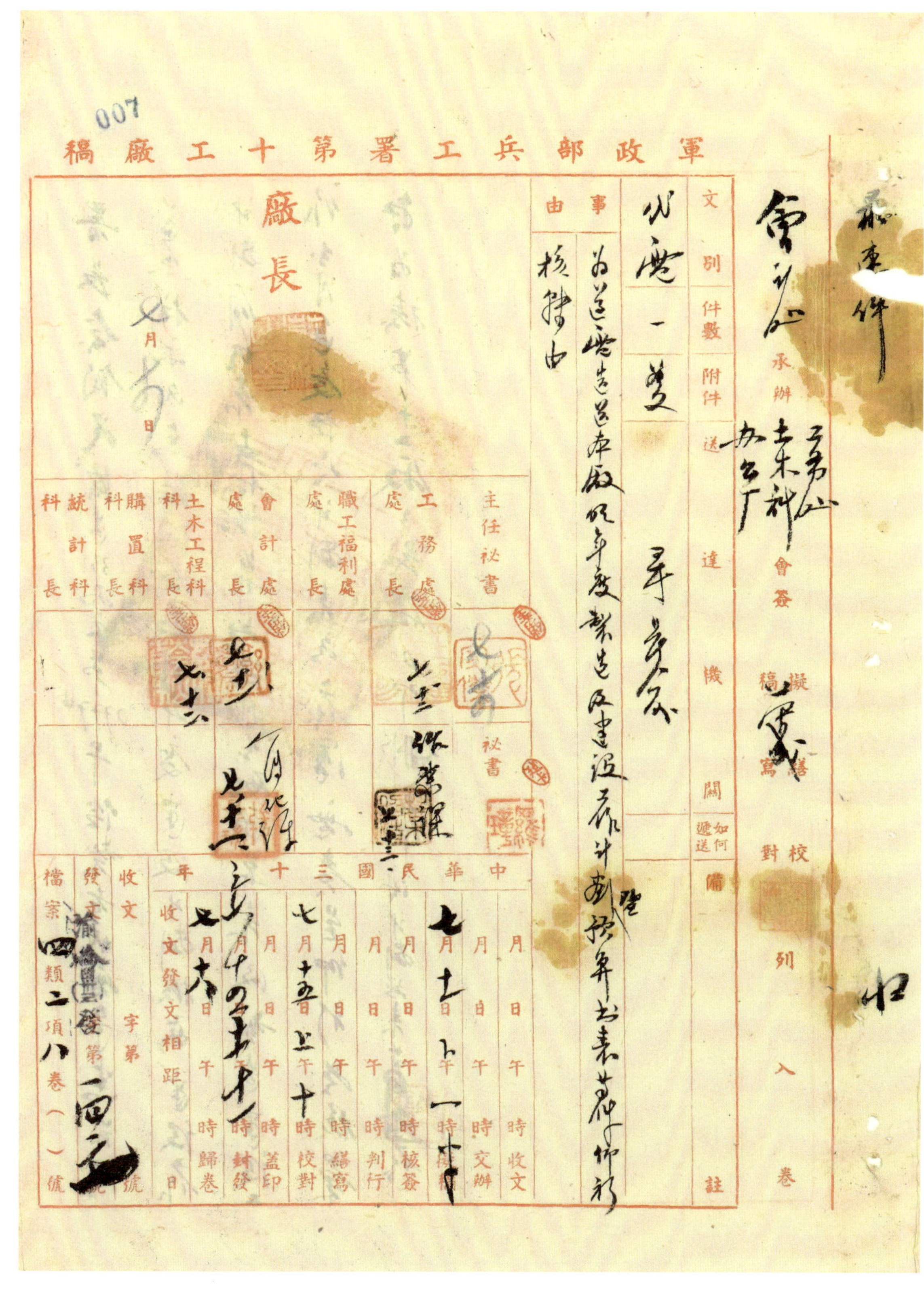
軍政部兵工署第十工廠稿

文別：代電

事由：為造送本廠卅四年度製造及建設工作計劃暨預算書表等件仰祈核轉由

廠長

中華民國三十　年

兵工署第十工厂为造送一九四五年度制造及建设工作计划及预算书表等致兵工署的代电（一九四五年七月十五日）

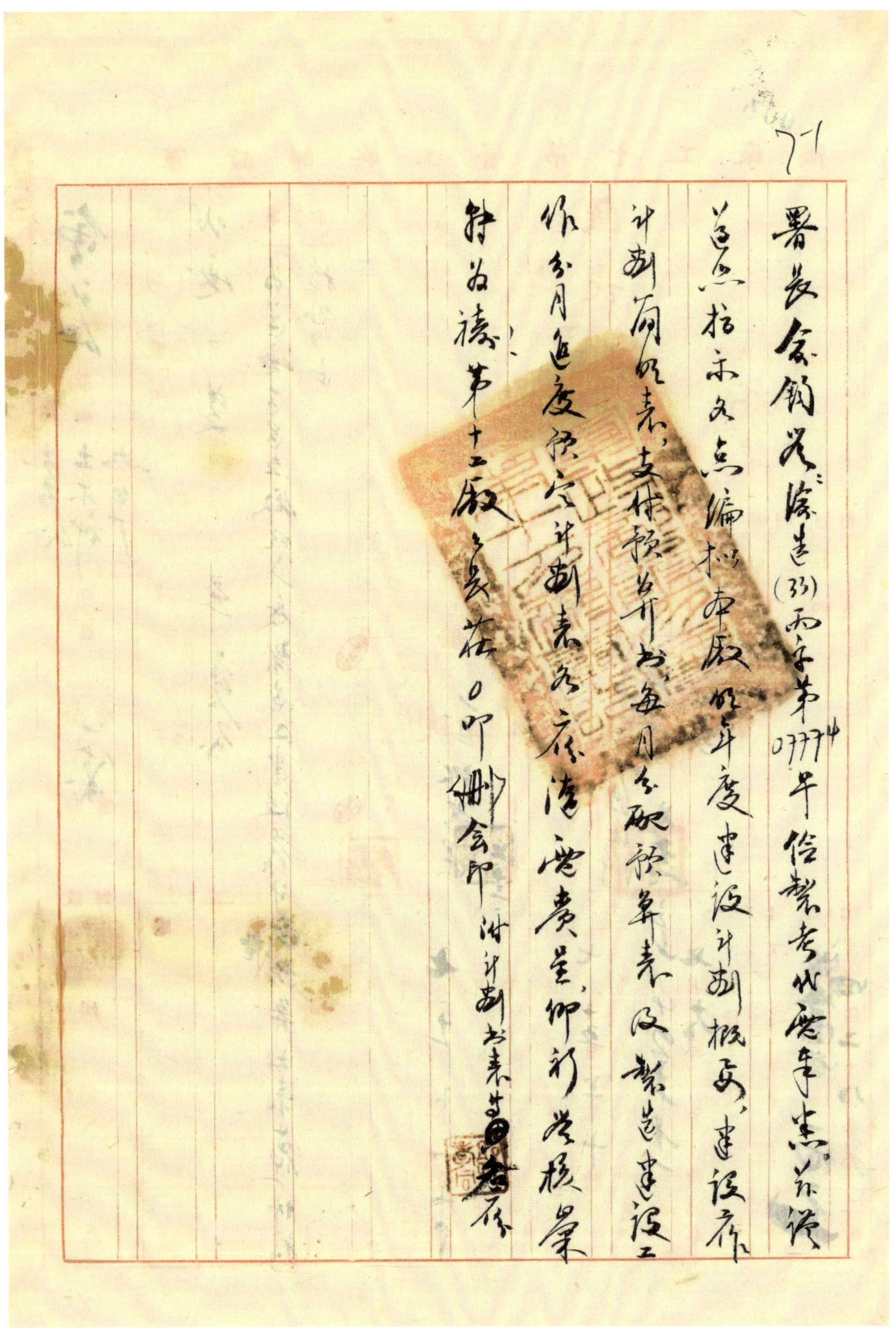

71

署長俞鈞鑒：鈞署（33）丙字第07774號代電暨表式均悉。茲遵照指示各點，編擬本廠明年度建設計劃概要、建設工作計劃簡明表、支付預算書、每月分配預算表及暫定建設工作分月進度預定計劃表各份，隨電賚呈，仰祈鑒核彙轉為禱。第十工廠廠長莊〇叩。卅亥印。附計劃書表共四套存

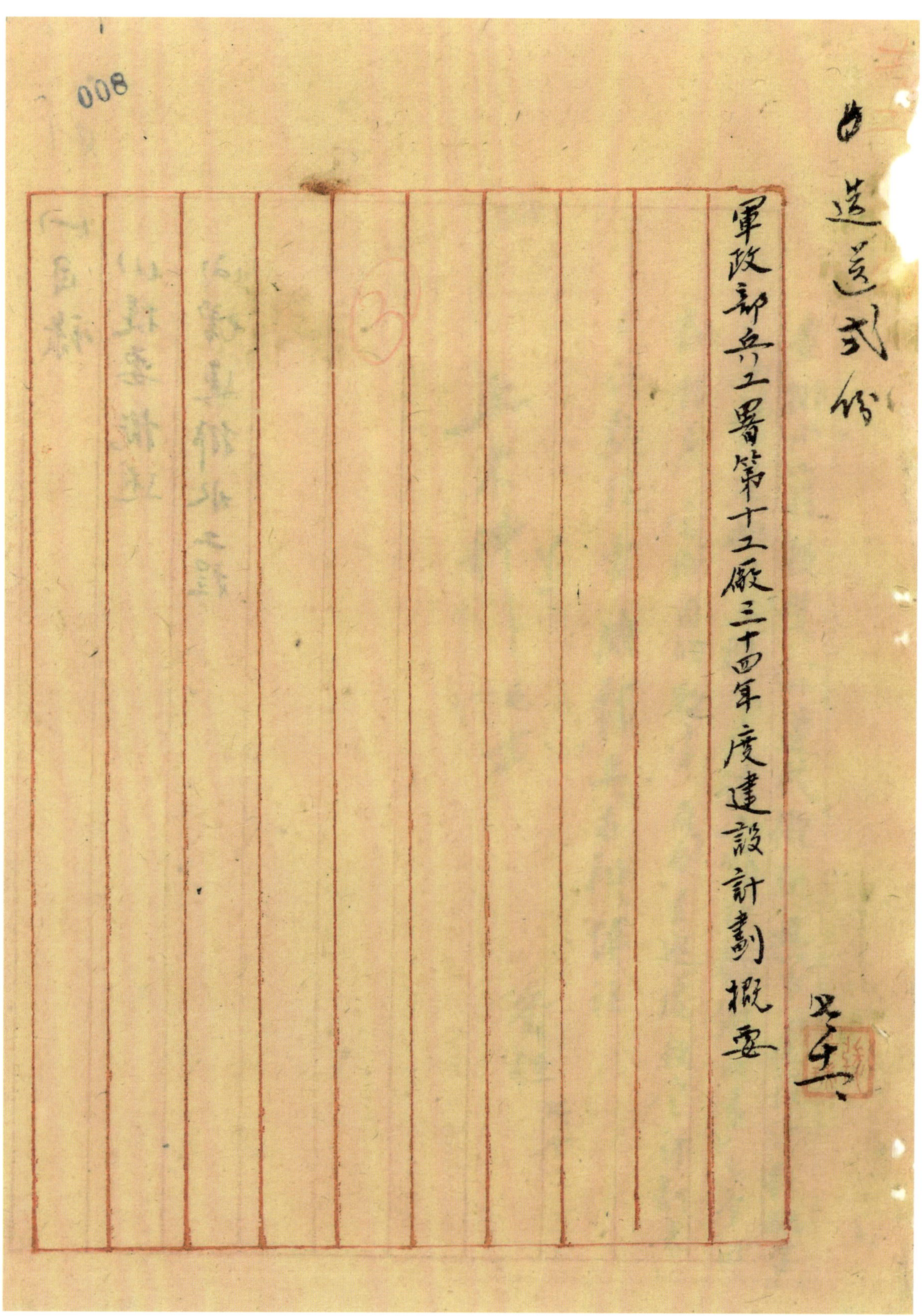
008

由送送式份

軍政部兵工署第十工廠三十四年度建設計劃概要

8-1

（一）目录

（1）提要概述

（2）增进排水工程

（1）提要概述（另行）

查本廠各項主要建築大部均已完成，惟因

（二）計劃正文

山地起伏，水道不平，如遇洪流益形湍急，若不善加利導，雨時則全廠地基勢必

水道迭未建造，有暴雨或陰雨連綿，山水以低陷

受其沖蝕，下陷堪虞，

錦濾之水均無處排泄，對于各項建築損失甚大，

故擬於本年度由本廠自由本部指示增建所需經費

內增建排水工程，藉利宣洩而固廠基

即在本年度建設經費內支用

（1）增建排水工程

計包括開挖土石方約計壹萬立方公尺，砌築擋土

墻壹千立方公尺，砌築水溝貳千立方公尺，埋築

水管約計壹千公尺

造弍份

軍政部兵工署第十工廠三十四年度建設經費支付預算書

總計國幣弍千萬元正

科目	預算金額	備考
第一款 建設費	20,000,000	
第一項 排水工程	20,000,000	
第一目 排水工程	20,000,000	開挖土石方一萬立方，每立方四百元，計四百萬元；擋土牆一千立方，每立方四千元，計四百萬元；砌排水溝二千立方，每立方四千元，計八百萬元；埋排水管一千公尺，每公尺四千元，計四百萬元。合計如上數

七千一

軍政部兵工署第十兵工廠

14 三十四年度建設費預算分配表 14

遣送府

目 名稱	全年度預算數	分配數 一月份	二月份	三月份	四月份	五月份	大月份	七月份	八月份	九月份	十月份	十一月份	十二月份	備考
建設費	20,000,000.-	5,000,000.-	5,000,000.-	3,000,000.-	3,000,000.-	2,000,000.-	2,000,000.-							
排水工程	20,000,000.-	5,000,000.-	5,000,000.-	3,000,000.-	3,000,000.-	2,000,000.-	2,000,000.-							
排水工程	20,000,000.-	5,000,000.-	5,000,000.-	3,000,000.-	3,000,000.-	2,000,000.-	2,000,000.-							

廠長　處長　課長　製表員

軍政部兵工署第十五廠三十四年度中心工作分月進度預定計劃表

案由	計劃提要	一月	二月	三月	四月	五月	六月	七月	八月	九月	十月	十一月	十二月	備考
械彈製造	六公分迫擊砲	一百門	一百	一百	一百	一百	一百	一百	一百	一百	一百	一百	一百	全年共計一千二百門
	六公分迫擊砲彈	二萬發	二萬	二萬	二萬	二萬	二萬	二萬	二萬	二萬	二萬	二萬	二萬	全年共計二十四萬發
	三七砲彈	一萬發	一萬	一萬	一萬	一萬	一萬	一萬	一萬	一萬	一萬	一萬	一萬	全年共計十二萬發
	信號彈	二萬發	二萬	二萬	二萬	二萬	二萬	二萬	二萬	二萬	二萬	二萬	二萬	全年共計二十四萬發
	擲槍器具	四千套	四千	四千	四千	四千	五千	四千	四千	四千	四千	四千	五千	全年共計五萬套
附註	本表所列數額係按本廠一般設備能力估計全年度可能造繳之主要出品作為中心工作在此數額以外如有適合材料或為特殊需要尚可酌增合併陳明													

軍政部兵工署第十三廠三十四年度建設工作分月進度預定計劃表

案由計劃提要		預定分月進度												備考
		一月	二月	三月	四月	五月	六月	七月	八月	九月	十月	十一月	十二月	
排水工程	計包括開挖土石方約計壹萬立方公尺砌築擋土牆約計壹仟立方公尺砌築水溝約計弍仟立方公尺埋築水管約計壹仟公尺	25%	25%	15%	15%	10%	10%							

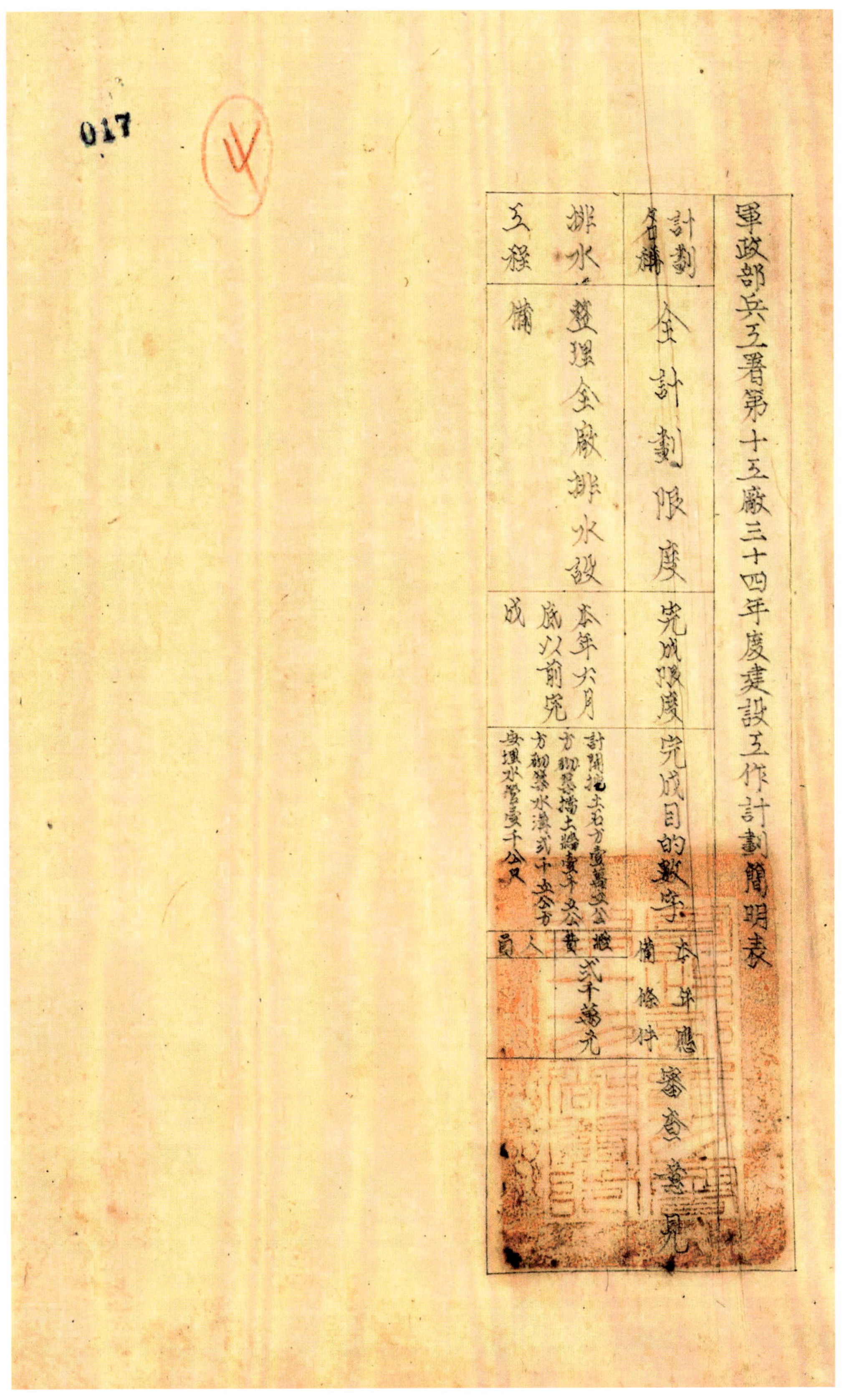

軍政部兵工署第十工廠三十四年度建設工作計劃簡明表

計劃名稱	全計劃限度	完成限度	完成目的數字	本年應備條件		審查意見
排水工程	整理全廠排水設備	本年六月底以前完成	計開挖土石方壹萬五公方，砌築擋土牆壹千五公方，砌築水溝貳千五公方，安埋水管壹千公尺	經費	貳千萬元	
				人員		

（六）基础建设

兵工署炮兵技术研究处关于迁移重庆后疏散情形致兵工署的呈（一九三九年七月一日）

軍政部兵工署砲兵技術研究處稿

文别：呈

事由：为呈报本处迁渝后疏散情形由

送達機關：兵工署

處長 六月卅日

土木組承辦 德揚

中華民國二十八年

收文 六月卅日上午十一時
擬稿
核簽
判行
繕寫 七月一日上午十一時
校對 七月一日上午十一時
蓋印 七月一日上午十一時半
封發 七月一日上午十二時
歸卷 七月四日下午三時

發文砲技（元）字第一八三五號

檔案 案類 項 三卷（一）號

50-1

案奉

钧署渝造（六）内字第4537号训令，略以：奉 军政部渝总秘文字第166号训令，为限制建筑，以免空袭危险，并附奉发（见）事宜三项，饬各处划定相当范围，在范围以内，除已建筑完成者外，以后一切工厂学校及其他大规模之公私建筑，一律禁止，并希遵照办理，等因。又奉钧署渝造（六）内字第6228号训令内开：“案奉……至饬……”等因。奉此，查本处内各动力厂之设置，迁渝以后，为利用市区电动力及水陆交通便利之故，即勘定忠恕沱地方为厂址，事先均经严密考虑，尽力疏散，以期减少空袭危险。至新增各项建筑，均先选择隐蔽地位，以符功令。前为减少空袭目标计，曾函请江北县政

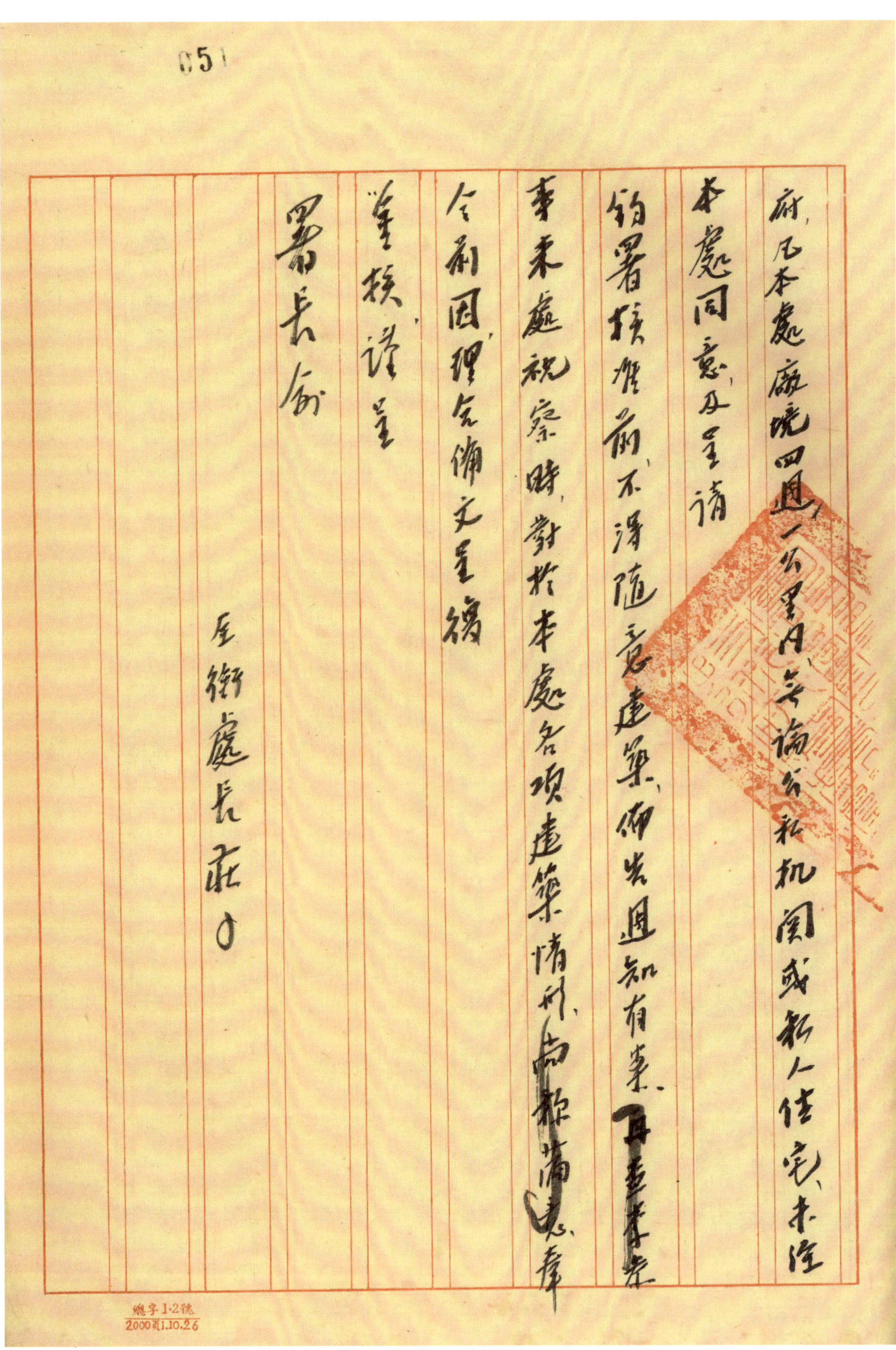

051

府，凡本處廠境四週一公里內，無論公私機關或私人住宅，未經本處同意，及呈請鈞署核准前，不得隨意建築，佈告週知有案。再查春季專來處視察時，對於本處各項建築情形，尚稱滿意，奉令前因，理合備文呈覆鑒核。謹呈

署長俞

全銜處長莊[illegible]

0005 3

軍政部礮技處27年至29年建築工程概況表 第一頁

種類	工程名稱	單位	總數	建築情形	開工		完工		附註
					年	月	年	月	
住宅類	職員眷屬住宅	座	11座	已完成	27	7	27	12	此部列於前頁
	工人宿舍	〃	4〃	〃〃〃	27	8	27	12	
	辦公廳	〃	5〃	〃〃〃	27	8	28	1	
	飯廳	〃	3〃	〃〃〃	27	8	28	2	
衛生設備	浴室	〃	2〃	〃〃〃	27	9	28	2	
	廁所	〃	5	〃〃〃	28	4	29	2	
警衛設備	門房及衛兵室	〃	1	〃〃〃	27	12	28	4	
	廠界竹籬圍牆	〃	1	在進行中	28	11	---		
交通設備	碼頭踏步	〃	6	已成	27	6	27	8	
	輕便鐵道	〃	1	〃〃	27	8	28	2	
排水工程	条石涵洞	〃	9	〃〃	27	8	28	2	
學校	職工子弟學校校舍	〃	1	在進行中	28	4	----		
給水工程	水池	〃	5	已成	27	11	28	2	
	水塔	〃	1	〃〃	27	11	28	2	
防空設備	山峒	〃	5	在進行中	27	9	---		
庫房類	儲藏室	〃	1	完工	28	1	28	10	

29年3月 日

土木工程組

兵工署炮兵技术研究处一九三八年至一九四〇年建筑工程概况表（一九四〇年三月）

4

軍政部砲技廠27年至29年建築工程概況表　第二頁

種類	工程名稱	單位	總數	建築情形	開工 年	開工 月	完工 年	完工 月	附註
庫房類	存發室	座	1	在進行中	27	11	--	--	
	材料庫	〃	5	已成	27	10	29	1	
	火藥庫	〃	3	在進行中	27	10	29	--	
廠房	銅殼所	〃	1	已完成	27	11	29	十	
裝藥所	裝焊所	〃	1	已完成	27	11	29	1	
	裝壓室	〃	本5	已成	27	11	29	1	
	〃〃〃	〃	本2	在進行中	27	11			
	磨粉室	〃	1	〃〃〃〃	27	11			
	混合室	〃	2	〃〃〃〃	27	11			
	截短室	〃	1	〃〃〃〃	27	11			
	試驗室	〃	1	〃〃〃〃	27	11			
	冷卻室	〃	1	〃〃〃〃	27	11			
	烘房	〃	2	〃〃〃〃	27	11			
	精裝室	〃	1	〃〃〃〃	27	11			
	篩粉室	〃	1	〃〃〃〃	27	11			
	包裝室	〃	1	〃〃〃〃	27	11			

29年3月　日　　　　土木工程組

0003 5

軍政部砲技廠27年至29年建築工程概况表　第三頁

種類	工程名稱	單位	總數	建築情形	開工		完工		附註
					年	月	年	月	
廠房	篩藥室	座	1	已成	27	11	29	1	
	裝配室	〃	1	〃〃	27	11	29	1	
	木工所	〃	1	〃〃	27	11	29	1	
	延藥室	〃	1	在建築中	27	11			
	方棚間	〃	1	〃〃〃〃	28	2			
	動力廠	〃	1	〃〃〃〃	28	2			
	鍋炉室	〃	1	〃〃〃〃	27	11			

29年3月　日

土木工程組

0005 51 8

軍政部砲技處二十九年度擬建房屋工程表

第四頁

種類	工程名稱	座數	建築情形	開工		附註
				年	月	
	農林室	1座	將開工	29	3	預擬開工日期
	廢品室庫	1座	〃〃〃	29	4	〃〃〃〃〃〃
	工人住宅	15座	〃〃〃	29	4	於徵收地畝內之已成民房加以修葺預定四月開工
	招待所	1座	已開始平基	29	3	
	乙種職員住宅	1座	已開工	29	3	
	木橋	1座	將開工	29	4	
	整理工廠	4座	將開工	29	5	建混明計辦公廳、汽車間、汽油庫、工廠各一次。

29年3月 日

土木工程組

軍政部兵工署第十工廠
三十年度建築工程統計表 96

種類	名稱	形狀或尺寸	幢數	工程費(元)	構造	開工日期 年	月	日	工程進度	附註
廠房	72號漆工間	43.45 m²	1	7482.18	青瓦屋面双面竹笆墙三沙土地坪玻璃窗	30	2	23	100%	
	402E鍛工房	106.25〃	1	27.517.15	〃 磚墙 〃	30	6	15	〃	
	第三洞擴充洞	1148.76〃	1	437.273.56	目前僅限於土石方開挖工程	30	10	9	71%	
	工具所山洞	318.75〃	1	120.715%	〃 〃	30	11	9	98%	
	第二洞東洞口水溝	29.00 m	1	870.00	10cm×13cm 磚暗溝 1:3石灰漿砌	30	6	20	100%	
辦公廳	27號新辦公廳	192.00 m²	1樓房	83.075.85	青瓦屋面磚墙玻璃窗地板夾沙樓板	30	2	14	〃	
	28號工人管理室	10.53〃	1	4037.59	〃 双面竹笆墙三沙土地坪玻璃窗	30	10	7	〃	
庫房	208甲火藥庫	185.96〃	1	14.737.00	石墙石拱外層加塗柏油牛毛氈頂填土石方	28	1	6	〃	
	208乙火藥庫	200.54〃	1樓房	100.299.61	〃 〃	28	2	2	80%	
	材料庫第一洞	247.67〃	1	29.040.00	土石方工程	29	8	1	100%	
	材料庫洞口石墙	21.08 m³	1	1386.47	1:3石灰漿砌条石墙	30	6	10	〃	
	材料庫洞口水溝	75.23 m	1	1692.67	10cm×13cm 磚暗溝	30	10	30		
	化藥品山洞	128.85 m²	1	73.512.88	柏木撑核松板建同開挖工程	30	9	24	土石方100% 支撑20%	
	汽車貯藏洞	189.00〃	1	52078.73	本工程僅於開挖土石方工程	30	11	9	100%	
	26庚米倉工程	228.00〃	1	69899.90	青瓦屋面双面竹笆墙地板玻璃窗	30	12	22	〃	
	26戊農產品貯藏室	84.00〃	1	14.991.58	〃 單面竹笆墙三沙土地坪木栅窗	30	10	10	〃	
宿舍	26丁農工宿舍	219.42〃	1	32.452.26	〃 〃	30	7	21	〃	
	工人宿舍	212.00〃	1樓房	101681.71	〃 双面竹笆墙三沙土地坪玻璃窗樓板	30	11	28	30%	
	45丁女職員宿舍	232.58〃	1	46.856.34	〃 〃	30	7	28	100%	
膳食	46丙職員膳堂	364.00〃	1	56.234.41	〃 〃	30	5	19	〃	
	46丙附膳堂廚房	67.00〃	1	13.813.00	青瓦屋面單面竹笆墙三沙土地坪木格窗	30	10	5	〃	
	73號工人食堂	184.00〃	1	20092.93	〃 〃 黄泥地坪 〃	30	3	2	〃	
住宅	52壬運輸工人住宅	144.00〃	1	19.034.35	〃 〃 三沙土地坪 〃	30	5	9	〃	現已改作隔離病院
防空洞	第六號防空洞	369.06〃	1	52.137.60	土石方開挖工程	29	8	25	90%	
	第五洞洞口磚拱及填土	40.775 m³ 磚 25.653 m³ 土	1	2.372.80		30	6	25	100%	
	第五洞洞口石墙	120.00 m³	1	7.800.00	1:3石灰漿砌条石墙（石灰由本廠供給）	30	6	10	〃	
	第四洞口接長	26.00〃	1	1.320.00	石墙18m 磚拱40m² 填土約400m³	30	7	1	〃	
	第六洞明槽	775.00〃		14.000.00	土石方開挖工程	30	8	1	〃	
	文卷洞	41.25 m²	1	18809.29		30	8	19	〃	計263.067′
供應部	61號合作社營業部	119.82	1樓	25154.07	青瓦屋面双面竹笆墙三沙土地坪玻璃窗樓板	30	2	14	〃	
	63號 〃 小菜场	64.00	1	7891.67	〃 三沙土地坪	〃	〃	〃	〃	
	64號 〃 貯藏室	85.01	1	12.005.12	〃 〃 單面竹笆墙	〃	〃	〃	〃	
	64 號合作社倉庫	82.25	1	26.403.89	〃 〃	30	11	20	〃	
給水	二號水塔	80噸	1	33695.66	〃 磚墙三合土地坪	30	2	12	〃	
	三號水塔	60〃	1	31.167.79	〃 〃 水灰三合土地坪	30	4	25	〃	
道路 雜項	整修小鐵道道路溝	1208 m	1	68.738.21	加寬路基鋪修路面砌側溝橫溝	30	10	20	〃	
	11丁消防隊	304.26 m²	3	57.789.15	青瓦屋面双面竹笆墙三沙土地坪玻璃窗	30	3	13	〃	
	[illegible]女工作间	80.28〃	1	14.652.64	〃 〃	30	3	5	〃	
	66號澡身館	164.90〃	1	36.486.87	〃 〃	30	5	9	〃	
	子弟學校禮堂	92.00〃	1	17.865.44	〃 〃	30	10	7	〃	
	50乙 52丙 廁所		2	41.075.52	青瓦屋面單面竹笆墙	30	10	14	〃	
	汽車間乙	159.40 m²	1	38.345.90	〃 三沙土地坪	30	1	7	〃	
	汽車間乙修理工程	〃	1	10.953.56		30	9	8	〃	被炸毁修復
	121號石板水溝	184.50 m	1	18.497.65	石板形人字溝附水池五個	30	5	5	〃	
	121號石板溝油漆	〃	1	7286.40	〃				〃	
	101號条石	120.00 m³	1	11460.93	水灰漿砌条石坎	30	8	25	〃	
	第三期竹籬墙	898.00 m		27652.00	慈竹編織	30	3	1	〃	
	第四期 〃	966.00		29.781.00	〃	30	6	15	〃	
	第五期 〃	1100.00		31.000.00	〃	30	7	10	〃	

97

兵工署第十工厂一九四一年度举办营缮工程调查表（一九四二年十月十九日）

军政部兵工署第十工厂三十年度举办营缮工程调查表

工程编号	案由	金额	预算奉准日期	预算奉准文号	标验日期	标验监视机关姓名	验收日期	验收监视机关姓名	备考
72号 漆工间	为增建砲厂字第七二号漆工间（所检同预算并合同帐单、图说、估价单等件呈请核转备案由	748218	三十年[illegible]月 日	渝造（卅）丙字第7586號	三十年二月一日	本厂	三十年十二月十四日	兵工署 石仲[illegible]	
402E 锻工房	为增建砲厂字第四〇二號E锻工房检同预算、合同、帐单、合订本比帐记录各商估价单等件呈请核转备案由	2751715	三十年[illegible]月[illegible]日	渝造（卅）丙字第6420號	三十年五月 日	本厂	三十年十二月 日	制造司 李庆城	
第三扩充洞洞	为增辟扩充第三洞工程检同预标、合同、图表、合订本比帐记录各商估价单等件呈请核转备案由	43727356			三十年八月二十日	本厂			预标尚未奉批
工具所山洞	为开凿工具所防空洞土石方工程检同预标、图说、合订本比帐记录各商估价单等件呈请核转备案由	12071596			三十年十月十三日	本厂			预标尚未奉批
第十二批工程	为检送第十二批建筑工程检同开标决标记录、合同、帐单、预标表、发包单、施工图说、估价单等件呈请核转备案由	12561162	三十年[illegible]月七日		三十年一月二十日	制造司 胡宗海			
283号 [illegible]	为增建砲厂字第二八三号工人出入管理室（[illegible]）检同预标、图说、合同、帐单、合订本比帐记录各商估价单等件呈请核转备案由	403759	三十年[illegible]月[illegible]日	渝造（卅）丙字第0953号	三十年[illegible]月廿九日	本厂	三十一年三月十三日	营造司 陈[illegible]	
298甲 火药库	为呈送本厂第九批建筑工程图说、预标等件仰祈鉴核示遵由		二九年[illegible]月[illegible]日	渝造（廿九）丙字第13170号	二八年十一月 日	本厂			
308乙 火药库	仝上		二九年[illegible]月[illegible]日	渝造（廿九）丙字第13110号	二八年十一月 日	本厂			
材料库第八洞	为增建第八防空洞第八材料库检同预标、图说、帐单、价分析表、发包承包约、合订本、比帐估价单等件呈请核转备案由（土方部份）	预标 3389263	三十年[illegible]月九日	渝造卅丙字第5240号	二九年七月十二日	本厂			
材料库第八洞石墙	该洞洞口石质多裂缝，为加强计增建石墙为衬砌工程（衬砌工程之一部份）	138647				本厂			照第八部石保坎单价发交承商办理
化药品山洞	为增建化工所储藏洞工程检同预标、图说、合同、帐单、合订本比帐记录各商估价单等件呈请核转备案由	7351288			三十年八月二十日	本厂			预标尚未奉批
汽车贮藏洞	为增建化龙桥汽车防空洞工程检同预标、图说、合订本比帐记录各商估价单等件呈请核转备案由	5207873			三十年十月十三日	本厂			预算尚未奉批
26庚 米仓工程	为增建砲厂字第二六号庚米仓工程检同预标、合同、图说、合订本比帐记录各商估价单等件呈请核转备案由	6989990	三十年[illegible]月[illegible]日	渝造卅一丙字第3587号	三十一年十月十四日	本厂		营造司	

20

廁所	為建築渝字第六六五〇廁所工程檢同會說預算合同帳單分析表估價單等件呈請 核轉備案由	41075.52	三十年八月十一日	渝造卅丙字第8754號	三十年三月十八日	本廠	三十年十二月 日	營造司 李慶域	
66甲 職員館	為增建渝字第六六甲號職員館工程檢同合同預算書說明書及比帳記錄各項估單等件呈請 核轉備案由	36450.38	三十年八月十八日	渝造卅丙字第1257號	三十年四月十二日	本廠		營造司 李慶域	
洗衣間	為租地建築化龍橋洗衣間工程檢同會說預算分析表合同估價單等件呈請 核轉備案由	37367.34	三十年九月八日	渝造卅丙字第7592號	二九年十二月十八日	本廠	三十年二月九日	營造司 劉賡康	
第三號防空洞	為增建第三號防空洞第（材料）部份工程檢同會說預算分析表合同估價單等件呈請 核轉備案由（六五方部份）	[illegible]	三十年六月廿一日	渝造卅丙字第5240號	二九年九月二日	本廠			
第六號防空洞	為職員眷屬避空襲計增建該洞				三十年六月二日	本廠			圖說預算合同帳單等件已呈報部司 呈報備案
第五號防空洞洞口石墻	該洞洞口石質多裂縫為加強計增建襯砌工程（石墻為襯砌工程之一部份）	78.00.00							關於第二部石條坎…[illegible]
第五號洞洞口補坡工程	該洞東洞口兩邊遇暴雨山坍…首為保安全增建本工程以策安全	2372.80			三十年五月廿九日	本廠			圖說預算合同帳單等件已呈報部 呈報備案
渝字第六號附設藏洞六十五方工程	為增建渝字第六號附設藏洞六十五方工程檢同預算圖表…呈請 核轉備案聲明	18549.29	三十年七月廿三日	渝造(31)丙字第8840號			三十一年七月	營造司 胡宗海	本工程實價係與第五洞案併核報部
六號水塔	為增建貯水池檢同會說預算估價單承攬帳單等件呈請 核轉備案由	33695.66	三十年四月廿三日	渝造卅丙字第4846號	三十年二月十日	本廠		兵工署	
三號水塔	為增建渝字第三號水塔工程檢同會說預算分析表合同帳單記錄估價單等件呈請 核轉備案由	31167.79	三十年十二月廿四日	渝造卅丙字第11722號	三十年九月 日	本廠	三十年十二月 日	營造司 田克明	
121 石板明溝及木槽	為建築渝字第一二一號石板明溝及木槽工程檢同會說預算帳單記錄估價單等件呈請 核轉備案	18497.65	三十年八月廿三日	渝造(31)丙字第11598號	三十年四月 日	本廠	三十年十二月十四日	營造司 葉乃彬	
121號石板溝油漆工程	為備案渝字第一二一號石板明溝油漆工程…檢同預算…呈請 核轉備案	7286.40					三十一年三月廿九日	營造司 劉賡康	預決算同時呈報
101號石條坎	為增建一〇一號石條坎工程檢同會說預算帳單記錄估價單等件呈請 核轉備案由	11460.93	三十年一月廿日	渝造卅丙字第1254號	三十年七月十四日	本廠	三十一年三月廿四日	營造司 孔慶賢	
102,103第二部份石條坎	為增建渝字第一〇二及一〇三號第二部份石條坎工程檢同預算合同帳單記錄估價單等件呈請 核轉備案由	9721.82	三十年四月十日	渝造卅丙字第11465號	三十年九月四日	本廠	三十一年三月廿九日	營造司 黃根森	
老虎溝砌碉溝	為老虎溝砌碉溝工程檢同預算圖表合同估價單等件呈請 核轉備案由	26042.02		渝造卅一丙字第4600號	二十九年九月一日	本廠	三十一年三月廿九日	營造司 黃根森	
第三期竹籬圍墻	為建築第三期竹籬圍墻工程檢同會說預算帳單承攬估價單等件呈請 核轉備案由	27652.00	三十年六月廿日	渝造卅丙字第6496號	三十年二月十日	本廠	三十一年一月十六日	營造司 俞忠相	
第四期竹籬圍墻	為增建第四五兩批竹籬圍墻工程檢同預算承攬帳單合同估價單等件呈請 核轉備案由	29781.00	三十年一月十日	渝造卅丙字第1125(8)號		根據第三批單價	三十一年一月十六日	營造司 俞忠相	
第五期竹籬圍墻	仝上	31000.00	三十年一月十一日	渝造卅丙字第1125號		根據第三批竹籬墻單價	三十一年一月十六日	營造司 俞忠相	

11111

21

[illegible]乙 女工作間	11丁 消防隊	64乙 合作社財藏室	76丙附 職員膳廳食廚房	46丙 職員膳食堂	73號 工人食堂	52戊 運輸隊工人住宅	45丁 女職員宿舍	26丁 農場宿舍	53乙 工人宿舍樓房	71丙 子弟學校禮堂	50寅 新辦公廳前廁所	26戊 農產品財藏室	
為增建砲渝字六九號乙女工作間房屋檢同預算書說帖合同本及估價單等件呈請 核轉備案由	為增建砲渝字第一一丁消防隊方駐所房屋檢同預算書說帖合同本及各商投標單等件呈請 核轉備案由	為增建砲渝字第六四號乙合作社財藏倉庫一座檢同預算書說帖合同本比帳記錄及各商估價單等件呈請 鑒核備案由	為增建砲渝字第七六號丙附屬廚房檢同預算書說帖合同本比帳記錄及各商估價單等件呈請 核轉備案由	為呈報建築砲渝字四六號丙職員食堂擬追加預算書說帖合同帳單等備文呈請 鑒核備案由	為增建砲字七三號工人小食堂廚房及食堂工程檢同預算合同帳單圖說估價單等件呈請 核轉備案由	為增建砲渝字五二(戊)工人臨時住宅檢同圖說預算合同帳單合訂本呈請 核轉備案由	為建築砲渝字四五號丁女職員宿舍工程檢同預算書說帖合同本及比帳記錄估價單等件呈請 核轉備案由	為增建二六丁農場宿舍及農場倉儲藏室工程檢同預算書說帖合同本比帳記錄估價單等件呈請 核轉備案由	為增建砲渝字第五三乙號工人宿舍樓房工程檢同合同圖說預算書合訂本比帳記錄及各商估價單等件呈請 核轉備案由	仝 上	仝 上	為增建砲渝字第二六戊五〇寅七一丙號房屋檢同預算合同施工圖說帳單合訂本及比帳記錄各商估價單等件呈請 核轉備案由	
14652.64	57789.15	26403.89	13813.00	合同總價 56234.41	20092.93	19034.35	46856.34	32452.26	合同總價 101631.71	15570.54	11845.34	14524.73	
[illegible]	[illegible]		[illegible]	[illegible]	[illegible]	[illegible]	[illegible]	[illegible]	[illegible]	[illegible]	[illegible]	[illegible]	
渝造卅丙字第八五六六號	渝造卅一丙字第1490號		渝造卅一丙字第2583號	渝造卅一丙字第2583號	渝造卅丙字第11256號	渝造卅丙字第10800號	渝造卅丙字第10348號	渝造[illegible]渝造卅丙字6883號	渝造卅一丙字第2677號	渝造卅一丙字第1483號	渝造卅一丙字第1433號	渝造卅一丙字第2585號	
三十年二月三日	三十年六月廿四日		三十年九月三日	三十一年四月廿九日	三十年二月一日		三十年六月 日	三十年七月二日	三十年十二月 日	三十年九月廿六日	三十年九月十六日	三十年九月廿六日	
本廠	本廠		本廠	本廠	本廠		本廠	本廠	本廠	本廠	本廠	本廠	
	三十一年二月廿八日		三十一年六月廿九日		三十年十二月廿八日		三十一年一月七日	三十年十二月 日			三十一年二月十八日	三十一年四月廿一日	
炎久營 伏安石	營造司 劉寶康		營造司 劉寶康		炎久營 伏安石		營造司 孔廣賢	營造司 申克明		營造司 申克明	營造司 劉寶康	營造司 李慶棋	
						既已奉工人食堂案價款交由新興營造司 李[illegible]監驗			尚未竣工	李[illegible]營造司驗收			

軍政部兵工署第十工廠

(表)三十一年度舉辦工程統計表

共二頁第一頁

附表二

工程名稱	座數	地點	面積	承造廠商	承造方式	開工日期 月	開工日期 日	建築費用			備考
512馬達房	1	廠房內	27.67 M²	協記營造廠	包工包料	1	12	7	762	39	已完成
205第五防空洞第一期襯砌		第二部		正泰建築公司	〃	3	21	157	438	74	〃
51庫房(現改為職員住宅)	3	第三部	784.14	協記營造廠	〃	6	22	250	559	70	〃 每座六家可住十八家
工具所防空洞襯砌工程		廠房內		漢華營造廠	〃	7	13	178	694	38	〃
405甲乙廠房填土部份基礎		七孔寺		協記營造廠	〃	7	20	21	274	65	〃
405甲乙廠房平基土石方工程		〃		興中營造廠	〃	7	20	56	641	58	〃
53乙工友宿舍(樓房)	1	食堂下	250.24	復記營造廠	〃	7	25	26	070	40	〃 係由利濟承造中途停工
第六批竹籬圍牆		瓦廠咀		華北營造廠	〃	8	4	65	709	00	〃 長1043公尺
205第五防空洞第二期襯砌		第二部		正泰建築公司	〃	8	6	54	430	72	〃
第七批竹籬圍牆		七孔寺		華北營造廠	〃	10	12	39	040	00	〃 長488公尺
化龍橋汽車洞門		化龍橋		協記營造廠	〃	10	13	9	816	24	〃
51庫房增添工程		第三部		〃	〃	10	15	95	144	91	〃
405甲翻砂廠房	1	七孔寺	630.00	合興成建築公司	〃	10	22	322	295	76	在建築中
405乙機器廠房	1	〃	630.00	〃	〃	10	22	517	367	55	〃
45戊職員宿舍	1	〃	196.19	大慶營造廠	〃	12	2	127	961	75	〃 第十三批第一標
52甲工人住宅	1	〃	171.36	〃	〃	12	2	181	611	18	〃 〃
210庫房	1	〃	108.90	〃	〃	12	2	52	131	24	〃 〃
55丙工人食堂	1	〃	273.75	〃	〃	12	2	127	939	97	〃 第十三批第二標
55附老虎灶	1	〃	21.00	〃	〃	12	2	15	136	03	〃 〃
66乙潔身館	1	〃	42.12	〃	〃	12	2	48	015	84	〃 〃
53庚工人宿舍	1	〃	260.40	〃	〃	12	2	293	927	76	〃 〃

兵工署第十工厂一九四二年度举办工程统计表（一九四三年）

共 頁第 頁

工程名稱	座數	地點	面積	承造廠商	承造方式	開工日期		建築費用			備考
						月	日				
301A擴充廠房 第14批第1標	1	廠房内	266.25	永華營造廠	包工包料			263	367	56	在對保訂約中
211 半成品庫 〃	1	〃	203.92	〃	〃			261	681	42	〃
第四,五号水塔 第2標	2	廠内	268.52	怡華營造廠	〃			420	408	60	〃
第三号配水池 〃	1	〃	94.09	〃	〃			152	085	10	〃
52丙乙工人住宅 第3標	2	第二部	346.20	協記營造廠	〃			342	814	74	〃
64丙倉庫 〃	1	〃	126.00	〃	〃			96	499	34	〃
65 皮件廠 〃	1	〃	175.61	〃	〃			128	281	14	〃
11戊警房 〃	1	大營門	792.50	〃	〃			148	451	03	〃
子弟學校教室 第4標	4	第三部	691.20	同昌建築公司	〃			547	611	16	〃
承攬101号工友宿舍大食堂石磡		食堂附近	27.90	合興成建築公司	〃	12	2	6	631	20	在建築中
〃 〃 102号修理童子營圍牆		龍洞灣		鑫益建築公司	〃	12	9	69	000	00	〃
〃 〃 103号合作社營業部	1	第二部	28.20	協記營造廠	〃	12	31	25	023	08	〃
〃 〃 104号甲種住宅側公役室	1	甲種住宅側	7.26	〃	〃	12	13	5	874	92	〃
〃 〃 105号七孔寺舊屋修理		七孔寺		合興成建築公司	〃	12	2	11	970	00	已完成
〃 〃 106号醫院消毒炉灶間水井	2	醫院後	28.08	協記營造廠	〃	12	26	24	063	22	在建築中
總計	32		5751.50				$	5,152	732	30	

兵工署第十工厂一九四二年度已经举办完成之各种工程统计表（一九四三年）

附表三

軍政部兵工署第十工廠

三十一年度已經舉辦完成之各種工程統計表

~~共一頁第一頁~~

工程名稱		座數	地點	面積	承造者	構造內容	開工日期		完工日期		建築費用			備攷
							月	日	月	日				
廠房	512馬達房	1	廠房內	27.67M²	協記	瓦屋面，磚牆，石蓋板等	1	12	1	31	7	762	39	
住宅	51庫房（改職員住宅）	3	第三部	784.14	〃	瓦屋面，双面竹笆墻，竹笆平頂，三沙土地坪	6	22	8	22	250	559	70	每座六家可住十八家
	51庫房增添工程		〃		〃	双面竹笆墻，杉木門，板窗，炉灶，烟囱等	10	15	11	30	95	144	91	
宿舍	53乙工友宿舍	1	食堂下	250.24	復記	樓房，青瓦屋面，双面竹笆墻，樓板，三沙土地坪	7	25	12	15	26	070	40	復記接利济承造價
防空洞	205第五防空洞第一期襯砌		第二部		正泰	条石墻，磚拱，三沙土地坪，木蓋板等	3	21	6	3	157	438	74	已照發驗收合格証
	〃 第二期襯砌		〃		〃	〃 〃 亂石填鑲	8	6	10	9	54	430	72	
	工具所防空洞襯砌		廠房內		漢華	〃 〃 格柵門，混凝土地坪	7	13	12	18	178	694	38	增加數量逾期罰款未計入
	化龍橋汽車洞門		化龍橋		協記	木柵門（3.00×3.10）三樘，一部石磚墻	10	13	10	27	9	816	24	
圍墻	第六批竹籬圍墻		瓦廠咀		華北	竹籬編織二公尺，墻長1043公尺	8	4	8	28	65	709	00	
	第七批 〃		七孔寺		〃	〃 補竹篾柱，高3公尺，長498公尺，二公尺墻	10	12	11	24	39	040	00	逾期罰款未計入
土石方	405甲乙廠房平基土石方		〃		興中	開挖土石方2701.31立方公尺	7	20	9	7	56	641	58	
基礎	〃 〃 填埋部份基礎		〃		協記	乱石碗脚，磚柱大放脚，磚勒脚	7	20	8	12	21	274	65	
修理	利灣105號七孔寺舊屋修理		〃		合興成	修理屋架，裝添門窗，粉刷	12	2	12	16	11	970	00	
	總計	5		1062.05							$974	552	71	

備註：上述工程建築費用除工具所防空洞襯砌工程增加數量及逾期罰款及第七批竹籬圍墻逾期罰款尚未計入（該項決算即將做出），其餘各工程建築費用均從決算表。

兵工署第十工厂一九四二年度已经举办尚未完成之各种工程统计表（一九四三年）

军政部兵工署第十工厂

三十一年度已經舉辦尚未完成之各種工程統計表 ~~共一頁 三十一年十二月三十一日製~~

附表[illegible]四

	工程名稱	座數	地點	面積	承造者	工作進度	開工日期 月	日	規定期限 天	年	月	日	已作天數	扣除雨天	實作天數	尚餘天數	建築費用			備攷
	405甲 翻砂廠房	1	大孔寺	630.00 m²	合興成	磚柱做齊屋面盖好门窗装好即拼開，始編竹笆墻中	10	22	80	32	1	9	71	8	63	17	322	295	76	
	405乙 機器廠房	1	〃	630.00	〃	磚柱做齊，正舖瓦，裝門窗，編竹笆墻中	10	22	80	32	1	9	71	8	63	17	517	367	55	
第	45戊 職員宿舍	1	〃	196.19	大慶	平基完成，砌底脚中	12	2	70	另加	平基	10天	30	2½	27½	52½	127	961	75	
十	52甲 工人住宅	1	〃	171.36	〃	〃	12	2	80	〃	〃	〃	〃	〃	〃	62½	181	611	18	
三	210 庫房	1	〃	108.90	〃	〃	12	2	60	〃	〃	〃	〃	〃	〃	42½	52	131	24	
批	55丙 工人食堂	1	〃	273.75	〃	〃	12	2	80	〃	〃	〃	〃	〃	〃	62½	127	939	97	
之	55附 老虎灶	1	〃	21.00	〃	〃	12	2	40	〃	〃	〃	〃	〃	〃	22½	15	136	03	
工	66乙 澡身館	1	〃	42.12	〃	〃	12	2	50	〃	〃	〃	〃	〃	〃	32½	48	015	84	
程	53庚 工人宿舍	1	〃	260.40	〃	〃	12	2	8	〃	〃	〃	〃	〃	〃	62½	293	927	76	
第	301A 擴充廠房	1	廠房内	256.25	永華	對保訂約中											263	367	56	
十	211 半成品庫	1	〃	203.92	〃	〃											261	681	42	
四	第四、五号水塔	2	廠内	268.92	怡群	〃											420	408	60	
批	第三号配水池	1	〃	94.09	〃	〃											152	085	10	
⋮	52乙 工人住宅	1	第二村	128.00	協記	〃											178	782	38	
⋮	52丙 〃	1	〃	118.20	〃	〃											164	032	36	
⋮	64丙 倉庫	1	〃	126.00	〃	〃											96	499	34	
⋮	65 皮件廠	1	〃	175.61	〃	〃											128	281	14	
工	11戊 警房	1	大營門	192.50	〃	〃											148	451	03	
程	子弟學校教室	4	第三村	611.20	同昌	〃											547	611	16	
承	三号 工友宿舍及大食堂添加踏步		食堂下	13.50 14.40	合興成	已成90%（食堂踏步完成）	12	2	12				30	2½	27½		6	631	20	
⋮	三号 修理建築竹篾墻		龍洞灣		鑫益	已成85%	12	9	30				23	1½	21½		69	000	00	
⋮	三号 合作社營業部	1	第二村	28.20	協記	平基完成	12	31	30				1	0	1		25	023	08	
⋮	四号 甲種住宅公役室	1	甲種住宅	7.26	〃	已成90%，粉刷油漆中	12	13	20				19	1	18		5	874	92	
攬	五号 医院消毒炉烘箱	炉1 水池1	医院後	28.08	〃	平基中	12	26	30				6	½	5½		24	063	22	
	總計			4689.45												$	4178	179	59	

備註：①上列各工程之建築費用均為契約造價，其中由本廠供給材料費用及有無逾期罰款均未計入，應俟各該工程完工後始可計出。

②面積計祘概從設計圖，其準數須視該項工程中途有無增減而定。

兵工署第十工厂主要建筑工程建成时间表（一九四四年三月九日）

類別	工程名稱	建築年	月	日	附註
廠	301A 彈頭所	27	10	4	
	301B 〃〃	〃	〃	8	
	301C 銅壳所	〃	〃	11	
	302B 引信所	〃	〃	16	
	302A 〃〃〃	〃	〃	25	
	402A 工具所	〃	〃	27	
	402B 〃〃〃	〃	11	2	
	303 銅壳所	〃	〃	〃	
	404 木工所	〃	〃	6	
	402C 工具所	〃	〃	8	
	502 混合室	〃	〃	12	
	511AB 冷却室	〃	〃	18	
	501 磨粉室	〃	〃	19	
	506 試驗室	〃	〃	〃	
	402D 工具所	〃	〃	20	
	512 精裝室	〃	〃	〃	
	513 烘房	〃	〃	〃	
	514 混合室	〃	〃	〃	
	515 压药室	〃	〃	〃	
	526 鍋炉房	〃	〃	〃	
	522 烘房	〃	〃	〃	
	523 篩药房	〃	〃	〃	
	524₁ 压药房	〃	〃	〃	
	524₂ 〃〃	〃	〃	〃	
	525 篩粉室	〃	〃	〃	
	526 包裝室	〃	〃	〃	
	531 延药室	〃	〃	〃	
	543 药夾裝室	〃	〃	〃	
	503 存發室	〃	〃	21	
	504 裝压室	〃	〃	〃	
	541 裝配室	〃	〃	〃	
	542 药夾室	〃	〃	〃	
	505 截斷室	〃	〃	22	
	207 化学药庫	28	1	10	
	602 方棚間	〃	5	1	
	601 動力廠	29	11	21	
	72 漆工間	30	2	23	
	402E 鍛工間	〃	6	15	
	512 馬達房	31	1	12	
	405甲 翻砂廠	〃	10	22	

類別	工程名稱	建築年	月	日	附註
	405乙 機器廠	31	10	22	
	301A 打壳廠房	32	1	11	
	211 半成品庫	〃	〃	〃	
	發藍噴漆廠房	〃	6	4	
	鑄銅廠房	〃	〃	〃	
庫	206B 材料庫	27	10	5	
	206A 〃〃〃	〃	〃	12	
	403 裝煤所	〃	11	18	
	23 〃〃〃	〃	〃	20	
	306A 成品庫	28	1	10	
	306B 〃〃〃	〃	〃	〃	
	208甲乙 火药庫	〃	3	1	
	209 黑药庫	〃	〃	25	
	火药庫甲	30	8	17	
	〃〃〃乙	〃	〃	〃	
	210 庫房	31	12	2	
	210 〃〃	〃	〃	3	
办	21 舊办公廳	27	8	24	
	22 工務處办公廳	〃	〃	25	
	25 土木組办公廳	29	6	15	
	27 新办公廳	30	2	30	

兵工署第十工厂一九四五年度建筑工程统计表（一九四七年）

56
000…

三十四年度建築工程統計表

軍政部兵工署第十工廠

工程類別	工程名稱	座數	建築面積	修理面積	建築費用	附
廠房	小發電室	1	12.00		130,268.00	
	軋銅廠房	1	25.00		385,095.00	
	四所廠房	1	257.14		5,439,157.00	
	八〃〃	1	741.20		20,210,727.48	
	九〃〃	1	307.80		9,120,777.42	
	七所裝配廠房	1	220.50		6,847,930.00	
	七所加間	1	80.95	79.80	4,010,275.95	
	九所烘房	1	25.00		4,508,740.00	
	打水機房	1	15.36		548,073.00	
	八所加辦公室	1	43.31		1,960,787.48	
	五所電木房	1	116.50		7,722,299.24	
	十所方棚間	1	30.00		1,826,683.17	
庫房	二所材料室及木棚	1	50.00		805,976.00	
	五所儲藏室	1	70.00		1,854,031.30	
	三所成品庫	1	33.20		734,119.00	
附屬房屋及其他	工友宿舍食堂	3	828.90		16,537,839.70	
	職員住宅	2	389.00		10,546,330.33	
	工友住宅	3	651.00		25,954,252.32	
	改新辦公廳	1		192.00	1,430,382.75	
	成品庫辦公室	1	94.00		1,954,989.72	
	改公務處辦公室	1	16.52	173.87	3,427,394.90	
	訓育課辦公室	1	95.00		1,134,371.60	
	子弟學校辦公室	1	115.20		1,175,272.14	
	修理裝場製造室	2		210.53	884,559.60	
	裝場製藥室	1	33.50		624,841.00	
	米倉	1	131.66		4,728,519.99	
	修理民房			1010.73	6,654,752.70	
	廁所	5	156.40		5,291,560.20	
	修理工友俱樂部	1		125.00	834,010.40	
	雜工食堂廚房	1	12.00		436,680.00	
	修理木橋	1			3,083,215.00	
	交通小路	1			1,299,000.00	
	公墓擴充	1			682,560.00	
	落錘底脚	1			446,172.00	
	修廠界竹籬				7,212,500.00	
	修理汽車間	1		162.95	1,692,643.53	
	修理汽車間增加工程				1,972,237.30	
	500噸沉澱池	1	500.94		19,180,558.50	未結帳
總		計	5,102.88	1,954.88	8,183,300,583.72	

廠長

土木科長

製表

1122—1000—35.6.20.統／專

六、财务

兵工署炮兵技术研究处关于报送一九三六年来筹备事项并造具建设经费概算书致兵工署的呈（一九三七年五月一日）

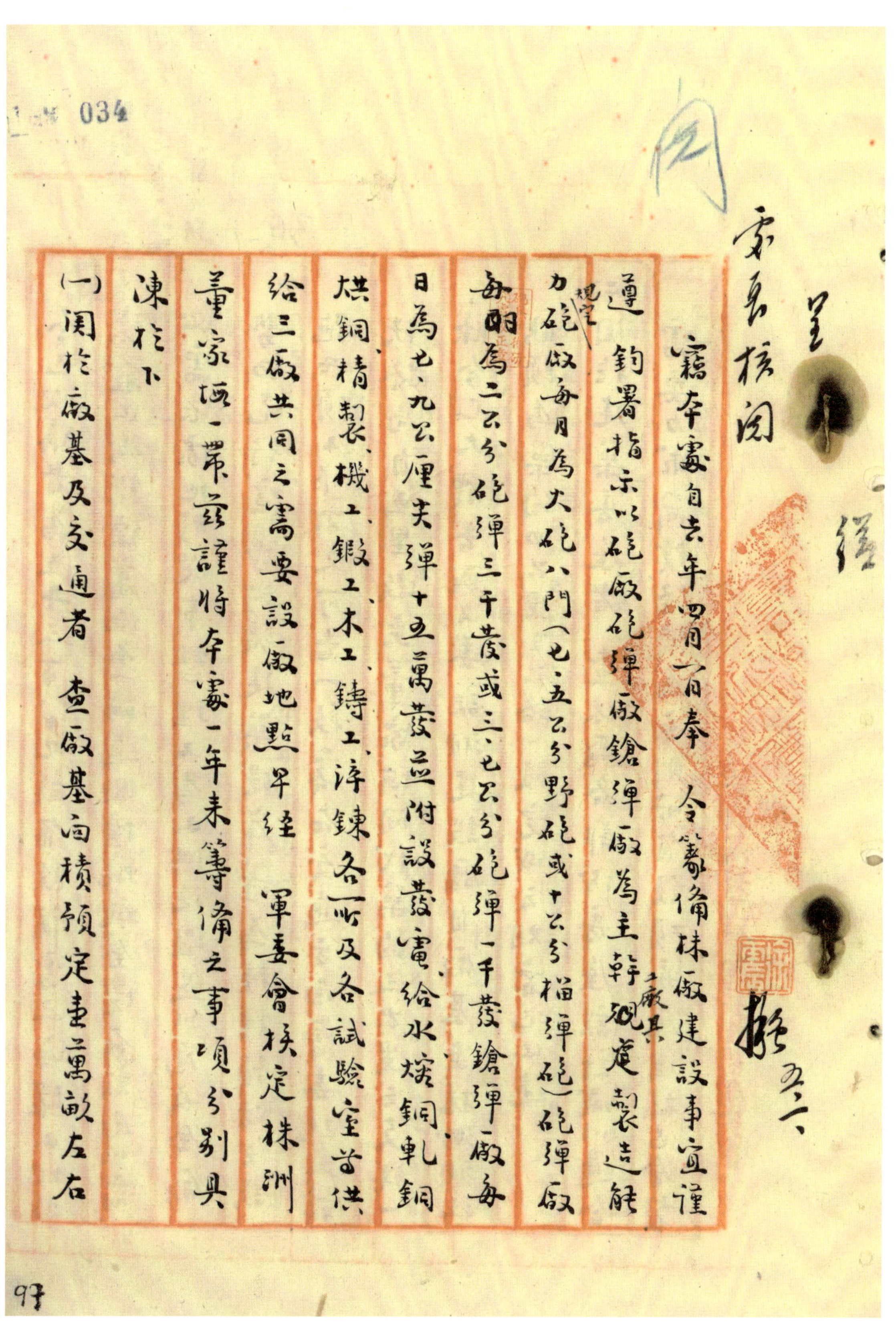

呈

署長核閱

竊本處自去年四月一日奉令籌備株廠建設事宜謹遵鈞署指示以砲廠砲彈廠鎗彈廠為主幹三廠具規定製造能力砲廠每月為大砲八門（七、五公分野砲或十公分榴彈砲）砲彈廠每日為二公分砲彈三千發或三、七公分砲彈一千發鎗彈廠每日為七、九公厘尖彈十五萬發並附設發電、給水、熔銅、軋銅、烘銅、精製、機工、鍛工、木工、鑄工、淬鍊各一所及各試驗室等供給三廠共同之需要設廠地點早經軍委會核定株洲董家塅一帶茲謹將本處一年來籌備之事項分別具陳於下

（一）關於廠基及交通者　查廠基面積預定為二萬畝左右

34-1

今已收購者為五千三百八十九畝有餘該處三面環山地形隱蔽山脚錯綜高低不一河道縱橫蜿蜒全境在設廠以前必需依據地形從事整理又為山洪泛濫足以危及全廠勢必先行宣導河流建築堤岸等為種種預防之設施此項工作不久可告一段落在交通方面曾委託浙贛鉄路局自五里墩至董家塅間代築約三公里之支綫一條今已大體告成又委託湘建設廳自廠基至株洲湘江碼頭為築約四公里之公路一段完成之期亦已不遠

（二）關於建築房屋者　查株廠各部份房屋設計咸以適合需要力求簡樸經濟為原則所有該項房屋圖樣已繪製

98

完竣曾經呈核批准者即招商投標準備開工

(三)關於各廠計劃情形者　查各廠技術上設計工作大端均已就緒至於機器則砲廠鎗彈廠儘量利用滬漢二廠舊機苟非必要不易添補以期節省國帑惟砲彈廠機器為舊廠所無必需全購新機他如舊機修理費機器運輸費亦均有切實之計算

(四)關於其他各種業務者　查工廠一切附屬事業及臨時事務所需各端皆為事實上不可缺少今並審詳考慮撰究擇要舉以擬

上列各項事業為求經費之節省利用各兵工廠舊有設備機器等故所有建設計工作及事務雖較一般全部辦理新廠工作尤為繁複本此情形

就上列事業作概括之估計所需建設費約計國幣[illegible]

35-1

百伍拾萬另百元其間主要部份建設費直接屬於砲廠者約計國幣貳百八十八萬伍千八百元直接屬於砲彈廠者約計國幣貳百另七萬壹千元直接屬於鎗彈廠者約計國幣壹百四十三萬九千五百元（見概算書附表）再本處奉令於新廠未成立之前先在漢砲廠試造新設計之七公分五野砲十公分榴彈砲根據部會之預字第五一九號指令准予備案之原概算內試造及試驗費一項應需國幣約柒拾柒萬元共建設費合計全部為國幣壹千五百肆拾伍萬貳千壹百元但以上估計均係按照現在市價及工作進行最順利之狀況而言如市價有特殊之變化天時人事發生意外之阻礙則上列之估

重行估計

100

036

計自雖適合本處推有力求工作之急進籌備時間之縮短
以避免種種之困難（達成新廠之建設）理合造具概算書呈請
鑒核之
賜指令祗遵謹呈
署長俞

計呈標廠建設經費概算書七份

全衛莊

101

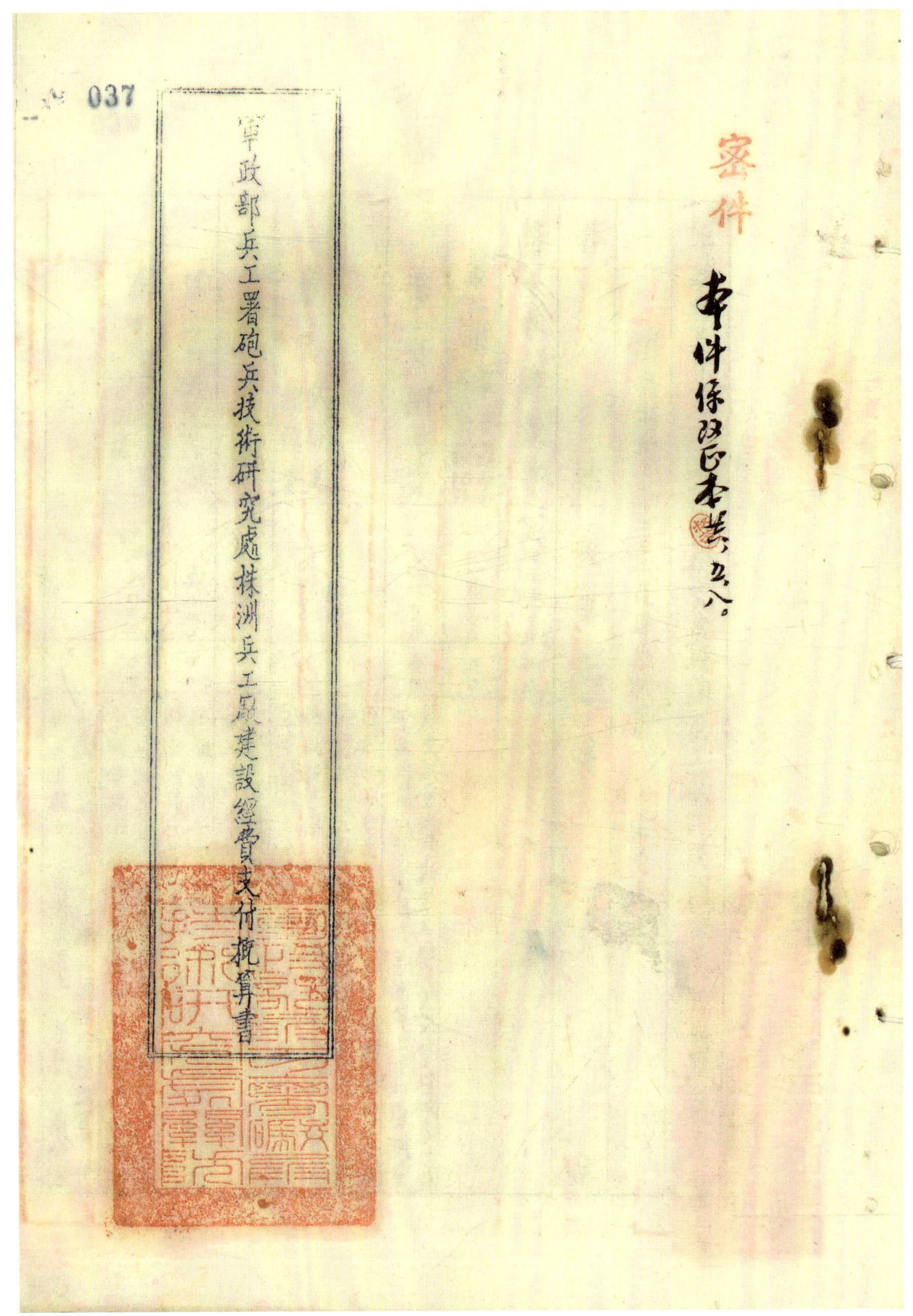
037

军政部兵工署砲兵技術研究處株洲兵工廠建設經費支付概算書

密件

本件係乙正本

038

軍政部兵工署砲兵技術研究處株洲兵工廠建設經費支付概算書

總計國幣壹千五百肆拾伍萬弍千壹百元正

科目	概算數		備註
第一款 建設費	一五,四五二,一〇〇	〇〇	
第一項 廠基購置及整理費	一,一一五,〇〇〇	〇〇	
第一目 測量費	三〇,〇〇〇	〇〇	航空測量地形勘定各廠位置又整理廠基時對于改河開山築壩開渠築池等工程均須測量填挖土石方之方數以及其他圍墻道路等工程應需測量工作人員薪餉器材等費約計如上數
第二目 地價及補償費	三〇〇,〇〇〇	〇〇	株廠佔地依　部定計劃為一萬畝現已圈購者五千餘畝尚待續購者四千餘畝每畝地價包括拆屋遷坟青苗樹木等補償費約計每畝三十元總計應需如上數
第三目 購置民房	五,〇〇〇	〇〇	在廠基內原有民家祠堂若干座可供目前工程時期辦公儲料住宿等用購置費約如上數
第四目 填挖土石方工程	二七五,〇〇〇	〇〇	株廠廠基奉　軍委會核定在株洲董家塅地方因求地形隱蔽特擇四面環山之盆地惟因山腳錯綜高窪不一故必須加以整理方可供興建工廠之用約需填挖土石方五十五萬公方

102

38-1

項目	金額		備考
			平均以每元二方計總計約需如上數
第五目 開河工程	二四〇，〇〇〇	〇〇	在擇定之廠基內原有溪河蜿蜒全境妨碍工程必須填平另將多用之山坳開鑿通一部份山脚使河流改道則既得水利更可用為廠基之防衛整理費約需如上數
第六目 築堤工程	一二〇，〇〇〇	〇〇	廠基內新開河道在山洪暴發時泛濫堪虞為慎防水患計需築堤約五百公尺以每公尺二四〇元計算約需如上數
第七目 排水工程	一四五，〇〇〇	〇〇	廠基內全部之下水道四圍山脚之雨水溝等工程費約需如上數
第二項 道路建築費	二三〇，〇〇〇	〇〇	
第一目 鉄路及站台	一二五，〇〇〇	〇〇	株廠須與鉄路取聯絡運輸起見特在浙赣路株萍段五里墩地方築專用支線約三公里其建築費用奉　部令由本廠建設費內負担約計如上數
第二目 公路	三〇，〇〇〇	〇〇	株廠為接通湘江碼頭並與湘省公路取聯絡起見特請湘省建設所代築自廠基通株洲之公路六公里其費用奉　部令與湘省府對半負担約計需如上數
第三目 廠內道路	七五，〇〇〇	〇〇	廠內交通須築彈石路約計三萬七千五百平公方以每方二元計總計約需如上數

103

項目	金額		說明
第三項 房屋建築費	五,三一ス,八〇〇	〇〇	
第一目 製砲廠	八九八,八〇〇	〇〇	製砲廠之机作及漆工等廠房計一,一三〇英方計其建築費約需如上數
第二目 砲彈廠	四三五,〇〇〇	〇〇	砲彈廠製造二公分及三公分七兩種砲彈其全部計劃委託駐德商專處就近在德辦理在全部計劃未由該處送到以前懸需廠房面積祗能約略估計其建築費如上數
第三目 槍彈廠	八ス二,五〇〇	〇〇	槍彈廠包括銅壳所彈頭所裝藥所烘洗所輾光所檢驗所裝箱所大工所等總計面積一,五〇〇英方建築費約需如上數
第四目 机器廠	一,四二八,四〇〇	〇〇	机器廠包括電氣鎔銅所坩鍋鎔鋼所軋銅所烘銅所精製所机工所鍛工所鑄工所淬火所木工所等總計面積二一四八英方並須裝置起重机等設備故建築須特別堅固建築費約需如上數
第五目 發電所	二ス〇,〇〇〇	〇〇	發電所之机器房鍋炉房給水所房屋及凉水池之建築費約需如上數
第六目 試驗所	一五〇,八〇〇	〇〇	株廠有材料兵器射擊各試驗所及圖案室總計面積一ス〇英方建築費約需如上數
第七目 庫房	二四五,七〇〇	〇〇	株廠各材料成品等庫房總計面積約五ス〇英方建築費約需如上數
第八目 辦公所及總大門	一五四,九〇〇	〇〇	株廠需有容納職員約四百人之办公所一座計面積二〇〇英方並為守衛安全起見需

104

39-1

项目	金额		说明
			有牢固之總大门建築費約計如上数
第九目 職員住宅及宿舍	三三一、二〇〇	〇〇	本廠需甲種職員之住宅一座乙種住宅五座丙種住宅三座丁種住宅八座又職員宿舍四座及食堂一座建築費約計如上数
第十目 工人住宅及宿舍	三二一、九〇〇	〇〇	本廠需有容納三千工人之住宿房屋浴室食堂等計工人住宅二座甲種宿舍一座乙種宿舍二十四座食堂四座浴室廁所八座建築費約需如上数
第十一目 營房	八四、〇〇〇	〇〇	本廠基地範圍甚大且為重要之國防工業必須嚴密防範故需營房多座建築費約計如上数
第十二目 醫院	七八、〇〇〇	〇〇	本廠地處偏僻人員眾多且須兼顧附近一帶地方居民之衛生医務以重環境衛生必需有較完善之医院其建築費約計如上数
第十三目 學校校舍	一二、〇〇〇	〇〇	本廠職工之子弟及藝徒均須予以教育需有学校一座建築費約計如上数
第十四目 合作社	八、四〇〇	〇〇	本廠職工甚多為求互利起見应有合作社之設其建築費約計如上数
第十五目 車輛間	七、二〇〇	〇〇	本廠廠内交通之車輛須有車間之設備建築費約計如上数

105

第十六目 廠地圍墙	四八、〇〇〇	〇〇	該廠廠屋佔地頗廣，為嚴密起見須有圍墙，計長約三公里，建築費約計如上數
第四項 機械設備及安裝費	五八七六、七〇〇	〇〇	
第一目 製砲廠	一、八八〇、〇〇〇	〇〇	製砲廠每月製造七·五公分野戰砲或十公分榴彈砲八尊，所有機器除運用瀘漢兩廠舊存一部份機器外，應補充之機器工具儀器傳動設備及安裝機器等費約需如上數
第二目 砲彈廠	一、六二六、〇〇〇	〇〇	砲彈廠製造二公分砲彈每日以八小時工作計出三千發，或三·七公分砲彈每日以八小時工作計出一千發，所有之機器工具儀器傳動設備及安裝費等約需如上數，惟全部計劃係委託柏林商專處辦理，尚未接到詳細報告
第三目 槍彈廠	五二七、〇〇〇	〇〇	槍彈廠每八小時出七·九公厘尖彈十五萬發，所有機器除大部份利用瀘廠舊機外，應補充之機器工具儀器傳動設備及安裝機器等費約需如上數
第四目 機器廠	一、〇九四、六〇〇	〇〇	機器廠為供給全廠之鋼料工具樣板及修理砲件及各種機器之所，故該廠之機械設備應較完備，以期可達到預定之工作標準程度，並能應各方面之需要，其設備及安裝費約計如上數

106

40-1

科目	金额		说明
第五目 發電所	四七三、七〇〇	〇〇	發電所為供給全廠動力之所發電机變壓器鍋爐鉄烟囱及凉水設備工具儀器等費約計如上数
第六目 試驗所	二七五、四〇〇	〇〇	株廠須有材料兵器等試驗所所需一应精密机械及儀器等費約計如上数
第五項 机械運輸費	一七四、〇〇〇	〇〇	
第一目 製砲廠運輸費	五〇、〇〇〇	〇〇	製砲廠机件分新舊兩部份新机由上海起運舊机分由沪漢兩地起運所有運費内包括車舟費棧租費関税保險費上下裝卸脚力費等共計約如上数
第二目 砲弾廠運輸費	一〇、〇〇〇	〇〇	砲弾廠机器多由國外購來者均在上海交貨由上海起運至株洲之運輸費約計如上数
第三目 槍弾廠運輸費	四〇、〇〇〇	〇〇	槍弾廠舊机存鞏廠濟廠及寧廠三處新購机器均在上海交貨由鞏濟寧沪四處運往株洲之運輸費約計如上数
第四目 机器廠運輸費	五〇、〇〇〇	〇〇	机器廠之机械甚夥且多属笨重均係向國外訂購須由上海運往株洲運輸費約計如上数
第五目 發電所運輸費	二〇、〇〇〇	〇〇	發電所之机件多属笨重由沪運株之運輸費約計如上数
第六目 試驗所運輸費	四、〇〇〇	〇〇	試驗所之机件均係向國外訂購須由沪運株運輸費約計如上数

107

科目	金額		說明
第六項 公用設備費	一、二六七、六〇〇	〇〇	
第一目 給水工程	三八七、六〇〇	〇〇	株廠全部飲料及机器冷却用之水源須鑿井兩口每小時供給三萬介侖連抽水机水管蓄水池等費用約計如上數
第二目 暖氣工程	四〇〇、〇〇〇	〇〇	株廠全部暖氣工程費約需如上數
第三目 輸電工程	二四〇、〇〇〇	〇〇	株廠全部電力之輸送綫網等材料及工程費約需如上數
第四目 電信器材	六〇、〇〇〇	〇〇	株廠內各處互相連絡应用自動電話又內部須劃一時間裝設電鐘又職工出入应用工作時間紀錄鐘及其他電器信號及無綫電台等設備費約計如上數
第五目 廠外交通器材	五〇、〇〇〇	〇〇	株廠將來所用材料甚多輸運頻繁裝卸需時路局車輛難以供給充分之運用必須自備車輛以供運輸需用敞車及高平車等約計如上數
第六目 廠內交通器材	六〇、〇〇〇	〇〇	株廠廠內各種材料成品之運送需用載重汽車鉄斗車輕便鉄道等約計如上數
第七目 医院器材及各種药品	七〇、〇〇〇	〇〇	株廠將處內地一切医药用品補充困難必先預備充实其設備費約計如上數
第七項 雜項設備費	二一〇、〇〇〇	〇〇	

108

61-1

科目	金額		說明
第一目 傢具設備	一一〇、〇〇〇	〇〇	株廠各工場廠庫試驗室等之工作暨办公所之傢具用品工人衛兵宿舍食堂等全部傢具之設備約計如上數
第二目 安全設備	五〇、〇〇〇	〇〇	株廠全部之消防設備保险箱庫等設備費約計如上數
第三目 參攷書籍及办公用器具	五〇、〇〇〇	〇〇	株廠需用專門參攷書籍甚多又須置備印刷打字計算及绘圖等公用机器設備費約計如上数
第八項 附屬事業及臨時事務費	四二〇、〇〇〇	〇〇	凡有関株廠改善環境安定職工生活及輔助工程進展之各種附屬事業必須先行举办者約有下列数項其所需一切用人及作業之費用約計如上数
第一目 附屬事業費	一〇〇、〇〇〇	〇〇	(一)農林事業 按株廠為重要國防事業之工廠除藉天然地勢作屏障外尚須布置掩護林以資蔭蔽此項林木可兼作器材防範水患調節氣候等用途目前即需实施造林及育苗 (二)環境衛生 本廠基地本係山鄉僻壤之處衛生設備原付阙如加以卑濕多雨頗多地方性疾病本廠職工及眷屬人數甚衆須自

109.

办医院並拟推進工廠環境衛生事務目前須一方積極計劃一方因工程人員漸多即需有

(三)臨時医藥衛生之实施

職工福利　本廠職工及其眷屬預計約有萬人左右，關於職工生活因其影響於工作至巨，故如何安適其精神減輕其担負，必需備具種々集團生活之組織，如消費協社、合作銀行、子弟教育等等，均須即時籌備。

(四)無線電台　株廠在工程期間為謀廠地與各處消息敏捷起見，已由　軍政部暫借無線電机一座在株洲廠地成立臨時電台，目前該台應需經常費奉令在建設費項下開支。

第二目　臨時薪津及川旅雜費	一二〇、〇〇〇.〇〇

株廠在正式開工以前所有籌備期間内，除一部份正常之籌備工作人員外，其他直接或間接與建設工廠有關之特種工作，如改河開山平基築壩鑿井造路以及各部份房屋建築監工驗收机器裝置等工程，均須臨時雇員在場幫同處理；又如專為某項工作臨時聘用或借調專門人員應予津貼或酬勞金等費；又株廠工程地駐軍臨時津貼及員工因公受傷患病恤費、医藥等雜費；又本處所聘用奧籍工程師一人、工師三人及奉派出國驗收机器或実

(42)-1

			查工作人員來往川旅費等均經奉令在建設費項下開支
第三目 開机前各項準備費	二〇〇、〇〇〇	〇〇	工廠在未開工以前之重要工作為(一)招募工匠按株廠開工之始即須工人二千名以上事前必須向各地招募应需盤川及各種手續費用甚巨(二)訓練工匠 株廠工作如各種熱處理熔銅精密工具及樣板之製造各種火工工作等非先訓練幹匠六七十人無法開工此項訓練費用為數亦不在少(三)試机費用 机器装妥後必先開机試用加以校正並須試造製品作正式開工之準備应需人工材料工具雜費等約計如上數
第九項 修理費	七〇、〇〇〇	〇〇	
第一目 修理舊存製砲机器工料	六〇、〇〇〇	〇〇	株廠製砲廠之机件除一部份新購者外尚有舊存漢陽砲廠之机件約二百餘架均因年久損坏悉待修理方可使用約需修理費如上數
第二目 修理舊存槍彈机器工料	一〇、〇〇〇	〇〇	株廠槍彈廠之机件除一部份新購者外所有舊存鞏縣济南等處之机件多須加以修理約需費如上數
第十項 試造費	七七二、〇〇〇	〇〇	

111

043

第一目	火砲試造費用	七〇〇,〇〇〇	新設計之七、五公分野砲及一〇公分榴彈砲連同砲車及所有附件应需試造之工料費約計如上數
第二目	砲彈試造及射擊試驗費	七二,〇〇〇	新砲製成後必須經各項精度射擊及其新砲彈之試造工料等費合計約如上數

說明

(一)株廠建設計劃大体雖已就緒惟以費用浩繁全部機構未能充分完備右列概算為完成全部計劃之一段落此後尚須陸續充實

(二)本處籌備經費因屬經常性質業經另案核准故不列入本概算之内

(三)株廠開工時應需各項流動資金不列在内須俟工廠布置就緒時再行估陳

(四)株廠警衛為節省經費計目前暫由當地駐軍担任將來必須自行招募訓練組織所需一应經費除營房可先估計外其餘費用須待辦理時期確定後方能另行估呈

(五)本概算內所列各項估價事前雖經詳細調查審慎計算然以世界商情近來变化至劇恐難悉符事實各項目之間當請准予流用藉資截長補短

112

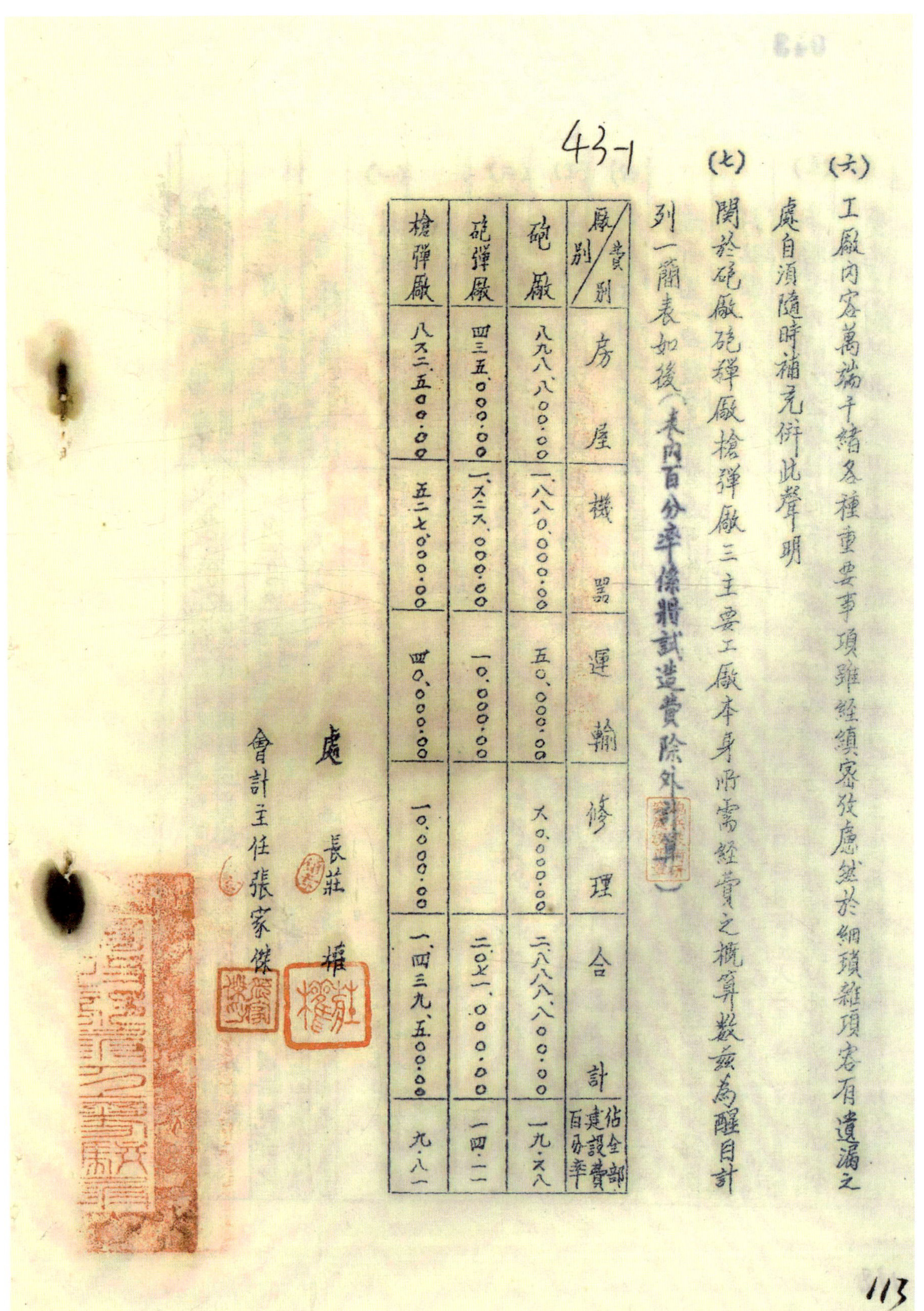

43-1

（六）工廠內容萬端千緒各種重要事項雖經縝密考慮然於細瑣雜項容有遺漏之處自須隨時補充併此聲明

（七）關於砲廠砲彈廠槍彈廠三主要工廠本身所需經費之概算數茲為醒目計列一簡表如後（表內百分率係將試造費除外計算）

廠別＼費別	房屋	機器	運輸	修理	合計	佔全部建設費百分率
砲廠	八九八、八〇〇.〇〇	一、八八〇、〇〇〇.〇〇	五〇、〇〇〇.〇〇	六〇、〇〇〇.〇〇	二、八八八、八〇〇.〇〇	一九.六八
砲彈廠	四三五、〇〇〇.〇〇	一、六二六、〇〇〇.〇〇	一〇、〇〇〇.〇〇		二、〇七一、〇〇〇.〇〇	一四.一一
槍彈廠	八六二、五〇〇.〇〇	五二七、〇〇〇.〇〇	四〇、〇〇〇.〇〇	一〇、〇〇〇.〇〇	一、四三九、五〇〇.〇〇	九.八一

處長莊權

會計主任張家傑

113

044

中華民國二十六年　月　日

兵工署炮兵技术研究处代军政部拟制关于株洲兵工厂全部建设经费及概算致军事委员会的呈（一九三七年五月七日）

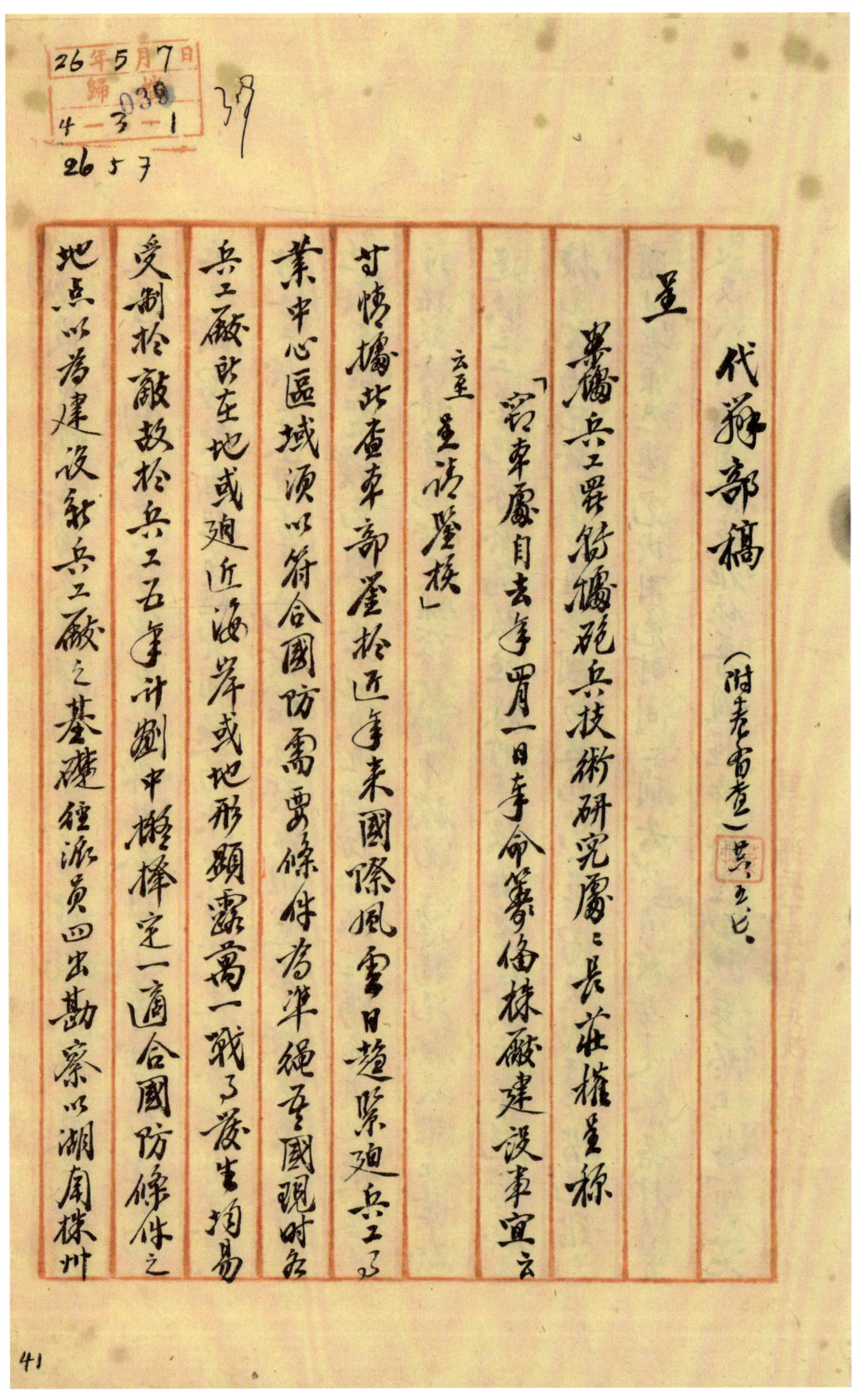

26年5月7日
歸檔 039
4—3—1
39
26 5 7

代辦部稿（附表冊）兵五.七.

呈

案據兵工署轉據砲兵技術研究處處長莊權呈稱

「竊本處自去年四月一日奉命籌備株廠建設事宜，云云呈請鑒核」

等情。據此查本部鑒於近年來國際風雲日趨緊迫，兵工工業中心區域須以符合國防需要條件為準繩。查國現時各兵工廠所在地或迫近海岸或地形顯露，萬一戰事發生，均易受制於敵，故於兵工五年計劃中擬擇定一適合國防條件之地點以為建設新兵工廠之基礎，經派員四出勘察，以湖南株州

41

地形隱蔽資源豐富交通便利決定為新廠建設之基點業經呈奉鈞令高二字第一〇八七號指令准予籌備並以建設新兵工廠需款甚鉅在經費問題尚未十分決定以前先行建設新兵工廠之基礎查前滬廠鎗彈廠原擬遷鞏廠安裝又漢陽砲廠原擬加以擴充嗣因鞏地過近國防前線漢陽原有地盤無可增拓故決將前滬廠之鎗彈廠擬予擴充之漢陽砲廠及擬在鞏廠建設之二公分砲彈廠統移往株州建設再查建設二公分砲彈廠及擴充漢陽砲廠原為適應國防起見一切急需速成種種措施難免羅計為求迅速完成用免時間之損失所有廠房建築器材購置以及人員僱用等項難依普通程序辦理曾由該署於上年一月迄

日及二月三日先後簽奉　鈞座特許作為特案辦理准由該署全
權處理便宜行事隨時呈報備案俟全部告竣再行彙案補行手續
等各在案竊以為株廠全案包含上列兩案在內自當仰遵
鈞座前令作為特案辦理爰飭該廠即速籌備并囑該廠所陳計劃
及概算書內所列各項建設費約計國幣壹千肆百陸拾捌萬
另壹百元新砲試造費約計國幣柒拾柒萬貳千元二款合
計國幣壹千五百肆拾五萬貳千壹百元查原擬概數還舉
安裝前滬廠鎗彈廠約需壹百萬元建設二公分砲彈廠約
需叁百陸拾萬元擴充漢陽砲廠約需叁百壹拾壹萬五
千元三項共約需七百七十壹萬五千元此次該廠所呈概算超出

40-1

原擬數目約柒百柒拾叁萬柒千壹百元，兩相比較，驟看似超出頗鉅，但以株州地處荒僻，舉凡廠基之購置，與整理鐵道公路之築成，全廠各部分房屋之建造，他如業務所需以及種種設備，皆為建設新廠基礎不可缺少之事實。又屬有機器須從輩濟寧漢等地運往，新購機件需從上海起運，此項費用為數亦多。同時又值外匯高漲，物價昂貴，全部經費勢必驟增，該概算書經費超出原因，經核尚與事理相符。目前該處所用經費除準撥擴充漢陽砲廠經費貳百柒拾萬元（原撥叁百萬元內並准撥三十萬元作為無線電遙制爆炸船之用）暨二公分砲彈廠建設費捌拾柒萬元（原撥壹百五拾萬元內並准撥陸拾

041

叁萬元作為擴充砲彈廠之用）及廿七年度國防建設費由撥四百貳拾萬元共計七百七十萬元外尚不敷柒百陸拾捌萬貳千壹百元又該廠於上年四月一日開始辦公其每月經常費預算經核列洋貳萬肆千玖百捌拾元其中一部份陸仟零玖拾元即將鞏分廠及防毒面具廠兩籌備處經費撥充其餘壹萬捌仟捌百玖拾元由該署在各項建設費內暫墊截至本年六月止計十五個月共應墊國幣貳拾捌萬叁仟叁百五拾元連前共不敷柒百玖拾陸萬五千肆百五拾元經列入廿八年度建設費概經列入又理合造具株廠全部建設經費表檢同原概算書備文呈請

45

鑒核示遵謹呈

委員長蔣

軍政部兵工署砲兵技術研究處

兵工署炮兵技术研究处关于赴欧续造新炮人员安排经费概算致兵工署的呈（一九三八年一月二十七日）

001

谨呈者窃查本处试造新炮工作自战事开始致所有各项配件机器多数留滞国外以致无法进行奉谕向欧洲设法继续制造以竟全功着即准备一切并拟派原来担任试造新炮工作之汉阳炮厂主任赵达技术员陈喜棠孟继炎苏知橡吕则仁及奥籍工程师哈德曼裴夏等由职率领前往监造藉以达到完成训练制造火炮专门人员之目的理合将继续试造新炮经费概算开列呈

鉴核

第一款设计新炮国外继续试造费国币叁拾贰万陆千壹百七十六元四角正

第一项械弹费　二〇〇，〇〇〇.〇〇

技394号

27年2月3日

2-3-3

11

第一目七五公分野砲一門試造費　九〇,〇〇〇.〇〇

上項估計數係全砲價值，至本處需購鑄件及半成品之價值自當撙值扣除。

第一節　全砲用馬挽砲架　七五,〇〇〇.〇〇

第二節　加拿引車用砲架　一五,〇〇〇.〇〇

第二目十公分野砲一門試造費　九〇,〇〇〇.〇〇

上項估計數係全砲價值，至本處需購鑄件及半成品之價值自當撙值扣除。

第一節　全砲用馬挽砲架　七五,〇〇〇.〇〇

第二節　加拿引車用砲架　一五,〇〇〇.〇〇

第三目七五榴彈及破甲彈試造費　二四,〇〇〇.〇〇

第一節　七五　榴彈／破甲彈　共三百發　二四,〇〇〇.〇〇　平均每發八十元。

第四目十公分榴彈及破甲彈試造費　三六,〇〇〇.〇〇

第一節　十公分　榴彈／破甲彈　共三百發　三六,〇〇〇.〇〇　平均每發一百二十元。

2

002

第二项 薪金旅费 八六、九七六.四〇

第一目 薪金 三二、七八四.〇〇 所有主管及技术员薪金均由本处经费内支给，不列入本概算。

第一节 奥籍工程师薪金 三二、七八四.〇〇 工程师二人暂按照本处[illegible]奉国府与之订约每月二人共国币二、七三二元，以一年计算如上数。

第二目 旅费 五四、一九二.四〇 所有外籍工程师旅费均以前订合约中之返国旅费带给，本概算不再重行。

第一节 治装费 四、六〇〇.〇〇 主管一员同少将计国币一、一〇〇元，同中校以下技术员五员每人五〇〇元计三、五〇〇元，合计如上数。

第二节 川资 一一、七三〇.〇〇 主管一员同少将往返美金八五〇元，同中校以下技术员五人往返每人美金五二〇元，计美金二、六〇〇元，合计美金三、四五〇元，以三元四角折合国币如上数。

第三节 月费 二九、七〇二.四〇 主管一员同少将每月美金一五三元，一年计一、八三六元，同中校以下技术员五人每月每人一一五元，一年共六、九〇〇元，合计美金八、七三六元，以三元四角折合国币如上数。

第四节 交际费 八、一六〇.〇〇 主管一员同少将每月美金五〇元，一年计六〇〇元，同少校以下技术员五人每月每人三〇元，一年计一、八〇〇元，计美金二、四〇〇元，以三元四角折合国币如上数。

谨呈

署长俞

3

21

職莊權謹呈　二十五年九月二十五日

本概算所列械彈估價係按照歐洲一般工廠情形估計，又因試造性質，工料更難確實預算，須就地與廠商洽議方能確定。又前項內百福斯來鋼件及本處業已製成之半成品，均擬運往歐洲配製及繼續製造之用，所有運輸費用概由本處經費支付，又所列旅費係與均按照部定條例規定，但美金與本國國幣之換算率係照一日前近行市，將來如有超越，自當呈請追加，合併陳明。

照准呈

部備案。　鎔　二十五日

4

兵工署关于批准炮兵技术研究处出国试造新炮经费概算书致炮兵技术研究处的训令（一九三八年三月七日）

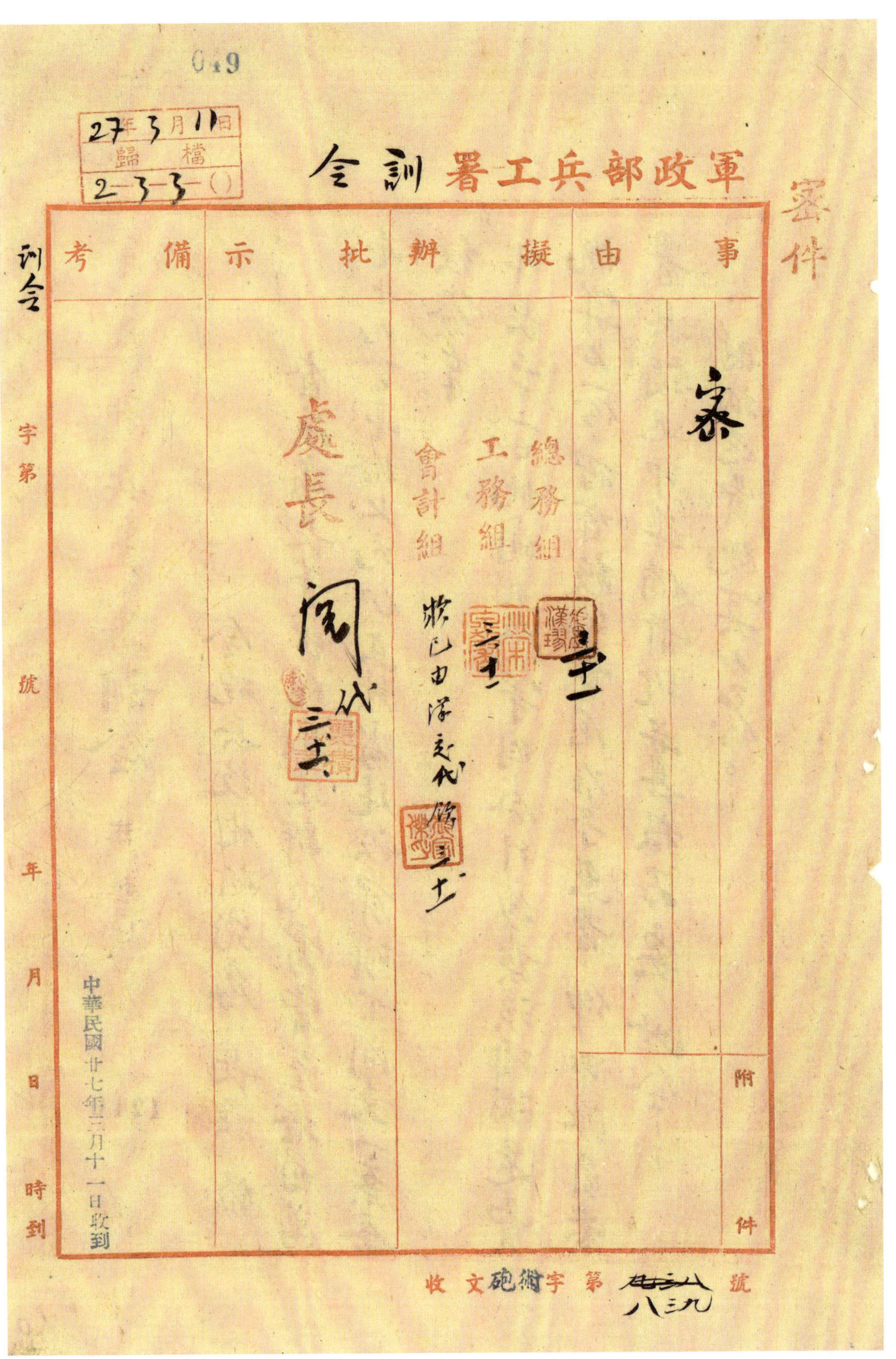
军政部兵工署训令

27年3月11日 歸檔 2-3-3-（）

事由	擬辦	批示	備考
案 附件	總務組 工務組 會計組	處長	

中華民國廿七年三月十一日收到

收文砲術字第八九號

軍政部兵工署訓令

漢造(三七)字第1240號

令砲兵技術研究處處長莊權

查該處長等出國試造新砲需費叁拾四萬壹千九百壹拾七元仍在該處建設費項下開支一案業經簽奉

部長二十二日批開「照准」等因，合行抄發該項試造費概算書一份，所有該項費用准予照發，仰即派員來署具領迅即準備前往並具報為要。此令！

附試造費概算書乙份。

50

中華民國二十七年三月　日

署長 俞大維

中華民國廿七年叁月七日 發

051

砲兵技術研究處設計新砲派員出國繼續試造費概算書

第一款設計新砲國外繼續試造費國幣 三四一九一七元

第一項械彈費 二四〇、〇〇〇、〇〇

第一目七五公分野砲一門試造費 九〇、〇〇〇、〇〇

上項估計數係全砲價值，如已在德購得鍛件及半成品之价值自當按值扣除

第一節馬挽砲架 七五、〇〇〇、〇〇

第二節牽引砲架 一五、〇〇〇、〇〇

第二目十公分砲試造費 九〇、〇〇〇、〇〇（全第一目）

第一節馬挽砲架 七五、〇〇〇、〇〇

第二節牽引砲架 一五、〇〇〇、〇〇

第三目七五榴彈及破甲彈試造費 二四、〇〇〇、〇〇

61

51-1

科目	金额	说明
第一節 榴彈 共三百發	二四〇,〇〇〇.〇〇	平均每發八百元
第四目 十公分榴彈及破甲彈試造費	三六〇,〇〇〇.〇〇	
第一節 破甲彈 共三百發	三六〇,〇〇〇.〇〇	平均每發一二〇〇元
第二項 薪金旅費	一〇三,九一七.〇〇	
第一目 薪金	三三,七八四.〇〇	所有主管及技術員薪金均按本廠[illegible]標準內支給不列入本概算
第一節 兵器工程師薪金	三三,七八四.〇〇	[illegible]按照本廠[illegible]給有之數每月二人共國幣[illegible]元以一年計算如上數
第二目 旅費	六九,一三三.〇〇	
第一節 治裝費	四六,〇〇〇.〇〇	主管一員同少將計國幣一一,〇〇〇元官中校以下技術員五人每人七〇〇〇元計三五,〇〇〇元合計如上數
第二節 川資	一二,〇七五.〇〇	主管一員同少將往返美金八五〇元同中校以下技術員五人往返美金每人五二〇元計美金二,六〇〇元合計美金三,四五〇元以三元五角折合國幣計如上數
第三節 月費	四二,一二八.〇〇	主管一員同少將每月美金[illegible]元一年計[illegible]元同中校以下技術員五人每月每人[illegible]元一年計美金[illegible]元合計美金[illegible]元以三元五角折合國幣計如上數

62

第四節交際費　　一、三四〇、〇〇〇　主官一員（同少將）每月美金七〇元，一年計八四〇元；同中校以下技術員五人，每月每人美金四〇元，一年計二四〇〇元；計美金三二四〇元，以三一元五角折合國幣，計數如上

說明

本概算所列械彈估價，係按照歐洲一般工廠情形估計。又因試造性質，工料更難確實預估，須就地與廠商洽議後，方能確定。又前向百祿購來鍛件及本處業已製成之半成品，均擬運往歐洲配製及繼續製造之用，所有運輸費用概由本處經費支付。又因試造工作不能集在一處，往來督造，旅費自鉅，故按甲種軍事考察人員待遇辦理。至美金與本國國幣之換算率，係照最近行市，將來如有超越，自當呈請追加。合併陳明。

兵工署关于重庆炮弹厂预算仍在原建设案内另编并先发二十万元建设费给兵工署炮兵技术研究处的指令（一九三八年七月二十三日）

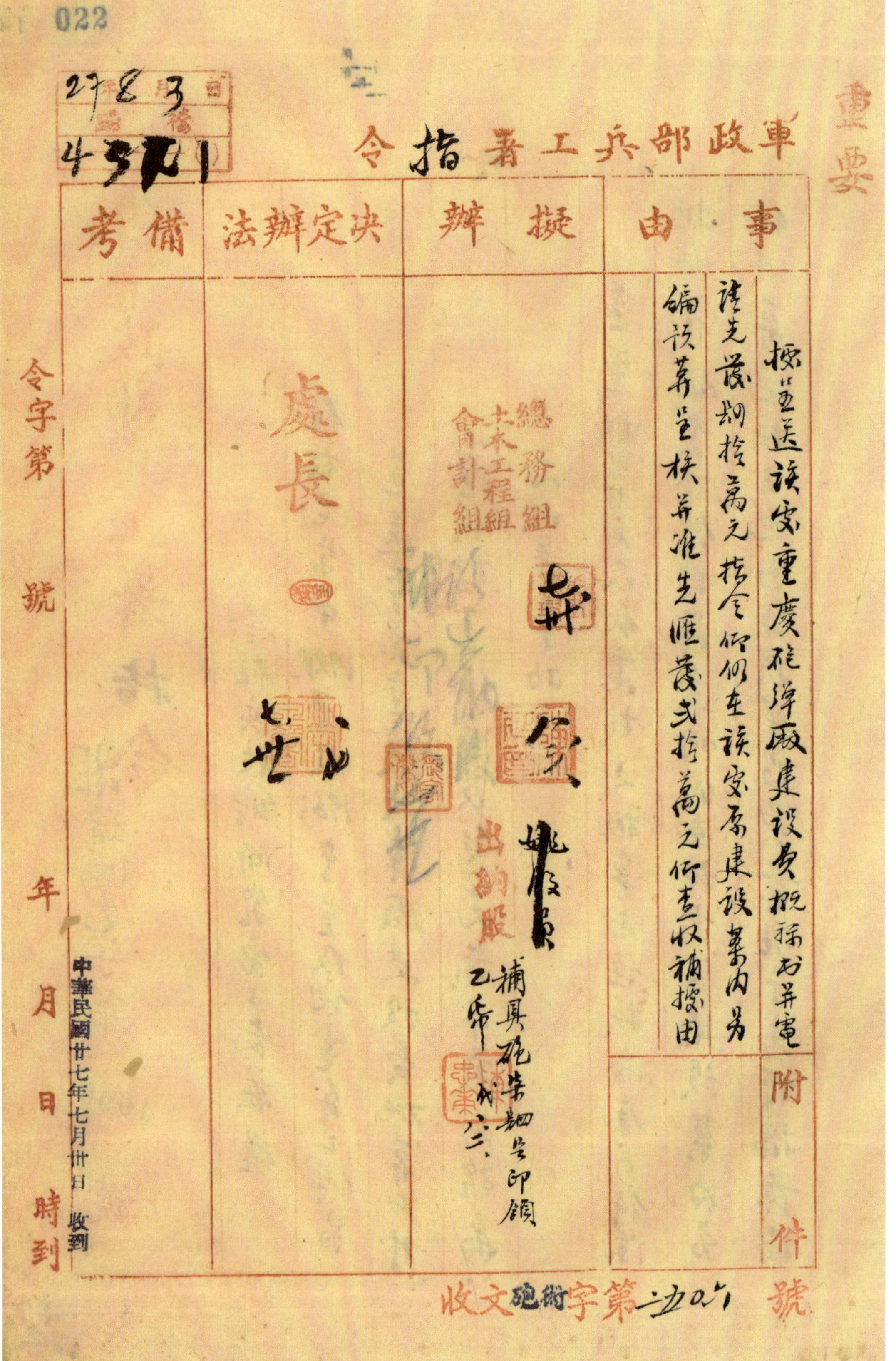
重要

軍政部兵工署指令

事由	擬辦	決定辦法	備考
據呈送該處重慶砲彈廠建設費概算書并電請先發款拾萬元之指令仰仍在該處原建設案內另編預算呈核并准先匯發弍拾萬元仰查收補據由	總務組 土木工程組 會計組	處長	令字第　號

附件

中華民國廿七年七月廿日收到

收文砲術字第一五〇六號

軍政部兵工署指令

湘造(二七)乙字第4996號

令砲兵技術研究處處長莊權

砲技(二七)字第1922呈及1963號呈及代電各乙件為

呈送本處重慶砲彈廠建設費概算書祈

鑒核轉呈備案及懇先發半數俾措籌

示以速事功由

呈暨概算書及代電均悉概算書經核尚屬可行除

抽存一份備查外餘均發還仰查該處原建設案內另

編該款算呈核可也至該項建設費茲准予先行撥發國

帑式拾万元，已由中国农民银行汇发，仰即查收，补具印领，此令。件存查发还。

黄还概算书二份

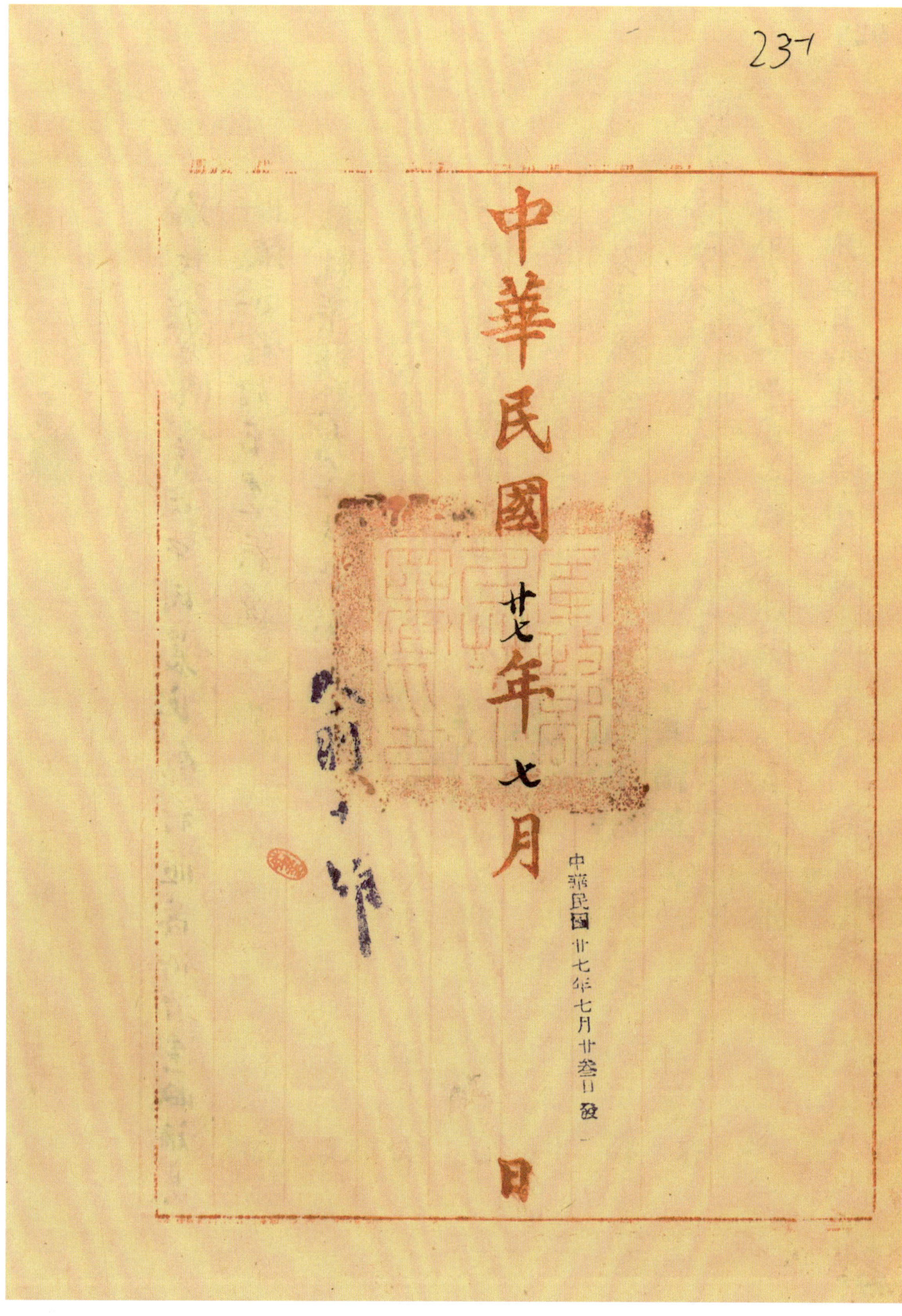
231
中華民國廿七年七月 日
中華民國廿七年七月廿叁日發

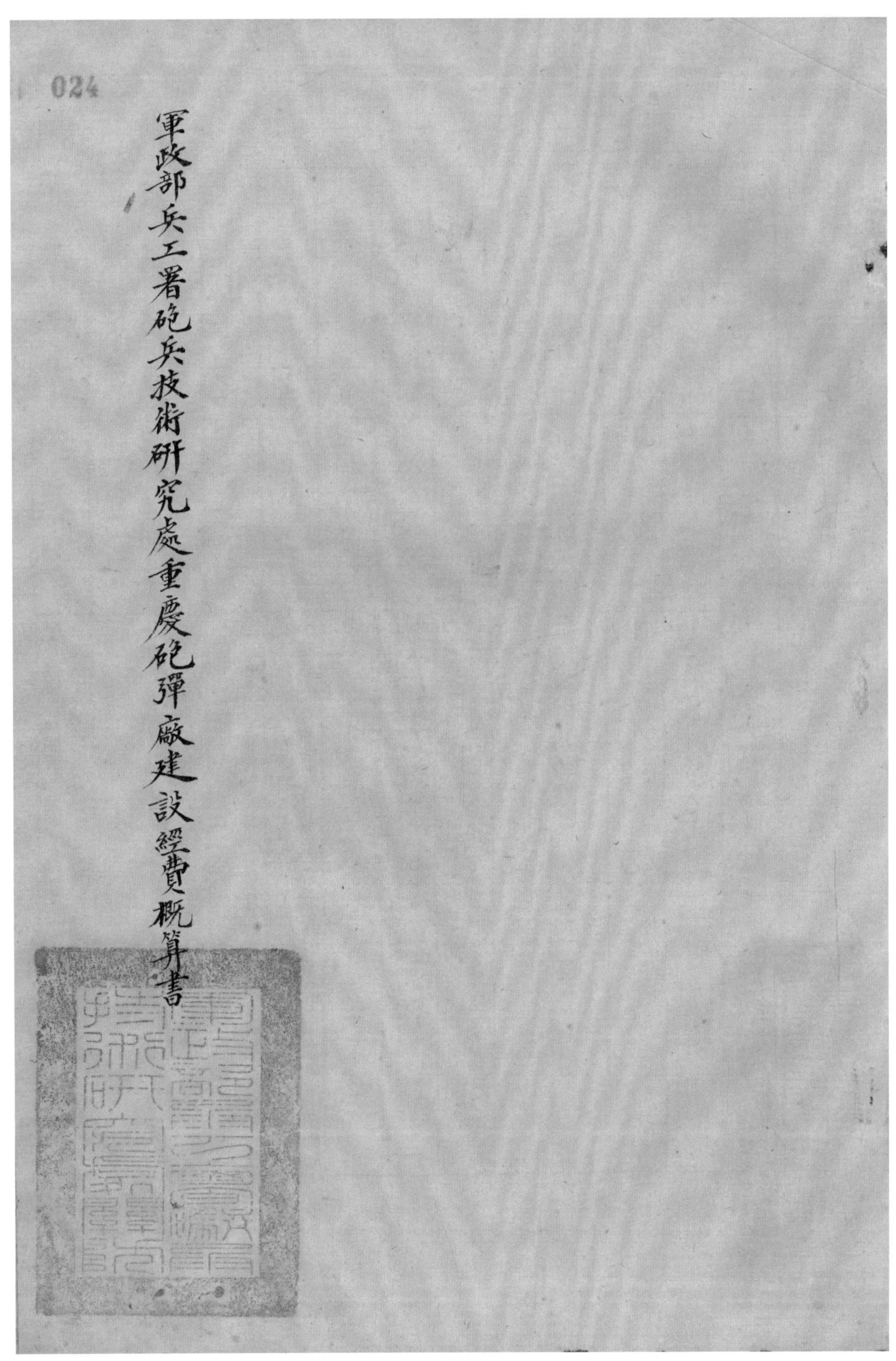

024

軍政部兵工署砲兵技術研究處重慶砲彈廠建設經費概算書

軍政部兵工署砲兵技術研究處重慶砲彈廠建設經費概算書

總計國幣捌拾萬零伍仟壹佰貳拾伍元正

科目	概算數	備註
第一款 建設費	八〇五,一二五.〇〇	
第一項 廠基購置及整理費	一八七,〇〇〇.〇〇	
第一目 測量費	二,〇〇〇.〇〇	川中多山本廠廠基亦係山地在利用前應先測定地形以便施工所有測量應需器材人工雜費等約計如上數
第二目 地價及補償費	一二〇,〇〇〇.〇〇	本廠廠基以分水嶺為界範圍約二千畝每畝地價包括拆屋遷墳青苗樹木等補償費約計六十元共需如上數
第三目 購置民房	五,〇〇〇.〇〇	在廠基內原有民房可供應用者擬予收購約需如上數
第四目 平基工程	三〇,〇〇〇.〇〇	本廠房屋均係緊靠山坡建築廠基須開挖土石方費用約計如上數
第五目 築堤工程	二〇,〇〇〇.〇〇	本廠地基面臨嘉陵江江水溢漲時有淹入之虞並築堤防禦所需工程費約計如上數
第六目 排水工程	一〇,〇〇〇.〇〇	包括全部廠址內陰溝明渠並做水閘一座俾廠內之水可以宣洩所需工程費約計如上數
第二項 房屋建築費	六一三,一二五.〇〇	
第一目 銅殼所	一二,三〇〇.〇〇	本廠銅殼所計分房屋兩座約共佔地八二〇平方公尺每平方公尺以十五元計所需建築費約如上數

251

項目	金額		說明
第二目 彈頭所	一二,三〇〇	〇〇	本廠彈頭所計分房屋四座約共佔地八二〇平方公尺每平方公尺以十五元計算所需建築費約如上數
第三目 引信所	一八,四五〇	〇〇	本廠引信所計分房屋三座約共佔地一二三〇平方公尺每平方公尺以十五元計算所需建築費約如上數
第四目 工具所	六,一五〇	〇〇	本廠工具所計房屋一座約佔地四一〇平方公尺每平方公尺以十五元計算所需建築費約如上數
第五目 木工所	六,一五〇	〇〇	本廠木工所計房屋一座約佔地四一〇平方公尺每平方公尺以十五元計算所需建築費約如上數
第六目 火工所	三六,二五〇	〇〇	本廠火工所計分房屋十六座約共佔地一四五〇平方公尺每平方公尺以廿五元計算所需建築費約如上數
第七目 裝箱所	三,〇〇〇	〇〇	本廠裝箱所計房屋一座約佔地二〇〇平方公尺每平方公尺以十五元計算所需建築費約如上數
第八目 煤氣發生爐房	五二五	〇〇	本廠煤氣發生炉房計房屋一座約佔地三五平方公尺每平方公尺以十五元計算所需建築費約如上數
第九目 材料庫	二四,六〇〇	〇〇	本廠材料庫計分房屋四座約共佔地一六四〇平方公尺每平方公尺以十五元計算所需建築費約如上數
第十目 成品庫	六,一五〇	〇〇	本廠成品庫計一座約佔地四一〇平方公尺每平方公尺以十五元計算所需建築費約如上數
第十一目 辦公廳	二二,五〇〇	〇〇	本廠辦公所計分房屋六座約共佔地七五〇平方公尺每平方公尺以三十元計算所需建築費約如上數
第十二目 工人宿舍及食堂	三四,二〇〇	〇〇	本廠工人宿舍及食堂計分房屋六座約共佔地二二八〇平方公尺每平方公尺以十五元計算所需建築費約如上數
第十三目 職員宿舍	五四,〇〇〇	〇〇	本廠職員宿舍計分房屋三座約共佔地一八〇〇平方公尺每平方公尺以三十元計算所需建築費約如上數
第十四目 醫院	一三,五〇〇	〇〇	本廠醫院計房屋一座約佔地四五〇平方公尺每平方公尺以三十元計算所需建築費約如上數

32
173

026

項目	金額		說明
第十五目 大門連營房	九,七五〇	〇〇	本廠大門連營房計分四座約共佔地六五〇平方公尺每平方公尺以十五元計算所需建築費約如上數
第十六目 廁所及盥洗室	一,五〇〇	〇〇	廁所及盥洗室約計佔地一〇〇平方公尺每平方公尺以十五元計算所需建築費約如上數
第十七目 車輛間	一,八〇〇	〇〇	本廠車輛間約計佔地一二〇平方公尺每平方公尺以十五元計算所需建築費約如上數
第三項 道路建築費	二五,〇〇〇	〇〇	
第一目 土石方及路面	一五,〇〇〇	〇〇	廠內外道路約計一萬平方公尺每平方公尺以一元五角計算約如上數
第二目 橋樑涵洞	一〇,〇〇〇	〇〇	廠基係山地溝壑溪澗隨處皆有須架桥樑或築涵洞以利交通所需工程費約如上數
第四項 附屬工程	一六二,〇〇〇	〇〇	
第一目 給水工程	三〇,〇〇〇	〇〇	本廠全部飲料及洗刷銅壳用水所需工程包括水塔及各種水池等并給水所一座約如上數
第二目 輸電工程	五〇,〇〇〇	〇〇	按重慶電廠規定綫路及变压器設備等用費約計如上數
第三目 衛生工程	一二,〇〇〇	〇〇	本廠全部調節氣候清潔衛生等工程用費約計如上數
第四目 碼頭	二〇,〇〇〇	〇〇	本廠面臨江岸須有碼頭以供起卸運輸之需工程用費約計如上數
第五目 警衛堡壘	二〇,〇〇〇	〇〇	本廠々基四週為嚴密保衛起見應築堡壘廿座每座以一千元計算工程用費約需如上數
第六目 防空山洞	三〇,〇〇〇	〇〇	為防空襲使職工安心起見特建山洞六處每處以能容納二百人為標準工程用費約計如上數

33
174

項目	金額		說明
第五項 機器設備	二〇,〇〇〇	〇〇	
第一目 添配機器費	二〇,〇〇〇	〇〇	本廠全部机器已在德訂購但目前單獨立廠施工其附屬机器有需添置約計如上数
第六項 公用設備費	三八,〇〇〇	〇〇	
第一目 交通器材	一〇,〇〇〇	〇〇	本廠臨江应需拖輪一艘木駁兩艘以及起重工具等用費約如上数
第二目 消防設備	八,〇〇〇	〇〇	本廠各處為防萬一起見應設滅火机件等約需費如上数
第三目 用具設備	六,〇〇〇	〇〇	如倉庫内格架鎊秤料鋸積桿等之設備約計如上数
第四目 傢具設備	一四,〇〇〇	〇〇	本廠办公廳各工作處所及各宿舍内之傢具約需如上数
第七項 修理安裝費	二〇,〇〇〇	〇〇	
第一目 機件修理費	五,〇〇〇	〇〇	本廠各項新舊机件由各地運川後有需修理其費用約計如上数
第二目 機件安裝費	一五,〇〇〇	〇〇	本廠大小机件数百部每部約需安裝及底脚費約計如上数
第八項 開機準備費	四〇,〇〇〇	〇〇	
第一目 開機準備費	四〇,〇〇〇	〇〇	机器裝妥後必須開机試用加以校正試造製品所需一应人工材料工具等費約計如上数
第九項 臨時雜務費	五〇,〇〇〇	〇〇	

第一目臨時雜務費	五〇,〇〇〇.〇〇	此在非常時期招募工人頗非易事多須派員四處招取應給旅費及工人來内地之川費又非常時期廠境應有林木等掩護費用之支出更因各項工程均須加緊趕办有須臨時添雇員工以及日夜趕工之加工津貼費用或其他不及預料之雜項支出等

說明

（一）目前時屬非常各事隨時俱有變動此項概算數祇能就一般而估計实施時容有变動應先聲明

（二）本廠之機器設備因已在株廠原建設費内列支故未再列

（三）本廠各項運輸費用均擬包括於另案之遷移費内故未列以後容或有之當在雜務費或節餘項下開支并此聲明

（四）本廠開工時應需各項流動資金未列在内須俟商專處將材料工具等估算後再行估呈

（五）本處容有須自行編練警衛隊時其經費當另行估呈

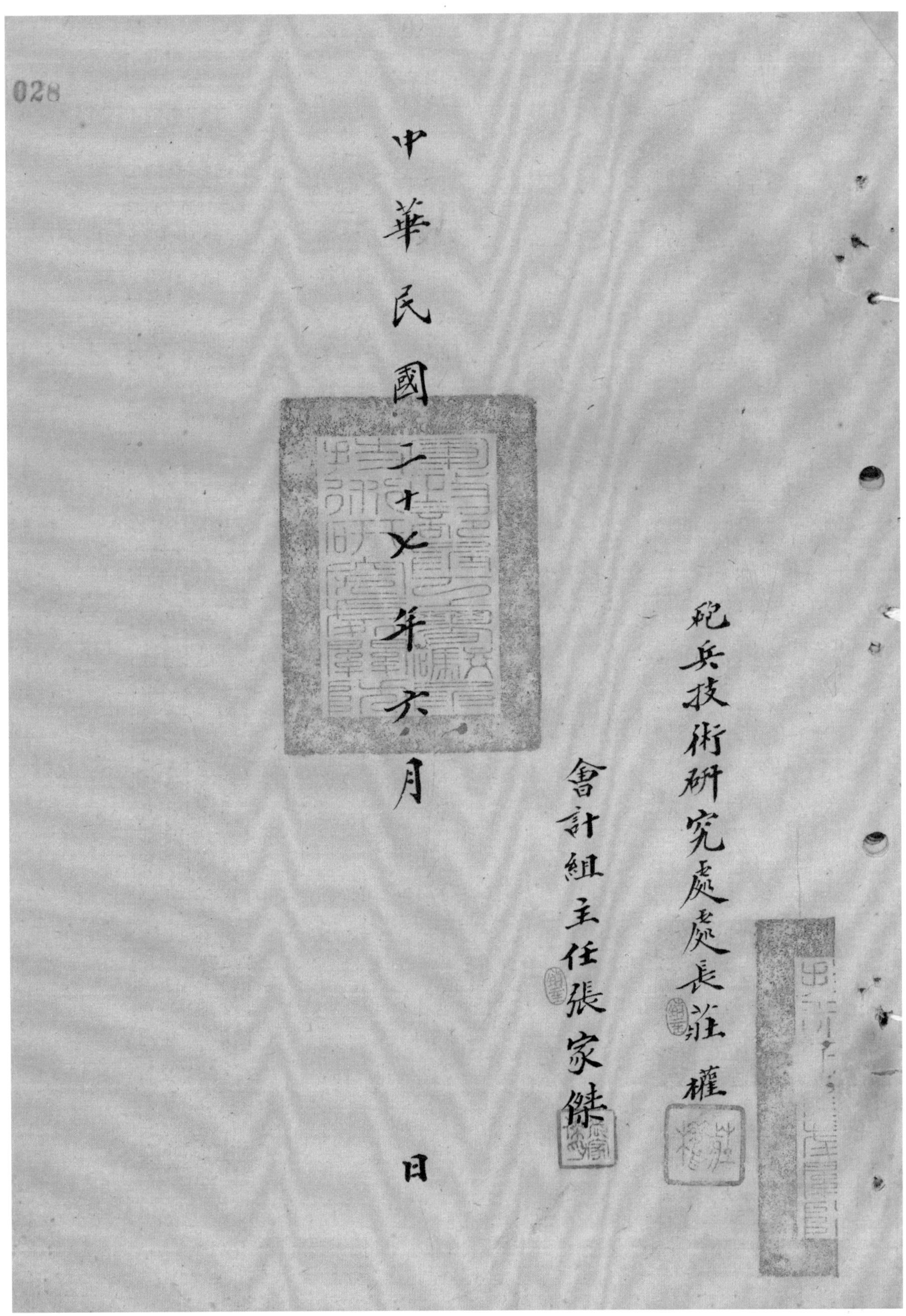

028

砲兵技術研究處處長莊權

會計組主任張家鏃

中華民國二十七年六月　日

兵工署炮兵技术研究处一九三七年度迁移费预算书（一九三八年十一月十一日）

014

軍政部兵工署砲兵技術研究處二十六年度遷移費預算書

砲兵技術研究處二十六年度遷移費預算書

總計國幣肆拾萬零玖仟伍伯圓整

科目	預算數	備註
第一款 遷移費	四〇九、五〇〇.〇〇	
第一項 運輸費	三三八、〇〇〇.〇〇	
第一目 輪船運費	二〇〇、〇〇〇.〇〇	本處機料約五千噸[illegible]約三十四元其中二千噸當應加由株轉漢長岳等地裝輪每噸十四元之輪運費共約需如上數
第二目 民船租費	七〇、〇〇〇.〇〇	本處機料約三千噸係由株自僱民船直運宜昌又長漢等地裝輪時係裝船到渝均須由碼頭運至忠縣兵工廠地所需駁船亦需租金共約需如上數
第三目 拖輪租費	一三、五〇〇.〇〇	租用拖輪三艘分班由株拖民船至宜每艘每月租金約九百元共五個月計算約需如上數
第四目 拖輪用煤	一二、五〇〇.〇〇	拖輪用煤係由本處供給計約需五百噸每噸以二十五元計共約需如上數
第五目 車運費	二、〇〇〇.〇〇	本處機料約五千噸由當地運至株洲之運費約需如上數

010

科目	金額	說明
第六目 裝卸搬運費	三八、〇〇〇.〇〇	本處儲料在株長漢岳宜滿等地裝卸挂件等費及裝卸時租用汽灯電池等費約需如上數
第七目 裝運兵具材料費	一二、〇〇〇.〇〇	儲料裝運所需木箱五金材料及一切應用工具等約需如上數
第二項 旅費	四二、〇〇〇.〇〇	
第一目 旅費	四〇、〇〇〇.〇〇	本處職工出差伕役因趕修工作所支之旅費及調用修理兵器隊派員押運撤料之旅費及趕運工作之員工等費約需如上數
第二目 旅費津貼	二、〇〇〇.〇〇	本處之工人攜有家眷隨處遷移者約百餘人如按予宜滿房貼舟車價以示體卹共約需如上數
第三項 獎卹費	二一、〇〇〇.〇〇	
第一目 獎勵金	六、〇〇〇.〇〇	本處職工等對於修理運輸其中有特殊成績者及本處修理輸運兵械人員冒險搶救械料者又民船之駕工安全到達重慶者均擬給予獎金以資鼓勵約需如上數
第二目 撫卹金	一五、〇〇〇.〇〇	本處職工及臨時雇工押運裝卸時不免有空襲危險其有不幸致傷者擬給予醫藥撫卹等費約需如上數
第四項 雜費	六五、〇〇〇.〇〇	
第一目 辦公費	五、〇〇〇.〇〇	本處以宜昌等地為運輸樞紐特設運輸分事處以資便利其辦公費用及汽燈房租郵電及印刷等費約需如上數

軍政部兵工署砲兵技術研究處

第二目 臨時倉庫	三,〇〇〇.〇〇	機料到達渝站時須搭蓋臨時倉庫存置所需材料之數
第三目 其他	五〇〇.〇〇	其他零星用費約需如上之數

附記：

一、本預算書係株廠遷移所需一切用費之預算。至漢陽砲廠，因分遷桃源、沅陵、衡陽、桂林等地，其預算書，自應另行編造。

二、本預算書内所列旅費津貼一目，僅限於工人之携有家眷者，因該工人日常生活已屬困苦，素無儲蓄，且亦為株廠熟手，本廠實屬需要，若非津貼少許，將其家眷同時遷來，則無法安心工作，故擬給予宜渝段之旅費，以資貼補，而示體恤。至職員之携有眷屬者，則一概不給。

三、查目下因戰局迅速之變遷，與敵機濫施轟炸，而須搶救機料，並僱伕役船只，困難異常，其業份時有出意外者，每運輸途中伕役時遇危險，傷亡未可預測，故船租裝運及搬卸等費，預算不易，此中困難，理合陳明。

軍政部兵工署砲兵技術研究處

017

中華民國二十七年十二月十二日

廠長莊權

會計組主任張宗傑

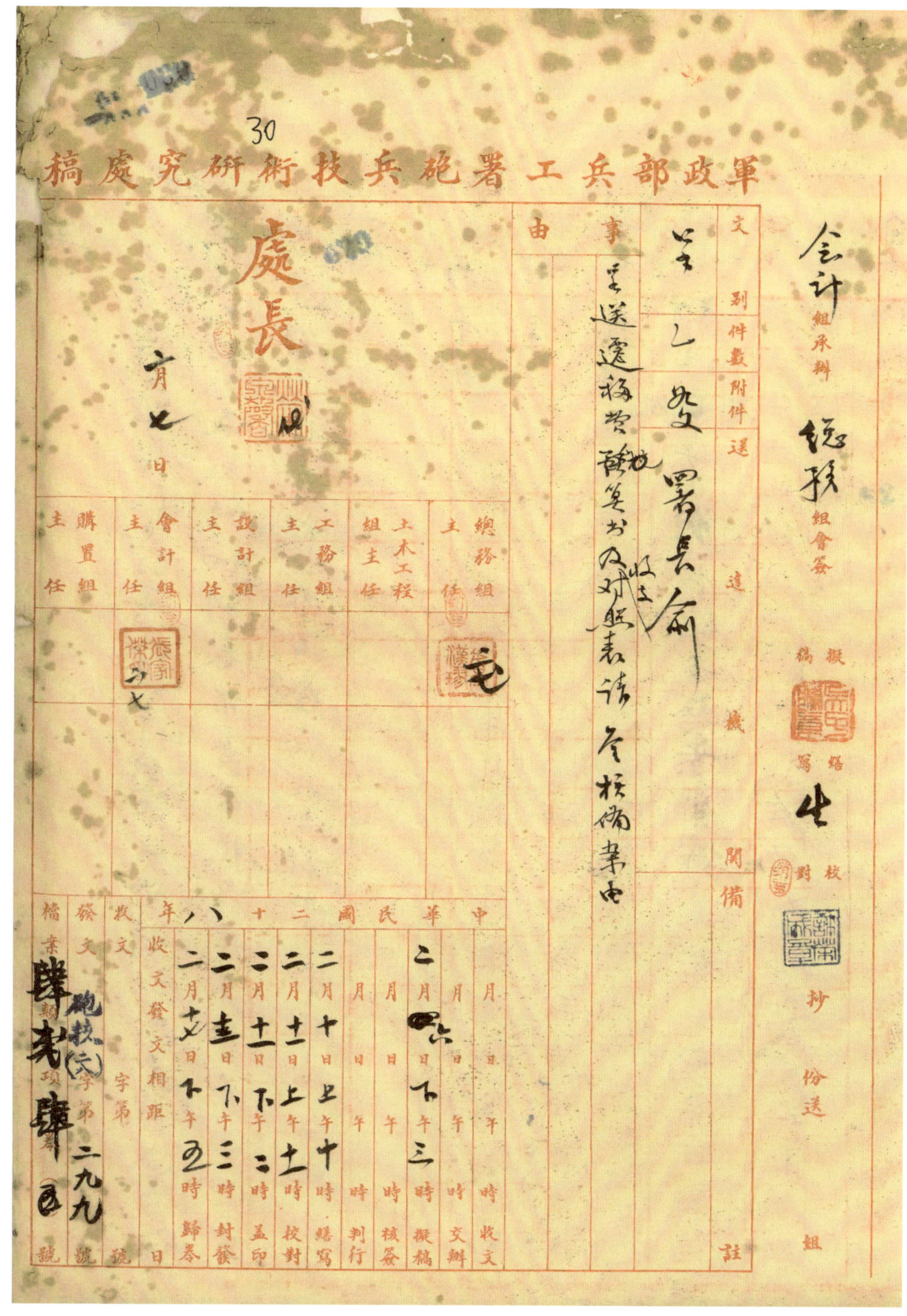
軍政部兵工署砲兵技術研究處稿

文別：呈
件數：乙
附件：如文
送達機關：署長俞
事由：呈送遷移費預算書及收支對照表請令核備案由

會計組承辦
組會簽
擬稿
繕寫
校對
抄　份送　組
備註

處長
二月七日

總務組主任　土木工程組主任　工務組主任　設計組主任　會計組主任　購置組主任

中華民國二十八年

收文	文辦	擬稿	核簽	判行	繕寫	校對	蓋印	封發	歸卷	收文發文相距
月　日　午　時	月　日　午　時	二月六日下午三時	月　日　午　時	月　日　午　時	二月十日上午十時	二月十一日上午十一時	二月十一日下午二時	二月十三日下午三時	二月十七日下午五時	日

收文　字第　號
發文　砲技（六）字第二九九號
檔案　類　項　卷　號

兵工署炮兵技术研究处关于报送迁移费预算书及收支对照表致兵工署的呈（一九三九年二月十三日）

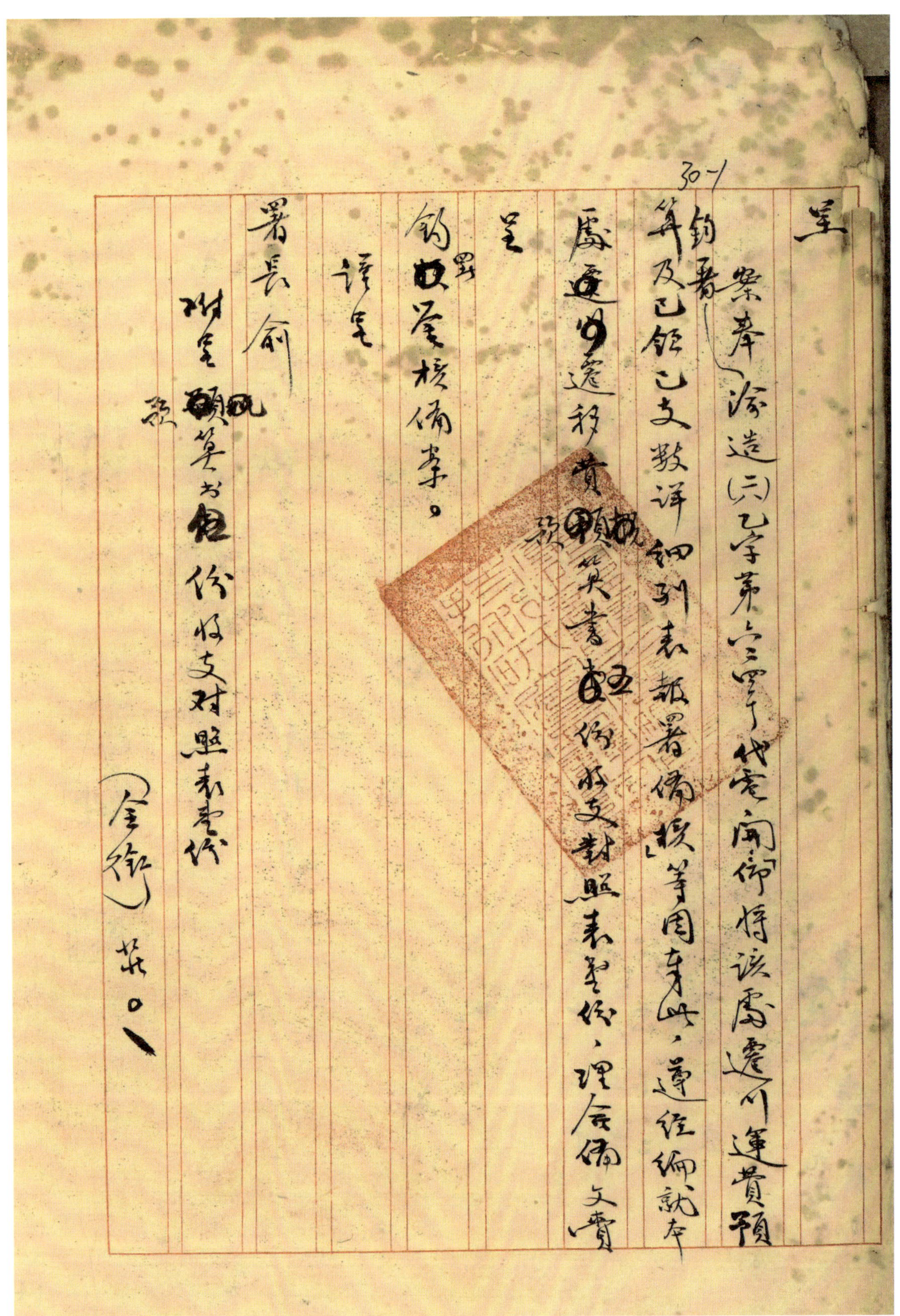

30-1

呈

案奉

鈞署渝造(六)乙字第六三四一號代電開:飭將該廠遷川運費預算及已領已支數詳細列表報署備核等因;奉此,遵經編就本廠遷川遷移費概算書壹份、領支對照表壹份,理合備文賫呈

鈞署鑒核備案。

謹呈

署長俞

附呈概算書壹份、領支對照表壹份

(全銜)

軍政部兵工署砲兵技術研究處

遷移費收支對照表

中華民國 28 年度 1 月份止

收入	摘要	支出
	收入之部	
300000.00	署發遷移費	
5000.00	(該款係二十五廠暫交本處)應付墊款	
	支出之部	
	撥交漢陽砲廠	89000.00
	暫付款(該款係暫交運輸組備付運輸費及押運員旅費暫支旅費等款[illegible])	51537.64
	運輸費	111197.33
	旅費	6427.54
	郵費	2627.40
	雜費	2021.34
	結存	42188.75
$305000.00	合計	$305000.00

處長　　總務主任　　會計主任　　覆核　　製表

兵工署关于准予照发汉阳炮厂、桂林修炮厂建设费给兵工署炮兵技术研究处的指令（一九三九年四月十五日）

軍政部兵工署指令

渝造(六)乙字第3269號

中華民國廿八年四月十五日發

令砲兵技術研究處處長莊權

二十八年三月二十五日砲技(六)字第六九〇號呈乙件，

為遵令重編沅桂兩廠建設費概算書賚呈鑒核懇

予先發建設費以利進行當否祈示遵由

呈件均悉。概算經核大致尚無不合。除臨時土木人員編制另案核辦外，仰即就概算範圍，隨將進行中之工程造報預算連同計劃書及估單圖說合同等件，尅日呈送。至所請先發漢陽砲廠建設費拾五萬元及桂林修砲廠建設費拾萬元，兩共弍拾

61-1

五萬元，茲准予照發，仰即派員來署具領可也。此令。附存查發還

坿發還概算書拾份。

署長（印）俞大維

監印 楊物熙

校對 蔣錫齡

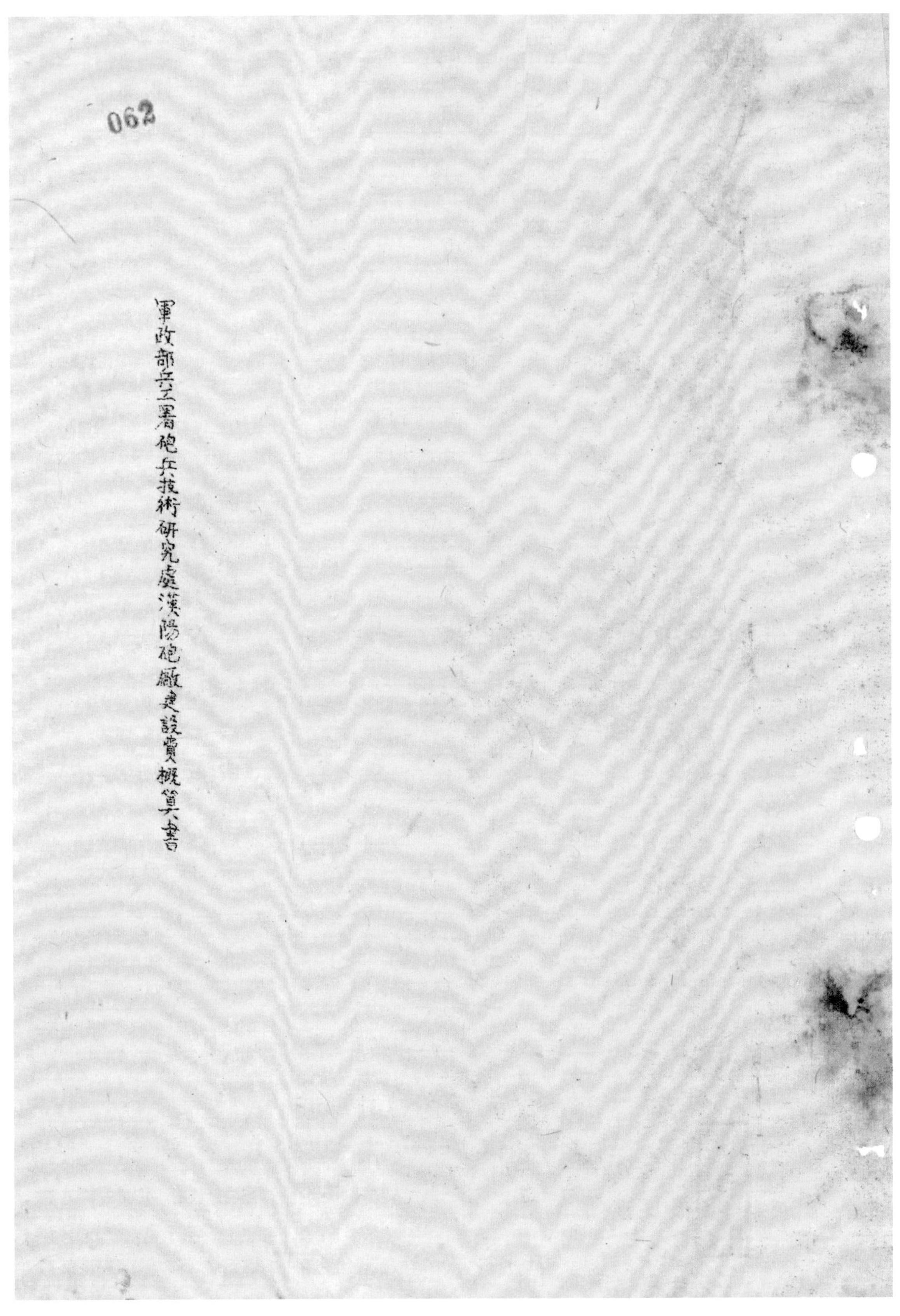

062

軍政部兵工署砲兵技術研究處漢陽砲廠建設費概算書

軍政部兵工署砲兵技術研究處漢陽砲廠建設費概算書

總計國幣叁拾捌萬貳仟陸百貳拾元整

科目	概算數	備註
第一款 建設費	三八二、六二〇.〇〇	
第一項 廠地整理費	五三、〇〇〇.〇〇	
第一目 測量費	一、〇〇〇.〇〇	凡一切測量所需器材人工雜費等均包括在內
第二目 補償費	一二、〇〇〇.〇〇	本廠用地暫行租賃，惟境內所有拆屋遷墳青苗樹木等補償費約計如上數
第三目 平基及道路橋樑	四〇、〇〇〇.〇〇	包括一切平土石方工程及道路橋樑涵渠修築費，約計如上數
第二項 房屋建築費	一〇一、七〇〇.〇〇	
第一目 廠房	四〇、五〇〇.〇〇	包括廠房十座分置机鉗鍛鑄木樣檢查各工作部份及訓練班並備擴充工作之用，另建動力廠二座，共計二千二百五十平方公尺，一律竹筋泥牆木架青瓦屋面，以上數每平方公尺合十八元計，總合計如上數

003

63-1

第二目 職工宿舍	三〇、〇〇〇	〇〇	包括可容工人四百人職員二百人之宿舍八座共計一千五百平方公尺一律竹籬泥墻木架青瓦屋面木地板每平方公尺以二十元計祘合計如上數
第三目 警衛隊營房	九、〇〇〇	〇〇	包括營房四座約需五百平方公尺一律竹籬泥墻木架青瓦屋面灰土地坪每平方公尺以十八元計祘合計如上數
第四目 庫房	七、二〇〇	〇〇	包括材料庫二座成品庫一座約計四百平方公尺建築情形仝上每平方公尺以十八元計祘合計如上數
第五目 辦公廳	一五、〇〇〇	〇〇	計佔地二百五十平方公尺一律竹籬泥墻木架青瓦屋面木地板每平方公尺以六十元計祘合計如上數
第六目 其他附屬建築費	一〇、〇〇〇	〇〇	包括一切食堂廚房廁所汽車間雜用茅屋等約計如上數
第三項 附屬工程	二〇、〇〇〇	〇〇	
第一目 碼頭	一〇、〇〇〇	〇〇	包括起卸機械机料及停泊船隻碼頭二座合計如上數
第二目 防空山洞	一〇、〇〇〇	〇〇	包括容職工五百人之山洞若干座計一千立公方每公方以十元計合計如上數
第四項 設備費	一[illegible]、〇〇〇	〇〇	
第一目 水電設備	七〇、〇〇〇	〇〇	包括抽水机水管電動机方棚及十匹馬力煤氣机發電机電料等合計如上數

科目	金額		說明
第二目 厰房設備	四〇、〇〇〇	〇〇	包括鋼鐵工場鉗架掛牌檢查平台及各項應需器材等合計如上數
第三目 衛生設備	五、〇〇〇	〇〇	包括一切醫務衛生所需之器材在內約計如上數
第四目 其他設備	一五、〇〇〇	〇〇	包括各項消防安全交通器材及傢俱等設備約計如上數
第五項 修理安裝費	四五、〇〇〇	〇〇	
第一目 修理費	二〇、〇〇〇	〇〇	包括運來及被炸損壞機件之修理等費約計如上數
第二目 安裝費	二五、〇〇〇	〇〇	包括一切機器之安裝試機等費約計如上數
第六項 臨時薪工	七、九二〇	〇〇	
第一目 臨時土木工程人員薪金	七、九二〇	〇〇	包括所有土木工程人員薪金每月六六〇元預算一年建設完成合計如上數 詳見臨時土木工程人員編制表
第七項 臨時雜務費	一五、〇〇〇	〇〇	
第一目 臨時雜務費	一五、〇〇〇	〇〇	包括建設期內一切房地之租費徵用民房之修理察勘基地等工作人員之旅費及其他林木擴護偽裝等什項費用約計如上數

64-1

說明

一、本廠奉 令在沅陵開工擔任修理前方火砲工作所需廠地房屋除儘量租用外凡自建者力求迅速簡單經濟以赴事功而節公帑

二、本廠鑒於前方送修火砲之擁擠待用之急迫故擬加添機器設備俾增加生產效力以應需要

三、本概算所列各項概算數祇能就一般估計實施時受當地情形及市價之影響容有變更擬請准予流用

四、本廠初在桃源奉 令遷築廠房籌備復工嗣受戰局影響及屢遭轟炸即奉 令遷往沅陵繼續進行在桃源一切建設遂即停止所有費用擬請准在本概算內列報

五、本廠各項進行計劃及工程圖表等容後補呈備案合併陳明

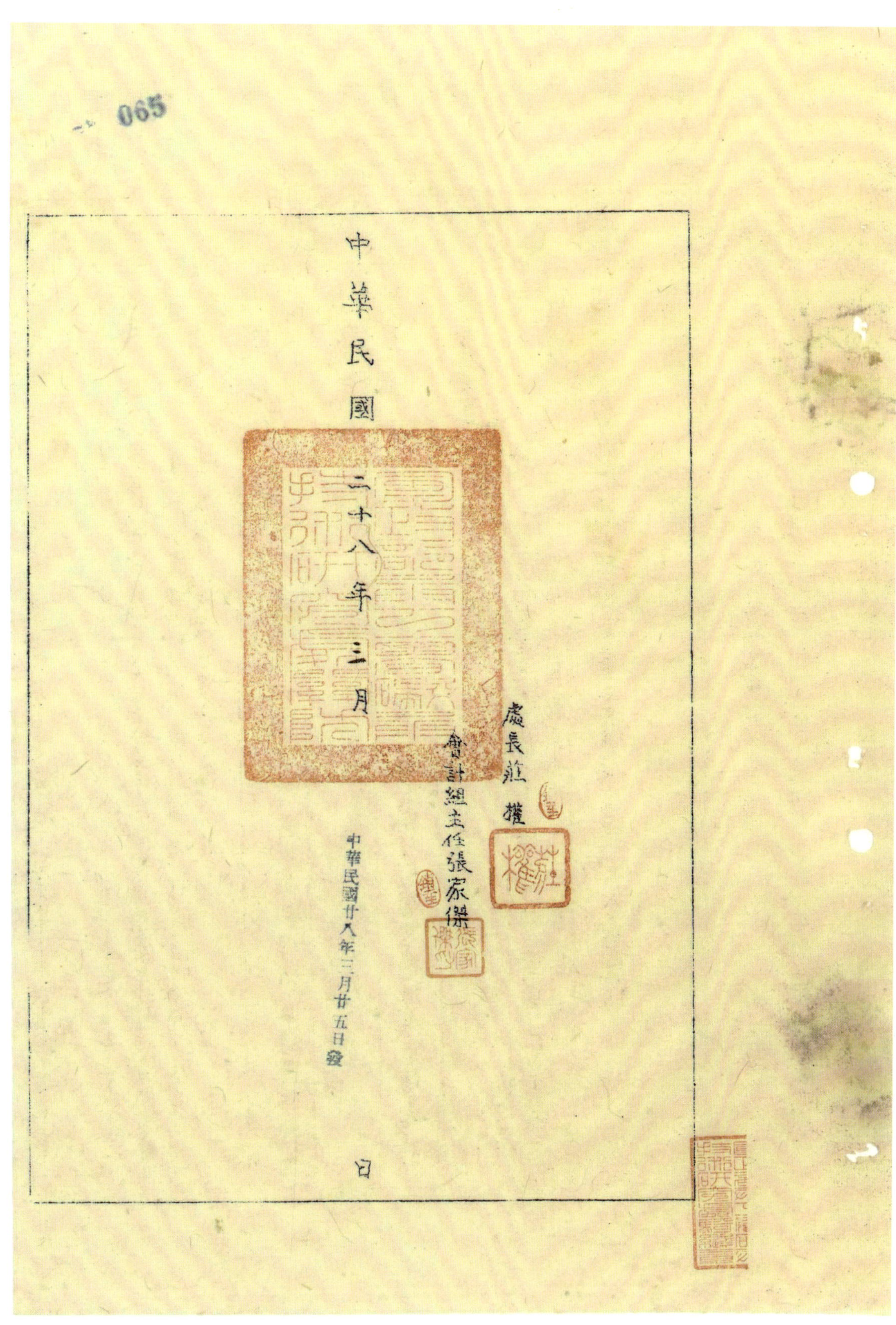

中華民國二十八年三月　日

處長莊權

會計組主任張家傑

中華民國廿八年三月廿五日發

074

軍政部兵工署砲兵技術研究處桂林修砲廠建設費概算書

軍政部兵工署砲兵技術研究處桂林修砲廠建設費概算書

總計國幣貳拾伍萬玖仟捌百貳拾元整

科目		概算數	備註
第一款	建設費	二五九、八二〇.〇〇	
第一項	廠地整理費	二五、〇〇〇.〇〇	
第一目	測量及補償費	五、〇〇〇.〇〇	本廠用地暫行租賃惟境內所有遺坟青苗樹木房屋等拆遷補償費及測量所需器材人工雜費等均包括在內
第二目	平基及道路橋樑	二〇、〇〇〇.〇〇	包括一切平土石方工程及內外必需之道路橋樑涵洞溝渠修築費約計如上數
第二項	房屋建築費	六九、八二〇.〇〇	
第一目	廠房	二七、〇〇〇.〇〇	包括机鉗鍛鉚木模並動力等廠房四座約計一千五百平方公尺一律竹籬泥墻木架青瓦屋面灰土地坪每平方公尺以十八元計款合計如上數
第二目	職工宿舍	二〇、〇〇〇.〇〇	工人二百五十人職員五十人宿舍三座計一千平方公尺一律竹籬泥墻木架青瓦屋面木地板每平方公尺以二十元計款合計如上數

75-1

科目	金額	說明
第三目 警衛隊房屋	四、三二〇.〇〇	包括營房兩座約需二百四十平方公尺一律竹籬泥墻木架青瓦屋面灰土地坪每平方公尺以十八元計祘合計如上數
第四目 庫房	四、五〇〇.〇〇	包括材料房成品房各一座約需二百五十平方公尺一律竹籬泥墻木架青瓦屋面灰土地坪每平方公尺以十八元計祘合計如上數
第五目 辦公室	四、〇〇〇.〇〇	辦公廳一座計佔地二百平方公尺一律竹籬泥墻木架青瓦屋面木地板每平方公尺以二十元計祘合計如上數
第六目 其他附屬建築費	一〇、〇〇〇.〇〇	包括一切食堂厨房厠所汽車間什用房屋及廠境竹籬笆等約計如上數
第三項 設備費	一三〇、〇〇〇.〇〇	
第一目 水電設備	一五、〇〇〇.〇〇	包括一切輸電給水設備購置及補充水電机料等費約計如上數
第二目 機器工具設備	五〇、〇〇〇.〇〇	包括添購一部份車床及工具等費約計如上數
第三目 廠房設備	二〇、〇〇〇.〇〇	包括鍛鉚工爐灶軸架掛脚檢查平台鉗桌以及廠內其他一切設備約計如上數
第四目 防空及衛生設備	一五、〇〇〇.〇〇	包括防空洞及林木隱蔽偽裝醫務衛生等設備費約計如上數
第五目 其他設備	三〇、〇〇〇.〇〇	包括消防傢俱及交通器材等設備費約計如上數

第四項	修理安裝費	二五、〇〇〇	〇〇	
第一目	修理費	一五、〇〇〇	〇〇	包括一切遷移損壞機器設備及可供利用民房等之修理安裝等費約計如上數
第二目	安裝費	一〇、〇〇〇	〇〇	包括一切機器之安裝等費約計如上數
第五項	臨時事務費	一〇、〇〇〇	〇〇	
第一目	臨時薪工	五、〇〇〇	〇〇	包括臨時雇用建築員工所需薪工等費約計如上數
第二目	臨時雜務費	五、〇〇〇	〇〇	包括建設期内一切房地之租佃及員工之旅費以及其他各項雜費約計如上數

說明

一、本廠奉令在桂開工擔任修理前方火砲工作所需廠地房屋除儘量租用外仍自建者力求迅速簡單經濟以赴事功而節公帑

二、本廠鑒於前方送修火砲之擁擠待用之急迫故擬加添機器設備俾增加生產效力

76-1

以應需要

三、本概算所列各項概算數祗能就一般估計實施時受當地情形及市價之影響容有變更擬請准予流用

四、本廠開工時應需各項流動資金未列在内容後補請核發

五、本廠各項進行計劃及工程圖表等容後補呈備案合併陳明

077

中華民國二十八年三月　日

處長莊　權

會計組主任張家傑

中華民國廿八年三月廿五日發

兵工署炮兵技术研究处汉阳炮厂一九三八年经费概况表（一九三九年五月）

砲兵技術研究處漢陽砲廠二十七年經費概況表

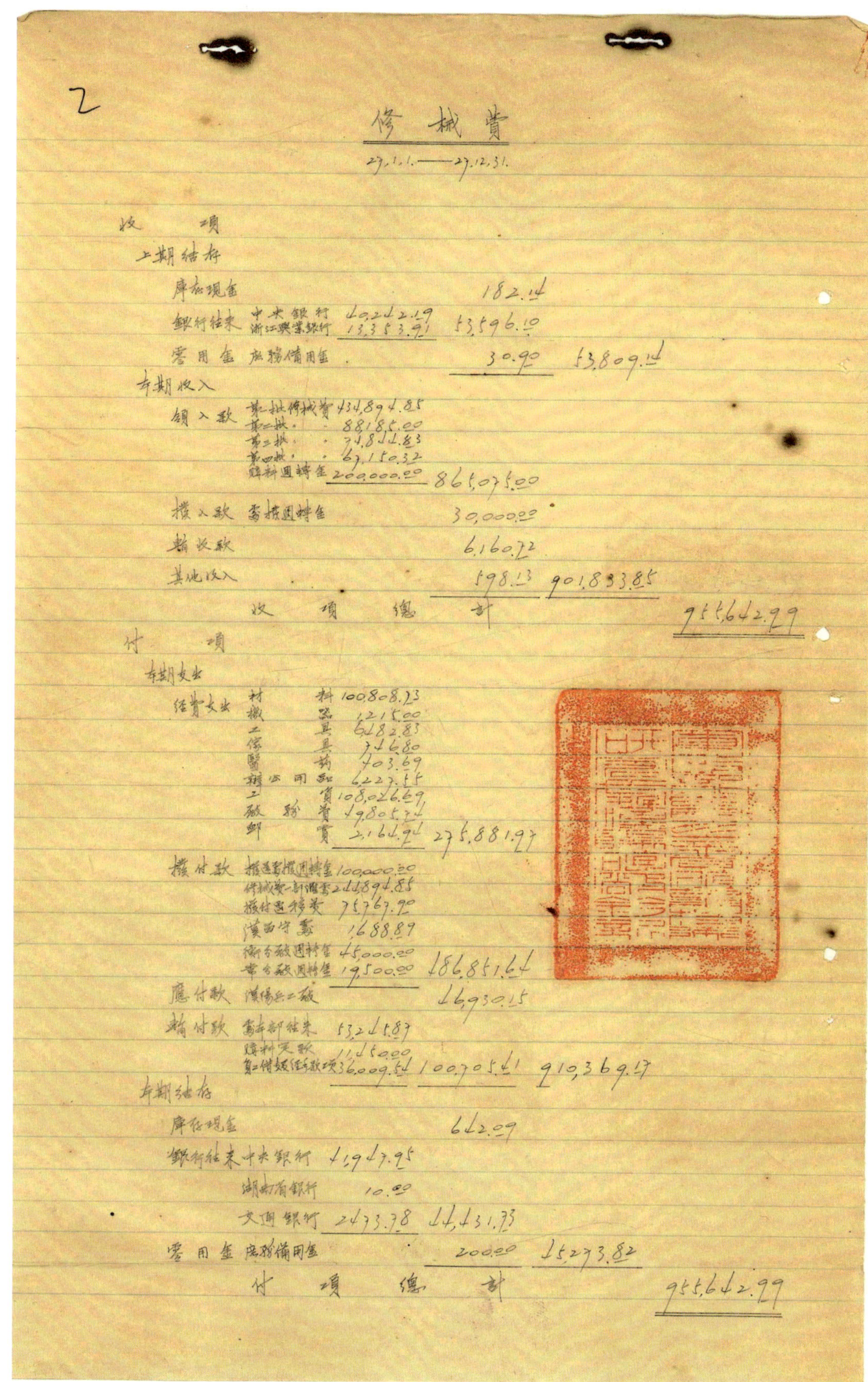

2

修械費

27.1.1.——27.12.31.

項目	細目	金額	小計	合計	總計
收項					
上期結存					
庫存現金			182.14		
銀行往來	中央銀行	40,242.19			
	浙江興業銀行	13,353.91	53,596.10		
零用金	庶務備用金		30.90	53,809.14	
本期收入					
領入款	第一批修械費	434,894.85			
	第二批 〃	88,185.00			
	第三批 〃	74,844.83			
	第四批 〃	67,150.32			
	購料週轉金	200,000.00	865,075.00		
撥入款	署撥週轉金		30,000.00		
暫收款			6,160.72		
其他收入			598.13	901,833.85	
收項總計					955,642.99
付項					
本期支出					
經常支出	材料	100,808.73			
	機器	1,215.00			
	工具	6,482.83			
	傢具	746.80			
	醫药	403.69			
	辦公用品	6,227.55			
	工資	108,026.69			
	廠務費	49,805.74			
	郵費	2,164.94	275,881.97		
撥付款	撥還署撥週轉金	100,000.00			
	修械費一部滙雲	244,894.85			
	撥付遷移費	75,767.90			
	滇西分處	1,688.89			
	衡分廠週轉金	45,000.00			
	常分廠週轉金	19,500.00	486,851.64		
應付款	漢陽兵工廠		46,930.15		
暫付款	署本部往來	53,245.87			
	購料定款	11,450.00			
	第二借款往來款項	36,009.54	100,705.41	910,369.17	
本期結存					
庫存現金			642.09		
銀行往來	中央銀行	41,947.95			
	湖南省銀行	10.00			
	交通銀行	2,473.78	44,431.73		
零用金	庶務備用金		200.00	45,273.82	
付項總計					955,642.99

3

遷移費

27.1.13.——27.12.31.

收項				
本期收入				
領入款	署撥遷移費		250,000.00	
撥入款	借入修械費	75,767.90		
	借入建設費	23,000.00	98,767.90	
暫收款	扣存船户租金等		910.60	
其他收入	各廠繳送餘款	2,971.90		
	罰款	155.30	3,127.20	
	收項總計			352,805.70
付項				
本期支出				
經費支出	運輸費	105,933.64		
	裝卸費	26,943.65		
	交通器材	11,650.94		
	辦公用品	309.88		
	旅費	568.14		
	郵電	113.36		
	什費	448.92		
	醫藥	200.00	146,168.53	
撥付款	漢留守處	39,841.74		
	衡分廠	38,390.00		
	常分廠	35,833.84		
	柳分廠	14,827.53	128,893.11	
暫付款	員工經手款項	26,835.00		
	員工借支旅費	14,097.00	40,932.00	
本期結存				
庫存現金		173.52		
銀行往來		36,638.54	36,812.06	
	付項總計			352,805.70

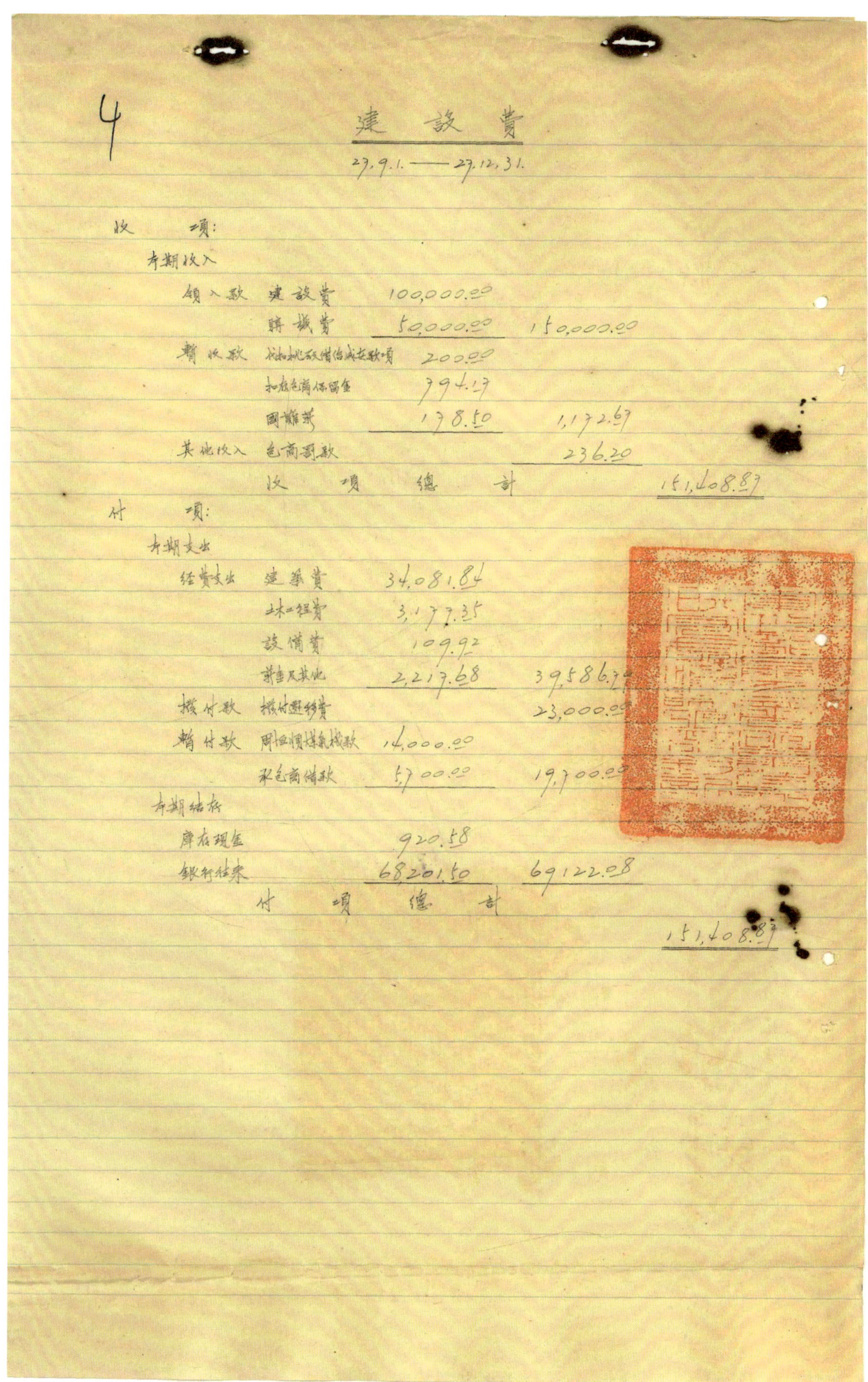

4

建設費

27.9.1.——27.12.31.

收項:				
本期收入				
領入款	建設費	100,000.00		
	購機費	50,000.00	150,000.00	
暫收款	代扣桃[illegible]借給成安款項	200.00		
	扣存包商保留金	794.17		
	國難薪	178.50	1,172.67	
其他收入	包商罰款		236.20	
	收項總計			151,408.87
付項:				
本期支出				
經費支出	建築費	34,081.84		
	土木工程費	3,177.35		
	設備費	109.92		
	薪金及其他	2,217.68	39,586.79	
撥付款	撥付遷移費		23,000.00	
暫付款	周恆順煤氣機款	14,000.00		
	承包商借款	5,700.00	19,700.00	
本期結存				
庫存現金		920.58		
銀行往來		68,201.50	69,122.08	
	付項總計			151,408.87

兵工署炮兵技术研究处为报送设计新炮派员出国继续试造费追加预算书致兵工署的呈（一九三九年八月十二日）

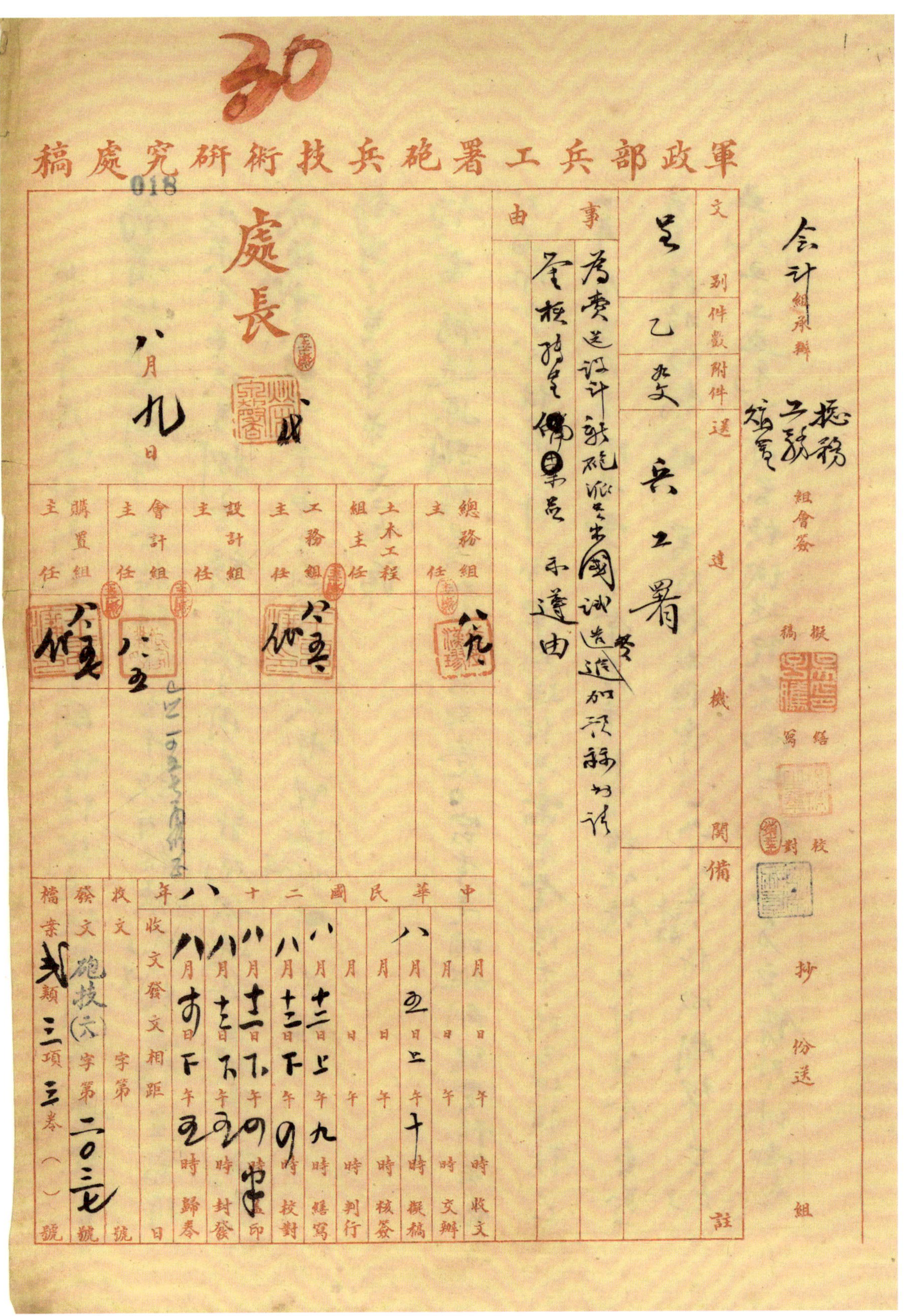
30

軍政部兵工署砲兵技術研究處稿

018

處長 八月九日

文別	件數	附件	送達機關
呈	乙	文	兵工署

事由：為賚送設計新砲派員出國試造繼續追加預算書請鑒核轉呈備案示遵由

總務組主任	土木工程組主任	工務組主任	設計組主任	會計組主任	購置組主任
八、九		八、五		八、五	八、五

會計組承辦

總務組 二股

組會簽

擬稿

繕寫

校對

抄 份送 組

備註

中華民國二十八年

收文	文辦	擬稿	核簽	判行	繕寫	校對	蓋印	封發	歸卷
月 日 午 時	月 日 午 時	八月五日上午十時	月 日 午 時	月 日 午 時	八月十二日上午九時	八月十二日下午四時	八月十一日下午四時半	八月十二日下午五時	八月十五日下午五時

收文發文相距 日

收文 字第 號

發文 砲技（六）字第二〇三七號

檔案 戌類三項三卷（一）號

案查本廠設計新砲派員出國繼續試造經費預算，前經呈奉
鈞署批准出國部分叁拾肆萬壹千玖百拾柒元，經具領，並蒙折
成英金壹玖另捌壹鎊歷經支用。嗣新砲試造因技術上問題，
尚須暫緩改造，業由我國承辦人將經過詳情呈報
鈞署，並奉第一七二九號
鈞電，飭造延期經費預算呈核等因。當查是項延期經費預算，依
我國承辦人之估算，計分累改造經費需英金陸千玖百伍拾鎊之，
一年居留及其旅費需英金叁千壹百拾伍鎊，共計英金壹萬
另另陸拾伍鎊（照署核鎊款匯率一六、八五計算，八折成國幣一三九、
五九五、二五元）。除前領試造經費尚剩餘四四另二鎊外，計尚應

31

019

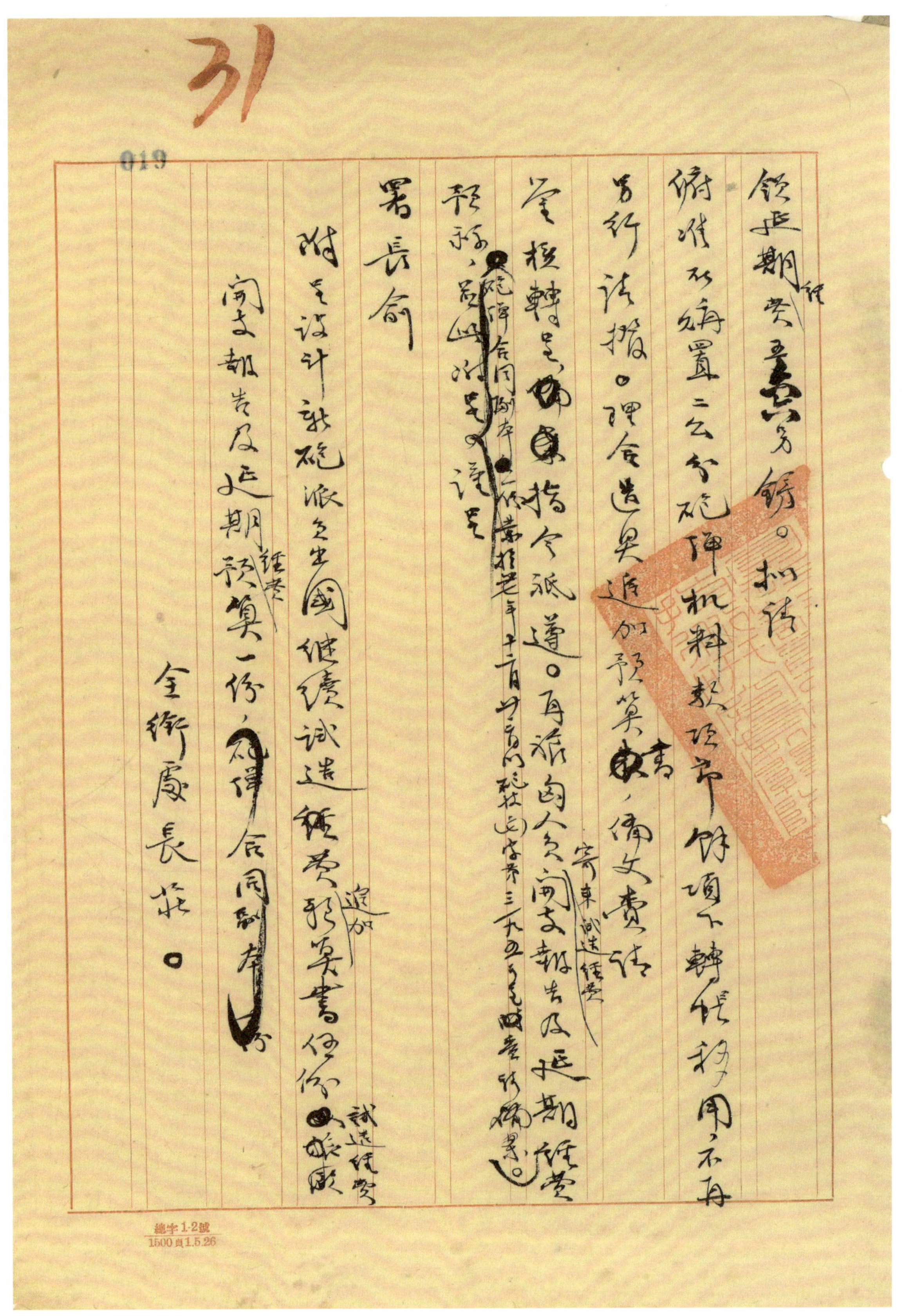

领延期经费呈另饬。抑请

俯准所需购置二公分炮弹机料款项，即暂行转饬移用，不再

另行请拨。理合造具追加预算书，备文赍请

鉴核转呈，并乞指令祗遵。再派出人员阎文郁报告及延期经费（寄东试造经费）预算、炮弹合同附本一份，业于廿九年十二月廿三日以（沪）字第三九五五号代电寄呈钧署。

预算、[illegible]

署长俞

附呈设计新炮派员出国继续试造经费追加预算书四份（试造经费）

阎文郁报告及延期经费预算一份，炮弹合同副本一份

全衔厂长庄

020

軍政部兵工署砲兵技術研究處設計新砲派員出國繼續試造費追加預算書

第一款　設計新砲國外繼續試造費國幣一六九、五九五、二五元

第一項　械彈費　八〇、〇三七、五〇

第一目　十公分榴彈砲一門改造費　六三、三四五、〇〇

第二目　七五公分野砲砲身及搖架修改費　八、四二五、〇〇

第三目　發射藥及砲彈修改費　九、二六七、五〇

第二項　雜費　三七、〇七〇、〇〇

第一目　試驗費　三、三七〇、〇〇

第二目　零星機件購置費　一三、四八〇、〇〇

第三目　廠方技術員協助工作津貼費　二〇、二二〇、〇〇

技字第2037號文附件　28 8 14　2-3-3

020

321

第四目 運費及保險費 二五、二七五·〇〇

第五目 裝箱費 五、〇五五·〇〇

第三項 旅費 五二、四八七·七五

第一目 居留及交際費 五二、四八七·七五

說明：

一、新砲試造後技術上發現有欠妥之處理應改良重造計械彈修改費國幣八〇、〇三九、五〇元

二、彈費一項包括初速、膛壓、退駐、射擊等試驗費又零星購置之機件如鋼球、軸承、彈簧等此類成件須

軍政部兵工署砲兵技術研究處

自購後供給廠方配用上項費用均屬施工時所
必需者再廠方技術員協助工作津貼費以及運
費保險費裝箱費等等各廠工竣後為酬勞
及運送返國所需之費用查此等費用前
概算中未經列入合併陳明
三、旅費一項包括出國人員路上用費及交際費因
工程尚須賡續一年應從前核定數另自二十
八年五月起至二十九年四月底止仍按甲種軍
事考察人員待遇分別職級支給
四、追加試造經費根據本國承辦人之估算總

331

計需英金一〇、〇六五、〇〇鎊以國幣滙兑率一六、八五折合（係署發鑄款之滙率）共計國幣一六九、五九五、二五元

軍政部兵工署砲兵技術研究處

022

34

噴氣機試造經費開支報告及匈牙利經費預算

駐在地區：　匈牙利兵工廠　MAVAG.

時期：　民國卅八年六月

一、試造經費開支概要

奉柏林中國駐德商務專員辦公處卅七年六月廿五日結束，鈞署

于1948年經電開：「……駐德噴射機試造經費自1948/1/1—請查照予以劃撥核結……」查因經費撥孫駐德托孫處代為保管由該處隨時通知孫處支付在案。惟查鈞署核准國外試造噴射機經費預算原案中撥發費一項為國幣廿四萬元整，鈞署去年九月五日第15721號電為一英鎊＝16,8491國幣從至本月會計核為英鎊£14250/-/-，其餘為派往國外監督試驗者沿途費用及旅費，除費由國庫撥付。

經將支付情形及尚應追加費用報備，當請鑒核如下

A) 關於製造經費（自卅七年七月匈廠開始製造至本年二月開會一段時間內所有費

用）

三一一

34-1

1）火砲製造費……元 6399/2/4

2）火砲材料費……元 468/4/3

3）火砲試驗費……元 40/17/11

4）火砲運費及保險費（由昆至叙、由叙至廠）……元 141/6/1

5）砲上機件零星添置……元 30/-/-

6）砲彈費（7.5cm 及 10cm）元 4135/-/-

共計 元 11214/10/7

以上製造經費收入元 14250/-/- 除去上項支出數元 11214/10/7外，計尚剩

餘元 3035/9/5

楊祖

軍政部兵工署砲兵技術研究處

023

35

第1項

查5月廠行之試驗結果合同砲7.5cm及10cm砲身兩門十月底恭查前略注意

見殘餘生技術上有不要之處，當可通知廠方另擇大砲使其完成一具其餘

停止工作，但事實上四門砲身大部份工已完成，所有該批機件工作單均已發出

保留

第2項

各號各補行各號以前欠交之材料

第3項

各種零件尚需經過試驗、膛壓試驗、駐退試驗、射擊試驗、拆卸試驗、等等，此項

試驗須該廠因其所採習慣關係，俾在製造當時同為照辦

第4項

35-1

B)

由德日各国采购材料运费及保险费由国内汇往由兵工署代为存汇国外之外汇内未列入

第5项

凡非本厂可能制造而在本市亦可以买到之机件如铜铁轴承弹簧等等概由本厂自行

购买之项均由本厂办理

第6项

一、本厂情形如何拟请查阅

关于本厂情形曾于本厂成立之初

本厂派赴外国购买机件及聘请外国工程师两名（即哈尔洛克及费司特两员）所有报告书送呈署长备案

署核准并由本厂派员赴美德两国购买机器聘请外国技术人员嗣于是年七月间派员赴德采购材料

自上月以后至于本月以前 经署长核准并派员赴德购运本厂所需之机件材料

付九十英鎊共領五百四十英鎊故至本年四月底止尚剩一千三百七十英鎊依據

A, B 兩項結存上次原預算剩餘款數

3035+1370=4405英鎊

所有單據擬俟此項工作結束後一併正式造報

II 近期經費預算

新砲試造各因技術問題尚應重加改造其經過詳情前經呈报在案（詳本年三月十二日報告關於重要部份均增置之說明）茲奉第1729號電飭造近期經費預算茲謹擬具以前試造情形及新設計圖樣造列預算數目如下

A) 改造經費 …… £6950/-/-

1) 10cm 榴彈砲根據新設計全部改

造費計一台 …… £3700/-/-

024

36-1

2）7.5cm野砲砲身及搖架修改費 共 500/—/—

3）發射藥及砲彈修改費 共 550/—/—

4）試驗費 共 200/—/—

5）運費及保險費 共 1500/—/—

6）零星机件添置費 共 80/—/—

7）廠方技術員協助工作津貼費 共 120/—/—

8）雜項費 共 300/—/—

B）一年後所需之保險費用（自廿八年五月起至廿九年四月底止） 共 3115/—/—

以上A.B兩項共計共 10065/—/— 除已領經費尚剩餘款共 4405 外，計尚應領

未領經費共 5660/—/— 請查照核發，俾便辦理二公分半砲彈机件製造及修理

至此仍可節餘一萬數千鎊，此次尚應補領延期經費計五千六百六十鎊，擬即在該項餘款內轉帳撥用，不再另行請撥，并經0730號電奉1676號銷電第二款准予照辦在案，茲懇按照預算原數致電知會貴處轉撥，以利進行，至感。此便謹呈

兵工署長 俞

砲兵技術研究處處長

莊權 印

兵工署炮兵技术研究处关于重编一九四〇年度建设经费概算书致兵工署的呈（一九三九年十月四日）

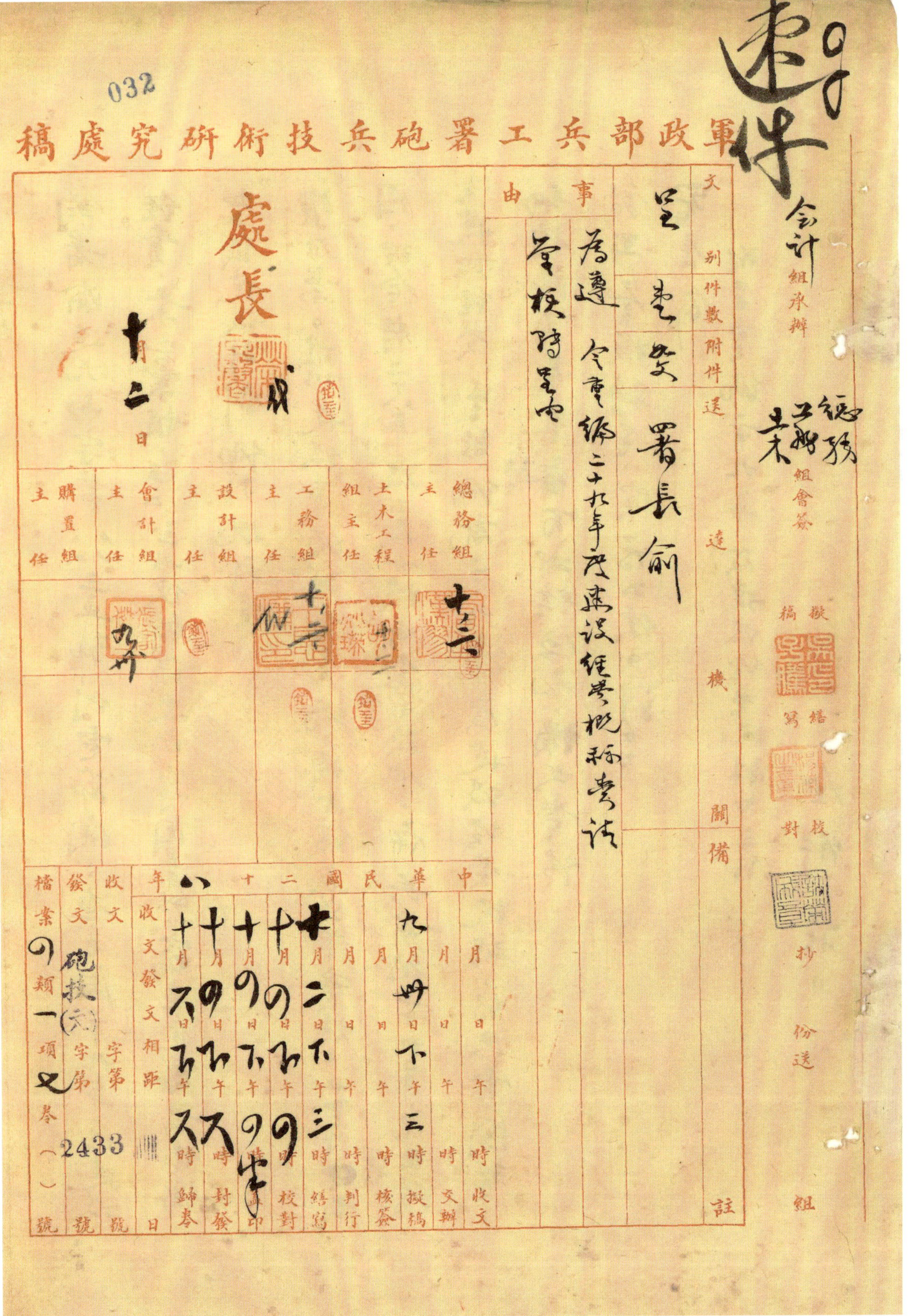
032

軍政部兵工署砲兵技術研究處稿

速件

處長

文別：呈

件數：壹

送達機關：署長俞

事由：為遵令重編二十九年度建設經費概算書請鑒核轉呈由

會計組承辦

總務組會簽

中華民國二十八年

檔案 第　類　項　卷（　）號

發文 砲技（文）字第2433號

案奉

鈞署渝造（六）丙字第八六三五號代電節開：「查各廠二十九年度建設經費，業已彙報，云云，至以便轉請更正」等因；奉此，竊查本廠前依據擬個建設計劃編列概算呈

准在案。惟以建設事項列有多端，須分緩急次第實施。茲奉令前因，理合將二十八年度不及加設所需之款項，併共前擬二十九年度所增新之建設經費，重新編就二十九年度建設經費概算，總共需國幣貳拾陸萬壹千貳百貳拾伍元，備文賚請

鈞署鑒核轉呈，實為公便。謹呈

署長俞

附呈重編二十九年度建設經費概算書三份

全銜 莊。

存卷

036

軍政部兵工署砲兵技術研究處二十九年度建築費修正概算書

故字第2433號發文附件

字第　號

歸檔　28年10月6日

卷號　4-1-7

軍政部兵工署砲兵技術研究處二十九年度建設費修正概算書

總計國幣肆拾陸萬壹千貳百貳拾五元正

科目	概算數	備攷
第一款 建設費	四六一,二二五.〇〇	
第一項 廠基購置及整理費	八一,〇〇〇.〇〇	
第一目 測量費	一,〇〇〇.〇〇	本处擴充廠基須加勘測應需薪材人工雜費等約計如上數
二目 地价及補償費	四〇,〇〇〇.〇〇	本处擴充廠基三百七十餘畝為射車試驗等用每畝地价包括析屋遷墳青苗樹木等补償費約計一〇七元共需如上數
三目 購置民房	五,〇〇〇.〇〇	擴充廠基内原有民房可供应用者擬予收購約需如上數
四目 平基工程	一〇,〇〇〇.〇〇	渝地多山須開挖土石方使其平坦後方能应用本处擴充之場地及新添工程所需平基費約共如上數
五目 築堤工程	二〇,〇〇〇.〇〇	本廠基地面臨嘉陵江水漲時須預防淹入所需築堤工費約共如上數

037

37

項目	金額	說明
六目排水工程	五〇〇〇〇·〇〇	廠基內之山水須添築溝渠宣洩所需工程約共如上數
第二項房屋建築費	一〇九·四七五、〇〇	
第一目火工所廠房	一〇〇〇〇〇、〇〇	本廠火工所廠房應添築十座約佔地二八六平方公尺每平方公尺以三十五元計總所需建築費如上數
二目材料庫	七〇〇〇〇、〇〇	本廠除原定之各項材料庫外適奉令須增加足供六個月存量用之庫房多座約佔地二〇〇〇平方公尺每平方公尺以三十五元合計如上數
三目辦公廳	三〇〇〇〇、〇〇	本處須添築檢驗用辦公室一座約佔地一〇〇平方公尺每尺以三十元計合計如上數
四目職員住宅	八三五〇、〇〇	本處須添造職員住宅一座約佔地三三四平方公尺每尺以二十五元計合計如上數
五目工人宿舍及食堂	六一二五、〇〇	本廠須添造工人宿舍一座約佔地二四五平方公尺每平方公尺以二十五元計總所需建築費如上數
六目車輛庫	一〇〇〇〇、〇〇	因交通器具增預計昆渝兩地約需車輛庫佔地五〇〇平方公尺每平方公尺以二十五元計如上數
七目什項工程	二〇〇〇〇、〇〇	本處須在適界築圍牆廠內添廁所等建築物需費約如上數
第三項道路建築費	一二〇〇〇、〇〇	

軍政部兵工署砲兵技術研究處

38

038

科目	金額	說明
第一目 土石方及路面	五〇〇〇〇.〇〇	本处须添築道路約需工程费如上数
二目 橋樑涵洞	七〇〇〇〇.〇〇	本处须添築橋樑涵洞約需工程費如上数
第四項 附屬工程	一二五七五〇.〇〇	
第一目 給水工程	二〇〇〇〇.〇〇	本处因防空関係厰較疏散并須多設通水支管本年度須增列給水工程費如上数
二目 防空山洞	七三七五〇.〇〇	防空山洞工程説明[illegible]可參閲礮技（兵）字第2017號簽呈 署文
三目 衛生工程	一二〇〇〇.〇〇	廠内全部調節氣候清潔衛生等工程用費約計如上数
四目 警衛堡壘	二〇〇〇〇.〇〇	廠基四週为嚴密保衛起見应築堡壘二十座每座以壹千元計需約共如上数
第五項 機器設備費	三〇〇〇〇.〇〇	
第一目 添配機件	三〇〇〇〇.〇〇	本处除主要機件外尚須添備配零機件約需費如上数
第六項 公用設備費	三一〇〇〇.〇〇	

39

38-1

科目	金额	说明
第一目交通設備	二〇〇〇〇、〇〇	本处材料等由滇運來需用卡車又廠基位置处江北須備大木駁數艘需費約如上數
二目消防設備	二〇〇〇、〇〇	本处因廠房分散擬多添置滅火機等消防用具約需費如上數
三目用具設備	四〇〇〇、〇〇	本处倉庫内須添置衡量用具及廠房内須添置施工用具約需費如上數
四目傢俱設備	五〇〇〇、〇〇	本处倉庫办公廳及单身職工宿舍内須添置傢俱約需費如上數
第七項修理安裝費	一五〇〇〇、〇〇	
第一目機件修理	五〇〇〇、〇〇	本处機件等陸續由滇運來多須加以修理約需費如上數
二目機件安裝	一〇〇〇〇、〇〇	本处機件到廠後之安裝費約需如上數
第八項開機準備費	四二〇〇〇、〇〇	
第一目開機準備費	四二〇〇〇、〇〇	本处機件裝妥後所有試車試造等工料費約需如上數
第九項臨时什務費	一五〇〇〇、〇〇	

軍政部兵工署砲兵技術研究處

40

039

第一目 臨時什務費

一五〇〇〇、〇〇

因非常時期招募工人頗非易事多須派員由他縣招募及工人來內地之川旅費用等更因各項工程均須加緊趕辦有須臨時雇用員工以及日夜加工之津貼費用或其他未及預料之臨時支出等均需另上表

41

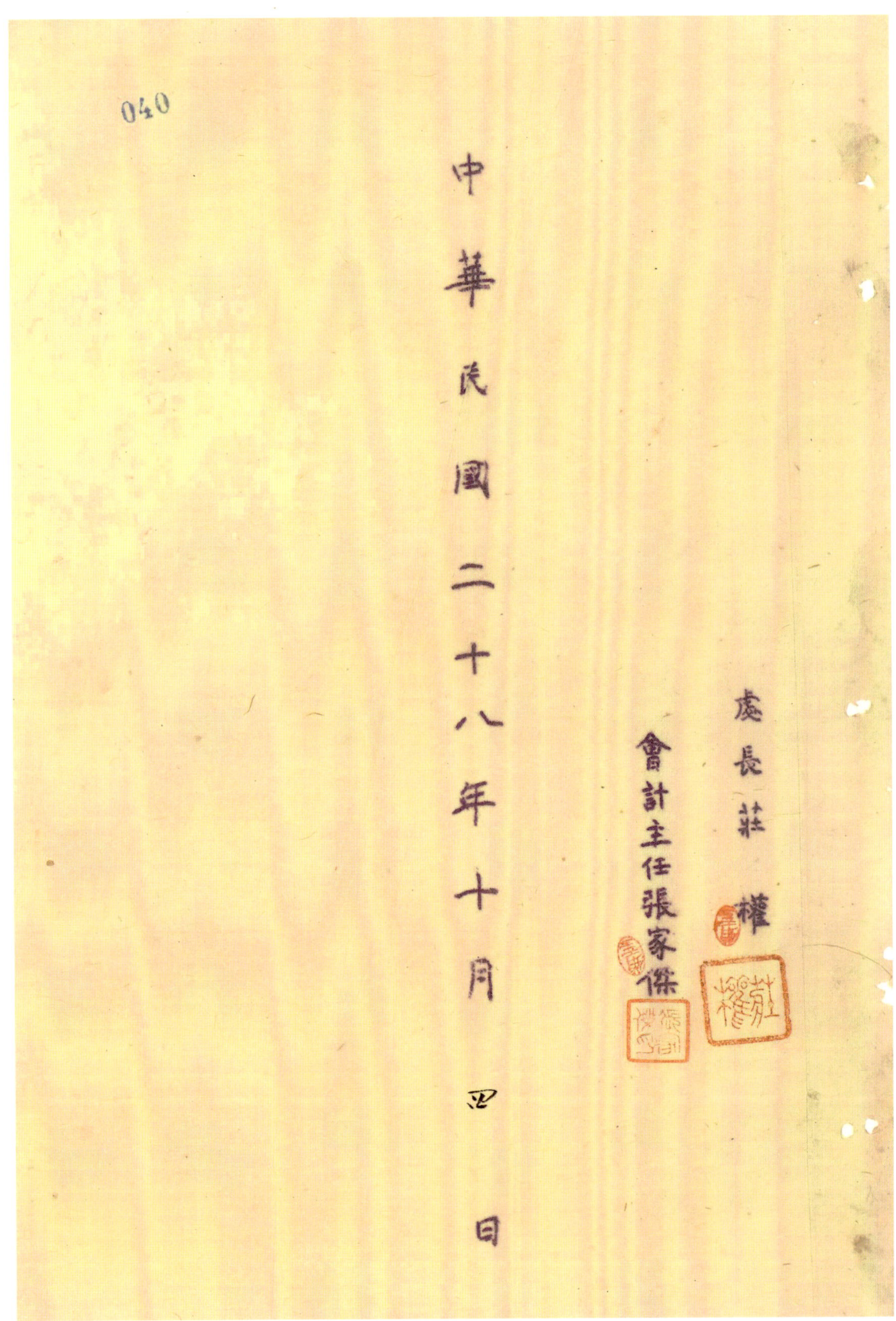
040

處長莊權

會計主任張家傑

中華民國二十八年十月四日

兵工署关于核准设计新炮派员出国试造费追加预算书给兵工署炮兵技术研究处的指令（一九四〇年一月二十二日）

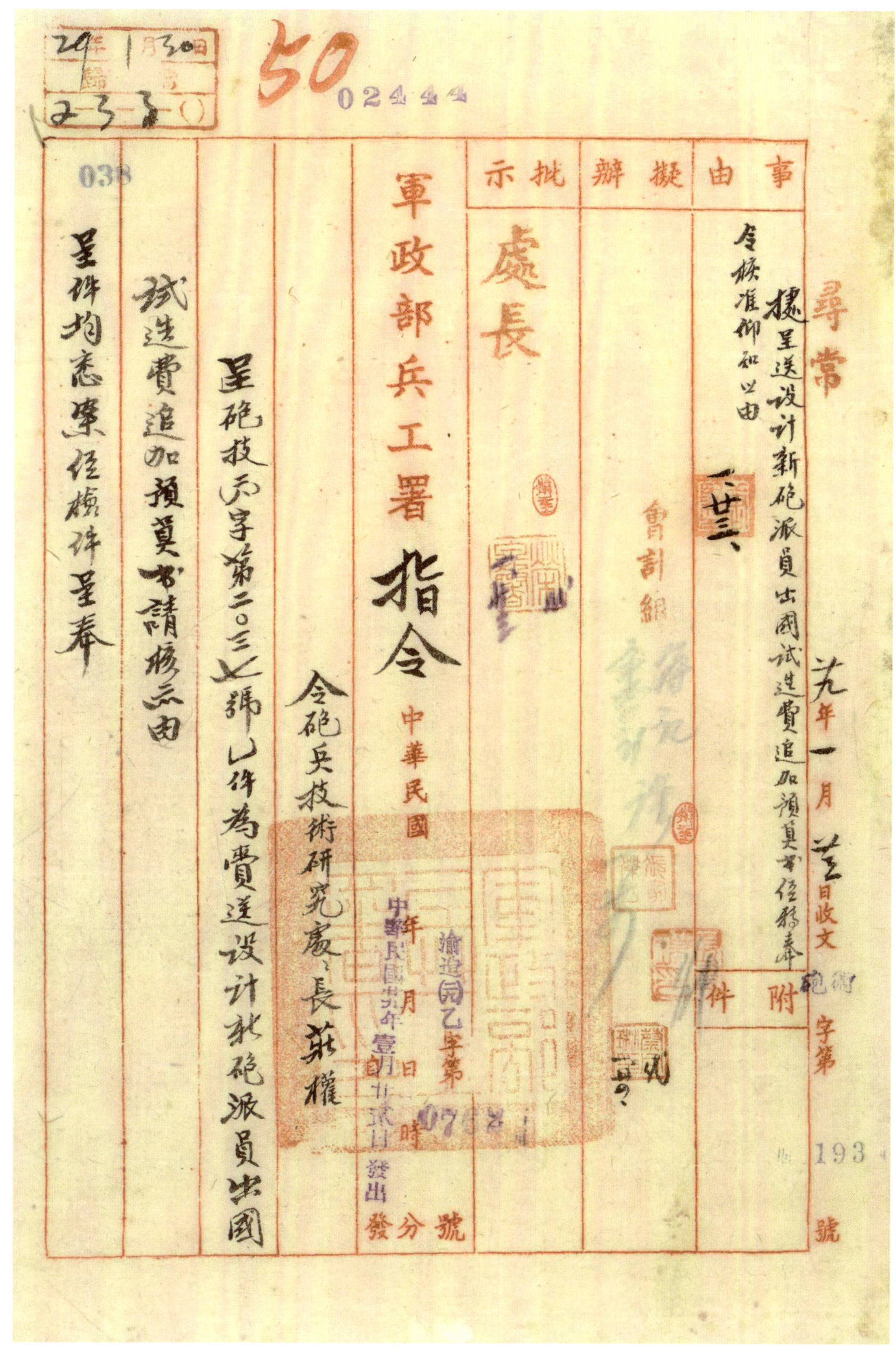

尋常

事由：據呈送設計新砲派員出國試造費追加預算書經核奉

令核准仰知照由

廿九年一月廿二日收文　砲術字第　號

擬辦：會計組

批示：處長

軍政部兵工署指令

中華民國　年　月　日　時發出　號分發

令砲兵技術研究處處長莊權

呈砲技六字第二〇三七號一件為賫送設計新砲派員出國試造費追加預算書請核示由

呈件均悉業經核准呈奉

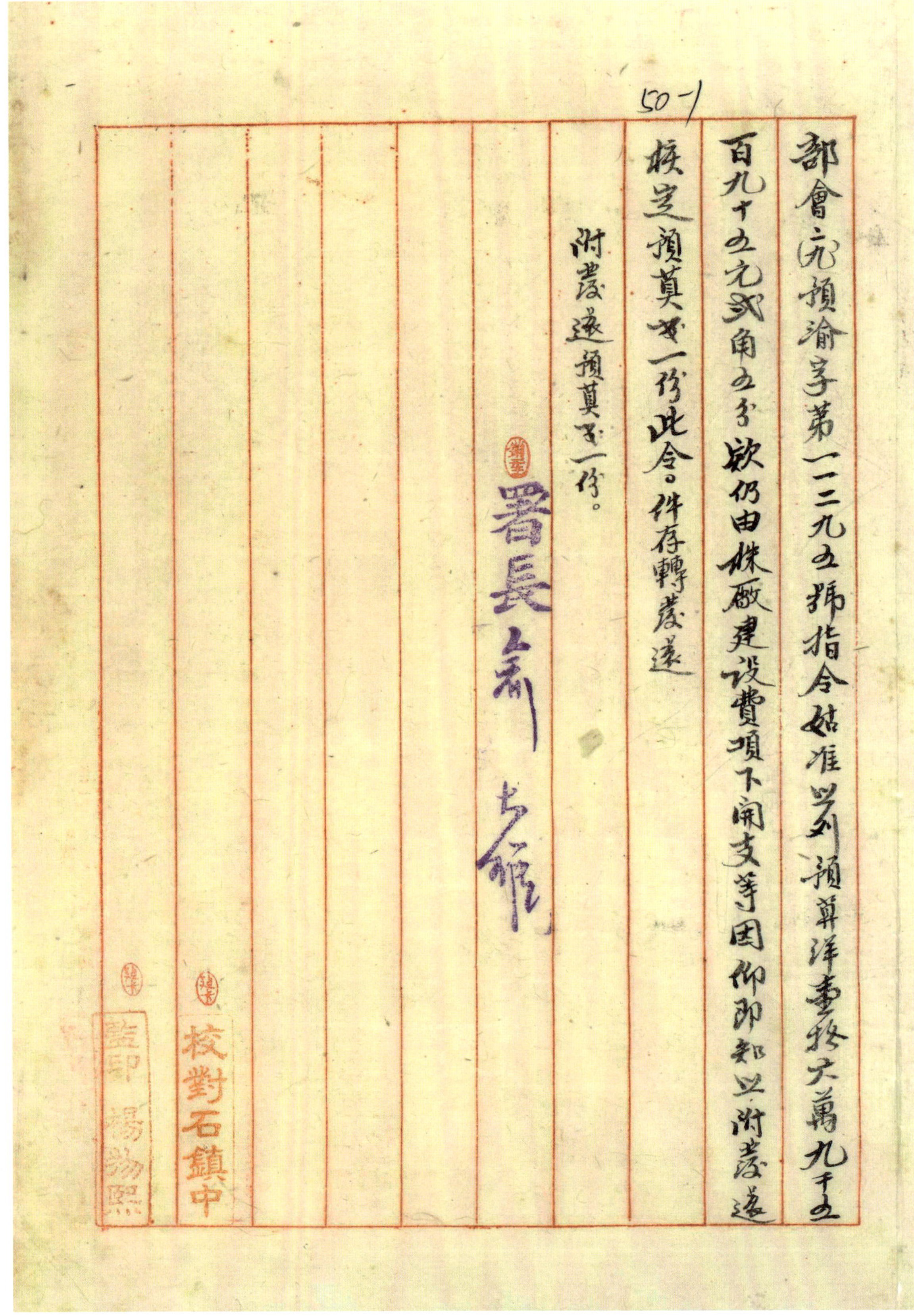
50-1

部會元預渝字第一一三九五號指令姑准照列預算洋壹拾六萬九千五百九十五元貳角五分，款仍由株廠建設費項下開支等因，仰即知照，附發還核定預算書一份。此令。件存轉發遠

附發還預算書一份。

署長 俞大維

校對 石鎮中

監印 楊炳熙

039

軍政部兵工署砲兵技術研究處設計新砲派員出國繼續試造費追加預算書

52

軍政部兵工署砲兵技術研究處設計新砲派員出國繼續試造費追加預算書

第一款 設計新砲國外繼續試造費 國幣一六九，五九五.二五九

第一項 械彈費 八〇，三七.五〇

第一目 十公分榴彈砲一門改造費 六二，三四五.〇〇

第二目 七五公分野砲砲身及搖架修改費 八，四二五.〇〇

第三目 發射葯及砲彈修改費 九，二六七.五〇

第二項 雜費 三七，〇七〇.〇〇

第一目 試驗費 三，三七〇.〇〇

第二目 零星機件購置費 一，三四八.〇〇

第三目 廠方技術員協助工作津貼費 二，〇二二.〇〇

521

第四目　運費及保險費　二五、二七五.○○

第五目　裝箱費　五、○五五.○○

第三項　旅費　五二、四八七.七五

第一目　居留及交際費　五二、四八七.七五

說明：

一、新砲試造後技術上發現有欠妥之處理應改良重造計械彈修改費國幣八○、○三七、五○元

二、襍費一項包括初速、膛壓、退駐、射擊等試驗費又零星購置之機件如鋼珠、軸承、彈簧等此類成件須自購後供給廠方配用上項費用均屬施工時所必需者再廠方技術員協助工作津貼費以及運費保險費裝箱費等等亦屬工竣後為酬勞

軍政部兵工署砲兵技術研究處

040

53

及运送返国所必需之费用，查此等费用前概算中未经列入，合併陈明。

三、旅费一项包括出国人员居留月费及交际费，因工程尚须赓续一年，应继前核定数，另自二十八年五月起至二十九年四月止，仍按甲种军事考察人员待遇分别职级支给。

四、追加试造经费根据在卤承办人之估算总计需英金一〇，〇六五．〇〇镑，以国币汇兑率一六．八五折合（系署发镑款之汇率）共计国币一六九，五九五．二五九元

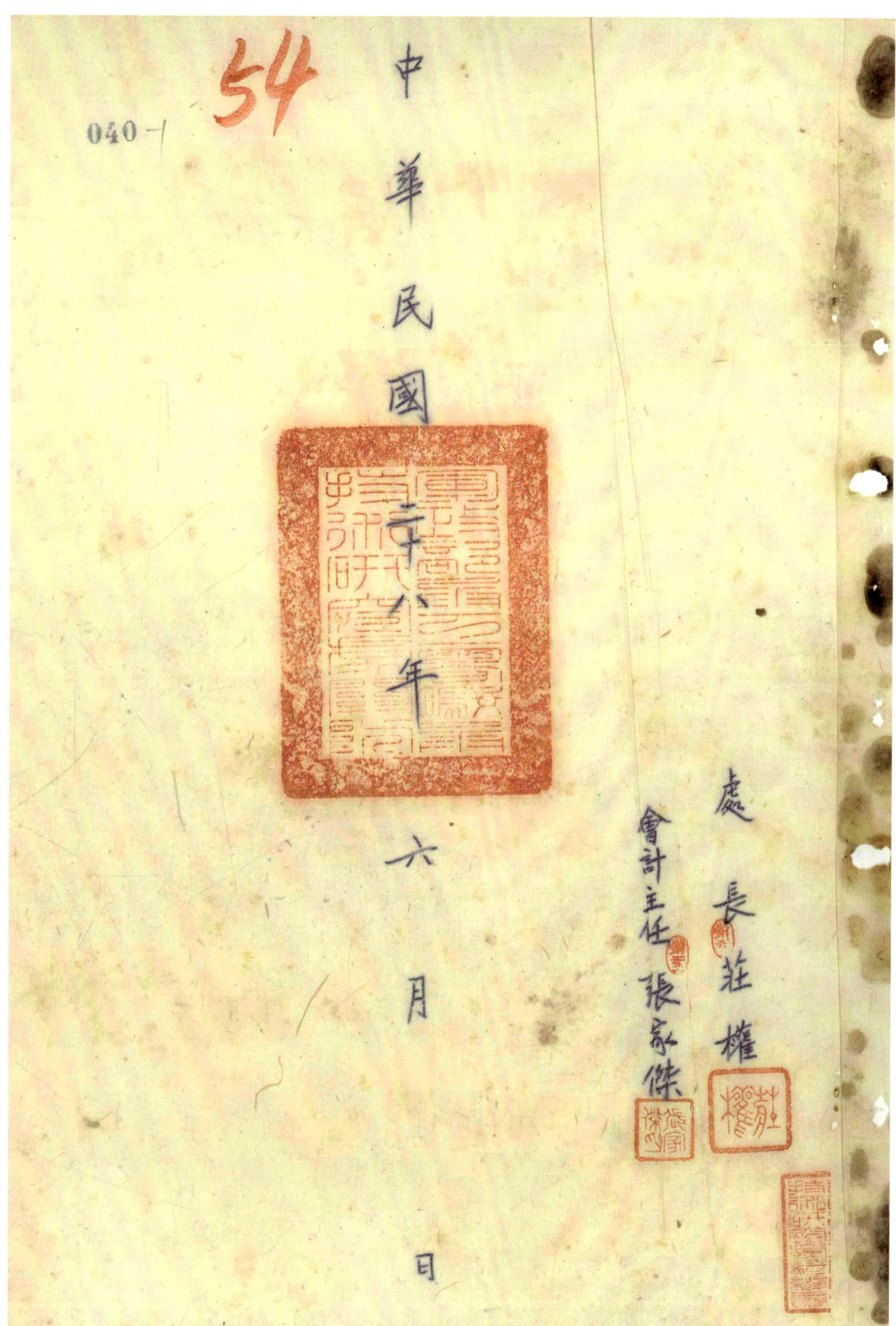

處長莊權

會計主任張家傑

中華民國二十八年六月日

040-1

54

三三三

驻德使馆商务专员办公处关于垫支试造新炮经费数目详情致兵工署的笺函（一九四〇年三月十八日）

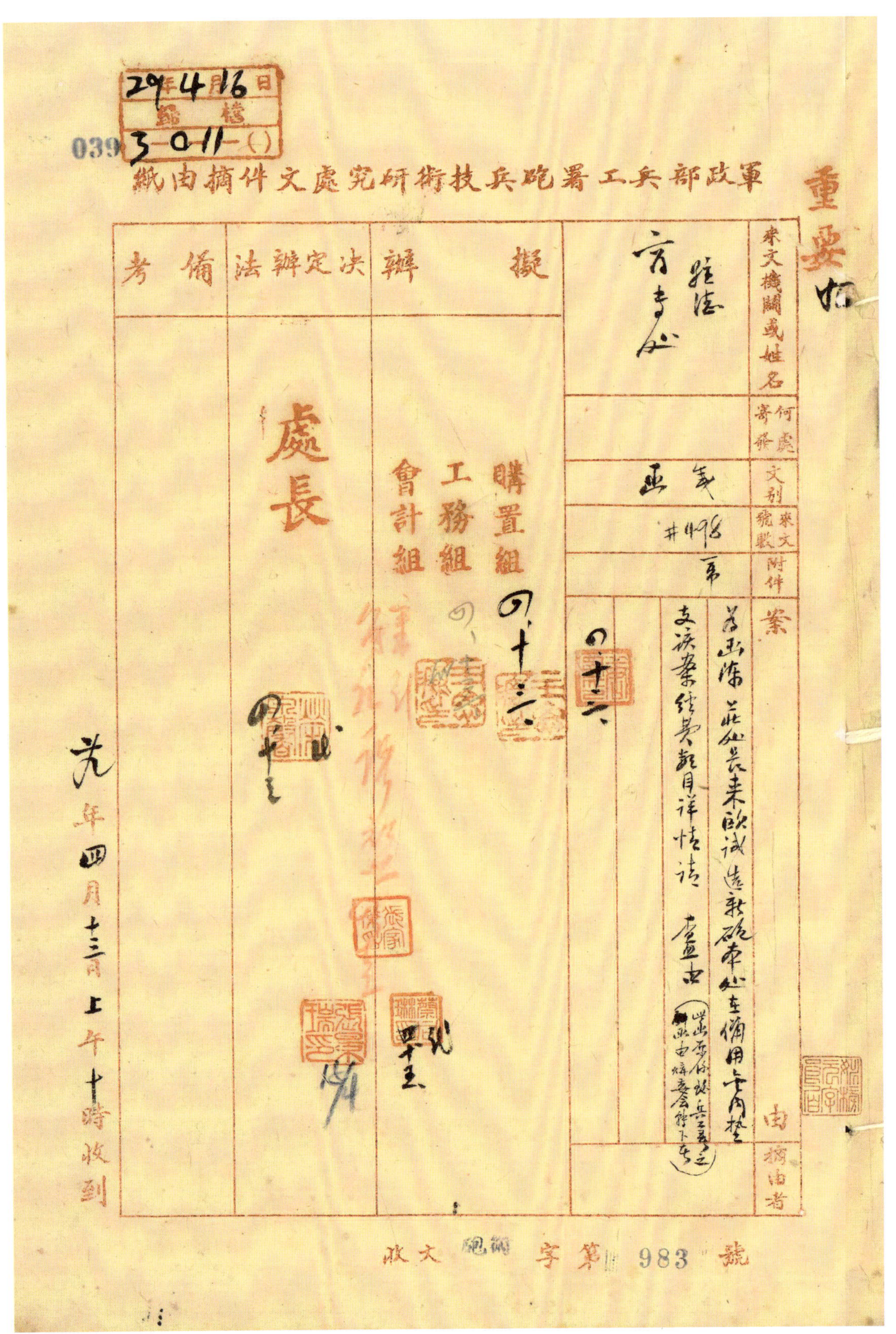

軍政部兵工署砲兵技術研究處文件摘由紙

重要

來文機關或姓名	駐德商專處
何處寄發	
文別	函 箋
來文號數	#498 號
附件	
案由	為函陳莊處長來歐試造新砲本處墊備用金內墊支該案經費數目詳情請查由

擬辦：購置組 四、十三；工務組；會計組

處長

廿九年四月十三日上午十時收到

砲研字第983號收文

莊處長備查

帳二九 498 王亮

040

查砲兵技術研究處莊處長來歐試造新砲一案前經
貴署匯到經費英金壹萬玖千零捌拾壹鎊(外19081/1/1)
由本處轉撥莊處長支用茲查該案因工作未能
如期完成復經追加預算伍千陸百陸拾鎊並經
貴署來電囑本處即在訂購二七年Liang機艇案作款
內籌撥現莊處長已辦理結束返國計本處
備用金內支撥柒千叁百陸拾肆鎊伍先令弍便
士(外7364/5/2)據莊處長稱因金價行市跌落
關係故支用數超過原來所追加預算數目壹千柒
百餘鎊並將所試造各項貨品請本處代為運

帐元498 之 号

华厂需费用仍请一并支付等语，除是项所需运输费俟支付后再将确数函达外，相应将已支备用金内所垫支该案经费如数[illegible]情形函请

查照为荷。此致

军政部兵工署

（本函副本已分寄蔡雷去备查）

驻德使馆商务专员办事处 启 廿九 十一月

附

蔡雷先备查又加财支付清单一份

廿九 三 十八

[illegible]

042

Abrechnung fuer Konto-Spao

Einnahmen		Ausgaben		
7. 7.38. 收兵工署匯款	£ 19,081/ -/ -	21. 7.38	支砲件由奧運回保險費 £	8/ 2/11
		" " "	支〃 〃運費	133/ 3/ 2
		27. 7. "	支歸還莊處長預借商款	4,000/ -/ -
		18.11. "	支卤厰砲彈½定金	1,378/ -/ -
		23. 3.39.	支卤厰駐留人員費用	1,800/ -/ -
		28. 3. "	支卤厰75砲工料費	4,781/15/11
		" " "	支〃10cm砲〃	2,096/ 3/11
		4.11. "	支駐留人員費用	698/ -/ -
		24.11. "	支卤厰工料費	314/15/ 4
		8. 3.40.	支〃砲彈餘款	3,031/ 3/ -
		" " "	支〃工料費	7,707/ 1/10
		" " "	支〃 〃	496/19/ 1
	£ 19,081/ -/ -			£ 26,445/ 5/ 2

Ausgaben	£ 26,445/ 5/ 2
Einnahmen	£ 19,081/ -/ -
Auslage	£ 7,364/ 5/ 2

此款業經本處在兵工署備用金內墊付

附註：莊處長呈署核准之追加預算數為 £5,660/-/- 現計不敷如上數

兵工署炮兵技术研究处关于报送迁建费预算及计划进度表致兵工署制造司的代电（一九四〇年十二月二十七日）

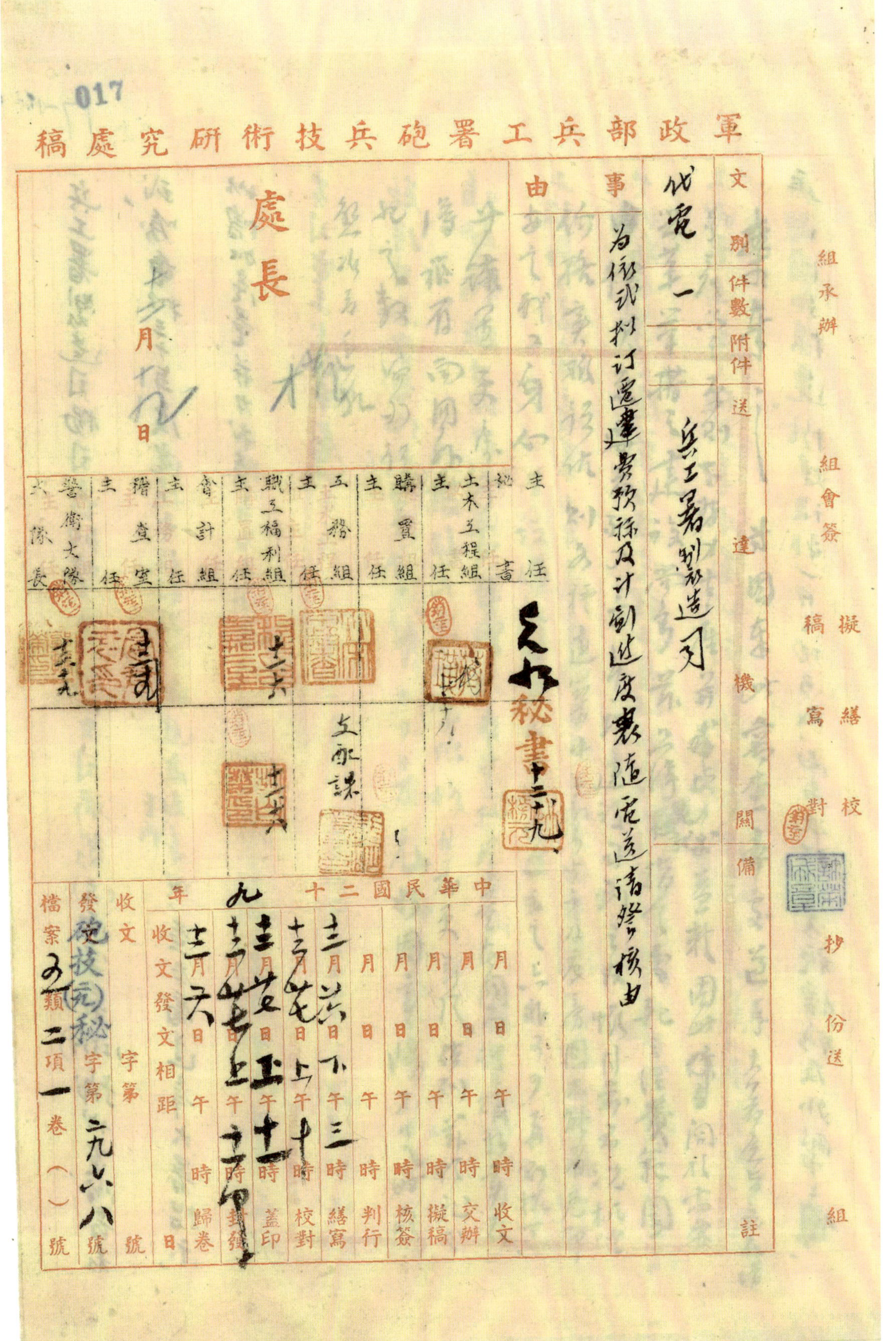
军政部兵工署砲兵技術研究處稿

文別：代電
件數：一
受文者：兵工署製造司
事由：為檢呈擬訂遷建費預算及計劃進度表，隨電送請鑒核由

處長
十二月廿九日

文書課
秘書

中華民國二十九年十二月

收文：　字第　號
發文：砲技(究)秘字第二九六八號
檔案：五類二項一卷（一）號

17-1

兵工署製造司楊司長勛鑒：案准貴司渝製（元）西字第（12559）號代電附發表
式，囑重擬三十年度遷建費預算及計劃進度表等呈核由；查本廠遵奉大署指示，
以增加產量並力求精良為工作原則，因此所需舉興之建設，殊極繁多。茲准
貴司電示分配本廠卅年度之遷建費業經核定為二五〇〇，〇〇〇元，祇得勉就此
款擇其急要者，依式編造預算表及計劃進度表各三份，隨電送
請鑒核。按此項計劃係經本廠再三審慎考慮所擬訂者，其建設項目中之
工廠、辦公室、庫房等，與本廠業務之推進直接有關，固屬不可稍免，即
其他職員宿舍等之建築，為安定職工身心，以增工作效率計，亦為不可再少之舉措。
又所需添置之機器等，本廠計劃擬儘先在國內購買，如萬一事實不許可，
再向國外採運。惟建設非一日之功可成，而市況杌隉，各種價格及外幣之價

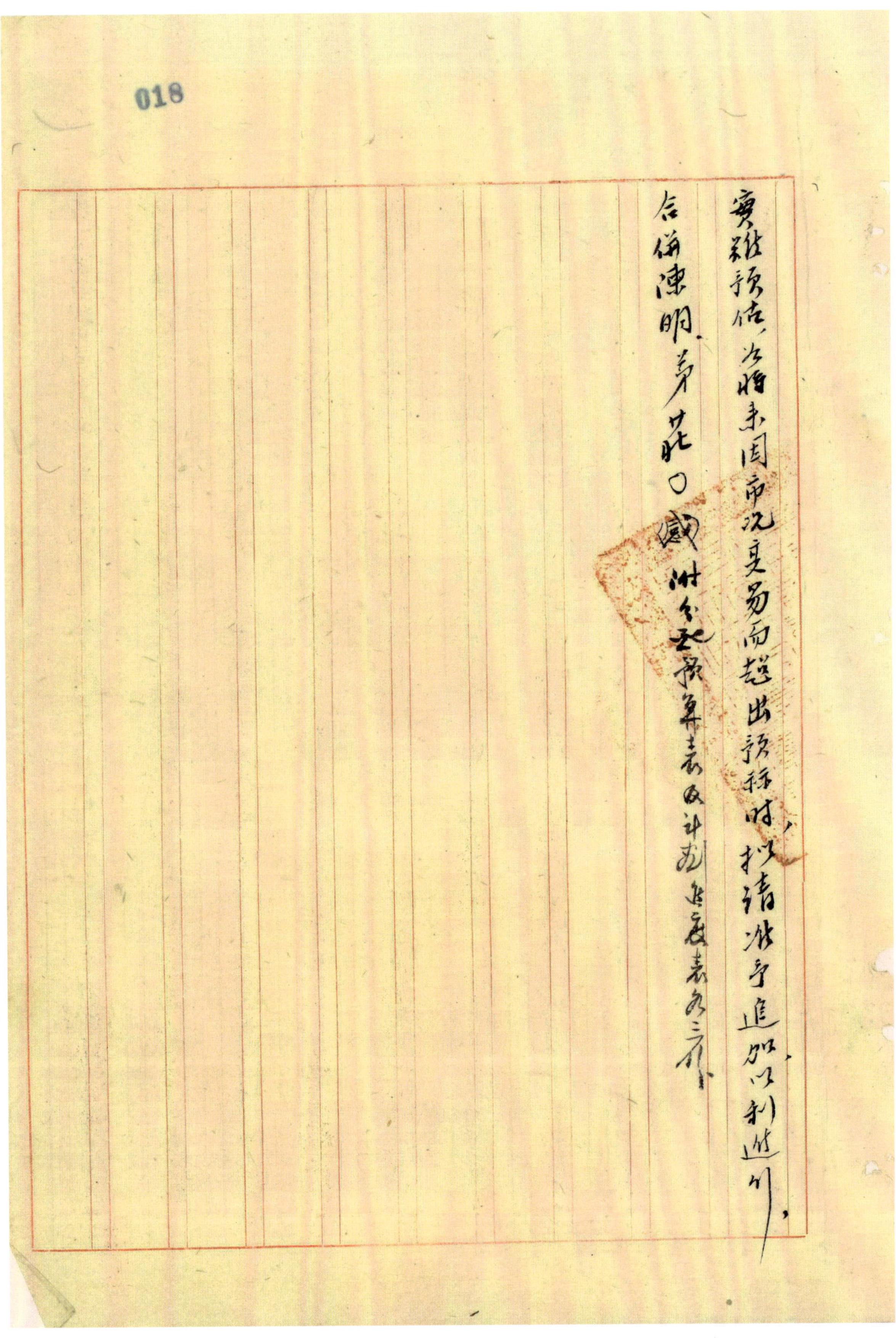

實難預估，將來因市況變易而超出預算時，擬請准予追加以利進行，

合併陳明。茅花口國 附分工預算表及計劃進度表各三份

兵工署砲兵技術研究處三十年度分配預算表

款	項	目	節	名稱	本年度預算數	一月份	二月份	三月份	四月份	五月份	六月份	七月份	八月份	九月份	十月份	十一月份	十二月份	備註
1				營建費	2,500,000.00													說明見附表二
	1			廠基購置費	75,000.00													
		1		廠基購置費	75,000.00													
			1	廠基購置費	75,000.00	30,000.00	25,000.00	20,000.00										
	2			房屋建築費	1,510,219.60													
		1		廠房建築	419,000.00													
			1	工具所	162,000.00	54,000.00	27,000.00	27,000.00	27,000.00	17,000.00	10,000.00							
			2	烊火房	14,000.00	5,000.00	5,000.00	4,000.00										
			3	山洞廠房	243,000.00	30,000.00	30,000.00	21,000.00	27,000.00	27,000.00	27,000.00	27,000.00	27,000.00	27,000.00				
		2	1	庫房建築	←21,000.00	8,000.00	8,000.00	5,000.00										
		~~#~~	1	〃	21,000.00	8,000.00	7,000.00	5,000.00										
		3		警衛營房	125,065.60													
			1	警衛隊大隊部	30,480.00	~~15,480.00~~	~~10,000.00~~	~~5,000.00~~	15,480.00	10,000.00	5,000.00							
			2	警衛隊中隊部	44,800.00	~~20,000.00~~	~~12,400.00~~	~~12,400.00~~				20,000.00	12,400.00	12,400.00				
			3	禁閉室	17,785.60	9,000.00	6,000.00	2,785.60										
			4	消防隊隊部	32,000.00	16,000.00	10,000.00	6,000.00										
		4		職工宿舍	453,354.00													
			1	職員宿舍	30,000.00	15,000.00	10,000.00	5,000.00										
			2	職員住宅	202,554.00	50,000.00	40,000.00	35,036.00	22,506.00	22,506.00	22,506.00							
			3	工人宿舍	32,000.00	16,000.00	10,000.00	6,000.00										
			4	工人住宅	124,800.00	20,000.00	16,000.00	5,600.00	15,000.00	15,000.00	11,600.00	15,000.00	15,000.00	11,600.00				
			5	伕役宿舍	64,000.00				22,000.00	22,000.00	20,000.00							
		5		其他建築	491,800.00													
			1	中山堂	175,000.00				59,000.00	59,000.00	57,000.00							
			2	消費合作社	77,000.00	30,000.00	27,000.00	20,000.00										
			3	農場倉庫宿舍	178,200.00	25,000.00	20,000.00	14,400.00	25,000.00	20,000.00	14,600.00	25,000.00	20,000.00	14,400.00				
			4	試放場及工房	61,600.00	30,000.00	20,000.00	11,600.00 ~~16,000.00~~										
	3			機器設備費	914,780.40													
		1		機器設備費	914,780.40													
			1	機器設備費	914,780.40	330,780.40 ~~378,780.40~~	200,000.00	150,000.00 ~~100,000.00~~	~~100,000.00~~ 100,000.00	60,000.00 ~~70,000.00~~	54,000.00 ~~60,000.00~~							
				合計		~~716,780.40~~	~~472,000.00~~	~~292,821.60~~	~~307,986.00~~	266,506.00	~~227,506.00~~	87,000.00	74,400.00	65,400.00				
					2,500,000.00	~~716,780.40~~	464,000.00	333,421.60	282,986.00	252,506.00	221,506.00							
						668,780.40			312,986.00	266,506.00	227,506.00							

處長　　主任　　課長　　製表員

019

計劃	第一期 一月至三月	第二期 四月至六月	第三期 七月至九月	第四期 十月至十二月	備考
(一)徵地	徵地三百畝				業經呈報在案
(二)建築工程 甲、廠房建築	(1)增建工具部廠房一座計三六〇平公方本期完成三分之二	(1)本期完成三分之一			
	(2)添建烤火房一座計五〇平公方本期全部完成				
	(3)增築山洞廠房二〇〇公尺本期完成三分之一	(3)本期完成三分之一	(3)本期完成三分之一		
乙、庫房建築	(4)添建半成品庫房一座計七五平公方本期全部完成				
丙、警衛營房	(5)警衛隊大隊部一座計一九〇.五〇平公方	(5)本期全部完成			
	(6)警衛隊中隊部一座計二八〇平公方		(6)本期全部完成		
	(7)禁閉室一座計五五.五八平公方本期全部完成				
	(8)消防隊隊部一座計二〇〇平公方本期全部完成				
丁、職工宿舍	(9)職員宿舍一座計一〇〇平公方本期全部完成				
	(10)職員住宅三座每座三〇六.九〇平公方本期完成三分之二	(10)本期完成三分之一			
	(11)工人宿舍二座每座計一〇〇平公方本期全部完成				
	(12)工人住宅三座每座計二八〇.〇〇平公方本期完成三分之一	(12)本期完成三分之一	(12)本期完成三分之一		
	(13)伕役宿舍一座計四〇〇平公方	(13)本期全部完成			
戊、其他建築	(14)中山堂一座計七〇〇平公方	(14)本期全部完成			
	(15)消費合作社一座計三五〇平公方本期全部完成				
	(16)農場倉庫宿舍一座計八一〇平公方本期完成三分之一	(16)本期完成三分之一	(16)本期完成三分之一		
	(17)畜牧場及工房等計四四〇平公方本期全部完成				

(三)增加及修改設備	添購工具部所需機器及工具儀器 (1)車床二部 (2)鑽床二部 (3)磨床四部 (4)牛頭刨床一部 (5)其他工具儀器等 (6)購置200K.W.動力機一部 本處全部機器開工需電力600K.W.現由重慶電廠供給，時因空襲停電，影響生產，故擬先購200K.W.動力機一部以充實必需之動力，約需六十八萬餘元，大量出產砲彈時需要機器工具樣板等甚夥，亟待充實製造能力	(一)裝設彈頭部及工具部新機器	(一)重要設備遷裝山洞及試車 山洞約在本期竣工，可遷入主要精密機器約一百架	(一)裝設200K.W.動力機及試車	
(四)研究及改良試造	(一)試造二公分破甲彈二千發 蘇羅通式二公分曳光殺炸彈業已正式製造，破甲彈則尚須研究擬試造二千發	(一)試造三七殺炸彈一千發 此項砲彈預定於七月份起開始大批製造，故擬於本期內完成試造研究工作	(一)試造三七破甲彈一千發 此項砲彈預定於十月份起開始大批製造，故擬於本期內試造完成		
(五)工人補充及訓練	(一)訓練藝徒五十名并已由湘招來五十名，已開始訓練	(一)訓練藝徒及新招技工	(一)訓練藝徒	(一)訓練藝徒	
(六)製造能力	(1)二公分榴彈 一二〇,〇〇〇發 (2)梯恩梯方藥包 一二〇,〇〇〇 (3)擦槍器具 三〇,〇〇〇 (4)四七海砲彈頭 三,〇〇〇	(1)二公分榴彈 一二〇,〇〇〇發 (2)梯恩梯方藥包 一二〇,〇〇〇 (3)擦槍器具 二〇,〇〇〇 (4)四七海砲彈頭 三,〇〇〇	(1)三七公分榴彈 二五,〇〇〇發 (2)梯恩梯方藥包 一五〇,〇〇〇	(1)三七公分榴彈 七五,〇〇〇發 (2)梯恩梯方藥包 一五〇,〇〇〇	

兵工署第十工厂关于报送国外试造新炮费用支出计算书类致兵工署的呈（一九四一年二月一日）

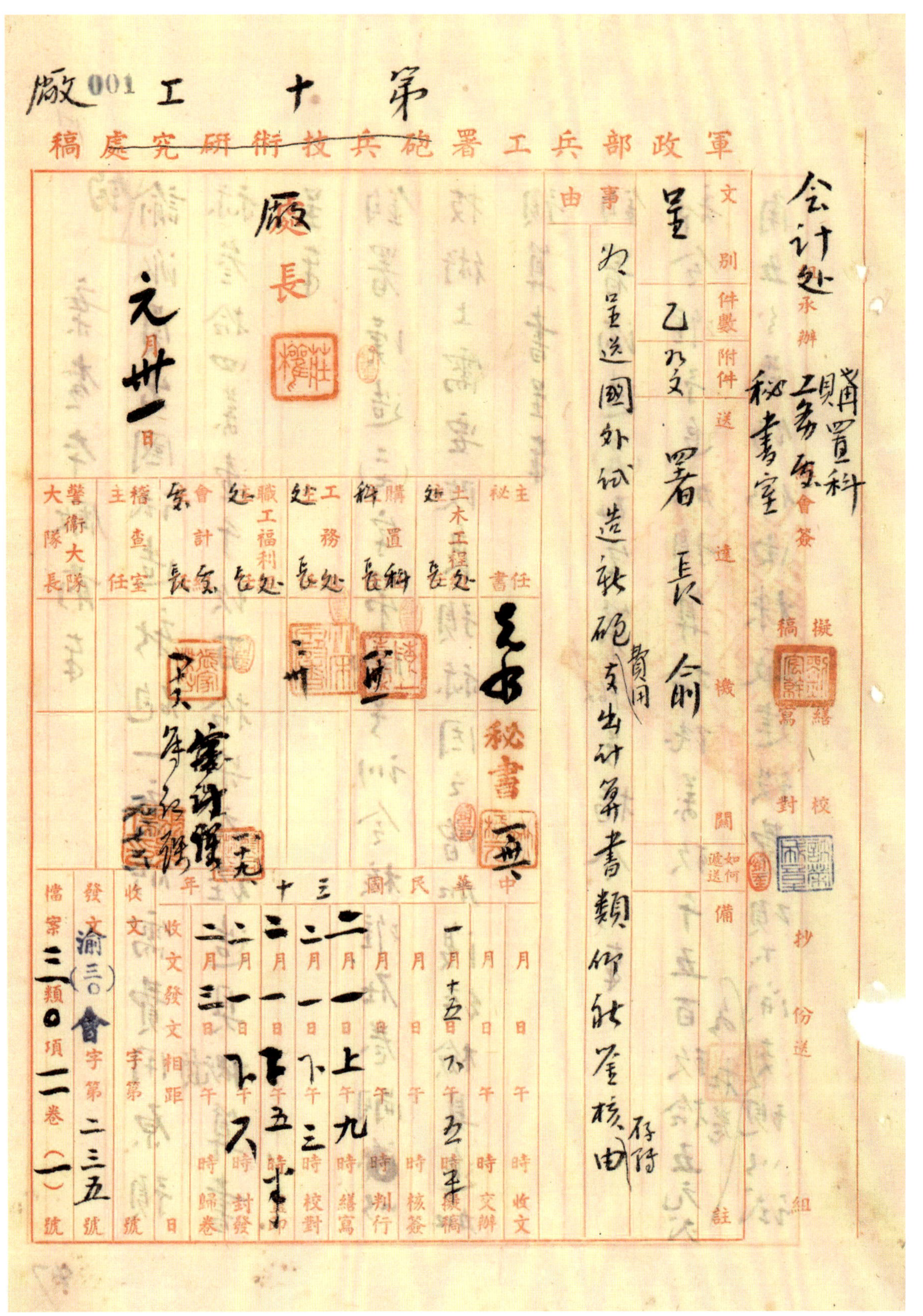
第十工廠 001

軍政部兵工署砲兵技術研究處稿

文別：呈

承辦：會計處

附件：乙份

事由：為呈送國外試造新砲費用支出計算書類仰祈鑒核由

署長俞

廠長

元月廿一日

會簽：購置科 工務處 秘書室

中華民國三十年

發文：渝（三〇）會字第二三五號

檔案：三〇類 一項 一卷（一）

案查本廠前奉

鈞諭派員出國試造新砲一案所需費用原預

計叁拾四萬壹千玖百拾柒元經造具預算書

呈奉

鈞署漢造（二七）字第1340号訓令核准在卷嗣以

技術上需要改良預計因之增加復經檢具追加

預算書呈奉

鈞署渝造（元九）乙字第0762号指令以奉

部令准予追加預算拾陆萬玖千五百玖拾五元弍

角五分並飭仍由株廠建設費項下開支現以試

造成功所有此案支出計算書類業經編造完竣，共計支出國幣四拾陆萬伍千陆百陆拾弍元四角弍分，理合檢同全部附件呈請鑒核，准予備案。再追加支出預算內列有運輸費弍萬五千餘元，係備新砲運回之用，目前試造完成之際，歐戰業已發生，案准駐外商務機關函告運出放新砲……歐戰方酣，將運困難，新砲迄今尚存廠……再有運輸事宜均託駐德使館商務專員辦公處代辦，是項運輸費容俟將運辦妥後再行具報，合併陳明。謹呈

署長俞

目前歐戰未停，該砲仍在德國內尚難運出

002

21

附呈支出計算书三本、收支对照表三份
附属明细表三本　单据粘存簿一本

全銜廠長莊○

派員出國技術新砲試造費　支出計算數國幣四六五、六六二、四二

附呈

支出計算書　三本

收支對照表　三份

附屬明細表　三本

單據粘存簿　一本

共十件

49

設計新砲試造費計國幣三四一、九一七、〇〇元

内(一)英金二〇〇二八鎊三先令二辦士由 兵工署購發(以一六八四二〇五三)合國幣三三七、三一七〇〇元

(二)治裝費國幣四、六〇〇、〇〇元

追加試造費實支數一二三、七四五、四二元

内(一)英金六七九六鎊四先令九辦士由 兵工署在滙交柏林商專處備付二公分扒科款内撥轉(以一六八四二〇五三)合國幣一一四、四六二、九五分

(二)美金二五二〇、〇〇元由(兵工署)購滙(以二九、五〇元合國幣八、五四二三七元 本處

(三)英金二九鎊一七先令九辦士由本處發給(以一六八四二〇五三)合國幣五〇三、三七元

(四)國幣二三六、七三元由本處駐港辦事處支給 派存 兵工署 收內

以上内共支出國幣四六五、六六二、四二元

存卷

50

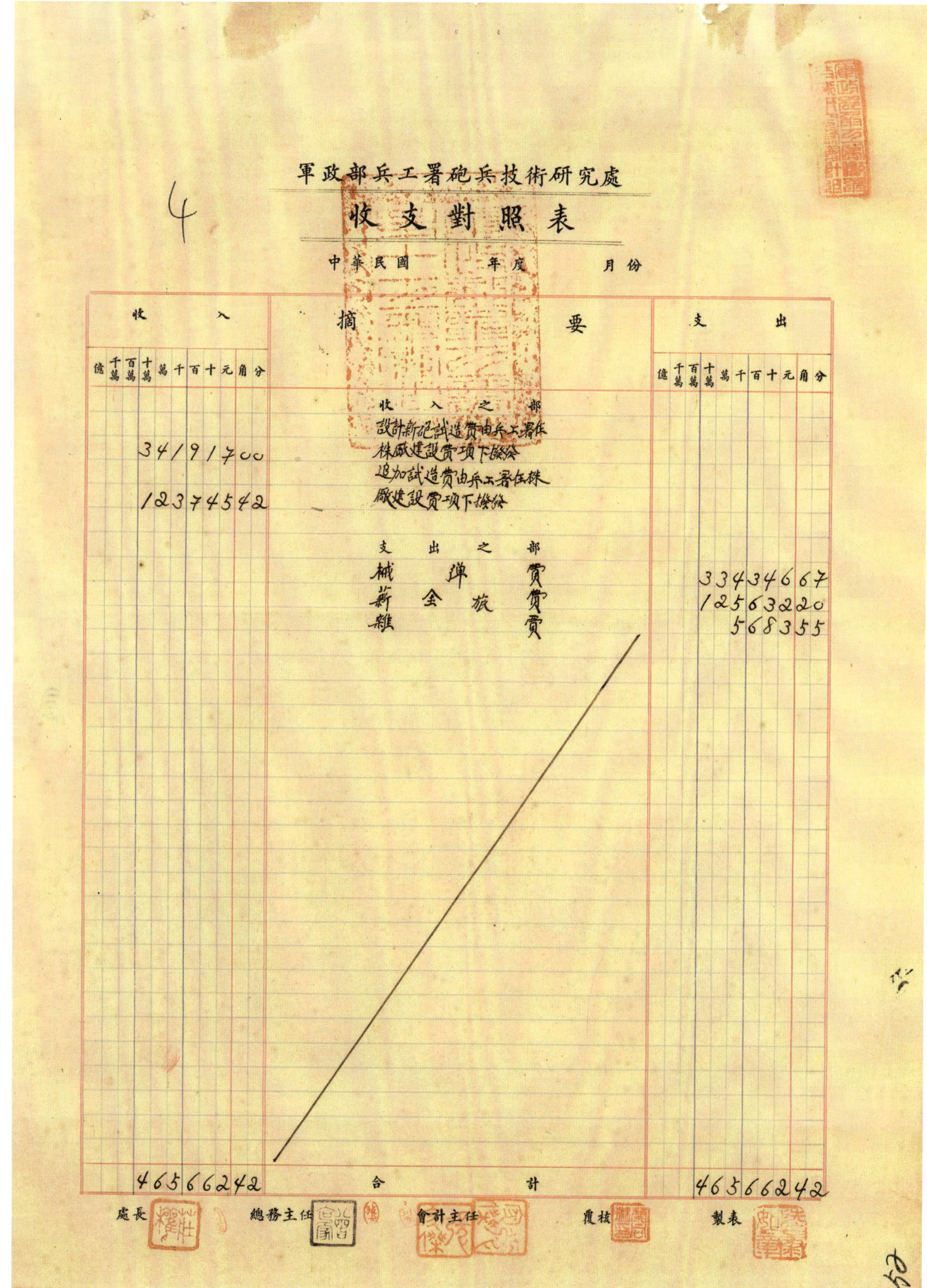

4

軍政部兵工署砲兵技術研究處

收支對照表

中華民國　　年度　　月份

收入（億、千萬、百萬、十萬、萬、千、百、十、元、角、分）	摘要	支出（億、千萬、百萬、十萬、萬、千、百、十、元、角、分）
	收入之部	
34191700	設計新砲試造費由兵工署任株廠建設費項下撥發	
12374542	追加試造費由兵工署任株廠建設費項下撥發	
	支出之部	
	械彈費	33434667
	薪金旅費	12563220
	雜費	568355
46566242	合計	46566242

處長　　總務主任　　會計主任　　覆核　　製表

52

005

軍政部兵工署砲兵技術研究處派員出國設計新砲試造費支出計算書

存卷

57

軍政部兵工署砲兵技術研究處派員出國設計新砲試造費支出計算書

支出臨時門　計算數國幣肆拾陸萬伍千陸百陸拾弍元肆角弍分

科目	原有預算數 / 追加	合共預算數	支出計算數	比較 增	比較 減	備考
第一款 新砲試造費	三四一、九一七〇〇 / 一六九、五九五二五	五一一、五一二二五	四六五、六六二四二		四五、八四九八三	
第一項 械彈費	二四〇、〇〇〇〇〇 / 八〇、〇三七五〇	三二〇、〇三七五〇	三三四、三四六六七	一四、三〇九一七		
第一目 械彈費	二四〇、〇〇〇〇〇 / 八〇、〇三七五〇	三二〇、〇三七五〇	三三四、三四六六七	一四、三〇九一七		單據第一號至第一五號
第二項 薪金旅費	一〇一、九一七〇〇 / 五二、四八七七五	一五四、四〇四七五	一二五、七六三二〇		二八、六七二五五	
第一目 薪金旅費	一〇一、九一七〇〇 / 五二、四八七七五	一五四、四〇四七五	一二五、七六三二〇		二八、六七二五五	單據第一六號至第一四七號
第三項 雜費	三七、〇七〇〇〇	三七、〇七〇〇〇	五、六八三五五		三一、三八六四五	
第一目 雜費	三七、〇七〇〇〇	三七、〇七〇〇〇	五、六八三五五		三一、三八六四五	第一四八號至第一八二號

54

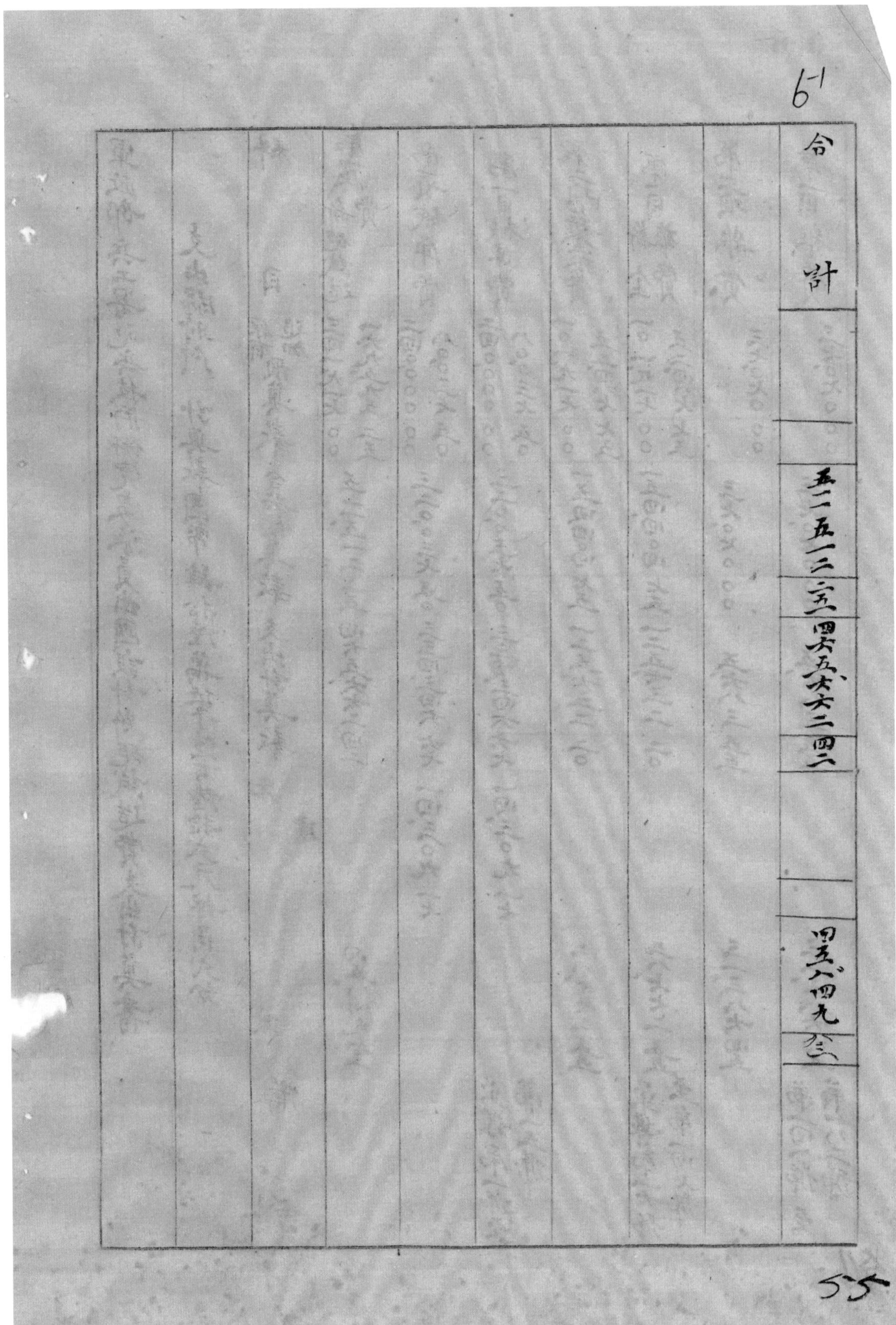

61

合計	五二一五一三三五四六五六六二四二	四五八四九八三

55

007

附記

一共支英金二万六千六百五十四磅六先令五辨士 合國幣四十五万二千二百八十三元三角二分

内二〇〇二八磅三先令一一辨士由署購發以一先令二辨士又四分之一合之（即一六八四二一〇五三元合一磅）署令漢總（三字479號）知照水單未發下尚有六七九六磅四先令九辨士係由署滙交商專處備付二公分机料款内撥轉折合國幣率亦係依照法價計算又英金二九磅一七先令九辨士係各員回國及補發應領之款

一共支美金二千五百二十元 合國幣八千五百四十二元三角七分

附購滙水單一紙

一共支國幣四千八百三十六元七角三分

合計國幣四十六万五千六百六十二元四角二分

一試造計劃與實際情形自難符合故本預算各項目間請准予依照實際

支付款流用

一預算書科目以節為止本計算書以目為止因單據關係實難按節粘報

56

008

說明

一本廠奉令派員出國試造新砲需費原預算三十四万千九百十七元經造具概算書呈

兵工署核轉奉　漢造(廿七)字第一二四〇號訓令轉奉

部長二十二日批准在案嗣以技術上發現欠妥之處理應改良重造經呈請追加繼續試造費十六万九千五百九十五元二角五分奉

兵工署渝造(廿九)乙字第〇七六二號指令轉奉

部會(廿九)預渝字第一二二九五號指令准予照列預算洋十六万九千五百九十五元二角五分並飭仍由株廠建設費項下開支本案追加支出預算內列有運輸費

茲製造新砲甫發歐洲戰事已起故將所有製成

二万五千餘元係備新砲運回之用目前因歐洲戰事方酣上項新砲迄今尚

8-1

新砲運輸事務委託柏林商專處代办目前歐戰方酣短期内難以運抵存匈牙利短期内難以運抵所有運輸事務均托柏林商專處代办是項運輸費容轉運办妥後再行支报合併陳明

處長莊權

會計主任張〇

58

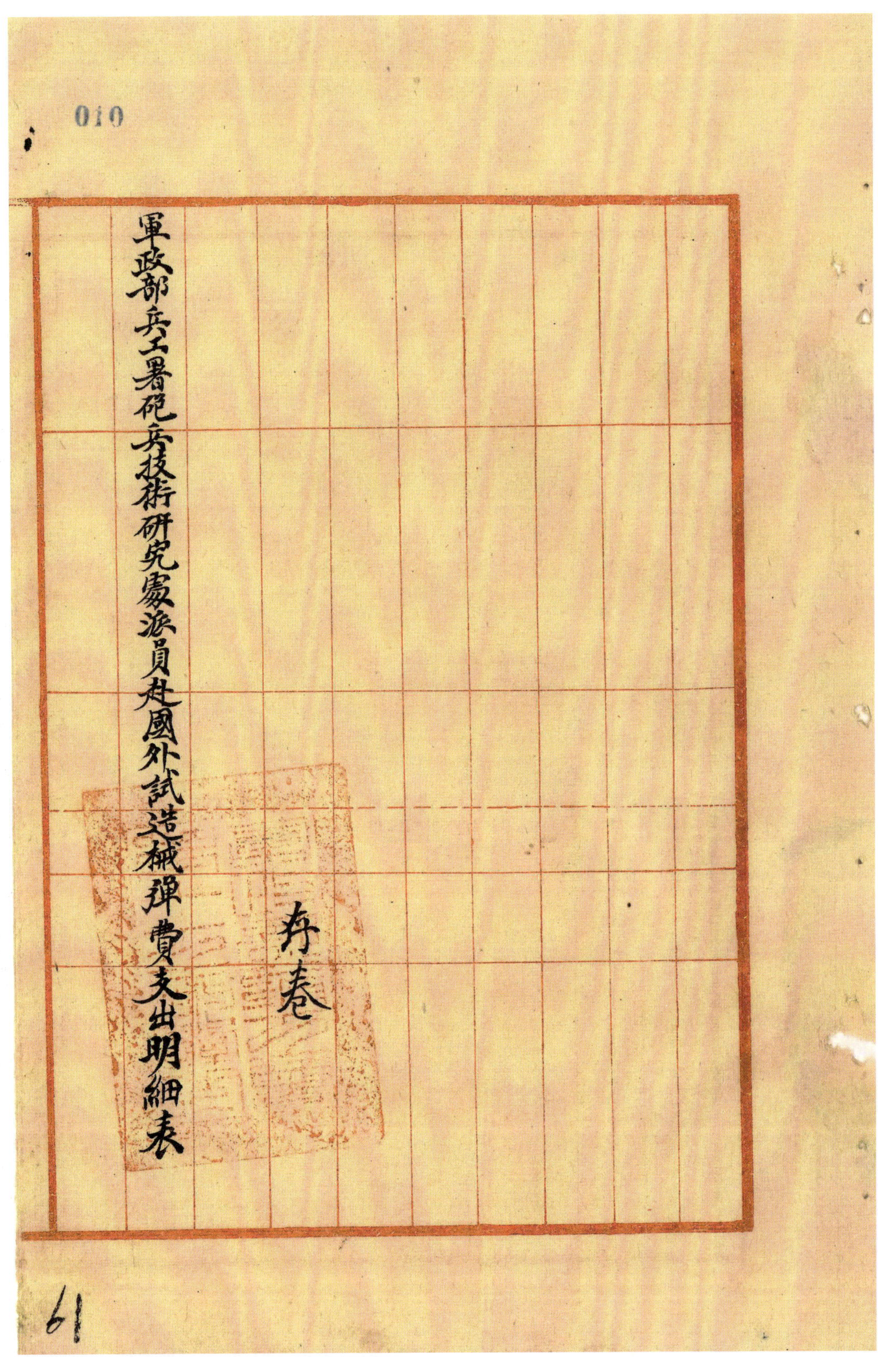

010

軍政部兵工署砲兵技術研究處派員赴國外試造械彈費支出明細表

存卷

61

軍政部兵工署砲兵技術研究處　年　月份械彈材料費支出明細表

第一項

款別	事由	實支數 鎊	先令	辨士	單據號數	備考
械彈費	七五野砲二尊工料費	四七八一	一五	一四	1	
〃	一〇公分榴彈砲二尊工料費	二〇九六	三	一一	2	
〃	造砲工料費	七七〇七	一	一〇	3	
〃	仝上	四九六	一九	一	4	
〃	砲彈工料費	四四九	三	〇	5	
工料費	械彈工料費	三一四	一五	四	6	
材料費	汽壓表價款	一	一六	一	7	
〃	鋼珠承材料價款	〇	五	九	8	

63

11-1

材料費	鋼珠承材料貨款	二	四	八	9
〃	仝上	四	三	六	10
〃	仝上	一〇	一三	〇	11
〃	仝上	一三	六	一〇	12
〃	仝上	五	一五	一〇	13
〃	仝上	六	六	二	14
〃	仝上	一	六	〇	15

第一項械運費共支英金一九八五一鎊一六先令八辨士一六、八四二〇五三令

國幣三三四、三四六元六角七分

64

第二項

軍政部兵工署砲兵技術研究處二十七年五至十月份薪金支出明細表

款別	事由	實支數 鎊	先令	辨士	單據號數	備考
薪金	奥籍工程師哈德曼	二七〇	〇	〇	16	
〃	〃	九〇	〇	〇	17	
〃	〃	九〇	〇	〇	18	
〃	〃	九〇	〇	〇	19	
共英金五四〇鎊						

65

第二項

軍政部兵工署砲兵技術研究處二十九年三月份治裝費支出明細表

款別	事由	實支數	單據號數	備考
治裝費	處長莊權赴國外試造械彈	一、一〇〇〇〇	20	
〃	技術員陳喜棠	七〇〇〇〇	21	
〃	技術員蘇知儉	七〇〇〇〇	22	
〃	技術員孟廷奕	七〇〇〇〇	23	
〃	技術員王澤隆	七〇〇〇〇	24	
〃	技術員呂則仁	七〇〇〇〇	25	
	共國幣四千六百元			

61

014

第二項

軍政部兵工署砲兵技術研究處二十六年四月份出國旅費支出明細表

款別	事由	實支數 鎊	先令	辨士	單據號數	備考
出國旅費	處長莊權赴國外試造械彈	八五	一〇	一〇	26	
〃	技術員陳喜棠	五二	六	七	27	
〃	技術員蘇知儉	五二	六	七	28	
〃	技術員孟廷奕	五二	六	七	29	
〃	技術員王澤隆	五二	六	七	30	
〃	技術員呂則仁	五二	六	七	31	
	共英金三百四十七鎊三先令九辨士					

69

015

第二項

軍政部兵工署砲兵技術研究處二十九年三月份回國旅費支出明細表

款別	事由	實支數 鎊	實支數 先令	實支數 辨士	單據號數	備考
回國旅費	處長莊權赴國外試造械彈	八五	一〇	一〇	32	
〃	技術員陳嘉崇	五二	六	七	33	
〃	技術員蘇知微	五二	六	七	34	
〃	技術員孟繼良	五二	六	七	35	
〃	技術員王澤隆	五二	六	七	36	
〃	技術員呂則仁	五二	六	七	37	
	共英金三百四十七鎊三先令九辨士					

71

016

第二項

軍政部兵工署砲兵技術研究處二十七年五月至二十九年三月份月費支出明細表

款別	事由	實支數 鎊	先令	辨士	單據號數	備考
月費	處長莊權赴國外試造械彈月費	二七	一六	三	38	二七年五月份
〃	技術員陳喜棠	二一	二	八	39	〃
〃	技術員王澤隆	二一	二	八	40	〃
〃	技術員蘇和毅	二一	二	八	41	〃
〃	技術員孟廷英	二一	二	八	42	〃
〃	技術員呂則仁	二一	二	八	43	〃
〃	處長莊權	一三三	三	六	44	六七八月份
〃	技術員陳喜棠	九三	二	九	45	〃

73

161

事由	姓名	金额			编号	备注
月賞	技術員王澤隆	九三二	一	九	46	六七八月份
〃	技術員蘇知儉	九三二	一	九	47	〃
〃	技術員孟超炎	九三二	一	九	48	〃
〃	技術員呂則仁	九三二	一	九	49	〃
〃	廠長莊權	一六四	四	八	50	九十十一十二月份
〃	技術員陳喜棠	一二四	一五	八	51	〃
〃	技術員王澤隆	一二四	一五	八	52	〃
〃	技術員蘇知儉	一二四	一五	八	53	〃
〃	技術員孟超炎	一二四	一五	八	54	〃
〃	技術員呂則仁	一二四	一五	八	55	〃

74

017

月費	處長莊權	英金八二二四	56	二八年一二三月份
〃	〃〃〃〃	美金二〇四〇〇〇	57	〃
〃	技術員陳喜棠	英金九三二九	58	〃
〃	技術員王澤隆	〃九三二九	59	〃
〃	技術員蘇知儉	〃九三二九	60	〃
〃	技術員孟廷奕	〃九三二九	61	〃
〃	技術員呂則仁	〃九三二九	62	〃
〃	處長莊權	美金六一二〇〇	63	四五六月份
〃	技術員陳喜棠	英金九三二九	64	〃
〃	技術員王澤隆	〃九三二九	65	〃

75

171

月費	技術員蘇知儉	英金九三一一九	66	四五六月份
〃	技術員孟廷炎	〃九三一一九	67	〃
〃	技術員呂則仁	〃九三一一九	68	〃
〃	處長莊權	美金六一二〇〇	69	七八九月份
〃	技術員陳喜宗	英金九三一一九	70	〃
〃	技術員王澤隆	〃九三一一九	71	〃
〃	技術員蘇知儉	〃九三一一九	72	〃
〃	技術員孟廷炎	〃九三一一九	73	〃
〃	技術員呂則仁	〃九三一一九	74	〃
〃	處長莊權	美金六一二〇〇	75	十十一十二月份

16

月費	技術員陳善宗	英金九三	二一	九	76	〃
〃	技術員王澤隆	〃九三	二一	九	77	〃
〃	技術員蘇知儉	〃九三	二一	九	78	〃
〃	技術員孟廷英	〃九三	二一	九	79	〃
〃	技術員吕則仁	〃九三	二一	九	80	〃
〃	處長莊權	美金四〇八	〇	〇	81	二九年一二三月份
〃	〃〃〃〃	美七二 英二六	〇 二一	〇 四	82	〃
〃	技術員陳善宗	英金九三	二一	九	83	〃
〃	技術員王澤隆	〃九三	二一	九	84	〃
〃	技術員蘇知儉	〃九三	二一	九	85	〃

181

事由	职别姓名	金额	编号	月份
月赏	技術員孟𤞞夷	英金九三二、二九	86	二九年一二三月份
〃	技術員吕則仁	〃九三二、二九	87	〃
〃	處長莊權	〃四一、一二	88	四月份
〃	技術員陳喜棠	〃三二、三二	89	〃
〃	技術員王澤隆	〃三二、三二	90	〃
〃	技術員蘇知檢	〃三、三二	91	〃
〃	技術員孟𤞞夷	〃三二、三二	92	〃
〃	技術員吕則仁	〃三二、三二	93	〃
	共英金四一五八、鎊三先令			
	英美金二、五二〇九			
	二九六〇合國幣八五四一二九三元七分			

70

軍政部兵工署砲兵技術研究處二十七年五月至二十九年三月份交際費支出明細表

第二項

款別	事由	實支數 鎊	實支數 先令	實支數 辨士	單據號數	備考
交際費	處長莊權赴國外試造械彈交際費	九	一〇	一一	94	二七年五月份
〃	技術員陳喜棠	五	九	〇	95	〃
〃	技術員蘇知儉	五	九	〇	96	〃
〃	技術員孟進炎	五	九	〇	97	〃
〃	技術員王澤煌	五	九	〇	98	〃
〃	技術員呂則仁	五	九	〇	99	〃
〃	處長莊權	四二	五	三	100	六七八月份
〃	技術員陳喜棠	二四	三	〇	101	〃

79

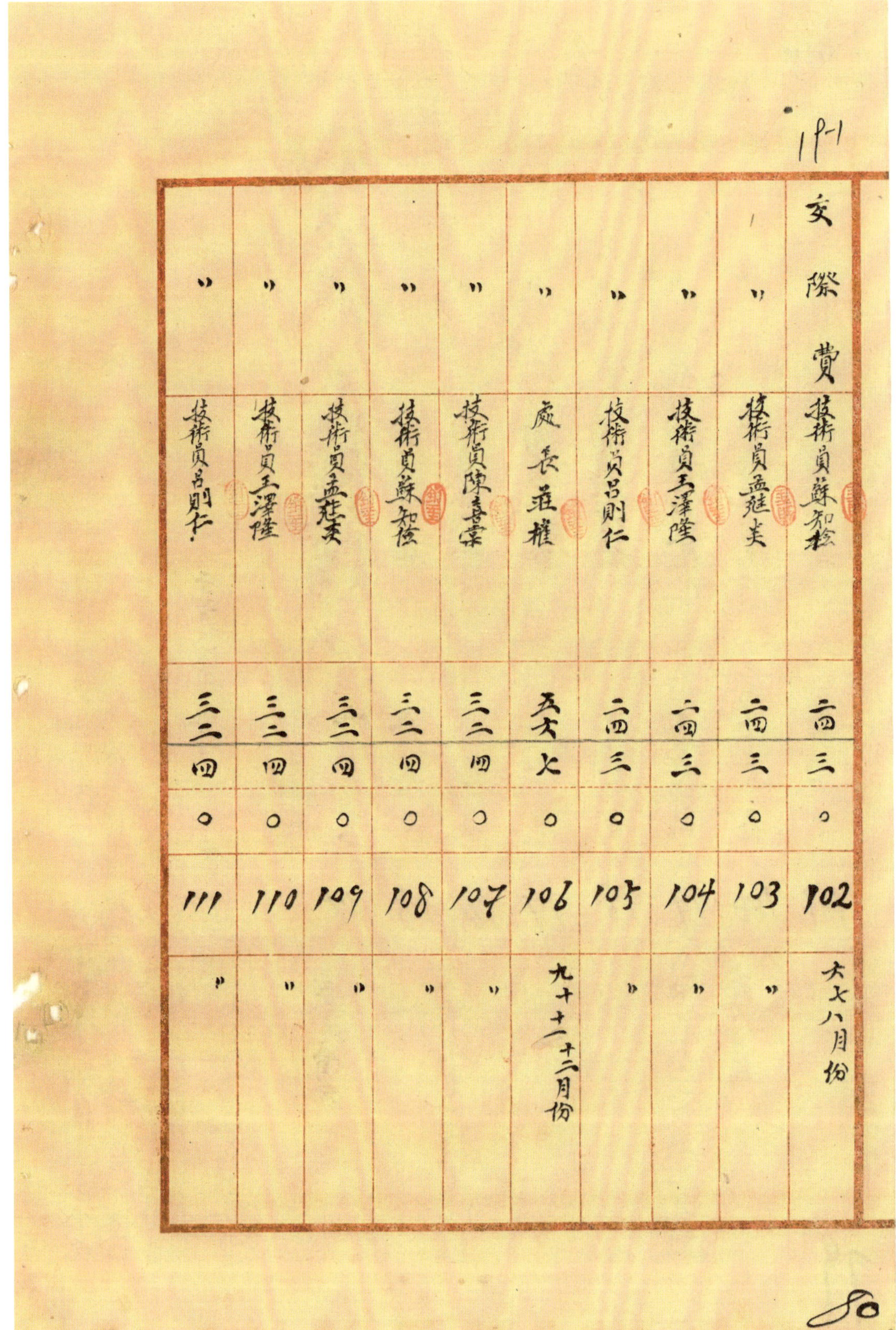

18-1

交際費	技術員蘇知檢	二四三	〇	102	六七八月份
〃	技術員孟継夫	二四三	〇	103	〃
〃	技術員王澤隆	二四三	〇	104	〃
〃	技術員呂則仁	二四三	〇	105	〃
〃	處長莊權	五六七	〇	106	九十十一十二月份
〃	技術員陳喜棠	三二四	〇	107	〃
〃	技術員蘇知檢	三二四	〇	108	〃
〃	技術員孟継夫	三二四	〇	109	〃
〃	技術員王澤隆	三二四	〇	110	〃
〃	技術員呂則仁	三二四	〇	111	〃

80

交際費	處長莊權	四二	五	三	112	六年一二三月份
〃	技術員陳喜棠	二四	三	〇	113	〃
〃	技術員蘇知檢	二四	三	〇	114	〃
〃	技術員孟廷奭	二四	三	〇	115	〃
〃	技術員王澤隆	二四	三	〇	116	〃
〃	技術員呂則仁	二四	三	〇	117	〃
〃	處長莊權	四二	五	三	118	四五六月份
〃	技術員陳喜棠	二四	三	〇	119	〃
〃	技術員蘇知檢	二四	三	〇	120	〃
〃	技術員孟廷奭	二四	三	〇	121	〃

201

交際費	技術員王澤隆	二四三〇	122	四五六月份
〃	技術員呂則仁	二四三〇	123	〃
〃	處長莊權	四二五三	124	七八九月份
〃	技術員陳喜宗	二四三〇	125	〃
〃	技術員蘇知愉	二四三〇	126	〃
〃	技術員孟廷炎	二四三〇	127	〃
〃	技術員王澤隆	二四三〇	128	〃
〃	技術員呂則仁	二四三〇	129	〃
〃	處長莊權	四二五三	130	十十一十二月份
〃	技術員陳喜宗	二四三〇	131	〃

021

交際費	技術員蘇知儉	二四	三	〇	132	十一十二月份
〃	技術員孟廷奕	二四	三	〇	133	〃
〃	技術員王澤隆	二四	三	〇	134	〃
〃	技術員呂則仁	二四	三	〇	135	〃
〃	處長莊權	四二	五	三	136	二九年一二三月份
〃	技術員陳喜棠	二四	三	〇	137	〃
〃	技術員蘇知儉	二四	三	〇	138	〃
〃	技術員孟廷奕	二四	三	〇	139	〃
〃	技術員王澤隆	二四	三	〇	140	〃
〃	技術員呂則仁	二四	三	〇	141	〃

83

21-1

交際費	處長莊權	一四一九	142	四月份
〃	技術員陳嘉棠	八一〇	143	〃
〃	技術員王澤隆	八一〇	144	〃
〃	技術員蘇知儉	八一〇	145	〃
〃	技術員孟廷奕	八一〇	146	〃
〃	技術員呂則仁	八一〇	147	〃

英金一三八六鎊一一先令二辨士

第二項薪金旅費共支英金六六七九鎊一先令八辨士 一六八四二五三八合國幣一二四八九元八角三分

美金二五二〇元 二九五〇合國幣八五四二元三角七分

84

022

國幣四、六〇〇元〇角〇分

總共國幣一三五、六三二元二角

第三項

軍政部兵工署砲兵技術研究處二十九年三月份津貼支出明細表

款別	事由	實支數 鎊	先令	辨士	單據號數	備考
津貼	國外廠方工人協助製造工作津貼費	一三	〇	二	148	計二五人
〃		一〇	〇	一〇	149	
〃		一二	〇	一一	150	
〃		一	一二	二	151	
〃		一六	一	四	152	
〃		一〇	〇	一〇	153	
〃		八	〇	八	154	
〃		二	八	二	155	

86

No.	Item	Upper	Middle	Lower
156	津貼	三	四	三
157	〃	三	一九	六
158	〃		一七	八
159	〃	一〇	〇	一〇
160	〃	一	〇	一
161	〃		九	八
162	〃	〇	四	〇
163	〃	四	〇	四
164	〃	一〇	八	一〇
165	〃	一	四	一

024

津贴	〃	〇	一三	一〇	166
〃	〃	一〇	〇	一〇	167
〃	〃	一	一六	一	168
〃	〃	七	一六	二	169
〃	〃	三	九	七	170
〃	〃	二	一	一	171
〃	〃	七	一六	二	172

共英金一四〇镑一九先令一〇辨士

88

025

第三項

軍政部兵工署砲兵技術研究處　年　月份　雜費　支出明細表

款別	事由	實支數 鎊	先令	辨士	單據號數	備考
運輸費	運砲件材料由奥至甸運輸費	一三三	三	二	173	
保險費	運輸砲件材料保險費	八	二	一一	174	
運輸費	火药運輸費	二三	七	一	175	
檢驗費	海關檢驗材料費	一七	一五	一	176	
	共英金一八二鎊八先令三辨士					

80

026

第三項

軍政部兵工署砲兵技術研究處　　年　月份　雜費支出明細表

款別	事由	實支數	單據號數	備考
運輸費	歐亞航空公司運圖書一箱運費	二三四四二	177	
驗照費及車費	運火藥驗照費及車費	五〇		
夫力費	赴航空公司寄件伕力費	四四	178	
夫力費	赴外交部簽訖處送件伕力費	四四	179	
夫力費	運圖書一箱伕力費	八八	180	
夫力費	赴郵局送件伕力費	三三	181	
夫力費	赴歐亞航空公司寄件伕力費	二二	182	
	共國幣二三六九元七角三分			

92

261

第三項雜費(一)支國幣二三六元七角三分

(二)支英金二九三鎊一〇先令四辨士 一六八四二一〇五三合國幣四九

四三元四角五分

(三)支英金二九鎊一七先令九辨士 一六八四六二二合國幣五〇三元三角七分

總共國幣五六八三元五角五分

以上第一、二、三項共支國幣四六五六六二元四角一分 共計算書列報數

減少一千條英金總數劃分三項折合國幣原因自應及計算

書所列尾數二千報銷理合陳明

26-2

合計英金二六、八五四鎊六先令五辨士　合國幣四五二、二八三、三二元

第一項英金一九、八五一鎊一六先令八辨士合國幣三三四、三四六、六七元

第二項英金六、六七九鎊一先令八辨士合國幣一一三、四六九、八三元

第三項英金二九三鎊一〇先令四辨士合國幣四、九四三、四四元

〃〃〃英金二九鎊一七先令九辨士合國幣五〇三、三七元

以上三項英金共合國幣四五二、二八三、三一元

兩比相差一分茲在第三項內英金二九三鎊一〇先令四辨士合國幣尾數加一分（即四分改為五分）

赴返川資　處長應領美金八五〇元技術員每員應領美金五二〇元

月　費　處長每月應領美金二〇四元技術員每員每月應美金一五五元

交際費　處長每月應領美金七〇元技術員每員每月應領美金四〇元

因所有試造費均由兵工署購兄英金發下故應以英金支給

又川資月費及交際費均按

美金及英金與國幣之法定滙率折成鎊款支付

美金二九五〇元合國幣一百元

英金、〇五九三七四八五鎊合國幣一元

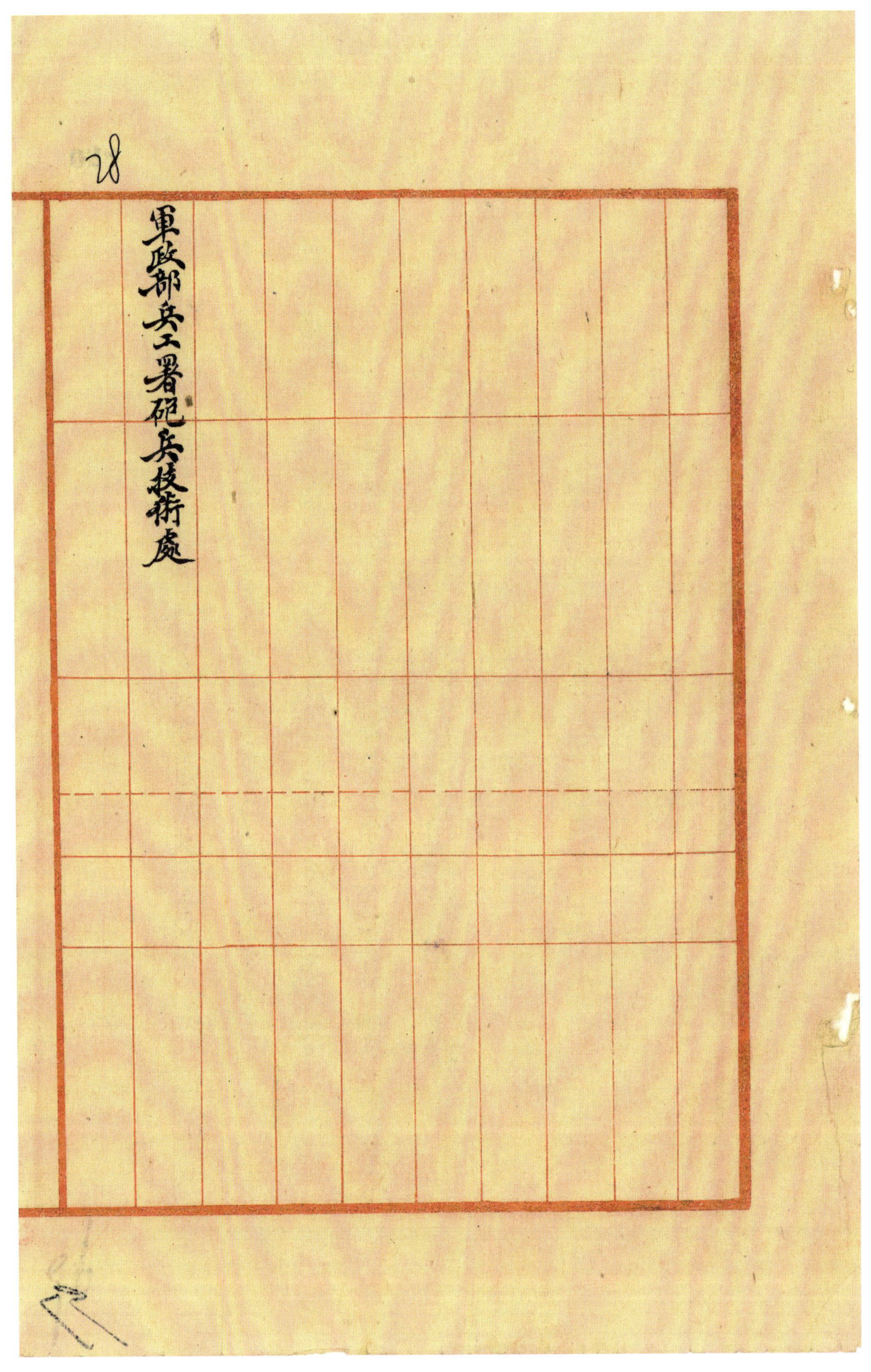

28

軍政部兵工署砲兵技術處

兵工署第十工厂关于检送一九四二年度建设费概算及出品单价估计表致兵工署制造司的代电（一九四一年四月十一日）

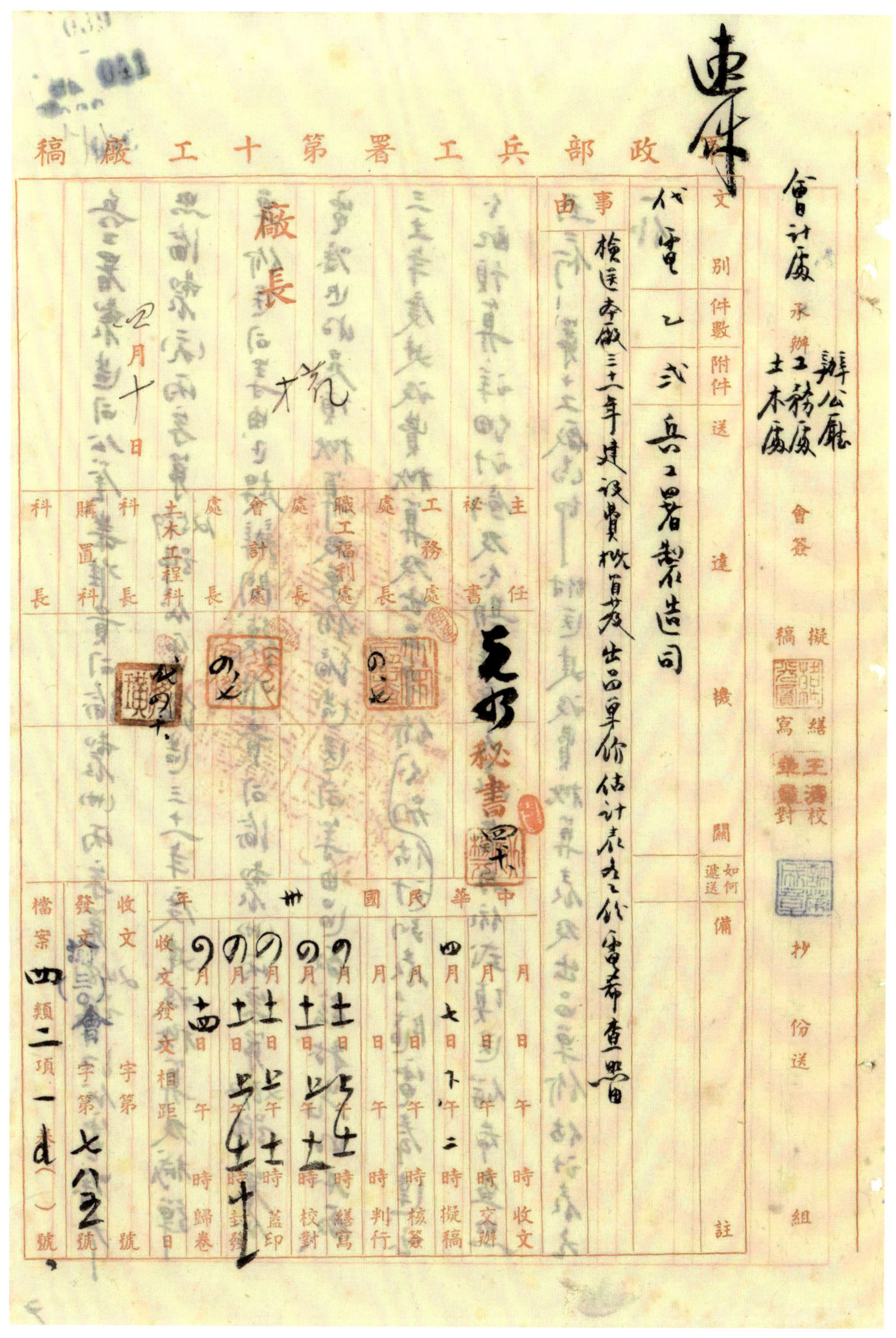

速件

軍政部兵工署第十工廠稿

文別	件數	附件	送達機關
代電	乙	弍	兵工署製造司

承辦：會計處

會簽：辦公廳、工務處、土木處

事由：檢送本廠三十一年建設費概算及出品單價估計表各乙份，電希查照由

廠長

四月十日

秘書

主任秘書　工務處長　職工福利處長　會計處長　土木工程科長　購置科長

中華民國　年　月　日

收文　月　日　午　時
擬稿　四月七日下午二時
核發　月　日　午　時
判行　月　日　午　時
繕寫　四月十一日
校對　四月十一日
蓋印　四月十一日
封發　四月十一日
歸卷　四月十四日

收文　字第　號

發文　會字第七八三號

檔案　四類二項一目（一）號

軍政部兵工署第十工廠 稿

兵工署製造司公鑒：案准貴司渝製(卅)丙字第2481號江代電嘱參照渝製(卅)丙字第12559號代電編造三十二年度建設概算及械彈單價送司等由，正趕辦間，復准貴司渝製(卅)丙字第2892號寒代電嘱迅將各項概算及單價編造送司等由過廠。茲特先將本廠三十二年度建設費概算及出品單價分別估計列表，隨電奉達。至分配預算詳細計劃及分期進度各表，容再依式填送。備希查照為荷。兵工署第十工廠(寅印)

附送建設費概算表及出品單價估計表各一份

第十五廠三十一年度建設經費概算書

總計國幣陸佰壹拾伍萬玖仟弍佰弍拾捌圓整

科目	概算數	備考
第一款 建設費	六、一五九、三八〇〇	
第一項 建設房屋費	三、六五九、三八〇〇	
第一目 廠房建築費	三二六、八〇〇〇	本廠擬於三十一年度添建製造及動力等用之廠房三座約需面積八百六十平方公尺每平方公尺造價約需三百八十元合計需如上數
第二目 山洞建築費	一、七〇〇〇〇〇〇	本廠擬於三十一年度添建山洞廠房及防空洞約需二千公尺每公尺造價約需八百五十元合計需如上數
第三目 辦公房屋建築費	七二〇〇〇〇〇	本廠於三十一年度擬添建辦公室一座約需面積一百八十平方公尺每平方公尺造價約需四百元合計需如上數
第四目 庫房建築費	一〇四五〇〇〇〇	本廠擬於三十一年度添建庫房兩座約需面積二百七十五平方公尺每平方公尺造價約需三百八十元合計需如上數
第五目 職工宿舍建築費	九四五、七二八〇〇	本廠擬於三十一年度添建職工宿舍及住宅八座約需面積三三七七.六平方公尺每平方公尺約需二百八十元合計需如上數

42-1

科目	預算數	說明
第六目 其他建築費	五一〇、二〇〇〇〇	本廠擬於三十一年度添建竹籬圍牆職工使身房及運動場等約需如上數
第二項 機器購置費	二、五〇〇、〇〇〇〇〇	
第一目 機器購置費	二、五〇〇、〇〇〇〇〇	本廠擬於三十一年度添置300匹動力機一座約需一百二十萬元又高速度車床普通車床磨床洗床等機器及工具儀器等約需如上數

第十五廠出品單價估計表

出品名稱	預定年產量	全年所需料價	全年所需工價	全年所需費用	全年總成本	單價	備攷
蘇魯通二公分機關砲曳光榴彈	三六萬發	九、二九八、二五六、四四	一、三七〇、〇〇〇〇〇	五、二一七、六二八、三	一五、六五二、八八四、六六	四三、四六	前核定單價二五元
蘇魯通三七平射砲破甲彈	一五萬發	一二、二四六、三五七、三	一、一七〇、〇〇〇〇〇	六、七〇七、三七八、六	二〇、一二一、九五三、五八	一三四、一四	前核定單價七〇元
蘇魯通三七平射砲榴彈	一〇萬發	七、六一三、六四四、八	一、一五五、〇〇〇〇〇	四、三八四、三二〇、二四	一三、一五二、八六〇、七二	一三一、五二	
擦槍器具	一二萬套	二、六七一、六〇〇〇	七二〇、〇〇〇〇〇	一、六九五、八〇〇〇	五、〇八七、四〇〇〇	四二、三九五	前核定單價三〇元
方形T.N.T藥包	六〇萬個	一、七一四、五六〇〇〇	三六〇、〇〇〇〇	八七五、二八〇〇〇	二、六二五、八四〇〇〇	四、三七	前核定單價三元

說明：目前市況無論物價人工均迅速倍增而本廠此次所估單價較前核定均不及一倍本廠体仰國力維艱對於材料盡量利用舊有及土產非不得已者不以高市價估列工資亦祗照舊訂者酌增四分之一其他費用（包括間接工料）則

10

参照过去情形凡可撙節者盡可能予以減免後再參酌市價估算分配

於各產品合併陳明

兵工署第十工厂关于重新造送一九四二年度建设费概算书及出品单价估计表等致兵工署制造司的代电
（一九四一年九月五日）

军政部兵工署第十工厂稿

会计处

文别：代电

件数：一

送达机关：兵工署制造司

事由：

谨呈造送本厂三十一年度建设费概算书及出品单价估计表各二份，请查照。

厂长 九月三日

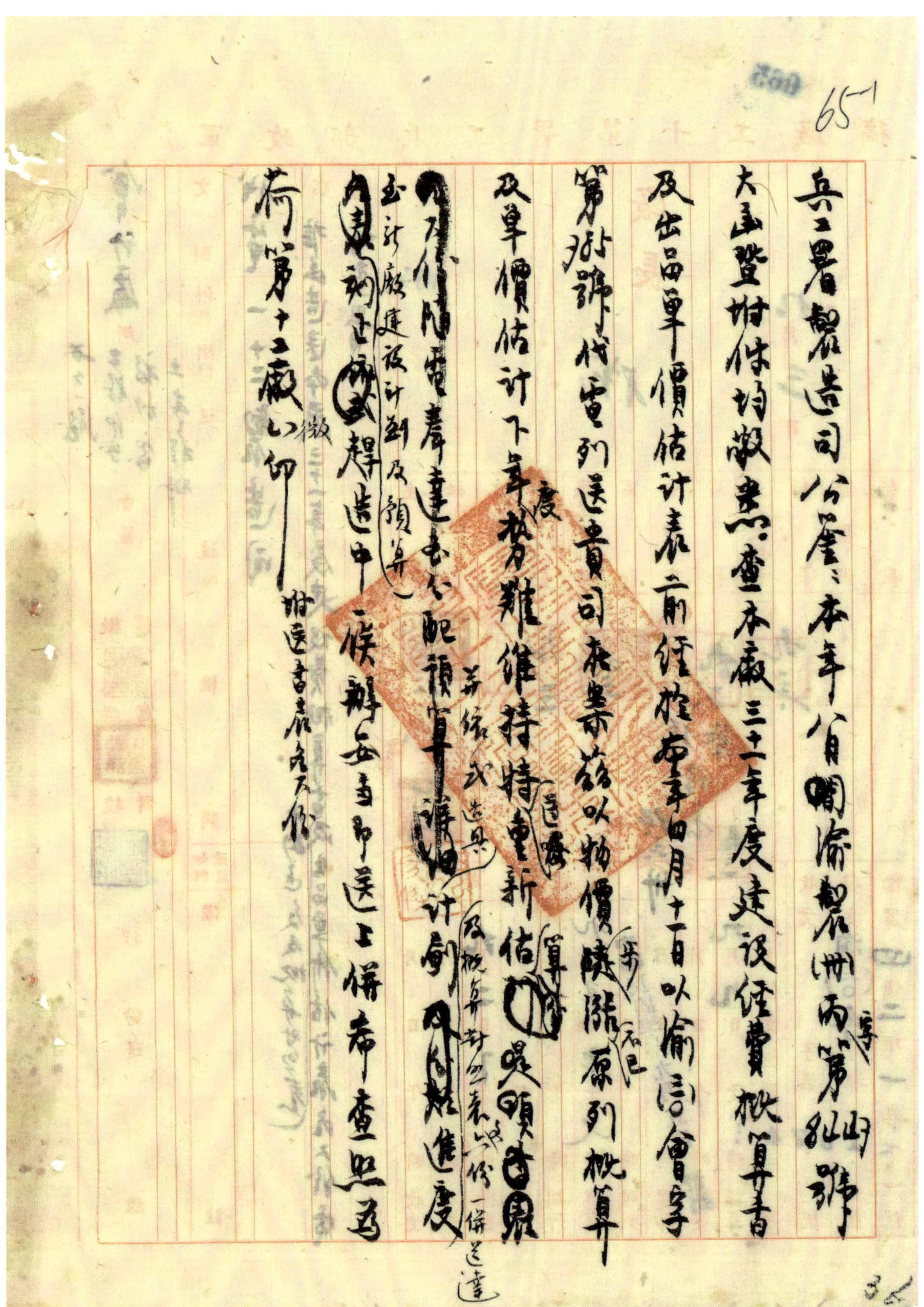

65-1

兵工署製造司公鑒：本年八月哿渝製（卅）丙字第弘14號
大函暨附件均敬悉。查本廠三十一年度建設經費概算書
及出品單價估計表前經於本年四月十日以渝（卅）會字
第4315號代電列送貴司在案，茲以物價陸續飛漲，原列概算
及單價估計下年度勢難維持，特重新估算，是項概算
又所附電奉達未分配預算十萬元計劃及進度
至於本廠建設計劃及預算刻正趕造中，一俟辦妥當即送上，併希查照為
荷。第十工廠（卅）微印

附送書表各乙份

存[illegible]

066

第十工廠出品單價估計表

出品名稱	預定年產量	全年所需料價	全年所需工價	全年所需費用	全年總產量單價	備考
蘇魯通二公分機關砲彈	三六萬發	一七、〇七二、〇〇〇	二、〇二四、〇〇〇	九、七〇四、〇〇〇	二八、八〇〇、〇〇〇	八〇、〇〇	現單價四八、〇〇元
蘇魯通三七公平射砲彈	六萬發	九、三五〇、〇〇〇	八七〇、〇〇〇	四、九九六、〇〇〇	一五、〇〇〇、〇〇〇	二五〇、〇〇	現單價一二〇、〇〇元
擲榴器具	十二萬套	六、三〇〇、〇〇〇	一、七〇四、〇〇〇	三、九九六、〇〇〇	一二、〇〇〇、〇〇〇	一〇〇、〇〇	現單價三六、〇〇元
方形TNT藥包	二四〇萬個	一、五三七、六〇〇	一三八、〇〇〇	二五九、三六〇	一、九二〇、〇〇〇	八〇	現單價三、〇〇元

說明：目前市況無論物價人工均迅速繼增，依照最近一般工料價格上漲趨勢估計三十一年度之單價當如右列

57

第十工厂三十一年度建设经费概算书

总计国币壹千零拾陆万壹千肆百伍拾元正

科目	概算数	备考
第一款 建设费	一〇一七六四五〇〇	
第一项 厂基补置及整理费	一三〇〇〇〇〇〇	
第一目 厂基补置费	一〇〇〇〇〇〇〇元	本厂拟于三十一年度征地四百亩，每亩约二千五百元，合计需如上数
第二目 排水工程	三〇〇〇〇〇〇	本厂拟于三十一年度新征厂地各地深建沟渠及排水等项工程，合计约需如上数
第二项 道路建筑费	五〇〇〇〇〇〇	
第一目 土石方及路面	五〇〇〇〇〇〇	本厂拟于三十一年度新辟厂地开辟新道路多条，约需如上数
第三项 房屋建筑费	三六九六四五〇〇	

38

67

科目	金額	說明
第一目 廠房建築費	三八七、〇〇〇〇〇〇	本廠擬於三十一年度添建製造及動力所用之廠房三座約計面積八百六十平方公尺每平方公尺造價約需四百五十元合計需如上數
第二目 辦公廳建築費	八〇、〇〇〇〇〇〇	本廠擬於三十一年度添建辦公廳一座約需面積一百八十平方公尺每平方公尺造價約四百五十元合計需如上數
第三目 庫房建築費	一二三、七五〇〇〇〇	本廠擬於三十一年度添建庫房兩座約需面積二百七十五平方公尺每平方公尺造價需四百五十元合計需如上數
第四目 農林場建築費	二一〇、〇〇〇〇〇〇	本廠擬於三十一年度添建農林場儲藏、辦公及農工宿舍用之房屋三座約計面積六百平方公尺每平方公尺造價三百五十元合計需如上數
第五目 職員宿舍	一五四、〇〇〇〇〇〇	本廠擬於三十一年度添建職員宿舍一座約計面積四百四十平方公尺每平方公尺造價三百五十元合計需如上數
第六目 職員住宅	六二七、五〇〇〇〇〇	本廠擬於三十一年度添建職員住宅八座約需面積一千七百九十三平方公尺每平方公尺造價三百五十元合計需如上數
第七目 工人宿舍	三六七、五〇〇〇〇〇	本廠擬於三十一年度添建工人宿舍五座約需面積一千零五十平方公尺每平方公尺造價三百五十元合計需如上數
第八目 工人住宅	五六三、五〇〇〇〇〇	本廠擬於三十一年度添建工人住宅四座約需面積一千六百一十平方公尺每平方公尺造價三百五十元合計需如上數
第九目 食堂建築費	五二二、〇〇〇〇〇〇	本廠擬於三十一年度添建職工食堂[illegible]各一座食堂一座約計面積一百五十平方公尺每平方公尺造價六百元計九萬元[illegible]一座約計面積七百二十平方公尺每平方公尺造價六百元計四十三萬二千元合計需如上數
第十目 其他建築費	六六〇、二〇〇〇〇〇	本廠擬於三十一年度添建職工健身房運動場及儲水池等合計約需如上數

39

008

科目	金额		说明
第四项 附属工程	二一八〇,〇〇〇	〇〇	
第一目 山洞建筑费	二一〇〇,〇〇〇	〇〇	本厂拟於三十一年度添建山洞厂房及防空洞约需二千平方公尺每平方公尺造价约需一千元计二百万元又山洞设备约需十万元合计需如上数
第二目 竹厂围墙	八〇,〇〇〇	〇〇	本厂因三十年度厂地扩大拟於卅一年度继续添建竹厂围墙合计需如上数
第五项 机器设备费	二五〇〇,〇〇〇	〇〇	
第一目 机器设备费	二五〇〇,〇〇〇	〇〇	本厂拟於三十一年度在重庆或就地购置500吨锻力机一台约需一百二十万元又高速度车床普通车床磨床等机床及工具仪器等约计需如上数

40

兵工署第十工厂关于重新造送一九四一年度建设费预算分配表及建设计划进度概算对照表致兵工署的代电（一九四二年四月二十一日）

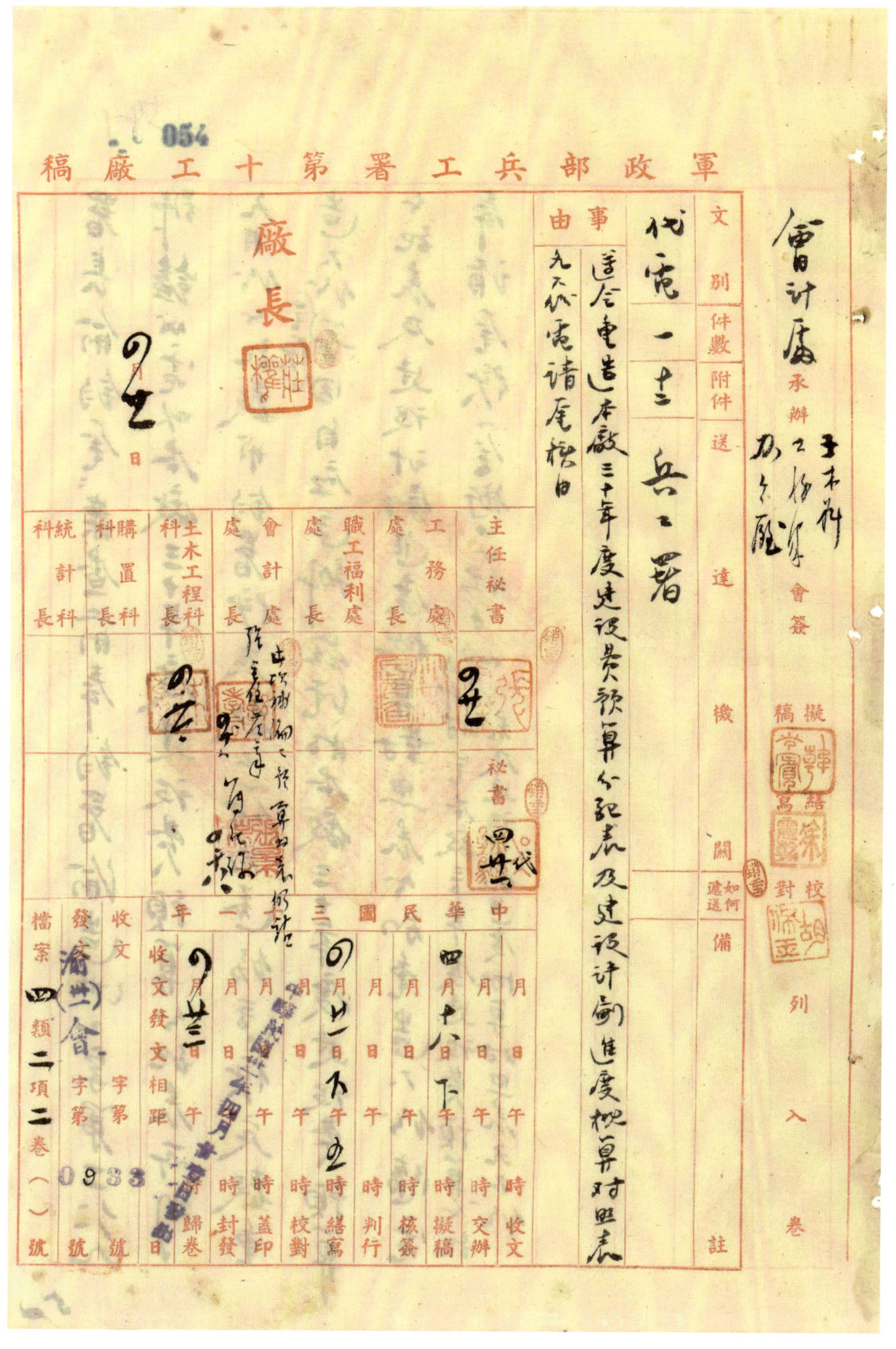

署長俞鈞鑒：案查二前奉鈞署渝造（卅）乙字第二八九號訓飭以本廠三十年度建設費預算分配表所列九月份分配數於鈞署核定數之外，發還飭遵核定數重造六份（呈核）等因，自應遵辦。茲經將本廠三十年度建設費預算分配表及建設計劃進度概算對照表分別重造六份，隨電奉請鑒核。全銜莊〇叩。馬印。附呈本廠三十年度建設費預算分配表及建設計劃進度概算對照表各六份

軍政部兵工署第十兵工廠三十年建設計劃進度及概算對照表

計劃部份			概算部份								
計劃類別	計劃項目	分期進度	國庫負担 預算書款項目別	國庫負担 金額(元)	其他來源 金額(元)	每期支出合計 金額(元)	每期支出合計 佔本類支出百分比	每項支出合計 金額(元)	每項支出合計 佔本類支出百分比	每類支出合計 金額(元)	每類支出合計 佔本機關支出百分比
普通設施計劃—建設類	排水工程	擬於卅年度一至五月分兩期完成	一款一項一目一節	二〇,〇〇〇.〇〇		一〇,〇〇〇.〇〇	50%	二〇,〇〇〇.〇〇	.80%		
	保坎開坡	仝右	一款一項一目一節	三〇,〇〇〇.〇〇		一五,〇〇〇.〇〇	50%	三〇,〇〇〇.〇〇	1.20%		
	土石方及路面	擬於卅年度一至七月分兩期完成	一款二項一目一節	七〇,〇〇〇.〇〇		三五,〇〇〇.〇〇	50%	七〇,〇〇〇.〇〇	2.80%		
	鍛工房	擬於卅年度一至四月一期完成	一款三項一目一節	二八,〇〇〇.〇〇		二八,〇〇〇.〇〇	100%	二八,〇〇〇.〇〇	1.11%		
	漆工間	擬於卅年度一至五月分兩期完成	一款三項一目二節	八,〇〇〇.〇〇		四,〇〇〇.〇〇	50%	八,〇〇〇.〇〇	.31%		
	火藥庫(甲)	擬於卅年度一至七月分兩期完成	一款三項一目一節	二〇,〇〇〇.〇〇		一〇,〇〇〇.〇〇	50%	二〇,〇〇〇.〇〇	.80%		
	火藥庫(乙)	仝右	一款三項一目二節	一〇五,〇〇〇.〇〇		五二,〇〇〇.〇〇	50%	一〇五,〇〇〇.〇〇	4.20%		
	穀倉	擬於卅年度五至九月分兩期完成	一款三項一目三節	七〇,〇〇〇.〇〇		三五,〇〇〇.〇〇	50%	七〇,〇〇〇.〇〇	2.20%		
	消防隊隊部	擬於卅年度三至六月一期完成	一款三項一目一節	五九,〇〇〇.〇〇		五九,〇〇〇.〇〇	100%	五九,〇〇〇.〇〇	2.36%		
	職員宿舍	擬於卅年度一至七月分兩期完成	一款三項四目一節	一四〇,〇〇〇.〇〇		七〇,〇〇〇.〇〇	50%	一四〇,〇〇〇.〇〇	5.60%		
	工人宿舍	擬於卅年度一至十月分兩期完成	一款三項四目二節	五〇〇,〇〇〇.〇〇		二五〇,〇〇〇.〇〇	50%	五〇〇,〇〇〇.〇〇	20.00%		
	伕役宿舍	擬於卅年度五至七月一期完成	一款三項四目三節	二一,〇〇〇.〇〇		二一,〇〇〇.〇〇	100%	二一,〇〇〇.〇〇	.84%		

055

第一頁

056

項目	說明	科目	金額			本期金額	成數	金額	百分比	
福利會計處辦公廳	擬於卅年度二至八月分兩期完成	一款三項五目一節	八〇,〇〇〇.〇〇			四〇,〇〇〇.〇〇	50%	八〇,〇〇〇.〇〇	3.20%	
子弟學校禮堂	擬於卅年度十至十二月一期完成	一款三項六目一節	一八,〇〇〇.〇〇			一八,〇〇〇.〇〇	100%	一八,〇〇〇.〇〇	.71%	
車輛間	擬於卅年度三至七月分兩期完成	一款三項六目二節	六二,〇〇〇.〇〇			三一,〇〇〇.〇〇	50%	六二,〇〇〇.〇〇	2.48%	
職員食堂	擬於卅年度一至五月分兩期完成	一款三項六目三節	七〇,〇〇〇.〇〇			三五,〇〇〇.〇〇	50%	七〇,〇〇〇.〇〇	2.80%	
工人食堂	擬於卅年度二至五月一期完成	一款三項六目四節	二一,〇〇〇.〇〇			二一,〇〇〇.〇〇	100%	二一,〇〇〇.〇〇	.84%	
潔身館	擬於卅年度一至四月一期完成	一款三項六目五節	三七,〇〇〇.〇〇			三七,〇〇〇.〇〇	100%	三七,〇〇〇.〇〇	1.48%	
合作社	擬於卅年度一至八月分兩期完成	一款三項六目六節	七五,〇〇〇.〇〇			三七,五〇〇.〇〇	50%	七五,〇〇〇.〇〇	3.00%	
工人管理室	擬於卅年度十至十二月一期完成	一款三項六目七節	五,〇〇〇.〇〇			五,〇〇〇.〇〇	100%	五,〇〇〇.〇〇	.20%	
廁所	擬於卅年度五至十一月分兩期完成	一款三項六目八節	五五,〇〇〇.〇〇			二七,五〇〇.〇〇	50%	二七,五〇〇.〇〇	2.20%	
碼頭	擬於卅年度八至十月一期完成	一款四項一目一節	五〇,〇〇〇.〇〇			五〇,〇〇〇.〇〇	100%	五〇,〇〇〇.〇〇	2.00%	
防空山洞	擬於卅年度一至十二月分四期完成	一款五項一目一節	三九六,〇〇〇.〇〇			九九,〇〇〇.〇〇	25%	三九六,〇〇〇.〇〇	15.87%	
竹籬圍牆	擬於卅年度三至十一月分兩期完成	一款五項二目一節	一〇〇,〇〇〇.〇〇			五〇,〇〇〇.〇〇	50%	一〇〇,〇〇〇.〇〇	4.00%	
給水工程	擬於卅年度五四六七八五個月分兩期完成	一款五項三目一節	七〇,〇〇〇.〇〇			三五,〇〇〇.〇〇	50%	七〇,〇〇〇.〇〇	2.80%	
交通器材	擬於卅年度四至十月分兩期購就	一款六項一目一節	一四〇,〇〇〇.〇〇			七〇,〇〇〇.〇〇	50%	一四〇,〇〇〇.〇〇	5.60%	
機器設備費	擬於卅年度四至十二月分兩期購就	一款七項一目一節	二五〇,〇〇〇.〇〇			一二五,〇〇〇.〇〇	50%	二五〇,〇〇〇.〇〇	10.00%	

第二頁

058

第一頁

軍政部兵工署第十兵工廠　三十年度建設費預算分配表

款	項	目	節	科目名稱	全年度預算數	一月份	二月份	三月份	四月份	五月份	六月份	七月份	八月份	九月份	十月份	十一月份	十二月份	備考
1				建設費	2,500,000.00	500,000.00	300,000.00	300,000.00	300,000.00	200,000.00	200,000.00	200,000.00	100,000.00	100,000.00	200,000.00	50,000.00	50,000.00	
	1			廠基整理及管理費	50,000.00													
		1		排水工程	20,000.00													
			1	排水工程	20,000.00	4,000.00	4,000.00	4,000.00	4,000.00	4,000.00								
		2		保坎開坡	30,000.00													
			1	保坎開坡	30,000.00	6,000.00	6,000.00	6,000.00	6,000.00	6,000.00								
	2			道路建設	70,000.00													
		1		道路建設	70,000.00													
			1	土石方及路面	70,000.00	10,000.00	10,000.00	10,000.00	10,000.00	10,000.00	10,000.00	10,000.00						
	3			房屋建築費	1,374,000.00													
		1		廠房建築	36,000.00													
			1	鍛工房	28,000.00	10,000.00	6,000.00	6,000.00	6,000.00									
			2	漆工間	8,000.00	3,000.00	2,000.00	1,000.00	1,000.00	1,000.00								
		2		庫房建築	195,000.00													
			1	火藥庫(甲)	20,000.00	8,000.00	3,000.00	2,000.00	2,000.00	2,000.00	2,000.00	1,000.00						
			2	火藥庫(乙)	105,000.00	30,000.00	20,000.00	20,000.00	10,000.00	10,000.00	10,000.00	5,000.00						
			3	穀倉	70,000.00					40,000.00	10,000.00	10,000.00	5,000.00	5,000.00				
		3		警衛營房	59,000.00													
			1	消防隊隊部	59,000.00			20,000.00	15,000.00	15,000.00	9,000.00							
		4		職工宿舍	661,000.00													
			1	職員宿舍	140,000.00	70,000.00	30,000.00	10,000.00	10,000.00	10,000.00	5,000.00	5,000.00						
			2	工人宿舍	500,000.00	200,000.00	80,000.00	80,000.00	30,000.00	30,000.00	20,000.00	20,000.00	10,000.00	10,000.00	20,000.00			
			3	伕役宿舍	21,000.00					10,000.00	6,000.00	5,000.00						
		5		辦公廳	80,000.00													
			1	[illegible]辦公廳	80,000.00		40,000.00	10,000.00	10,000.00	5,000.00	5,000.00	5,000.00	5,000.00					
		6		其他建築	343,000.00													
			1	子弟學校禮堂	18,000.00										10,000.00	5,000.00	3,000.00	
			2	車輛間	62,000.00			30,000.00	10,000.00	10,000.00	6,000.00	6,000.00						
			3	職員食堂	70,000.00	30,000.00	20,000	10,000.00	5,000.00	5,000.00								
			4	工人食堂	21,000.00		10,000.00	5,000.00	3,000.00	3,000.00								

廠長　處長　課長　製表員

56

057

軍政部兵工署第十兵工廠 三十年度建設費預算分配表

第二頁

款	項	目	節	名稱	全年度預算數	一月份	二月份	三月份	四月份	五月份	六月份	七月份	八月份	九月份	十月份	十一月份	十二月份	備考
			5	澡堂館	37,000.00	20,000.00	10,000.00	4,000.00	3,000.00									
			6	合作社	75,000.00	30,000.00	15,000.00	10,000.00	5,000.00	5,000.00	5,000.00	5,000.00						
			7	工人管理處	5,000.00										3000.00	1000.00	1000.00	
			8	厕所	55,000.00					20,000.00	10,000.00	5000.00	5,000.00	5,000.00	5000.00	5,000.00		
	4			碼頭	50,000.00													
		1		碼頭	50,000.00													
			1	碼頭	50,000.00								20,000.00	15,000.00	15,000.00			
	5			附屬工程	566,000.00													
		1		防空山洞	396000.00													
			1	防空山洞	396,000.00	79,000.00	44,000.00	32,000.00	30,000.00	14,000.00	32,000.00	43,000.00	25,000.00	28,000.00	30,000.00	20,000.00	19,000.00	
		2		竹籬圍墻	100,000.00													
			1	竹籬圍墻	100,000.00			20000.00	20,000.00		10,000.00	10,000.00	10,000.00	10,000.00	10,000.00	10,000.00		
		3		給水工程	70,000.00													
			1	給水工程	70,000.00			20,000.00	20,000.00		10,000.00	10,000.00	10,000.00					
	6			公用設備	140,000.00													
		1		交通器材	140,000.00													
			1	交通器材	140,000.00				40,000.00		20,000.00	20,000.00	10,000.00	27,000.00	23,000.00			
	7			機器設備費	250,000.00													
		1		機器設備費	250000.00													
			1	機器設備費	250,000.00				60,000.00		30,000.00	40,000.00			84,000.00	9,000.00	27,000.00	

廠長　　處長　　課長　　製表員

55

兵工署第十工厂关于报送一九四三年度建设费预算分配表及建设计划进度及概算表致兵工署的呈（一九四二年八月二十五日）

軍政部兵工署第十工廠稿

事由：為本廠編送本廠卅二年度建設計劃預概算表表請鑒核由

文別：呈文　件數：一件

署長俞

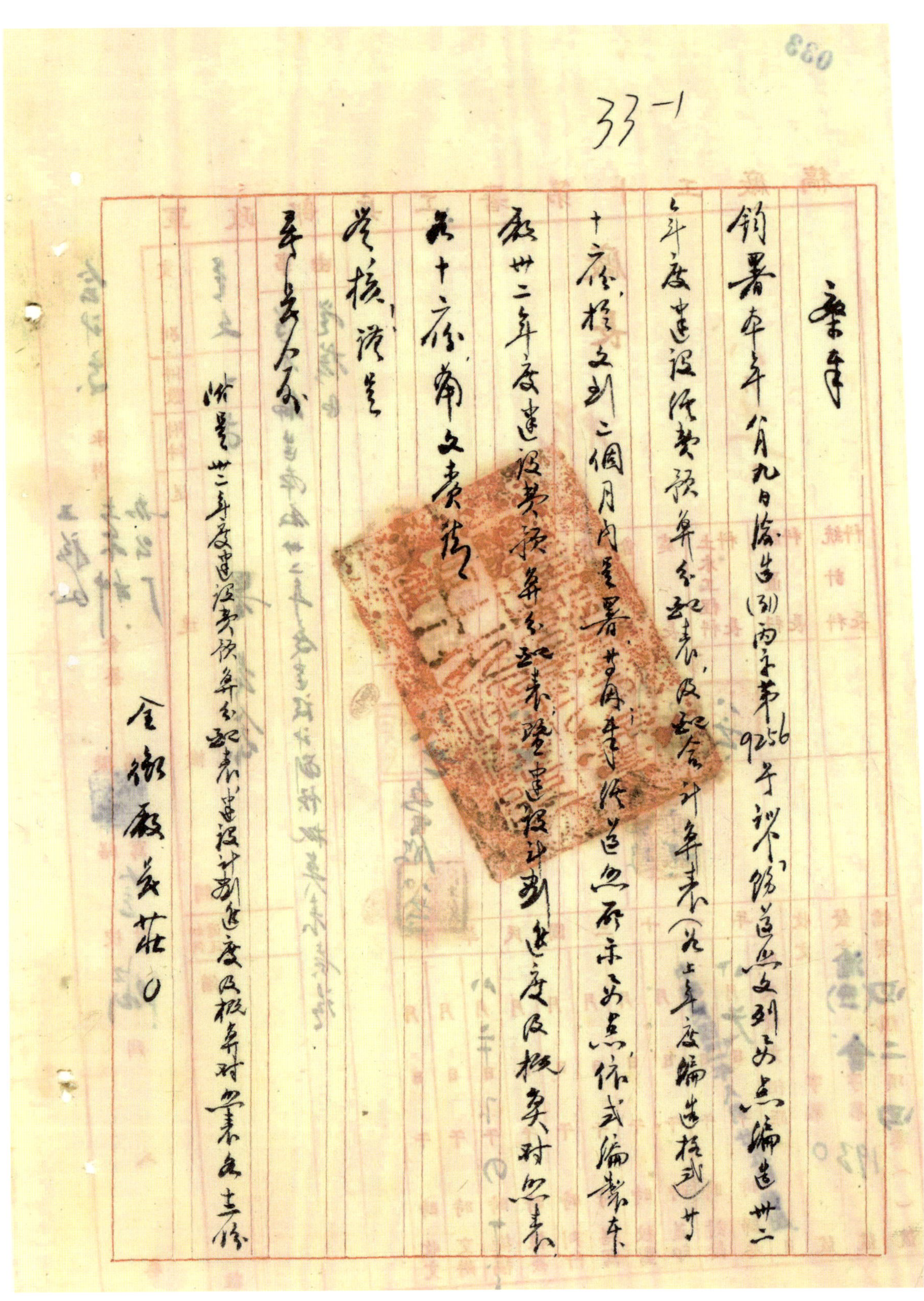

033

33-1

案奉

钧署本年八月九日渝造（列）丙字第9256号训令，饬遵照原文列各点编造卅二年度建设经费预算分配表，及配合计算表（照上年度编造格式）各十份，限文到二個月内呈署，等因；奉此，遵照原示各点依式编制本厂卅二年度建设经费预算分配表，暨建设计划进度及概算对照表各十份，备文赍请

鉴核，谨呈

兵工署署长俞

附呈卅二年度建设经费预算分配表、建设计划进度及概算对照表各十份

全衔厂长庄○

軍政部兵工署第十二廠三十二年度建設計劃進度及概算總表

計劃部份		概算部份								
計劃類別：普通政務計劃、建設費		國庫負擔		其他來源金額	每期支出合計		每項支出合計		每類支出合計	
計劃項目	分期進度	擬列預算科目	金額		金額	佔本項支出百分比	金額	佔總數支出百分比	金額	佔本批總額百分比
鍛頭所	擬於卅二年一至四月分兩期完成	一款一項一目一節	五〇〇,〇〇〇.〇〇元		(一)四五〇,〇〇〇.〇〇元 (二)五〇,〇〇〇.〇〇元	90% 10%	五〇〇,〇〇〇.〇〇元	8.33%		
木工所	擬於卅二年一至三月一期完成	一款一項一目二節	一〇〇,〇〇〇.〇〇元		一〇〇,〇〇〇.〇〇元	100%	一〇〇,〇〇〇.〇〇元	1.67%		
焊工所	擬於卅二年一至二月一期完成	一款一項一目三節	五〇,〇〇〇.〇〇元		五〇,〇〇〇.〇〇元	100%	五〇,〇〇〇.〇〇元	.83%		
工人宿舍	擬於卅二年一至四月分兩期完成	一款一項一目四節	五〇〇,〇〇〇.〇〇元		(一)四五〇,〇〇〇.〇〇元 (二)五〇,〇〇〇.〇〇元	90% 10%	五〇〇,〇〇〇.〇〇元	8.33%		
庫房	仝右	一款一項一目五節	三五〇,〇〇〇.〇〇元		(一)三〇〇,〇〇〇.〇〇元 (二)五〇,〇〇〇.〇〇元	85.71% 14.29%	三五〇,〇〇〇.〇〇元	5.83%		
防空山洞	擬於卅二年一至十二月分四期完成	一款二項一目一節	一,〇〇〇,〇〇〇.〇〇元		二五〇,〇〇〇.〇〇元	25%	一,〇〇〇,〇〇〇.〇〇元	16.67%		
機器設備	擬於卅二年一至十二月分四期完成	一款三項一目一節	三,五〇〇,〇〇〇.〇〇元		(一)一,〇〇〇,〇〇〇.〇〇元 (二)一,〇〇〇,〇〇〇.〇〇元 (三)九五〇,〇〇〇.〇〇元 (四)五五〇,〇〇〇.〇〇元	(一)(二)各28.57% (三)27.14% (四)15.72%	三,五〇〇,〇〇〇.〇〇元	58.34%		

卅一、八、廿 編製

軍政部兵工署第十兵工廠　三十二年度建設費預算分配表

款	項	目	節	名稱	全年度預算數	一月份	二月份	三月份	四月份	五月份	六月份	七月份	八月份	九月份	十月份	十一月份	十二月份	備考
1				建設費	6,000,000.00	1,000,000.00	1,000,000.00	600,000.00	600,000.00	400,000.00	400,000.00	400,000.00	400,000.00	400,000.00	300,000.00	300,000.00	200,000.00	
	1			房屋建築費	1,500,000.00	610,000.00	560,000.00	180,000.00	150,000.00									
		1		廠房建築	1,500,000.00	610,000.00	560,000.00	180,000.00	150,000.00									
			1	彈頭所	500,000.00	200,000.00	200,000.00	50,000.00	50,000.00									
			2	木工所	100,000.00	40,000.00	40,000.00	20,000.00										
			3	焊工所	50,000.00	30,000.00	20,000.00	—										
			4	工人宿舍	500,000.00	200,000.00	200,000.00	50,000.00	50,000.00									
			5	庫房	350,000.00	140,000.00	100,000.00	60,000.00	50,000.00									
	2			附屬工程	1,000,000.00	120,000.00 90,000.00	120,000.00 90,000.00	80,000.00 70,000.00	120,000.00 90,000.00	120,000.00 90,000.00	80,000.00 70,000.00	120,000.00 90,000.00	100,000.00 90,000.00	60,000.00 70,000.00	40,000.00 90,000.00	20,000.00 90,000.00	20,000.00 70,000.00	
		1		防空山洞	1,000,000.00	120,000.00 90,000.00	120,000.00 90,000.00	80,000.00 70,000.00	120,000.00 90,000.00	120,000.00 90,000.00	80,000.00 70,000.00	120,000.00 90,000.00	100,000.00 90,000.00	60,000.00 70,000.00	40,000.00 90,000.00	20,000.00 90,000.00	20,000.00 70,000.00	
			1	防空山洞	1,000,000.00	120,000.00 90,000.00	120,000.00 90,000.00	80,000.00 70,000.00	120,000.00 90,000.00	120,000.00 90,000.00	80,000.00 70,000.00	120,000.00 90,000.00	100,000.00 90,000.00	60,000.00 70,000.00	40,000.00 90,000.00	20,000.00 90,000.00	20,000.00 70,000.00	
	3			機器設備	3,500,000.00	300,000.00	350,000.00	350,000.00	360,000.00	310,000.00	330,000.00	310,000.00	310,000.00	330,000.00	210,000.00	210,000.00	130,000.00	
		1		機器設備	3,500,000.00	300,000.00	350,000.00	350,000.00	360,000.00	310,000.00	330,000.00	310,000.00	310,000.00	330,000.00	210,000.00	210,000.00	130,000.00	
			1	機器設備	3,500,000.00	300,000.00	350,000.00	350,000.00	360,000.00	310,000.00	330,000.00	310,000.00	310,000.00	330,000.00	210,000.00	210,000.00	130,000.00	

廠長　　處長　　課長　　製表員

工務處　土木科　核閱後送還本處

附屬工程預算分配數請照所改者更正

兵工署第十工厂关于填报固定资产统计表致兵工署的呈（一九四二年十月二十七日）

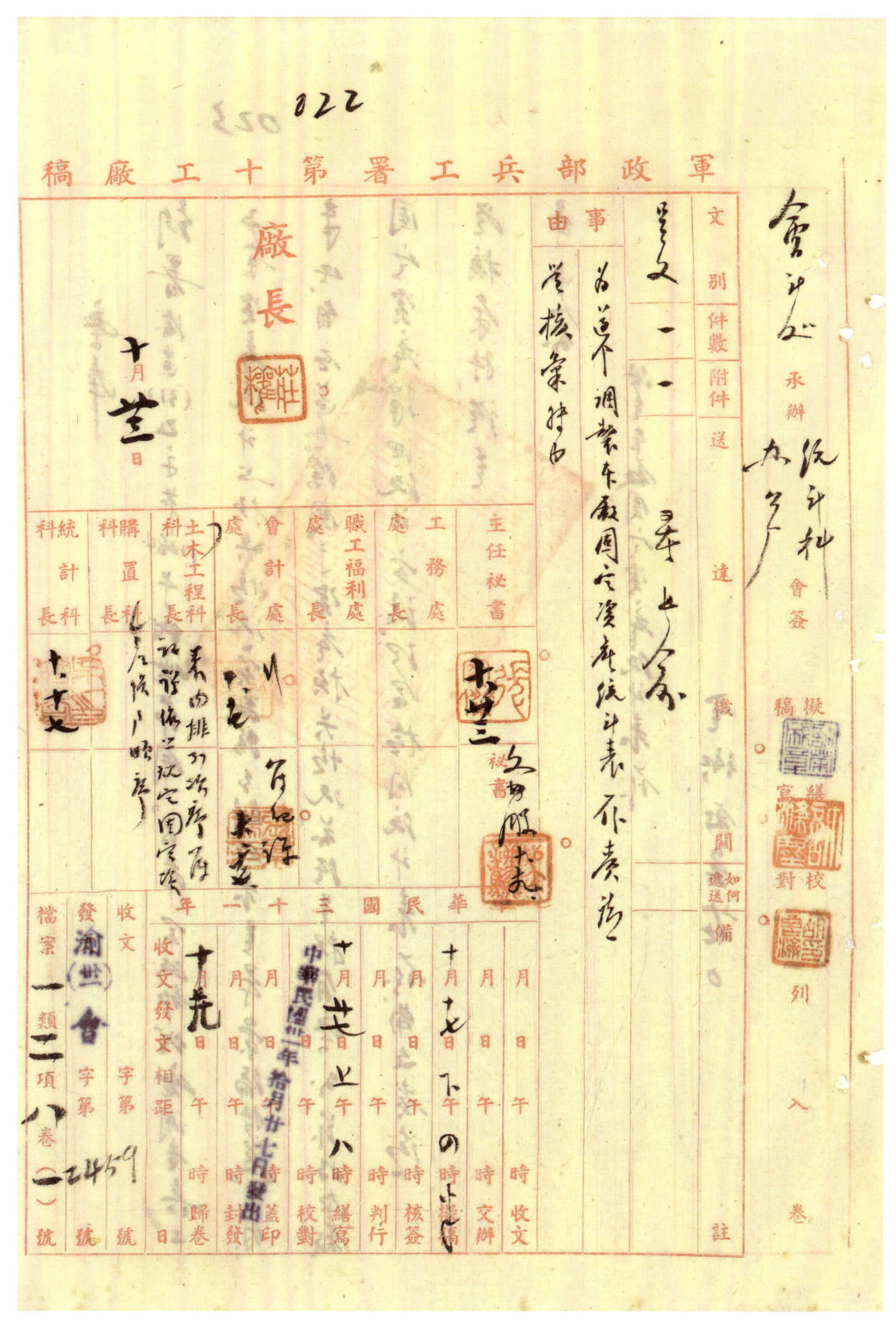

022

軍政部兵工署第十工廠稿

文別：呈文

件數：一

附件：一

送達機關：兵工署

事由：為遵令調製本廠固定資產統計表祈鑒核案轉由

承辦：會計處、統計科

會簽

擬稿　繕寫　校對

如何遞送

備註

列入　卷

廠長　十月廿三日

主任秘書

工務處處長

職工福利處處長

會計處處長

土木工程科科長

購置科科長

統計科科長

中華民國三十一年

收文　月　日　午　時

交辦　月　日　午　時

擬稿　十月十七日下午四時

核簽　月　日　午　時

判行　月　日　午　時

繕寫　十月廿七日上午八時

校對　月　日　午　時

蓋印　月　日　午　時

封發　中華民國卅一年拾月廿七日發出

歸卷　十月廿九日

收文發文相距　日

收文　字第　號

發文　渝卅會字第　號

檔案　一類二項八卷（一）號

023

案奉

钧署渝造(引)乙字第11284号代电节开："为奉军政部代电，调查各工

厂企业资产统计及损失情况实数，转饬分别列表呈署汇编转送"等因。

奉此，自应遵办。除关于资产损失情况另案呈报有案外，兹将本厂

固定资产详细统计完竣，理合检同统计表式，备文赍请

鉴核，备案，谨呈

署长俞

附呈本厂固定资产统计表一份

全衔厂长庄〇

第十二廠固定資產統計表

1. 地基（土地價值及地基整理費用）	1,647,003.16
2. 房屋及附屬建築	5,546,500.00
3. 機器及工場設備　$102,003,010 R.M.542,000.— N.C.5,500,000.—	3,951,000.00
4. 給水及暖汽設備	417,647.06
5. 輸電設備	402,655.43
6. 傢具及用具	568,531.68
7. 運輸器材及設備	400,246.40
8. 警衛及消防設備	131,511.85
9. 書籍	11,272.68
10. 其他用具等設備（如通信醫具及什項材料等）	1,500,100.00
合計	8 14,576,367.70

31/10/17

024

兵工署第十工厂关于拟具在一九四三年度制造费内开支之建设经费概算表致兵工署的代电（一九四三年六月十一日）

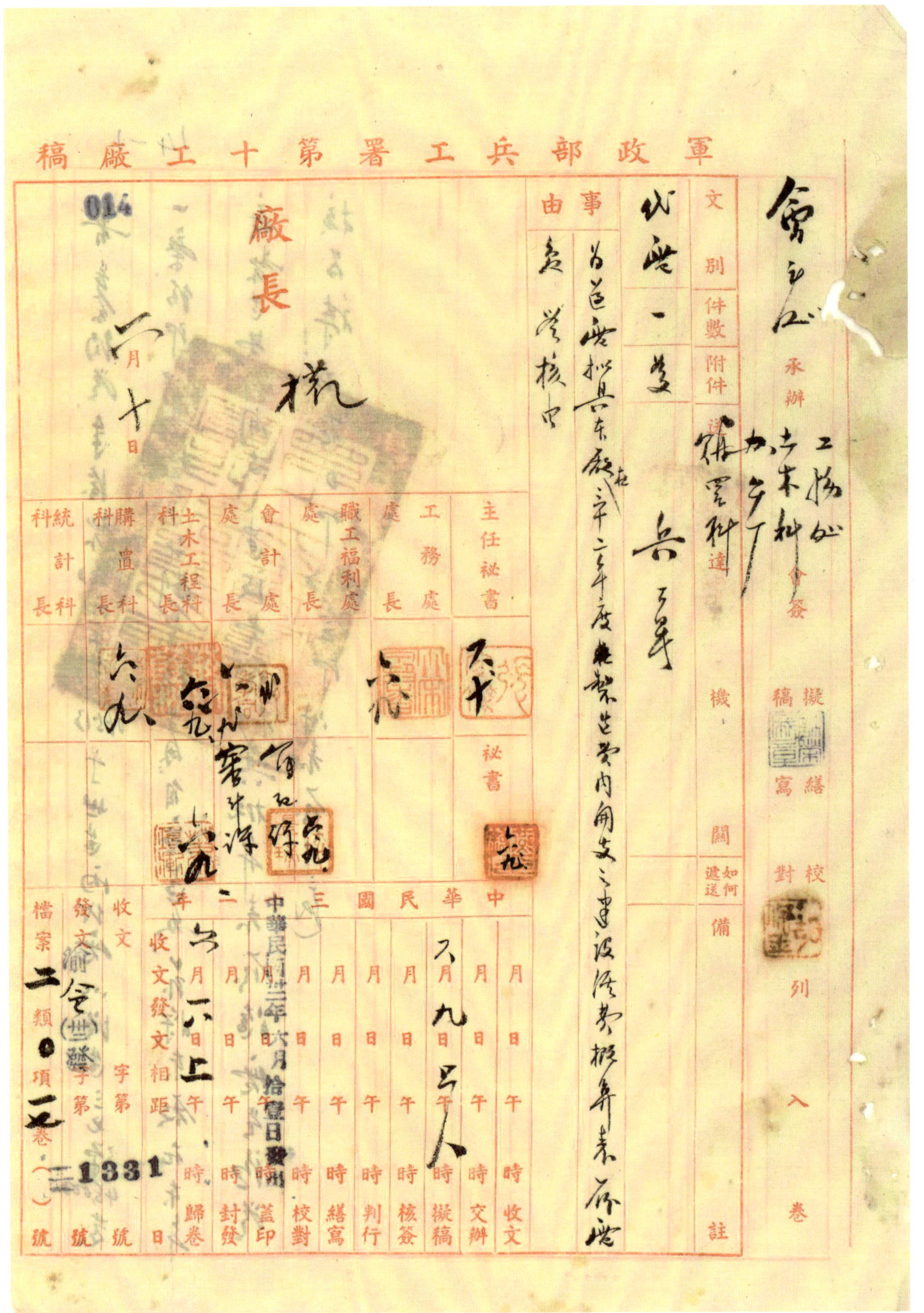

軍政部兵工署第十工廠稿

文別 件數 附件 承辦 會簽 擬稿 繕寫 校對 列入卷

事由

廠長

主任秘書 工務處長 職工福利處長 會計處長 土木工程科長 購置科長 統計科長

秘書

機關 如何遞送 備註

中華民國三十二年

收文 月 日 午 時
交辦 月 日 午 時
擬稿 月 日 午 時
核簽 月 日 午 時
判行 月 日 午 時
繕寫 月 日 午 時
校對 月 日 午 時
蓋印 月 日 午 時
封發 月 日 午 時
歸卷 月 日 午 時

收文發文相距 日
收文 字第 號
發文 字第 號
檔案 類 項 卷 號

14-1

署
案奉鈞署，孝渝粹丙字第06513號世造丙代電以渝造三七字第48,000號
一案，飭即擬具整修計劃呈核等因，自應遵辦。茲將本廠在本年
度整造費內開支之建設費類擬具概算表隨電呈送，敬祈
核為禱！職莊○叩〈 〉令印 附表乙份（計三紙）

15 軍政部兵工署第十工廠

三十二年度營造費用之建設經費概算表

年 月 日 第1頁

1. 建築工程
1. #405 [illegible] 65,000.00
2. 鑄鋼部廠房 185,000.00
3. #[illegible] 55,000.00
4. 噴漆間 190,000.00
5. 第十五批工程（職員住宅） 3,110,000.00
6. 第十六批工程（工人住宅） 450,000.00
7. #527 [illegible] 145,000.00
8. #212 [illegible]庫房 20,000.00
9. #206 [illegible] 145,000.—
10. #516 庫房 25,000.—
11. [illegible] 35,000.—
12. [illegible] 160,000.—
13. [illegible] 100,000.—
14. [illegible]庫房 20,000.—
15. [illegible] 370,000.—
16. #301[illegible] 30,000.—
17. [illegible]工程 20,000.—
18. 廠區道路[illegible]及修理橋樑涵洞 260,000.—
19. [illegible] 350,000.—
20. [illegible] 170,000.—
21. 油料庫房[illegible] 60,000.—
22. [illegible]山洞 1,650,000.—
~~23. 其他工程~~
23. [illegible]山洞 1,000,000
24. 山洞庫房 700,000
25. [illegible] 3,500,000
26. 其他工程 1,000,000

14,000,000

[illegible]

五、機器添置

項目	數量	金額
1. 車床	~~[illegible]~~ 50部	~~4,000,000~~ 5,500,000
2. 刨床	2部	200,000
3. 鑽床	5部	130,000
4. 銑床	~~[illegible]~~ 3部	350,000
5. 馬達	~~[illegible]~~ 10部	250,000
6. 動力設備	1套	40,000
7. 熔鐵爐	1座2只	450,000
8. 鼓風機	3部	220,000
9. 澆鑄鐵桶	3只	200,000
10. 手搖機	10部	250,000
11. [illegible]水鍋爐	2座	70,000
12. 60KW電機	1部	180,000
13. 手搖剪料機	1部	60,000
14. 研砂機	1部	90,000
15. 六角車床切削工具設備	10套	320,000　~~6,910,000~~
16. 抽水機		500,000
17. 其他		890,000
		10,000,000

附註：

甲、查本廠本年度建設經費單僅列$5,000,000元之預數，完成必需之山洞工程及本廠待建之二十數房屋，查本年本廠奉令改造6cm迫砲及彈，業經將全部舊有設備修理整頓充分應用，故本年依照事實需要必須於本年購備應用之機器，共計約值$10,000,000。[illegible] 設備。至於廠庫房 [illegible] 力之職員皆為切要之舉。[illegible]

军政部兵工署第十工厂

年 月 日 第 3 页

乙、本概算所需之来源全部[illegible]造费之[illegible]，此项[illegible]以[illegible]减少[illegible]（大部份[illegible]本年[illegible]收入[illegible]工作）

消耗[illegible]设备人力[illegible]，[illegible]。兹列表于下：——

三十年度 [illegible]（兼厂成立之第一年[illegible]二十九年来一部之[illegible]） $4,450,000.00

三十一年度 "（ " 第二年） 15,270,000.00

25,000,000.00

减逐年增添设备（在[illegible]造费[illegible]下拨支款）

三十二年度收入：—— 3.7 cm 弹 120,000 发@35.— $4,200,000

2.0 cm [illegible]弹 23,000 @120.— 2,760,000

2.0 cm 破甲弹 30,000 @70.— 2,100,000

[illegible]弹 100,000 @30.— 3,000,000

6. cm 迫砲 600门 @2,000 1,200,000

6. cm 迫砲弹 90,000 发@300.— 27,000,000

掷弹器 50,000 [illegible]@180.— 9,000,000

T.N.T [illegible] 97,500 [illegible]@18.— 1,755,000 99,615,000

减支出数：[illegible]6,500,000 全年共计 78,000,000 21,615,000

41,335,000

[illegible]

减[illegible]手[illegible]款 15,000,000

可供扩充设备之数 25,835,000

兵工署第十工厂关于造送一九三七年由湖南株洲迁四川重庆迁移费计算书致兵工署的呈（一九四三年十二月十三日）

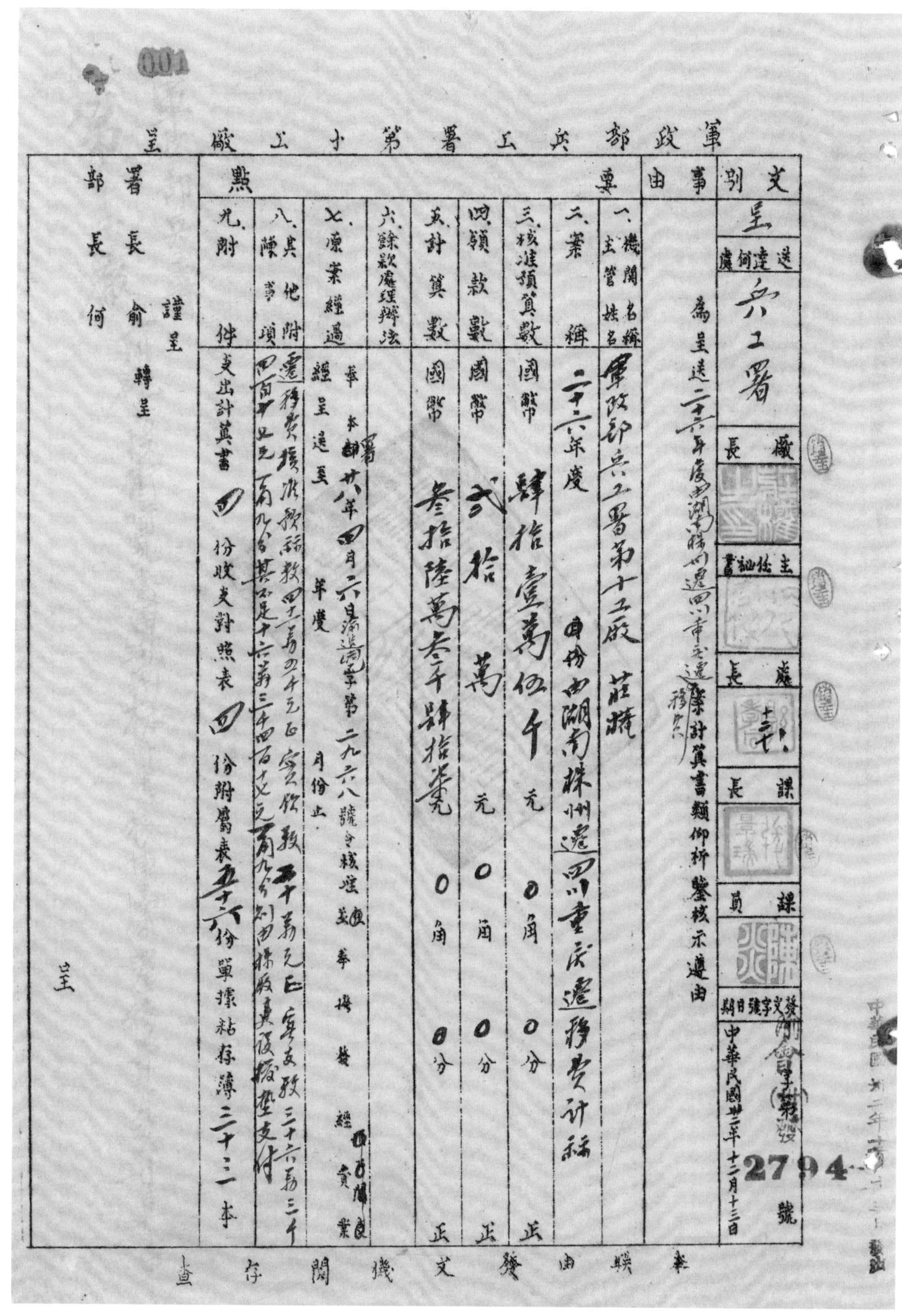

軍政部兵工署第十工廠呈

文別	呈
送達機關	兵工署
事由	為呈送二十六年度由湖南株洲遷四川重慶遷移費計算書類仰祈鑒核示遵由
發文字號日期	中華民國卅二年十二月十三日 渝會字第2794號

要點

一、機關名稱 主管姓名	軍政部兵工署第十工廠 莊權
二、案 由	二十六年度由湖南株洲遷四川重慶遷移費計算
三、核准預算數	國幣肆拾壹萬伍千元0角0分正
四、領款數	國幣貳拾萬元0角0分正
五、計算數	國幣叁拾陸萬叁千肆拾柒元0角0分正
六、餘款處理辦法	
七、原案經過	奉本部署廿八年四月六日渝造會字第二九六八號令核准並奉將經費呈送至 年度 月份止
八、其他附陳事項	遷移費核准額數四十一萬五千元正，實領數二十萬元正，實支數三十六萬三千四百十五元有九分，其不足之十六萬三千四百十五元有九分均由[illegible]撥墊支付
九、附 件	支出計算書四份收支對照表四份附屬表五十六份單據粘存簿三十二本

謹呈

署長 俞 轉呈

部長 何

奉 准 由 發 文 機 關 存 查

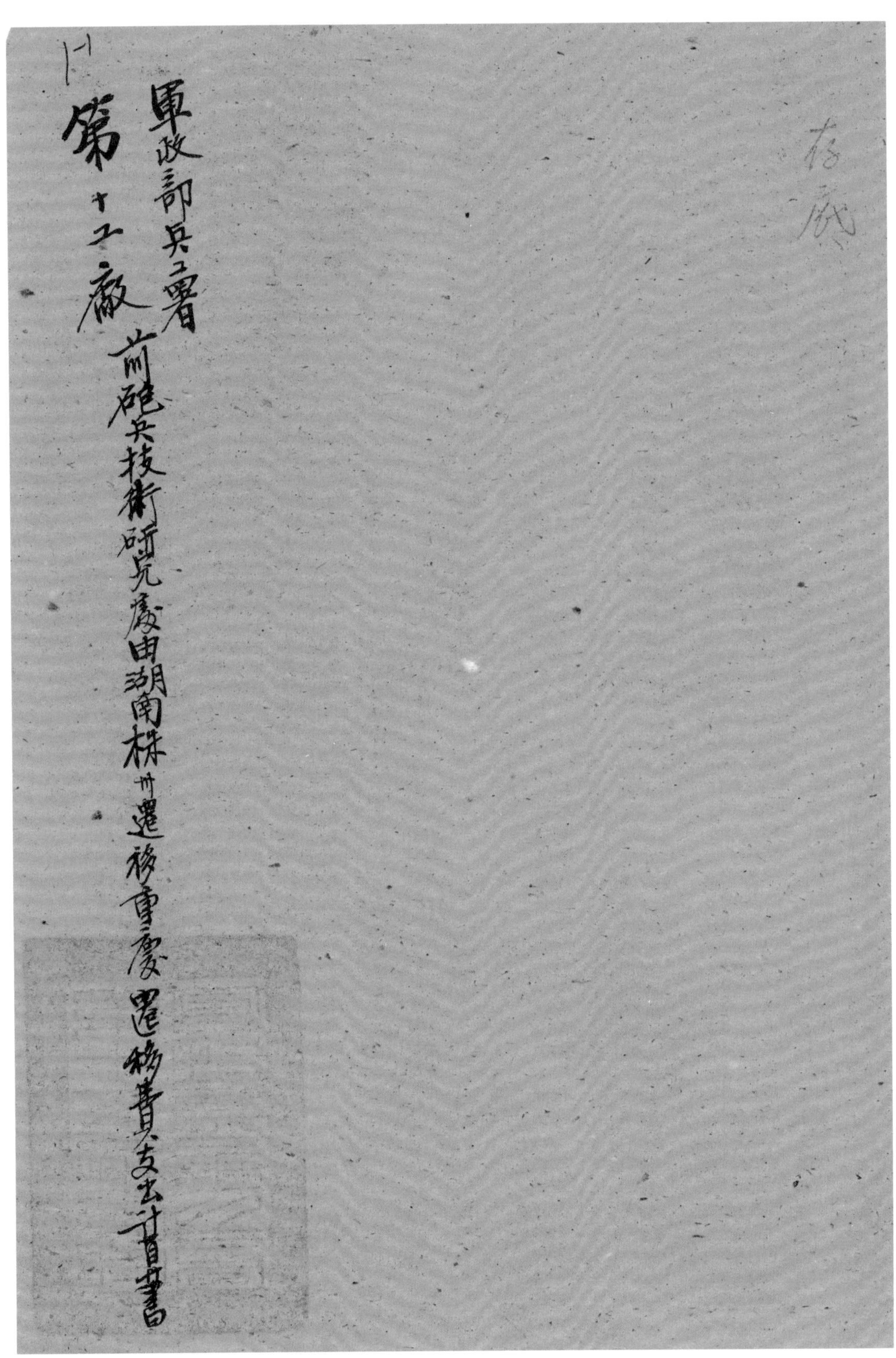

一

軍政部兵工署
第十工廠

前砲兵技術研究處由湖南株州遷移重慶遷移費支出計算書

存底

軍政部兵工署第十工廠民國廿六年度九月份運輸費支出計算書

支出臨時門計算數國幣叁拾陸萬叁千肆百拾柒元壹角玖分

科目	本九月份支付預算數	本九月份支出計算數	比較 增	比較 減	備考
第一款 運輸費	四一五〇〇〇〇〇	三六三四一七一九		五一五八二八一	軍署六(渝?)造乙第二九六八號令核准列欵[illegible]署撥發
第一項 運輸費	三〇〇〇〇〇〇〇	二六四二八三二〇		三五七一六八〇	
第一目 輪船運費	二一〇〇〇〇〇〇	一六九三三五五二		四〇六六四四八	單據第一冊自一號—四十六號
第二目 民船租費	六〇〇〇〇〇〇	七〇三二六〇九	一〇三二六〇九		單據第二冊四七號—一九七號
第三目 拖船租費	一三〇〇〇〇〇	一九七八二六一	六七八二六一		單據第三冊一九八號—二三〇號
第四目 拖船用煤	一三〇〇〇〇〇	八〇五五八〇		四四四四二〇	單據第四冊二三一號—二五二號
第五目 車運費	六〇〇〇〇〇	一五四二八一		四四五七一九	單據第五冊二五三號—二六二號

科目	预算数	实支数		合计	备注
第六目 搬卸运费	三八,〇〇〇.〇〇	三二,八一五.九〇		五一,八四〇.六一	单据第六册二六三三号 一六六六号
第七目 运用器材料费	二,〇〇〇.〇〇	一,三五九.四三	三,五九四.三		单据第十六册 六七号 一八一八号
第二项 旅费	四五,五〇〇.〇〇	四八,五三九.九六	三三,三七九.六		单据第十七册 八二〇号 一二七八号
第一目 旅费	四〇,〇〇〇.〇〇	四四,五三九.九六	四八,五三九.六		单据第十八册 一二七九号 一四三一号
第二目 津贴	五,五〇〇.〇〇	三,九八〇.〇〇		一五,一六〇.〇	
第三项 奖励费	二一,〇〇〇.〇〇	五九,一〇八.〇		一五〇,八五二.〇	单据第十九册一四三二
第一目 奖励金	六,〇〇〇.〇〇	二,五三三.八〇		三七四,六二〇	号一四四二号
第二目 抚恤费	一五,〇〇〇.〇〇	三,六六一.〇〇		一一,三三九.〇〇	单据第二十册一四四三号一四七三册
第四项 杂费	八,五〇〇.〇〇	四,三八一.二三		四,二八七.七	
第一目 办公费	五〇,〇〇〇.〇〇	七六三.九六		四三,三六〇.四	单据第二十一册一四七〇号一六〇六号 第二十五

軍政部兵工署第十工廠民國二十六年度〇月份還務費支出計算書

支出臨時門計算數國幣

科目	本〇〇月份支付預算數	本〇〇月份支出計算數	比較 增	比較 減	備考
第一目 臨時倉庫	三〇〇〇 〇〇	九六八 五〇		二〇三一 五〇	軍撥第二十六冊二〇六九—二〇八三號
第二目 其他	五〇〇〇 〇〇	六六四八 七七	一六四八 七七		軍撥第二十七冊—三十三冊 二〇八四號—三〇四七號

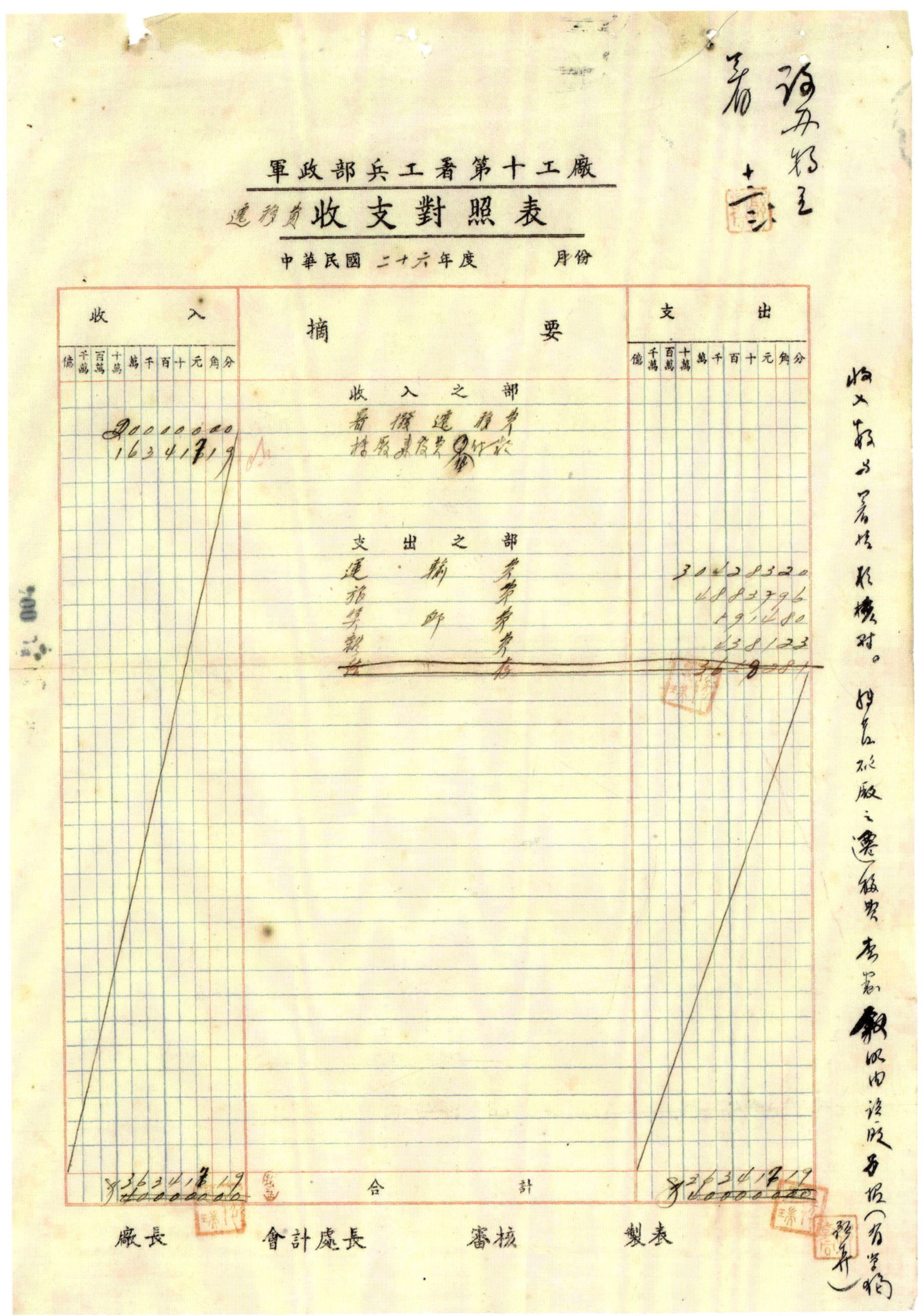

軍政部兵工署第十工廠

遷移費收支對照表

中華民國二十六年度　　月份

收入（億 千萬 百萬 十萬 萬 千 百 十 元 角 分）	摘要	支出（億 千萬 百萬 十萬 萬 千 百 十 元 角 分）
	收入之部	
200000.00	署撥遷移費	
163417.19	挪用廠建築費	
	支出之部	
	運輸費	314283.20
	旅費	48837.96
	公費	1914.80
	雜費	4381.23
	~~結存~~	~~[illegible]~~
363417.19 400000.00	合計	363417.19 400000.00

廠長　　會計處長　　審核　　製表

軍政部兵工署第十工廠

遷移費收支對照表

中華民國二十六年度　　月份

收入（億 千萬 百萬 十萬 萬 千 百 十 元 角 分）	摘要	支出（億 千萬 百萬 十萬 萬 千 百 十 元 角 分）
	收入之部	
20000000	署撥遷移費	
16341719	株廠基建費墊付款	
	支出之部	
	運輸費	30428320
	旅費	4883796
	獎郵費	591480
	雜費	438123
	註：遷移費核准預算數$415,000.00，實收數$200,000.00，實支數$363,417.19，其不足$163,417.19則由株廠基建費撥墊支付。	
36341719 ~~$400000.00~~	合計	36341719 ~~$400000.00~~

廠長　　會計處長　　審核　　製表

5-1
厰長
會計處處長

兵工署第十工厂关于遵令填报一九四三年度建设状况详表致兵工署的代电（一九四四年二月十日）

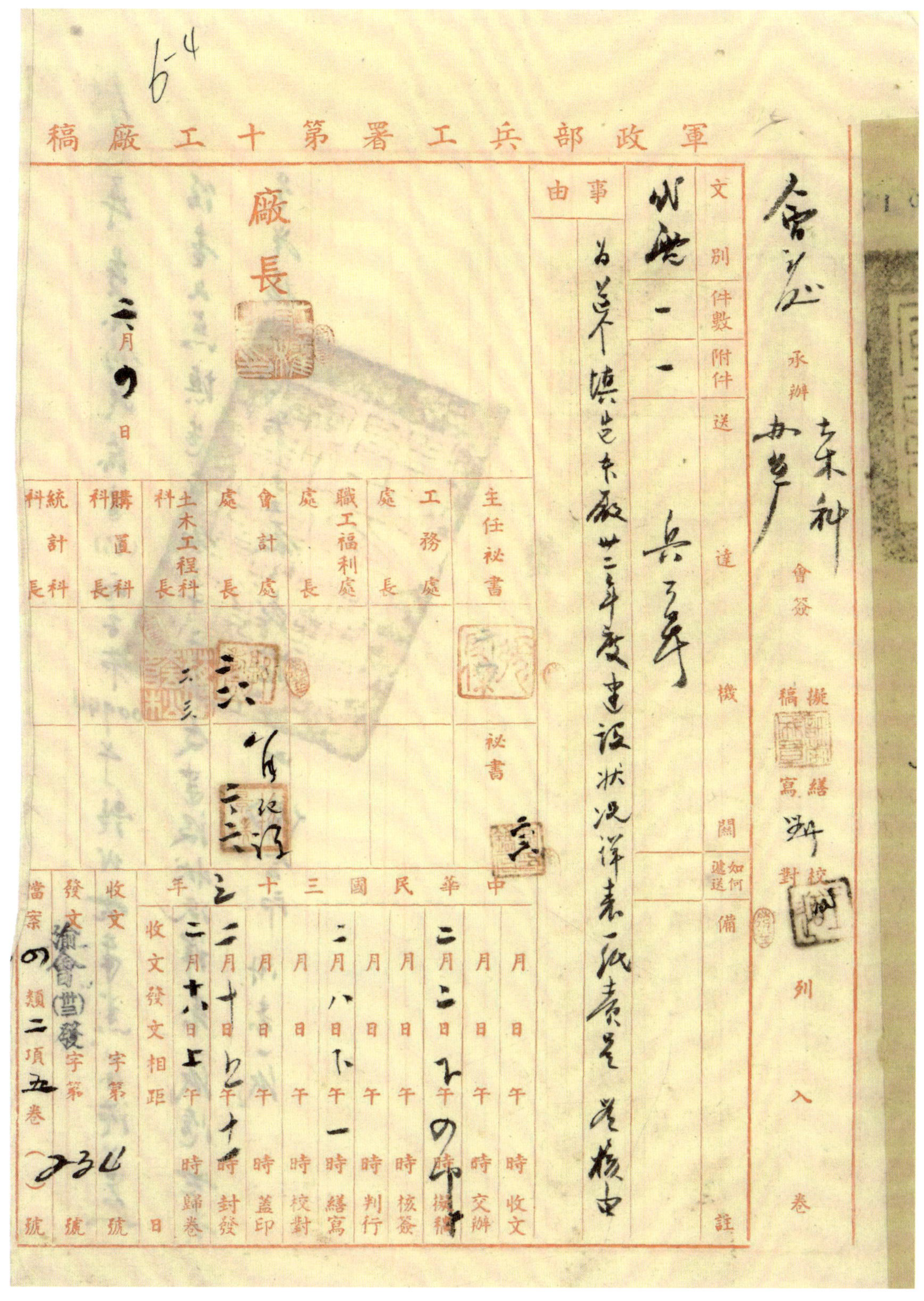
軍政部兵工署第十工廠稿

文別：代電
件數：一
附件：一
送達機關：兵工署
事由：為遵令填造本廠卅二年度建設狀況詳表一紙賫呈鑒核由

承辦
會簽
擬稿
繕寫
校對
列入卷
如何遞送
備註

廠長
二月九日

主任秘書
秘書
工務處處長
職工福利處處長
會計處處長
土木工程科科長
購置科科長
統計科科長

中華民國三十三年
月日午時收文
月日午時交辦
二月二日下午四時擬稿
月日午時核簽
月日午時判行
二月八日下午一時繕寫
月日午時校對
月日午時蓋印
二月十日上午十時封發
二月十六日上午時歸卷
收文發文相距日

收文字第號
發文渝會(造)發字第2326號
當案四類二項五卷號

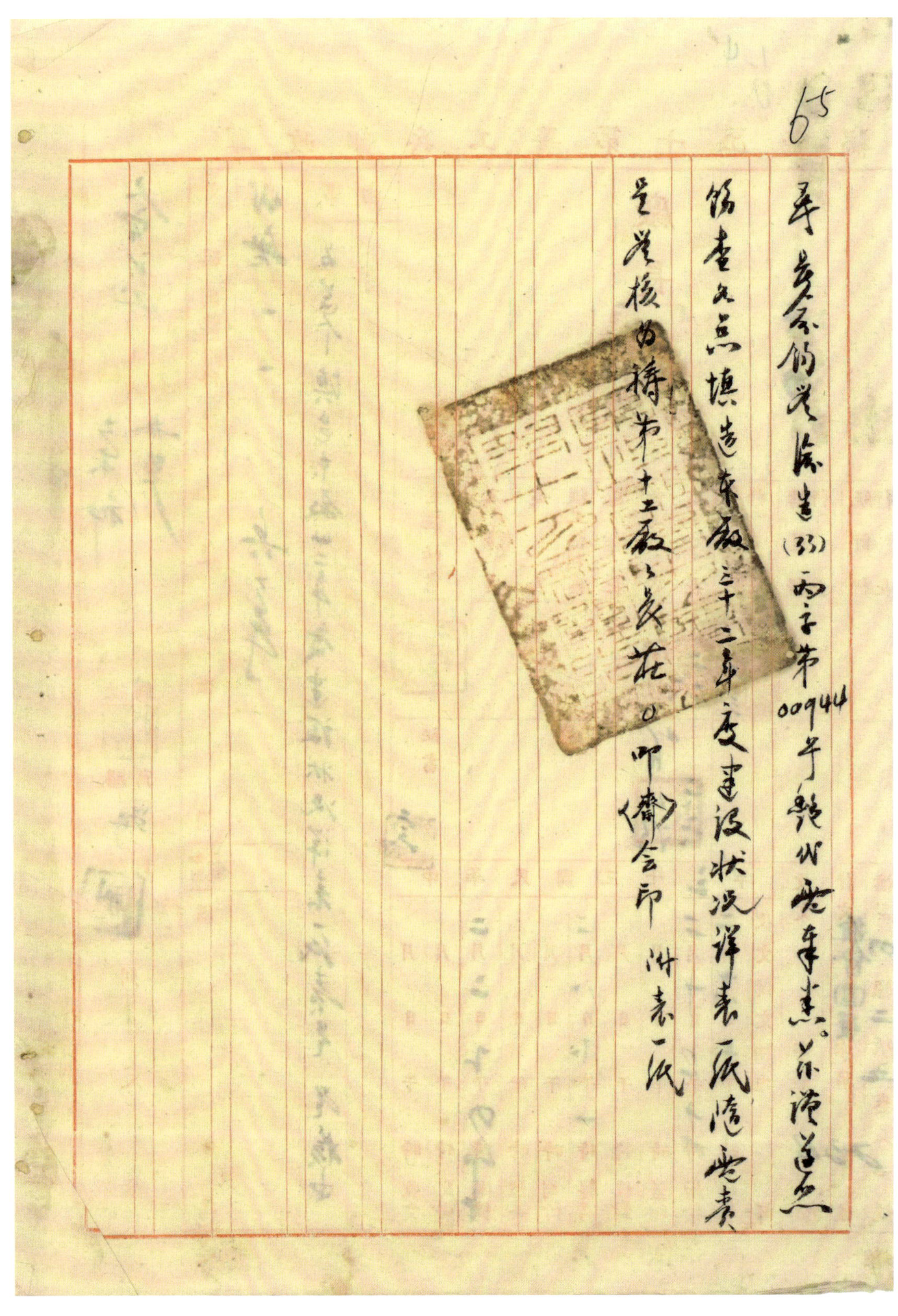

65

案奉钧署渝造(33)丙字第00944号艳代电奉悉。兹谨遵照
饬查各点填造本厂三十二年度建设状况详表一纸，随电赍呈
鉴核为祷。第十工厂厂长庄○叩〈衔〉公印　附表一纸

軍政部兵工署第十工廠

三十二年度建設狀況表

項　　目	1	2	3	4	5	6	7	8	9	10	11	12	總計	備攷
甲 進 度														
廠房（二座 441.86 M²）	20%	20%	20%	20%	20%								100%	
庫房（二座 329.92 〃）	20	20	20	20	20								100%	
子弟學校（四座 691.20 〃）	20	20	20	20	20								100%	
營房（一座 192.50 〃）	20	20	30	30									100%	
工人宿舍（二座 241.20 〃）	30	30	30	10									100%	
給水工程（三座 320.66 〃）	30	30	20	20									100%	
防空山洞（一座 765.06 〃）	10	10	15	15	15	15	10	10					100%	[illegible]
橋樑涵洞（四座）	20	20	20	20	20								100%	
合　　計	20	20	15	15	15	7	5	3					100%	
乙 經 費 支 出 情 形														
廠房（預算額：425,000.00）	234,246.81	51,822.72	39,041.14	32,650.35		13,129.78	23,062.12			12,502.78			406,455.70	決算數
庫房（〃：380,000.00）	221,625.62	35,343.07	35,343.07	30,559.49		12,887.95	20,335.75			48,938.27			405,033.22	〃
子弟學校（〃：590,000.00）	324,733.61		108,244.54	54,122.27		27,061.13	60,366.36						574,527.91	〃
營房（〃：154,000.00）	86,370.62	28,790.20	14,395.10	7,197.55			7,197.56						143,951.03	〃
工人宿舍（〃：376,000.00）	220,879.59	50,038.66	33,864.78	16,932.39			32,447.18						354,162.60	〃
給水工程（〃：610,000.00）	394,850.47	50,483.57	90,534.44	96,876.23									632,744.71	〃
防空山洞（〃：2,000,000.00）	910,869.75			151,811.63			151,811.63	75,905.81					1,290,398.82	尚有工程款待支
橋樑涵洞（〃：465,000.00）								572,001.29					572,001.29	決算數
合計（〃：5,000,000.00）	2,393,576.47	216,478.22	321,423.07	390,149.91		53,078.86	295,220.60	647,907.10		61,441.05			4,379,275.28	

本年度本廠支用建設經費之工程項目僅有上列八項，其餘添購機器等均由製造經費項下另案撥支，合併註明。

會公-3-1000-32,9,28.

兵工署第十工厂关于报送一九三六年至一九四二年迁建费账目表致兵工署的呈（一九四四年三月十四日）

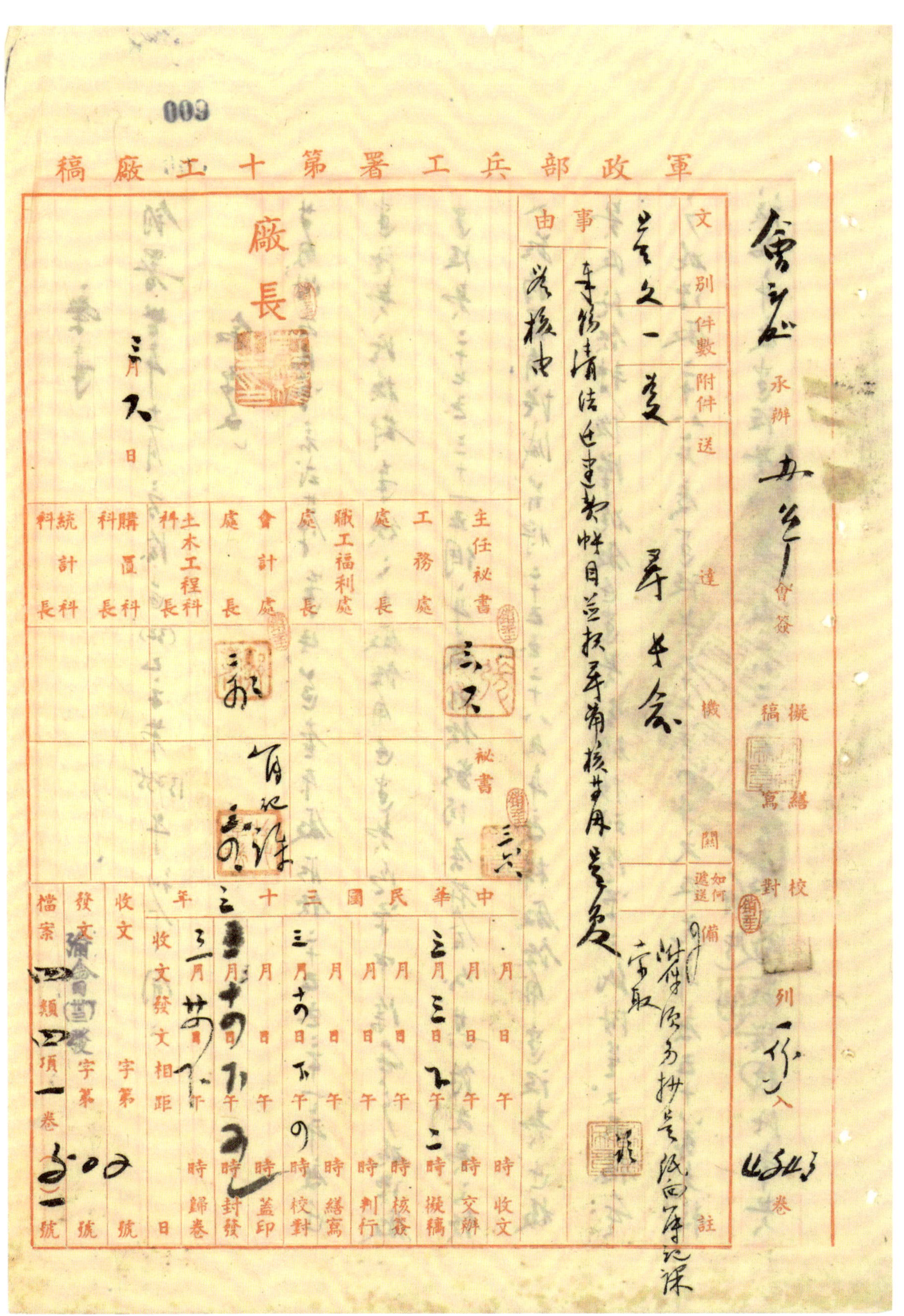

案奉

鈞署卅年十月三十日渝造(32)乙字第13755號訓令開：

「叙原文」

並同附發總字表式簽呈等件，當查東廠所領二十五至三十一年度追建經費，經核對本總之東廠領用追建費總字中除第二號係廠建設費二十七至三十一五個年度所領數均屬符合外，其餘各費之領入數均略有增減，茲將二十五至二十八各年度株廠領用建設費、追撥費及經領轉撥第二號係廠追建費分別抄列總字三紙附呈。又所撥第二號係廠二十八年度建設費六十七萬四千元及先年度五十八萬元，較該兩年度建設費預算多一八二、八五〇元，東廠已將此結數撥轉經常費

内支用，至饬编各年度迁建费收支对照表、支出明细表共六份，随文[illegible]

鉴[illegible]，[illegible]前文[illegible]

鉴核！再本厂迁建经费、计算书已呈报，现各年度除厂建设费至卅一年

度计算已全部结束，并已办理决算，总量约在本年上半年呈

简可呈复查核，合併陈明！谨呈

署长俞

附呈迁建费经用各案、支出明细表及收支对照表共十七份

全衔厂长 [illegible]

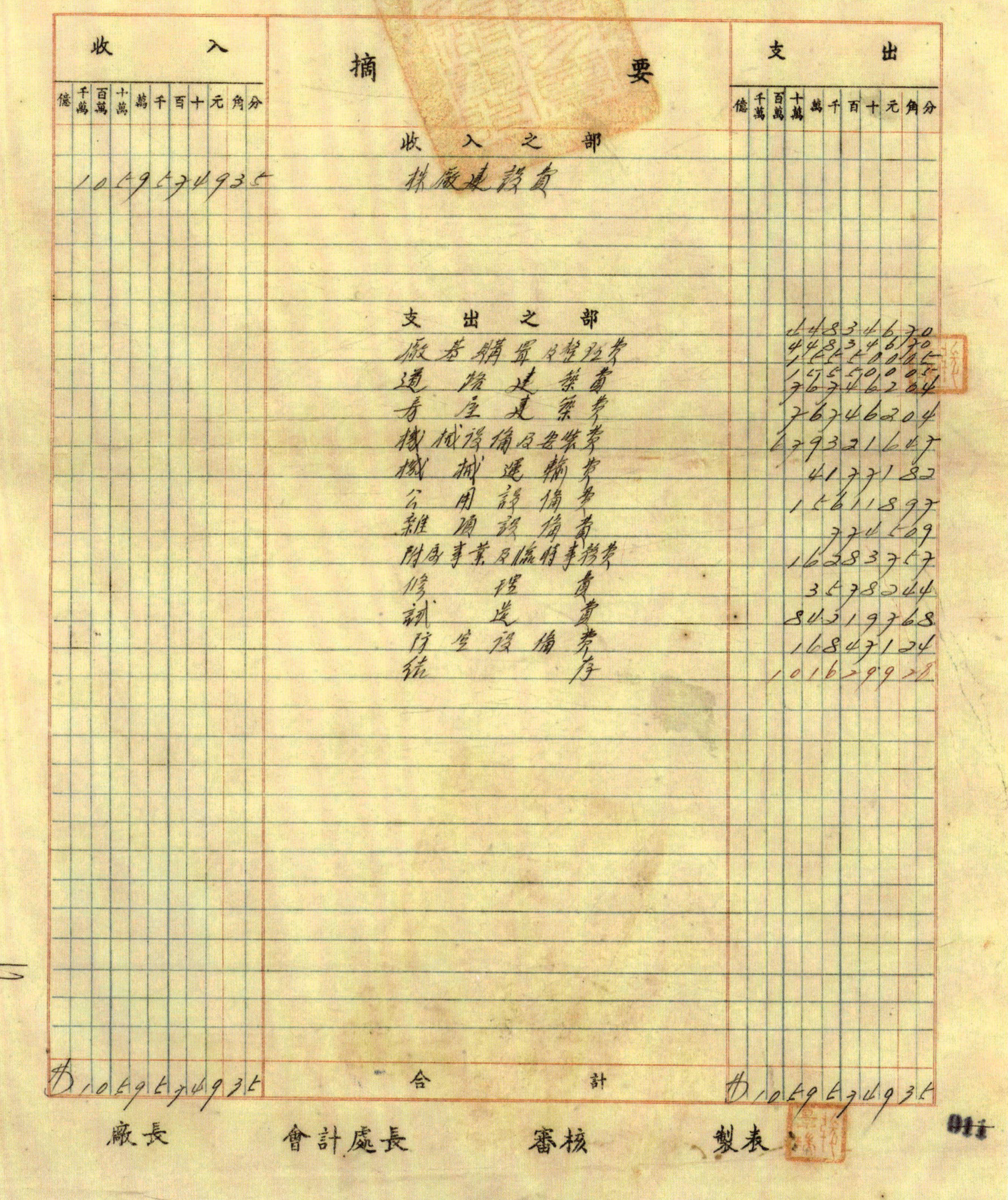

軍政部兵工署第十工廠

林廠建設費收支對照表

中華民國 25 年度 月份

收入	摘要	支出
	收入之部	
1059574935	林廠建設費	
	支出之部	
	廠基購買及整理費	44834670
	道路建築費	15550005
	房屋建築費	76746204
	機械設備及安裝費	679321645
	機械運輸費	4177182
	公用設備費	15611897
	雜項設備費	774509
	附屬事業及臨時事務費	16283757
	修理費	3578244
	試造費	84319768
	防空設備費	16847124
	結存	101679928
$1059574935	合計	$1059574935

廠長 會計處長 審核 製表

011

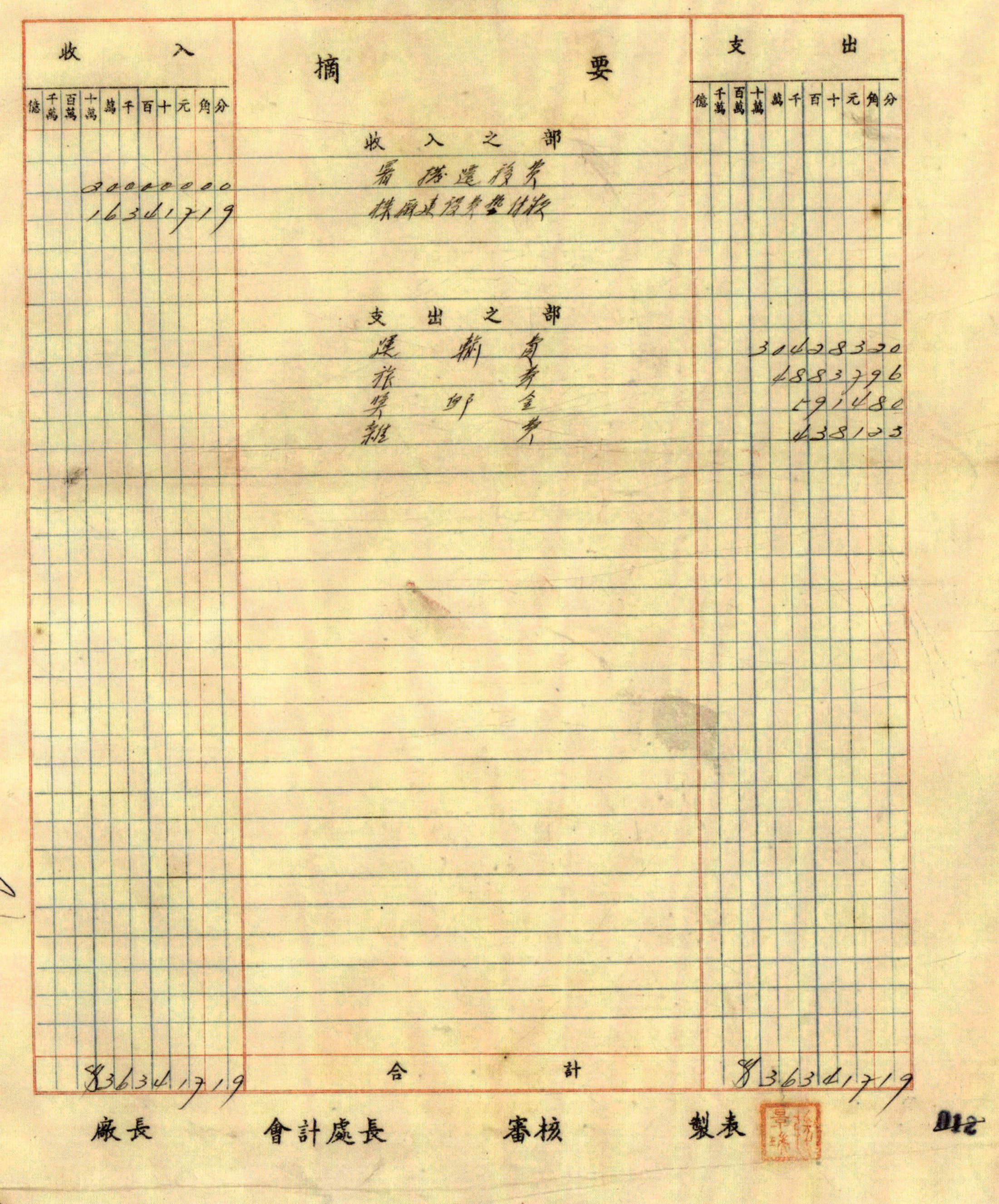

軍政部兵工署第十工廠

遷移費收支對照表

中華民國 26年度 月份

收入	摘要	支出
	收入之部	
200000.00	署撥遷移費	
163417.19	株廠支付費墊付款	
	支出之部	
	運輸費	304283.20
	旅費	48837.96
	獎卹金	5914.80
	雜費	4381.23
＄363417.19	合計	＄363417.19

廠長　　會計處長　　審核　　製表

12

012

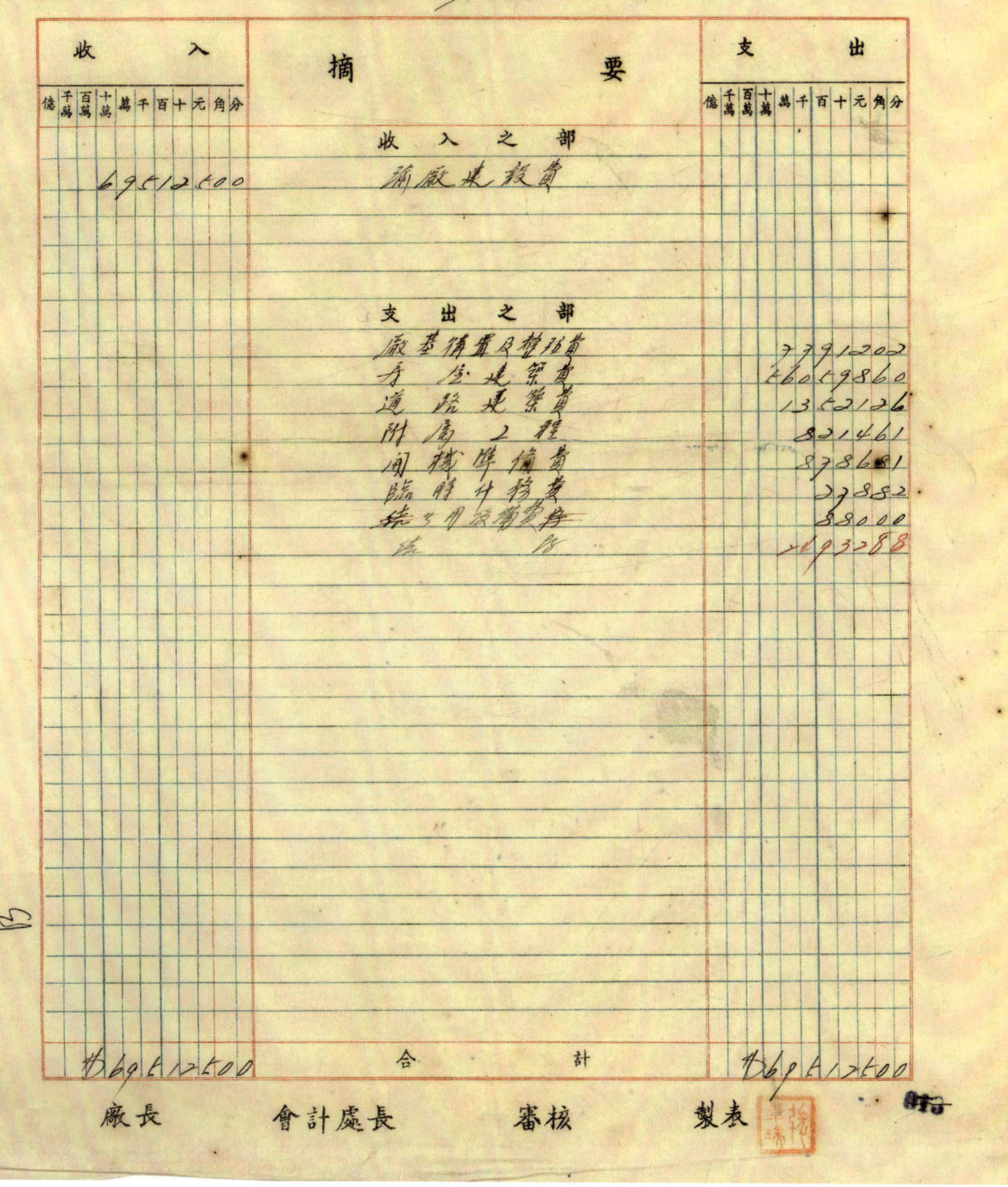

軍政部兵工署第十工廠

渝廠建設費收支對照表

中華民國 27 年度 月份

收入	摘要	支出
	收入之部	
695125.00	渝廠建設費	
	支出之部	
	廠基購置及整理費	77912.02
	房屋建築費	560198.60
	道路建築費	13521.26
	附屬工程	8214.61
	開機準備費	8786.81
	臨時什務費	278.82
	~~公用設備費~~	880.00
	結存	6932.88
¥695125.00	合計	¥695125.00

廠長　　會計處長　　審核　　製表

軍政部兵工署第十工廠

滇廠建築費收支對照表

中華民國 28 年度　月份

收入（億 千萬 百萬 十萬 萬 千 百 十 元 角 分）	摘要	支出（億 千萬 百萬 十萬 萬 千 百 十 元 角 分）
	收入之部	
67400000	滇廠建築費	
	支出之部	
	廠基購置及整理費	10398854
	房屋建築費	21757401
	道路建築費	1299380
	附屬工程	10301268
	機器設備費	183530
	公用設備費	1323025
	機器修理及安裝費	77968
	用機等備費	7202583
	臨時什務費	339039
	結存	14516952
$67400000	合計	$67400000

廠長　　會計處長　　審核　　製表

19

014

軍政部兵工署第十工廠

渝廠建設費收支對照表

中華民國29年度　　月份

收入（億 千萬 百萬 十萬 萬 千 百 十 元 角 分）	摘要	支出（億 千萬 百萬 十萬 萬 千 百 十 元 角 分）
	收入之部	
50000000	渝廠建設費	
	支出之部	
	廠基購買及整理費	5637535
	房屋建築費	7041332
	道路建築費	863984
	附屬工程	13294083
	機器設備費	4498136
	公用設備費	4309945
	機器修理及安裝費	27333
	用機準備費	2131036
	臨時什務費	5034658
	結存	7160958
$50000000	合計	$50000000

廠長　　會計處長　　審核　　製表

015

51

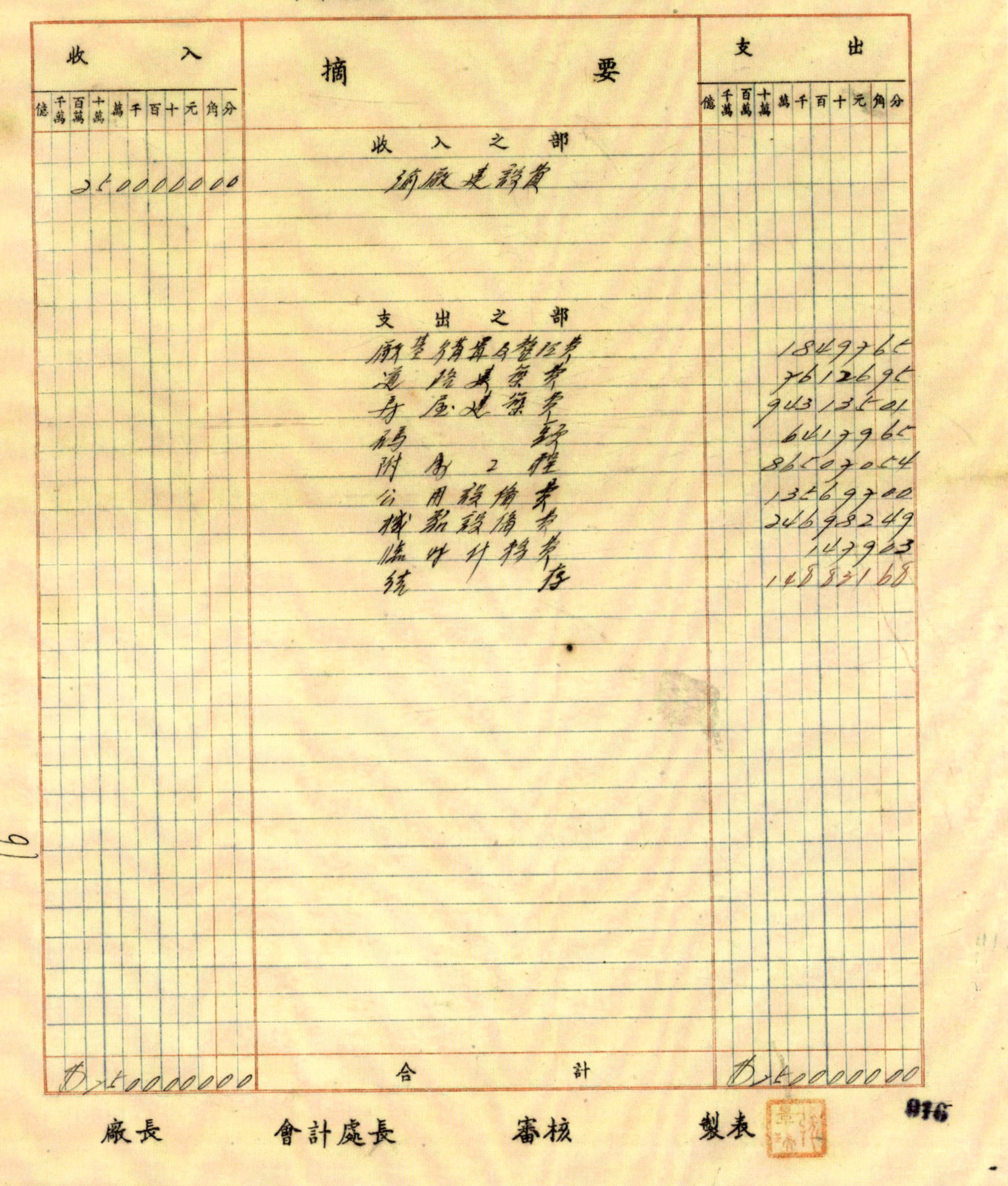

軍政部兵工署第十工廠

該廠建設費收支對照表

中華民國 30 年度　月份

收入	摘要	支出
億/千萬/百萬/十萬/萬/千/百/十/元/角/分		億/千萬/百萬/十萬/萬/千/百/十/元/角/分
	收入之部	
2500000.00	該廠建設費	
	支出之部	
	廠基補償及整理費	18497.65
	道路建築費	76126.95
	房屋建築費	943135.01
	碼頭	64179.65
	附屬工程	865070.54
	公用設備費	135697.00
	機器設備費	246982.49
	臨時什務費	1479.63
	結存	148831.68
₿2500000.00	合計	₿2500000.00

廠長　會計處長　審核　製表

916

軍政部兵工署第十工廠

渝廠建設費收支對照表

中華民國 31 年度 月份

收入	摘要	支出
	收入之部	
6,000,000.00	渝廠建設費	
	支出之部	
	廠基購置及整理費	169,731.22
	道路建築費	31,791.80
	房屋建築費	2,628,688.07
	附屬工程	835,029.65
	機器設備	2,274,642.00
	結存	70,117.26
$6,000,000.00	合計	$6,000,000.00

廠長　　會計處長　　審核　　製表

军政部兵工署第十工廠　　二十五年度株廠建設費支出明細表

年　月　日製表　　第1頁共2頁

項	目	節	項目	節（千百十萬千百十元角分）	目（千百十萬千百十元角分）	項（千百十萬千百十元角分）
1			廠基購置及整理費			44834670
	1		測量費		962341	
	2		地價及補償		14474037	
	3		購置民房		499600	
	4		填挖土石方工程		11449021	
	5		開河工程		15634986	
	6		築堤工程		768283	
	7		排水工程		1046392	
2			道路建築費			15550005
	1		鐵路及站台		10000000	
	2		公路		4362827	
	3		廠內道路		1187178	
3			房屋建築費			76746204
	1		製砲廠		1384823	
	2		槍彈廠		53523705	
	3		機器廠		1612553	
	4		發電所		9384481	
	5		試驗所		332918	
	6		庫房		5727986	
	7		辦公廳及大門		983148	
	8		職員住宅及宿舍		1013400	
	9		工人住宅及宿舍		2474033	
	10		營房		309157	
4			機械設備及安裝費			679321647
	1		製砲廠		602542833	
	2		槍彈廠		33478313	
	3		機器廠		2491077	
	4		發電所		38255134	
	5		試驗所		2554249	
5			機械運輸費			4177182
	1		機械運輸費		4177182	
6			公用設備費			15611897
	1		給水工程		4915694	
	2		輸電工程		7739763	
	3		電信器材		233581	

會計處長　　簿記課長　　審核員　　製表員

018

軍政部兵工署第十工廠

年　月　日製表　　　　第2頁共2頁

項	目	節	項目	節	目	項
	4		廠外交通器材		102402	
	5		廠內交通器材		1620657	774519
7			雜項設備費			774519
	1		參考書籍及辦公用器具		248646	
	2		書籍		350326	
	3		度量衡器具		175537	
8			附屬事業及臨時事務費			16283757
	1		無線電台		751998	
	2		公用衛生事業		1269684	
	3		農林事業費		763855	
	4		薪俸		25557002	
	5		津貼		103000	
	6		川旅費		8557075	
	7		雜費		2282463	
9			修理費			3578244
	1		修理舊存製砲機器工料		3401381	
	2		〃 榴彈 〃		176863	
10			試造費			84219768
	1		火砲試造費		36671286	
	2		國外 〃		46566242	
	3		砲彈 〃		982240	
11			防空設備費			16847124
	1		防空山洞		16714115	
	2		防空宿舍障地及道路		46609	
	3		什費		86400	
			總計			957945007

註：柏林商業處尚結存$442,831.97，證券$42,000.-，墊付還務費$163,417.19，防空設備費原列預算未列有此項費用，係事後新添列者，故列於末項。

會計處長　　簿記課長　　審核員　　製表員

019

軍政部兵工署第十工廠

二十六年遷移費支出明細表

年　月　日製表　　第全頁共1頁

項	目	節	項目	節	目	項
1			運輸費			30428320
	1		輪船運費		16936552	
	2		民船運費		7036109	
	3		拖船租費		1978261	
	4		拖船用煤		805580	
	5		車運費		154281	
	6		裝卸搬運費		3281592	
	7		裝運用具材料費		235923	
2			旅費			2883796
	1		旅費		2485396	
	2		旅費津貼		398400	
3			獎卹費			591480
	1		獎卹金		225380	
	2		撫卹費		366100	
4			雜費			238123
	1		辦公費		76396	
	2		臨時倉庫		96850	
	3		其他		264877	
			總計			36341719

註：遷移費共領二十萬元，實支三十六萬三千四百十七元一角九分，其超出之十六萬三千四百十七元一角九分，係由株廠建設費墊付。

會計處長　　簿記課長　　審核員　　製表員 [stamp]

020

軍政部兵工署第十工廠

二十七年度濟廠建設費支出明細表

年　月　日製表

第全頁共1頁

項	目	節	項目	節（千百十萬千百十元角分）	目（千百十萬千百十元角分）	項（千百十萬千百十元角分）
1			廠基備置及整理費			7791202
	1		測量費		179056	
	2		地價及補償		5188859	
	3		購置民房		861001	
	4		平基工程		1562286	
2			房屋建築費			56059860
	1		廠房		233462	
	2		庫房		22710132 15158	
	3		辦公廳		1713652	
	4		職工宿舍及食堂		26897743	
	5		廁所及盥洗室		4504871	
3			道路建築費			1352126
	1		土石方及路面		556308	
	2		橋樑涵洞		795818	
4			附屬工程			821461
	1		給水工程		533853	
	2		防空山洞		138360	
	3		碼頭		137798	
	4		輸電工程		11450	
5			開機準備費			878681
	1		開機準備費		878681	
6			臨時什務費			27882
	1		臨時什務費		27882	
			公用設備費			88000
			傢具設備		88000	
			總計			67019212

會計處長　　簿記課長　　審核員　　製表員

021

軍政部兵工署第十工廠　　二十八年度^滇廠^建設費支出明細表

年　月　日製表　　第1頁共2頁

項	目	節	項目	節	目	項
1			廠基購置及整理費			10398854
	1		測量費		179353	
	2		地價及補償		6219197	
	3		購置民房		5814	
	4		平基工程		3314879	
	5		排水工程		679611	
2			房屋建築費			21757401
	1		廠房		6931903	
	2		庫房		1776001	
	3		辦公廳		357431△	
	4		職工宿舍及食堂		11429149	
	5		醫院		368587	
	6		大門及營房		146629	
	7		廁所及盥洗室		32767	
	8		車輛間		252053	
	9		子弟學校		217669	
	10		什項工程		245212	
3			道路建築費			1299380
	1		土石方及路面		737508	
	2		橋樑涵洞		561872	
4			附屬工程			10301268
	1		給水工程		4067878	
	2		防空山洞		5775857	
	3		警衛堡壘		325500	
	4		輸電工程		132033	
5			機器設備費			183530
	1		添配機器		183530	
6			公用設備費			1323025
	1		交通設備		333475	
	2		消防設備		4000	
	3		用具設備		44298	
	4		傢具設備		941252	
7			機器修理及安裝費			77968
	1		機件修理費		30703	
	2		機件安裝費		47265	

會計處長　　簿記課長　　審核員　　製表員

022

軍政部兵工署第十工廠

年　月　日製表　　　　第2頁共2頁

項	目	節	項　目	節	目	項
8			開機準備費			7202583 ~~8202583~~
	1		開機準備費		7202583 ~~8202583~~	
9			臨時什務費			339039
	1		臨時什務費		339039	
			總計		~~527~~	52883048

會計處長　　簿記課長　　審核員　　製表員

023

軍政部兵工署第十工廠　二十九年度滴廠建設費支出明細表

年　月　日製表　第全頁共1頁

項	目	節	項目	節	目	項
1			廠基購置及整理費			5637535
	1		測量費		183788	
	2		地價及補償		992100	
	3		購民置房		761175	
	4		平基工程		649835	
	5		排水工程		3130637	
2			房屋建築費			7041332
	1		廠房		6004550	
	2		醫院		307260	
	3		大门及营房		282519	
	4		車輛间		38802	
	5		子弟學校		408201	
3			道路建築費			863984
	1		土石方及路面		343217	
	2		橋樑涵洞		520767	
4			附屬工程			13295083
	1		給水工程		3644256	
	2		防空山洞		6569837	
	3		警衛堡壘		3073500	
	4		輸電工程		7490	
5			機器設備費			4498136
	1		添配機器		4498136	
6			公用設備費			4309945
	1		交通設備		3283110	
	2		用具設備		786260	
	3		傢具設備		240575	
7			機器修理及安裝費			27333
	1		機件安裝費		27333	
8			開機準備費			2131036 ~~10000000~~
	1		開機準備費		2131036 ~~7000000~~	
9			臨時什務費			5034658
	1		臨時什務費		5034658	
			總計			42839042

會計處長　簿記課長　審核員　製表員

024

軍政部兵工署第十工廠　　　　渝廠三十年度建設費支出明細表

年　月　日製表　　　　第全頁共1頁

項	目	節	項目	節	目	項
1			廠基備置及整理費			1849765
	1		排水工程		1849765	
	2		保坎開坡		—	
2			道路建築費			7612695
	1		土石方及路面		7612695	
3			房屋建築費			96313501
	1		廠房		4646026	
	2		庫房		—	
	3		警衛營房		577891 5	
	4		職工宿舍		35493077	
	5		辦公廳		7918296	
	6		其他建築		40477187	
4			碼頭			6413965
	1		碼頭		6413965	
5			附屬工程			86507054 86328215
	1		防空山洞		74337625 74158786	
	2		竹籬圍牆		9052650	
	3		給水工程		3116779	
6			公用設備費			13569700
	1		交通器材		13569700	
7			機器設備費			24698249
	1		機器設備費		24698249	
8			臨時什務費			147903
	1		臨時什務費		147903	
			總計			235116832 233493793

會計處長　　簿記課長　　審核員　　製表員

軍政部兵工署第十工廠

三十一年度渝廠建設費支出明細表

年　月　日製表

第全頁共1頁

項	目	節	項目	節	目	項
1			廠基購置整理費			16973122
	1		廠基購置費		11849105	
	2		排水工程		—	
	3		墊坎		5124017	
2			道路建築費			2179180
	1		土石方及路面		2179180	
3			房屋建築費			262868807
	1		廠房		102233174	
	2		辦公廳		—	
	3		倉庫		41691527	
	4		職員住宅		14535817	
	5		職員宿舍		15658396	
	6		工人宿舍		45400505	
	7		工人住宅		23830603	
	8		職工食堂		19518385	
	9		職工病房		—	
	10		其他建築		—	
4			附屬工程			83502965
	1		山洞		73088065	
	2		竹籬圍牆		10414900	
5			機器設備			223464200
	1		機器設備		223464200	
			總計			592988274

會計處長　　簿記課長　　審核員　　製表員

025

軍政部兵工署第十工廠　　　　遷移費預用清單

二七年 11月 10日製表　　　　第 1 頁共 全 頁

摘要	傳票號碼	金額小計	合計	
27/10/26 渝遣(27)12字3016指令撥發遷移費	總字79	10000000		
27/3/6 署發運費撥發遷移費	渝字1	10000000	20010000	
合計		20000000		

會計處長　　簿記課長　　審核員　　製表員

026

軍政部兵工署第十工廠　　經領封撥漢砭廠遷建費清單

32年 11月 10日製表　　第 1 頁共 全 頁

摘要	領號 據碼	金額小計 (千百十萬千百十元角分)	合計 (千百十萬千百十元角分)	(千百十萬千百十元角分)
25/9/27 遞(27)公字9514指令撥為漢砭廠周轉金	總字23	1000000		
27/2/19 署撥漢砭廠遷移費	砭字31	6000000		
27/2/23 〃 〃	〃字3	6000000		
27/5/11 漢砭廠備料周轉金	總字42	20000000		
27/5/23 〃 遷筑建設備機、件遷移費	〃字55	21000000		
28/6/22 渝造(28)公字3269指令撥為漢砭廠建設費	〃字132	15000000		
28/9/22 署撥漢砭廠遷移費	砭字84	100000000	76001110	
合計		~~876000000~~		

會計處長　　簿記課長　　審核員　　製表員

027

軍政部兵工署第十工廠　　26-28年度株廠建設費清單

32年11月10日製表　　第1頁共全頁

摘要	領撥號碼	小計	合計	總計
26/9/16 渝(26)乙字#3014指令撥各建設費備用金	總#2	100000.00		
26/9/3 粵建字製#413五廠株廠地價費及匯費	〃 #13	116047.62		
26/9/9 渝(26)乙字#984指令撥各動力機款	〃 #14	351000.00		
26/9/17 本廠就技#644簽呈請各建設費	〃 #17	50000.00		
26/10/3 購買機器小數雜費款	〃 #18	3684.21		
26/10/16 杭州株廠地形照片費用	〃 #20	3370.00		
26/11/7 Polte 機器機款 £12060-0-0 @16.8012816	〃 #24	202671.33		
26/12/2 渝(26)乙字#1625指令撥各土石方工程款	〃 #28	300000.00		
26/11/16 渝(26)乙字#266指令撥各整理漢陽廠制造部分費	〃 #30	300110.00		
26/3/26 〃 〃 #1092 〃 〃 株廠征收基地價款	〃 #34	26683.42		
26/3/26 工程師來華旅費	〃 #37	14003.00		
〃 庄處長勘察株廠旅費	〃 #38	220.10		
〃 葉孟秀 〃 長沙株洲漢陽旅費	〃 #39	114.20		
〃 匯商洋行訂購機器定銀 £20000-0-0 @16.6916.22	〃 #40	333913.04		
〃 續 〃 〃 〃 £21000-0-0 (Detail)	〃 #41	350608.71		
26/5/29 渝(26)乙字#3221指令撥各第一批本廠建築款	〃 #67	500000.00		
26/6/3 〃 〃 〃 二公分砲彈機器類費 £40000-0-0 @16.60 £19416-10-7 @16.48	〃 #70	985200.00	3636515.62	
26/7/8 渝(26)乙字#3923指令撥鐵路公路建築費	〃 #71	155000.00		
26/7/30 〃 #4436 〃 撥各建築費	〃 #73	1000000.00		
26/11/4 電撥匯商洋行二公分機器款 £10000-0-0 @16.8422	〃 #69	168422.00		
27/2/19 〃 〃 〃 £30000-0-0 @16.8421053	〃 #76	505263.16		
27/4/26 渝造(27)乙字#3306指令撥各大山洞款	〃 #78	350000.00		
27/7/1 〃 〃 #1240 〃 試造費 @16.8021023 £20000-0-0	〃 #77	341917.00		
27/6/30 〃 〃 #4497 〃 砲廠機器款 @12.2 £210,000-0-0	〃 #97	202106.26	2722707.42	
27/11/24 〃 〃 #1114 二公分及三七公分砲彈材料款	〃 #98	4210526.31	4210526.31	
28/1/23 由漢陽廠調撥費撥入	〃 #100	26000.00	26000.00	10595749.35

會計處長　　簿記課長　　審核員　　製表員

兵工署第十工厂关于报送一九三八年七月至一九四二年底渝厂建设费支出决算表致兵工署的呈（一九四四年六月二十三日）

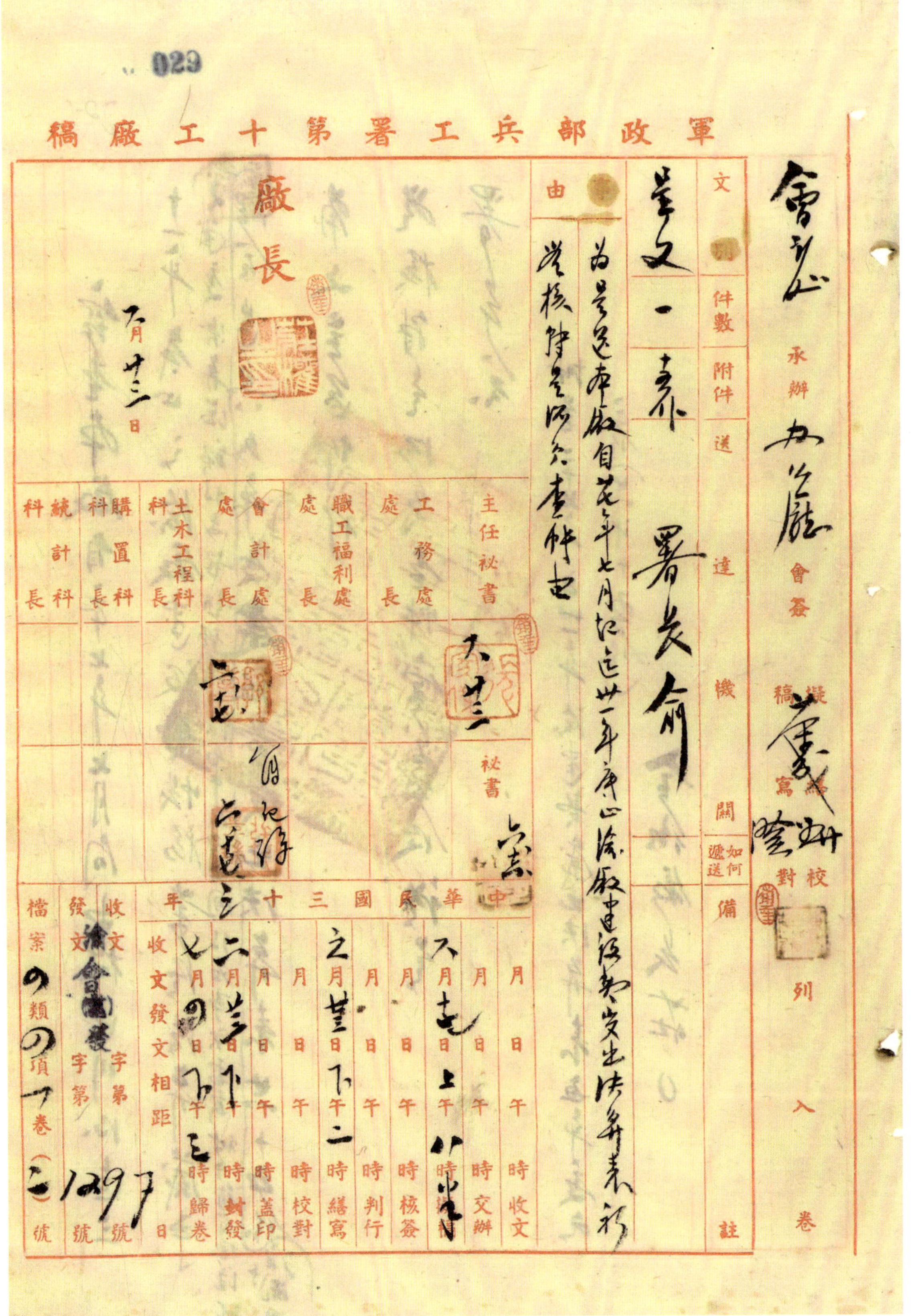

軍政部兵工署第十工廠稿

文別：呈文

件數：一

送達機關：署長俞

事由：為呈送本廠自廿七年七月起迄卅一年底止渝廠建設費支出決算表祈鑒核，附呈四份，查件也

廠長　六月廿三日

主任秘書　六廿三

會計處長

華民國三十三年

窃查本厂自二十七年七月间由株迁川以迄三十一年底止之厂务建设费帐务业已清算蒇事，（各年度决算经核与预算超额款项，系由各项目间依应事实需要移缓就急，请准予流用）理合造具各年度建设费岁出决算表共十五份，备文呈送，仰祈

鉴核转呈汇案查核，实为公便！谨呈

署长俞

附呈二十七年至卅一年厂建设费岁出决算表每年度各三份（共计十五份）

全衔厂长庄〇

軍政部兵工署第十工廠　　渝廠建設費歲出決算表

27年12月31日製表　　第1頁共2頁

款	項	目	科目名稱	預算數	決算數	餘絀
1			渝廠建設費	69512500	66202113	3310387
	1		廠基購置及整理費	18700000	16414552	2285448
		1	測量費	200000	204656	4656
		2	地價及補償	12000000	11656556	343444
		3	購置民房	500000	866815	366815
		4	平基工程	3000000	3686525	686525
		5	築堤工程	2000000	—	2000000
		6	排水工程	1000000	—	1000000
	2		房屋建築費	26212500	29906001	3693501
		1	銅殼所	1182500	360345	822155
		2	彈頭所	1230000	2070733	840733
		3	引信所	1845000	1027902	817098
		4	工具所	615000	611389	3611
		5	木工所	615000	145331	469669
		6	大工所	3625000	2243773	1381227
		7	裝箱所	300000	117890	182110
		8	材料庫	2460000	3692473	1232473
		9	成品庫	615000	611977	3023
		10	辦公廳	2250000	1661551	588449
		11	工人宿舍及食堂	3420000	3677151	257151
		12	職員宿舍	5500000	7751998	2251998
		13	醫院	1350000	675847	674153
		14	大門及警房	975000	429148	545852
		15	廁所及盥洗室	150000	4537638	4387638
		16	車輛間	180000	290855	110855
	3		道路建築費	2500000	2657178	157178
		1	土石方及路面	1500000	1293816	206184
		2	橋樑涵洞	1000000	1363362	363362
	4		附屬工程	12200000	14501499	2301499
		1	給水工程	3000000	5039034	2039034
		2	防空山洞	3000000	5914217	2914217
		3	衛生工程	1200000	—	1200000
		4	碼頭	2000000	137798	1862202
		5	警衛堡壘	2000000	3399000	1399000
		6	輸電工程	1000000	11450	988550

廠長

會計處長　　簿記課長　　審核員　　製表員

030

軍政部兵工署第十工廠

修改建設費歲出計算表

27年6/12月31日製表

第2頁共2頁

款	項	目	科目名稱	預算數	支出算數	餘數
	5		機器設備	1000000	188666	811334
		1	添配機器	1000000	188666	811334
	6		公用設備	3400000	698358	2701642
		1	交通設備	1000000	—	1000000
		2	消防設備	800000	4000	796000
		3	用具設備	600000	44298	555702
		4	傢具設備	1000000	650060	349940
	7		修理安裝費	1500000	—	1500000
		1	機件修理	100000	—	100000
		2	機件安裝	1400000	—	1400000
	8		開辦準備費	1000000	917926	82074
		1	開辦準備費	1000000	917926	82074
	9		臨時什務費	3000000	917933	2082067
		1	臨時什務費	3000000	917933	2082067

廠長

會計處長　　簿記課長　　審核員　　製表員

031

軍政部兵工署第十工廠　　　　渝廠建設費歲出決算表

28年12月31日製表　　　　第1頁共2頁

款	項	目	科目名稱	預算數	決算數	餘絀
1			渝廠建設費	629925.00	510017.15	119907.85
	1		廠基購置及整理費	68000.00	25158.56	42841.44
		1	測量費	1000.00	1537.53	537.53
		2	地價及補償費	50000.00	4918.50	45081.50
		3	購置民房	7000.00	—	7000.00
		4	平基工程	5000.00	11906.40	6906.40
		5	排水工程	5000.00	6796.11	1796.11
	2		房屋建築費	280925.00	246627.88	34297.12
		1	鋼廠所	16075.00	5037.78	11037.22
		2	彈頭所	41700.00	22119.87	19580.13
		3	引信所	13650.00	11253.53	2396.47
		4	工具所	24150.00	8989.79	15160.21
		5	木工所	1050.00	3653.76	2603.76
		6	火工所	32750.00	2305.18	30444.82
		7	裝箱所	3900.00	262.21	3637.79
		8	動力所	15100.00	12303.40	2796.60
		9	材料庫	41500.00	37015.31	4484.69
		10	成品庫	6150.00	—	6150.00
		11	工人宿舍	35050.00	9565.17	25484.83
		12	職員宿舍	34500.00	125411.06	90911.06
		13	警衛營房	1050.00	—	1050.00
		14	子弟學校	10500.00	6258.70	4241.30
		15	外圍工程	3800.00	2452.12	1347.88
	3		道路建築費	5000.00	5150.95	150.95
		1	橋樑涵洞	5000.00	5150.95	150.95
	4		防空工程	50000.00	18338.90	31661.10
		1	防空山洞	10000.00	16943.67	6943.67
		2	輸電工程	40000.00	1395.23	38604.77
	5		機器設備	20000.00	44930.00	24930.00
		1	添配機器	20000.00	44930.00	24930.00
	6		公用設備費	31000.00	42799.58	11799.58
		1	水電設備	20000.00	36165.85	16165.85
		2	消防設備	2000.00	—	2000.00
		3	用具設備	4000.00	2841.81	1158.19
		4	炊具設備	5000.00	3791.92	1208.08

會計處長　　簿記課長　　審核員　　製表員

廠長

31-1　31-2

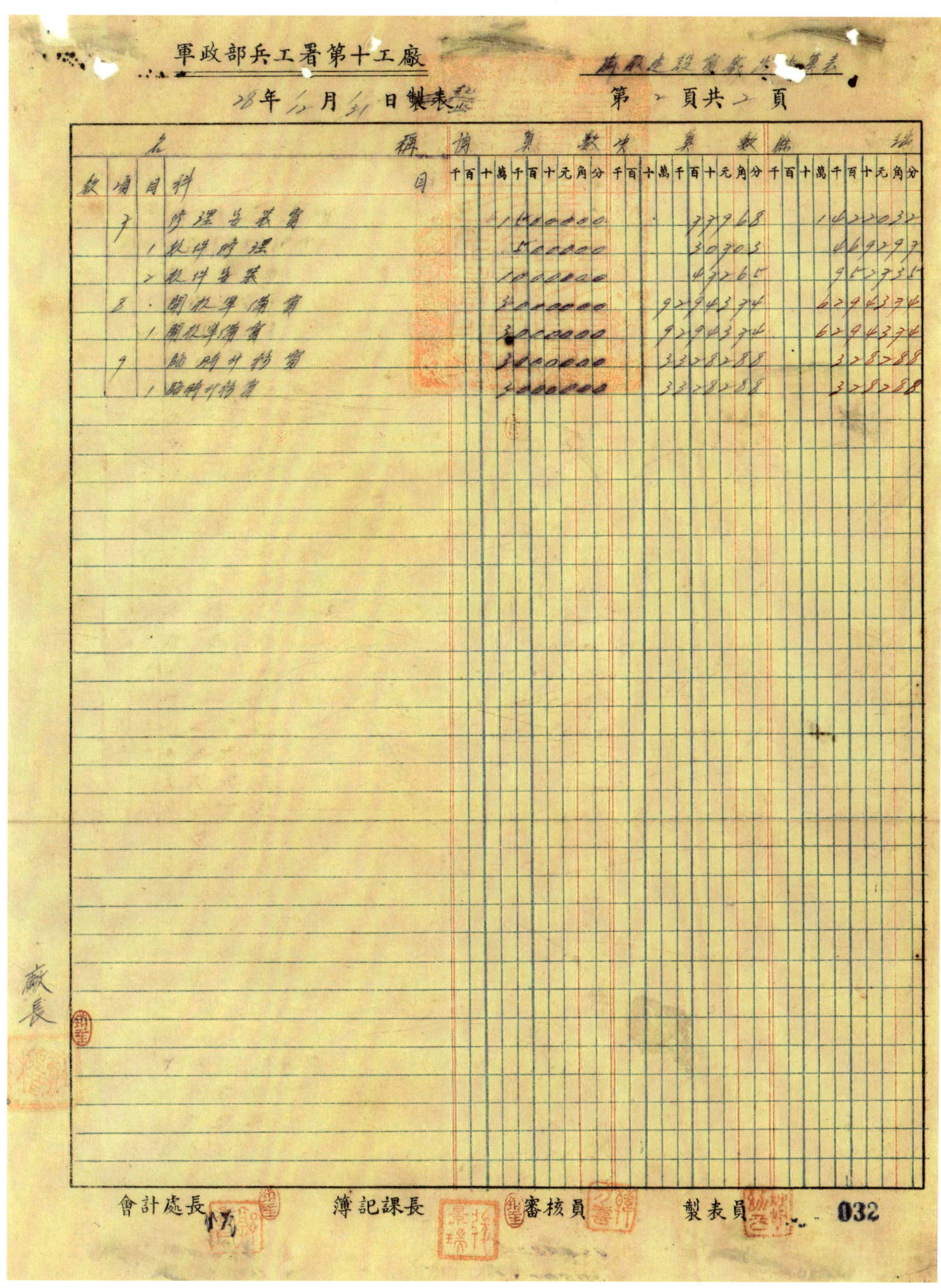

軍政部兵工署第十工廠　　本廠建設費歲出決算表

28年12月31日製表　　第2頁共2頁

款	項	目	科目名稱	預算數	決算數	餘絀
	7		修理安裝費	14000.00	3779.68	10220.32
		1	機件修理	5000.00	307.03	4692.97
		2	機件安裝	10000.00	472.65	9527.35
	8		開機準備費	30000.00	92943.74	62943.74
		1	開機準備費	30000.00	92943.74	62943.74
	9		臨時什務費	30000.00	33282.88	3282.88
		1	臨時什務費	30000.00	33282.88	3282.88

廠長

會計處長　　簿記課長　　審核員　　製表員

032

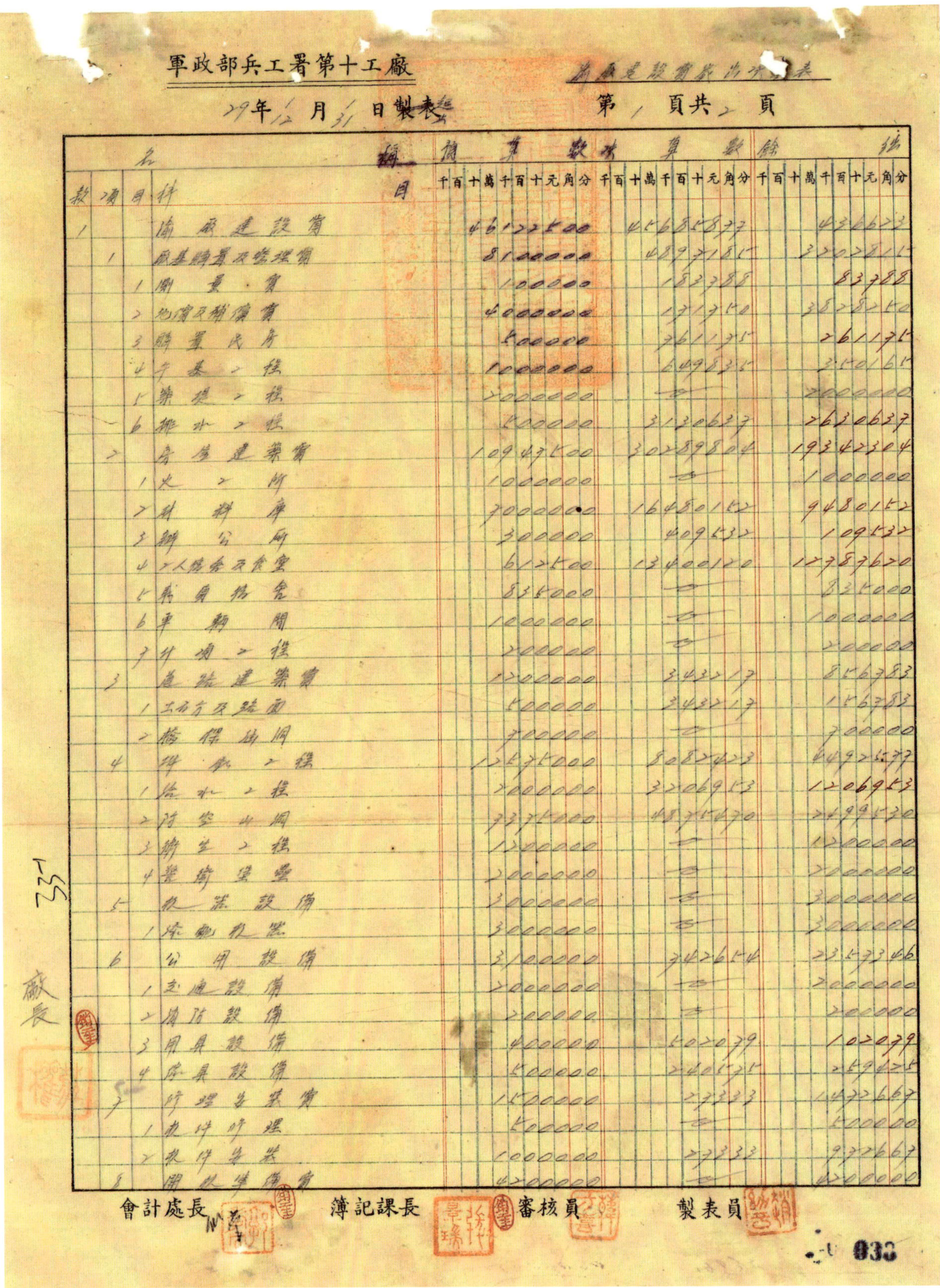

軍政部兵工署第十工廠　　渝廠建設費收支[illegible]表

29年12月31日製表　　第1頁共2頁

款	項	目	科目名稱	預算數	決算數	餘絀
1			渝廠建設費	46122500	42685877	3436623
	1		廠基購置及整理費	8100000	4897185	3202815
		1	測量費	100000	183788	83788
		2	地價及補償費	4000000	1717140	2282860
		3	購置民房	600000	361175	261175
		4	平基工程	1000000	649835	350165
		5	築堤工程	2000000	—	2000000
		6	排水工程	600000	3130637	2530637
	2		房屋建築費	10947500	30289804	19342304
		1	火工所	1000000	—	1000000
		2	材料庫	7000000	16480152	9480152
		3	辦公所	300000	409532	109532
		4	工人宿舍及食堂	612500	13400120	12787620
		5	職員宿舍	835000	—	835000
		6	車輛間	1000000	—	1000000
		7	什項工程	200000	—	200000
	3		道路建築費	1200000	343217	856783
		1	土石方及路面	500000	343217	156783
		2	橋樑涵洞	700000	—	700000
	4		特殊工程	12575000	8082423	4492577
		1	給水工程	2000000	3206953	1206953
		2	防空山洞	7375000	4875470	2499530
		3	衛生工程	1200000	—	1200000
		4	警衛營壘	2000000	—	2000000
	5		機器設備	3000000	—	3000000
		1	修配機器	3000000	—	3000000
	6		公用設備	3100000	742654	2357346
		1	交通設備	2000000	—	2000000
		2	消防設備	200000	—	200000
		3	用具設備	400000	502079	102079
		4	傢具設備	500000	240575	259425
	7		修理安裝費	1500000	77333	1422667
		1	機件修理	500000	—	500000
		2	機件安裝	1000000	77333	922667
	8		開工準備費	4200000	—	4200000

廠長

33

會計處長　　簿記課長　　審核員　　製表員

033

軍政部兵工署第十工廠　　修廠建設費第二次決算表

29年12月31日製表　　第2頁共2頁

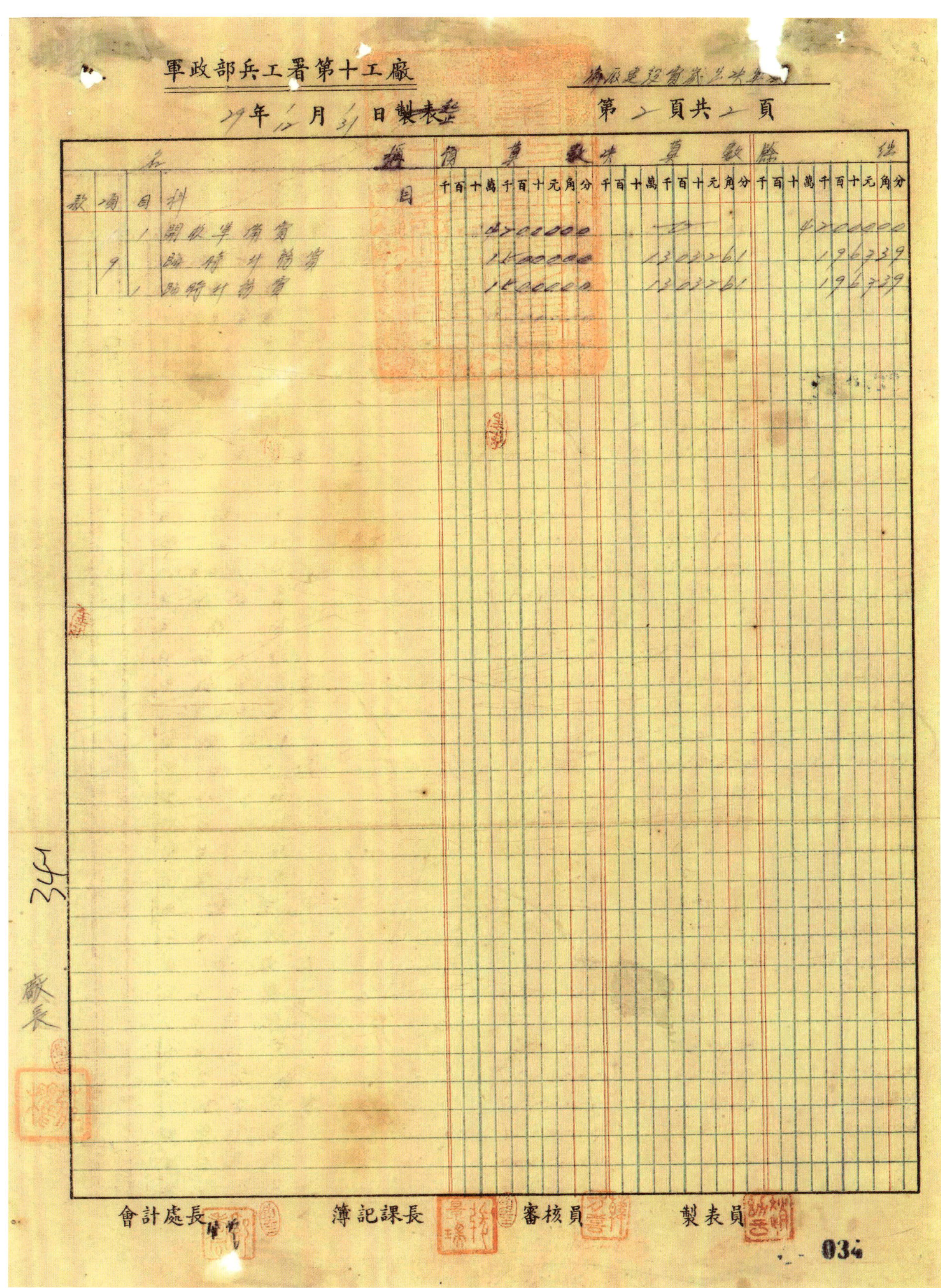

款	項	目	科目名稱	預算數	決算數	餘絀
		1	開辦準備費	4700000	—	4700000
	9		臨時外勤費	1500000	1303761	196239
		1	臨時外勤費	1500000	1303761	196239

341

廠長

會計處長　　簿記課長　　審核員　　製表員

034

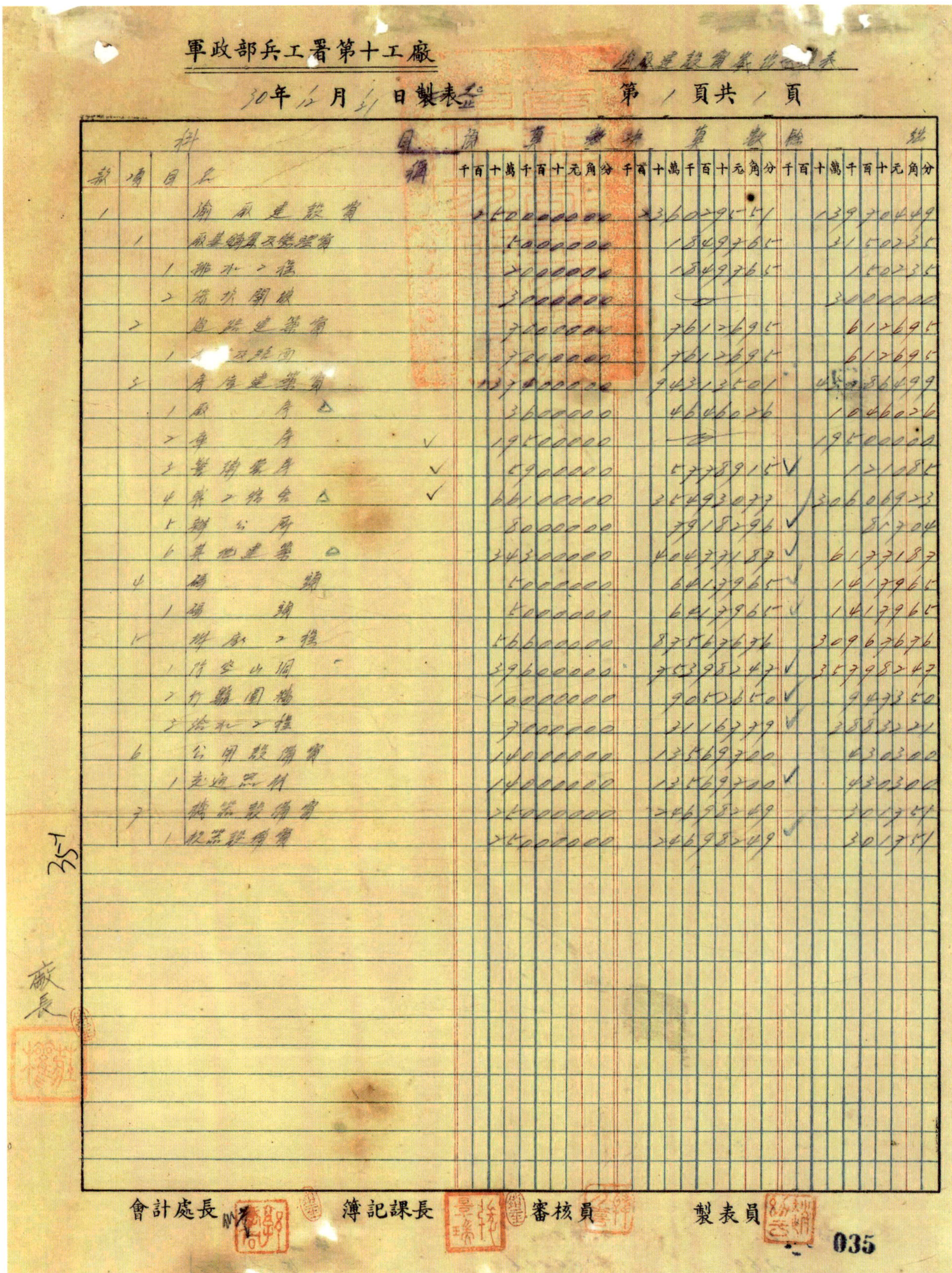

軍政部兵工署第十工廠

渝廠建設費[illegible]決[illegible]表

30年12月31日製表

第1頁共1頁

款	項	目	名稱	預算數	決算數	餘絀
1			渝廠建設費	2500000.00	2360295.51	139704.49
	1		廠基購置及整理費	50000.00	18497.65	31502.35
		1	排水工程	20000.00	18497.65	1502.35
		2	蕩坑開掘	30000.00	—	30000.00
	2		道路建築費	70000.00	76126.95	6126.95
		1	道路及路面	70000.00	76126.95	6126.95
	3		房屋建築費	1374000.00	943135.01	430864.99
		1	廠房 △	36000.00	46460.26	10460.26
		2	庫房 ✓	195000.00	—	195000.00
		3	警衛宿舍 ✓	59000.00	57789.15 ✓	1210.85
		4	職工宿舍 △ ✓	661000.00	354930.77 ✓	306069.23
		5	辦公廳	80000.00	79182.96 ✓	817.04
		6	其他建築 △	343000.00	404771.87 ✓	61771.87
	4		碼頭	50000.00	64179.65	14179.65
		1	碼頭	50000.00	64179.65	14179.65
	5		擴廠工程	566000.00	875676.76	309676.76
		1	防空山洞	396000.00	753982.47 ✓	357982.47
		2	竹籬圍牆	100000.00	90526.50 ✓	9473.50
		3	給水工程	70000.00	31167.79 ✓	38832.21
	6		公用設備費	140000.00	135697.00	4303.00
		1	交通器材	140000.00	135697.00 ✓	4303.00
	7		機器設備費	250000.00	246982.49	3017.51
		1	機器設備費	250000.00	246982.49	3017.51

35-1

廠長

會計處長　　簿記課長　　審核員　　製表員

035

軍政部兵工署第十工廠　　渝廠建設費決算[illegible]表

31年6月31日製表　　第1頁共1頁

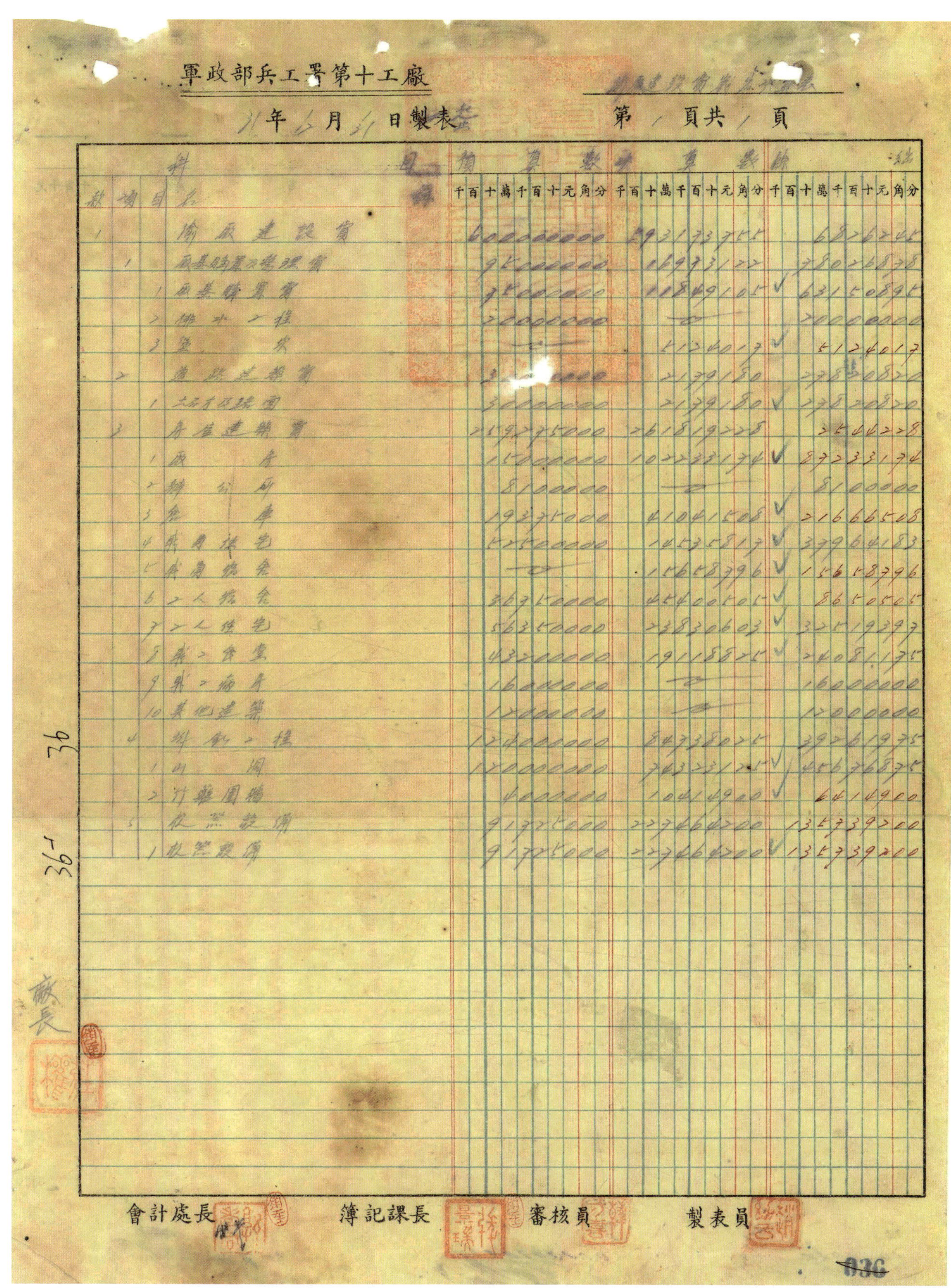

款	項	目	科目名	預算數（千百十萬千百十元角分）	決算數（千百十萬千百十元角分）	餘絀（千百十萬千百十元角分）
1			渝廠建設費	6000000000	5931737555	68262445
	1		廠基購置及整理費	950000000	169773122	780226878
		1	廠基購置費	750000000	118849105	631150895
		2	排水工程	200000000	—	200000000
		3	雜支	—	51240017	51240017
	2		道路建築費	300000000	21779180	278220820
		1	土石方及路面	300000000	21779180	278220820
	3		房屋建築費	2192275000	2618192228	2546228
		1	廠房	1500000000	1587233174	87233174
		2	辦公所	81000000	—	81000000
		3	倉庫	193750000	410415508	216665508
		4	職員住宅	525000000	145358117	379641883
		5	職員宿舍	—	15658796	15658796
		6	工人宿舍	367850000	454400505	86550505
		7	工人住宅	563850000	238306603	325543397
		8	員工食堂	432000000	191188725	240811275
		9	員工病房	160000000	—	160000000
		10	其他建築	120000000	—	120000000
	4		掘鑿工程	1240000000	847380225	392619775
		1	山洞	1200000000	743231225	456768775
		2	竹籬圍牆	40000000	104414900	64414900
	5		放照設備	91725000	227464200	135739200
		1	放照設備	91725000	227464200	135739200

廠長

會計處長　　簿記課長　　審核員　　製表員

036

兵工署第十工厂关于补造国有财产调查等表致兵工署的呈（一九四四年九月二十八日）

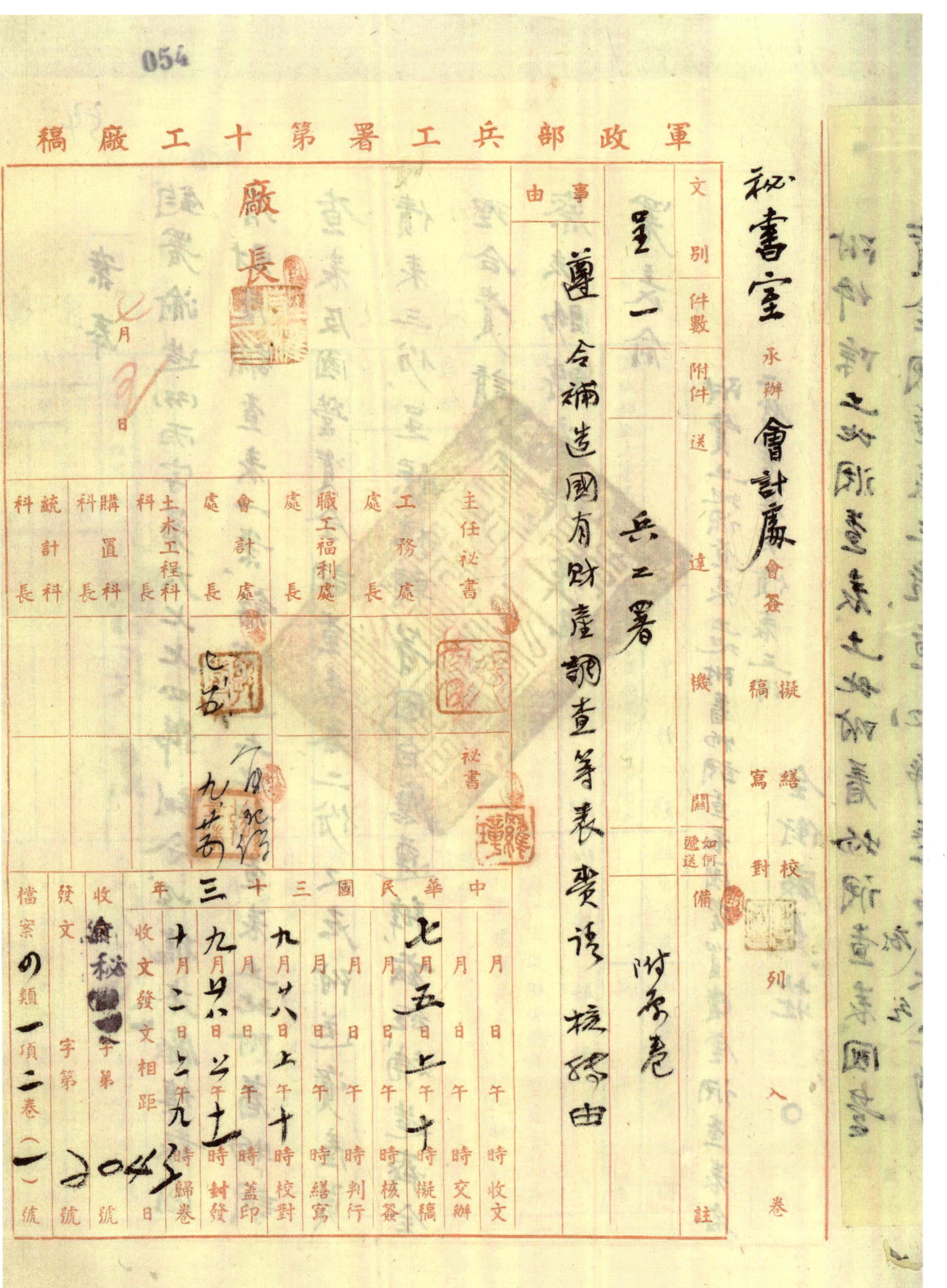
軍政部兵工署第十工廠稿

秘書室 承辦
會計處 會簽

文別：呈
件數：一
附件：附原卷
送達機關：兵工署

事由：遵令補造國有財產調查等表，呈請核轉由

中華民國三十三年
七月五日上午十時擬稿
九月廿六日上午十時校對
九月廿八日下午五時封發
十月二日下午九時歸卷

發文秘字第　號
檔案四類一項二卷（一）20465號

54-1

案奉

鈞署渝造(33)丙字第六七七四號訓令：以據本廠填報國有財產調查表一案，飭補送土地調查表、土地附着物調查表及國營資金調查表各二份，又応附送資產負債表三份，呈候核轉等因；自應遵辦，茲經補造齊全，理合賚請察核賜轉為禱！謹呈

署長俞

附賚土地調查表、土地附着物調查表、國營資金調查表各二份，資產負債表三份

全衡廠長莊〇

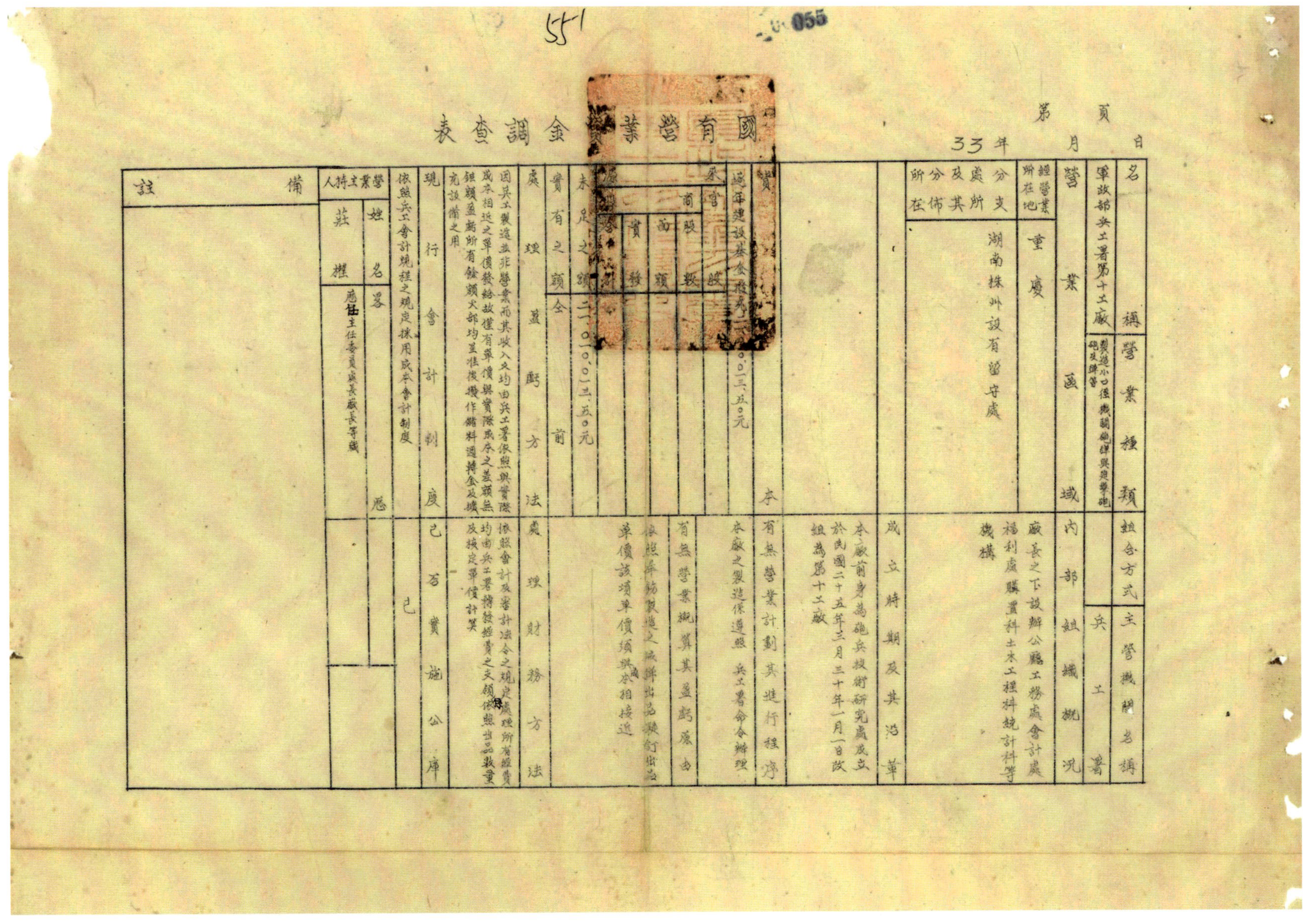

國有營業資金調查表

第　頁

33年　月　日

名稱	軍政部兵工署第十工廠
營業種類	製造小口徑機關砲彈與迫擊砲砲及彈等
營業區域	
經營業所在地	重慶
分支處所及其分佈所在	湖南株州設有留守處
資本來源	官股 / 商股 / 實發 / 面額 / 合計
	歷年建設基金撥充二一〇、〇一三、五〇元
未足之額	二一〇、〇一三、五〇元
實有之額	仝前
處理盈虧方法	因兵工製造並非營業而其收入又均由兵工署依照與實際成本相近之單價發給故僅有單價與實際成本之差額無鉅額盈虧所有餘額大部均呈准後撥作備料週轉金及擴充設備之用
現行會計制度	依照兵工會計規程之規定採用成本會計制度
營業主持人姓名	莊權
略歷	任主任委員處長廠長等職
組合方式	
主管機關名稱	兵工署
內部組織概況	廠長之下設辦公廳工務處會計處福利處購置科土木工程科統計科等機構
成立時期及其沿革	本廠前身為砲兵技術研究處成立於民國二十五年三月三十年一月一日改組為第十工廠
有無營業計劃其進行程序	本廠之製造係遵照兵工署命令辦理
有無營業概算其盈虧原由	依照本廠製造之械彈出品擬訂出品單價該項單價須與成本相接近
處理財務方法	依照會計及審計法令之規定處理所有經費均由兵工署轉發經費之支領係依照出品數量及核定單價計算
已否實施公庫	已
備註	

551

055

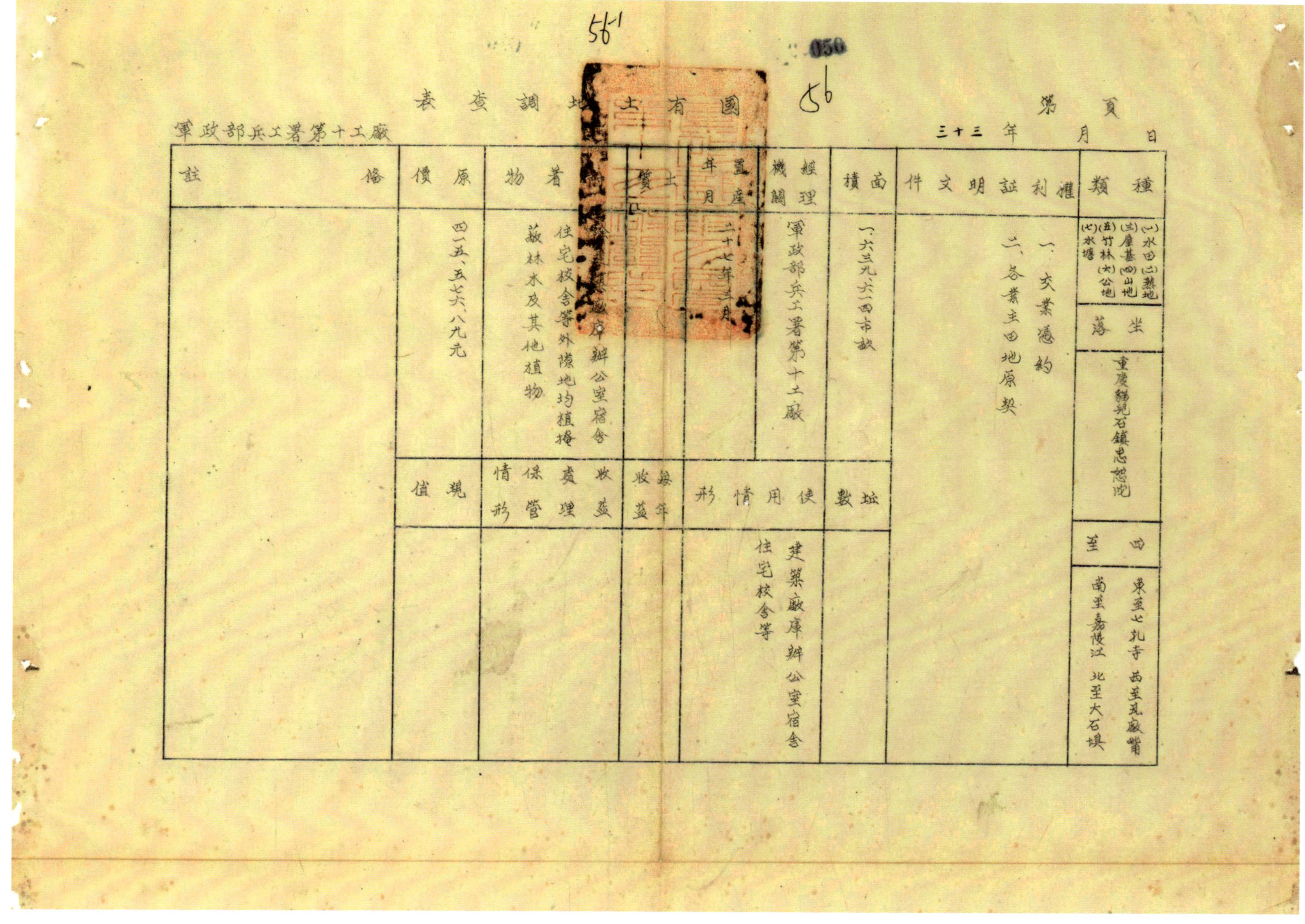

第　　頁

國有土地調查表

軍政部兵工署第十工廠　　　　三十三年　　月　　日

種類	權利證明文件	面積	經理機關	置產年月	土質	附著物	原價	備註
(一)水田(二)熟地(三)屋基(四)山地(五)竹林(六)公地(七)水塘	一、交業憑約 二、各業主田地原契	一六五九六一四市畝	軍政部兵工署第十工廠	二十七年三月	[illegible]	[illegible]辦公室宿舍 住宅校舍等外隙地均植播 蔽林木及其他植物	四一五、五七六、八九九元	
坐落								
重慶貓兒石鎮忠恕沱								

四至	坵數	使用情形	每年收益	收益處理保管情形	現值
東至七孔寺　西至瓦廠嘴 南至嘉陵江　北至大石填		建築廠庫辦公室宿舍 住宅校舍等			

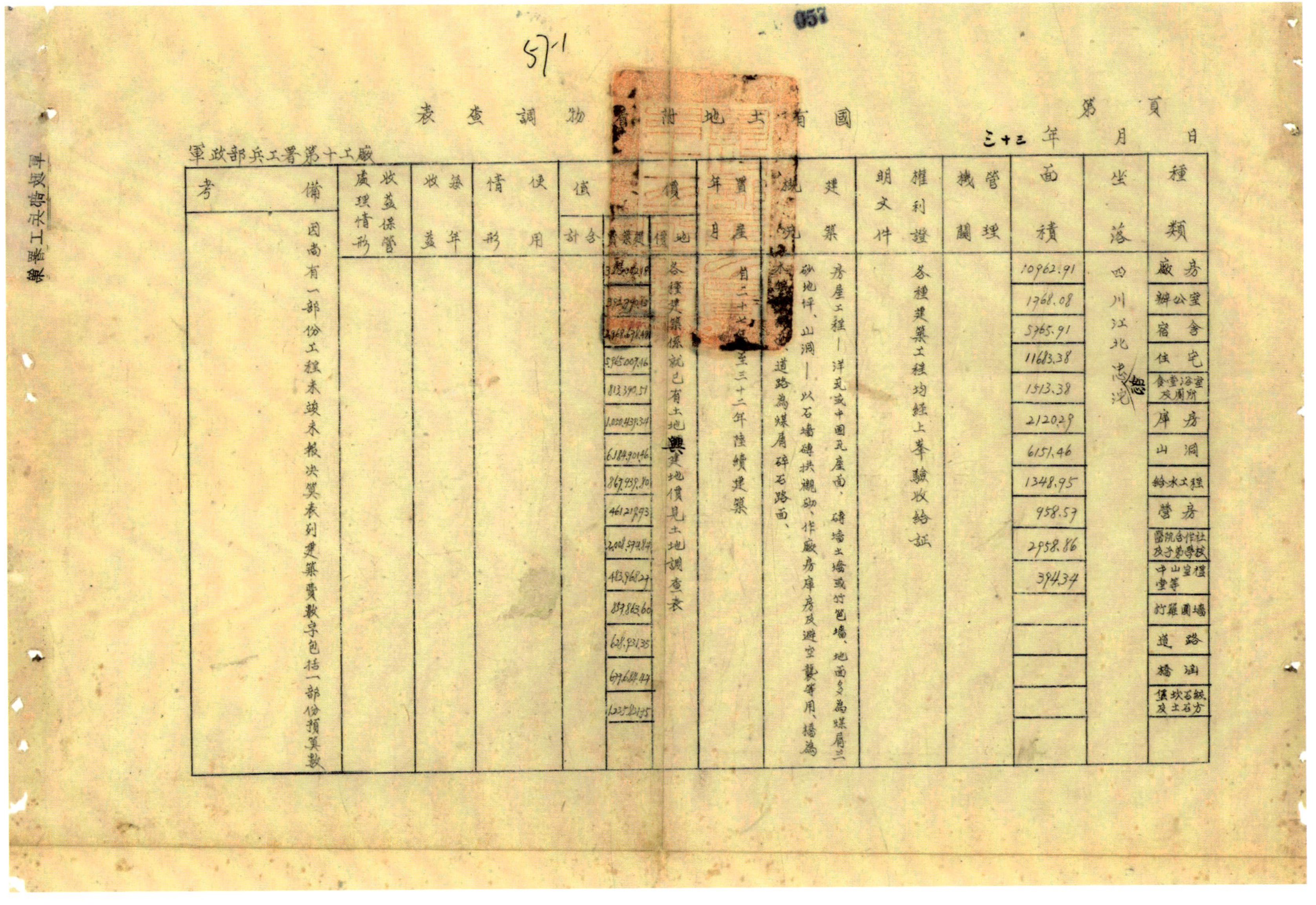

57-1

057

國有土地附著物調查表

第　頁

三十三年　月　日

軍政部兵工署第十工廠

種類	坐落	面積	管理機關	權利證明文件	建築說明	購置年月	價值：地價	價值：建築費	價值：合計	使用情形	收益年數	收益保管處理情形	備考
廠房	四川江北忠恕沱	10962.91		各種建築工程均經上峯驗收給證	房屋工程—洋瓦或中國瓦屋面，磚牆、土牆或竹笆牆，地面多為煤屑三砂地坪。山洞—以石牆磚拱襯砌，作廠房、庫房及避空襲等用。橋為道路為煤屑碎石路面。	自二十七年至三十二年陸續建築	各種建築係就已有土地興建，地價見土地調查表	3,[illegible].19					因尚有一部份工程未竣未報決算，表列建築費數字包括一部份預算數
辦公室		1968.08						39[illegible]					
宿舍		5765.91						2,968,678.48					
住宅		11683.38						5,965,007.46					
食堂浴室及廁所		1513.38						813,390.51					
庫房		2120.29						1,050,439.34					
山洞		6151.46						6,184,901.46					
給水工程		1348.95						867,959.80					
營房		958.57						461,218.93					
醫院合作社及子弟學校		2958.86						2,008,574.84					
中山室禮堂等		394.34						483,968.27					
竹籬圍牆								857,863.60					
道路								628,931.35					
橋涵								677,688.44					
填坎石駁及土石方								1,235,[illegible]21.35					

軍政部兵工署第

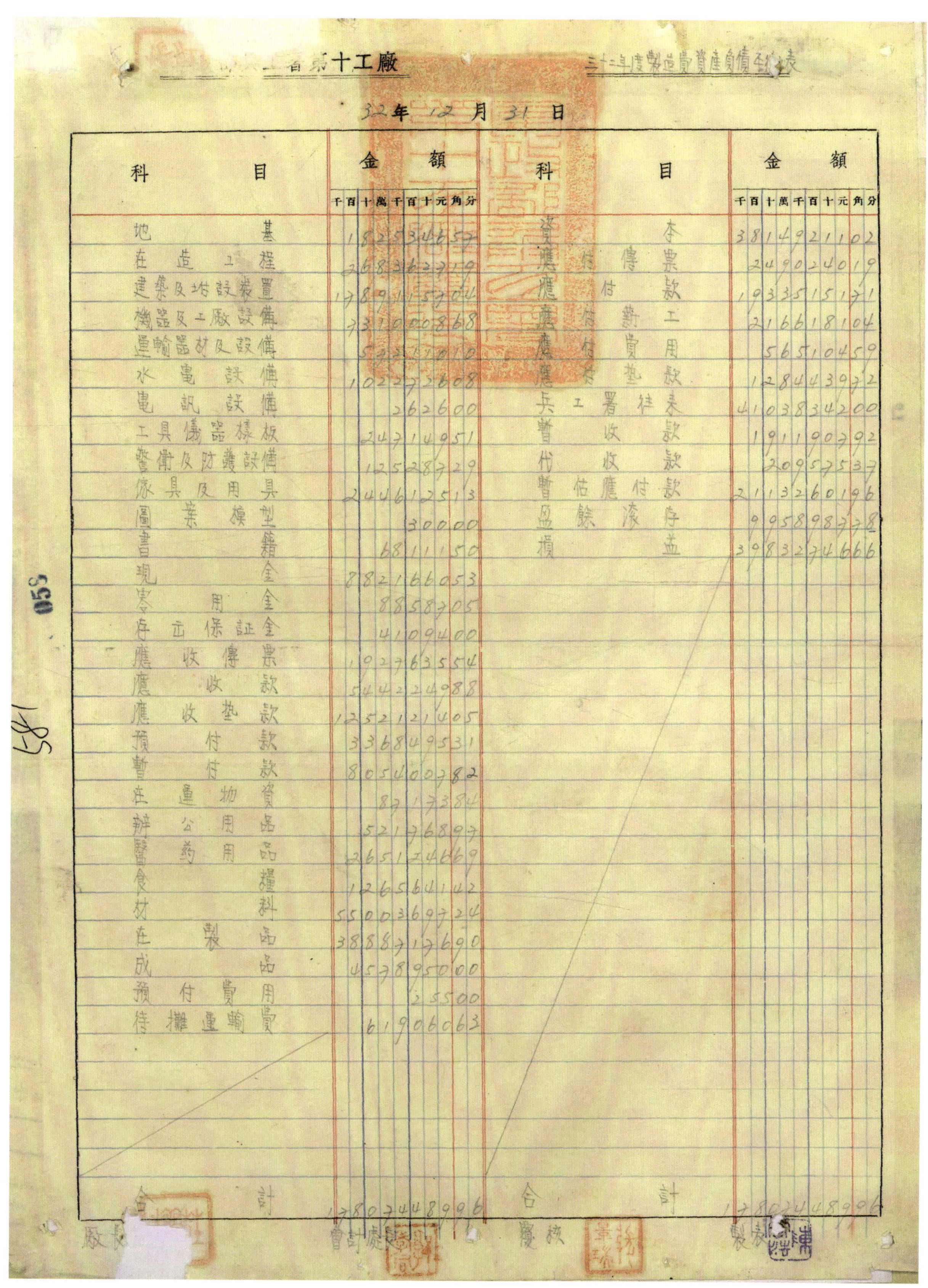

兵工署第十工廠

三十二年度製造費資產負債平衡表

32年 12月 31日

科目	金額	科目	金額
地基	1825346.57	資本	38149211.02
在造工程	2683627.19	應付傳票	2490240.19
建築及附設裝置	17891157.04	應付款	19335151.71
機器及工廠設備	7310008.68	應付薪工	2166181.04
運輸器材及設備	572110.10	應付費用	565104.59
水電設備	1022726.08	應付墊款	1284439.72
電訊設備	2626.00	兵工署往來	41038342.00
工具儀器樣板	247149.51	暫收款	1911907.92
警衛及防護設備	125287.29	代收款	209575.37
傢具及用具	2446125.13	暫估應付款	21132601.96
圖案模型	300.00	盈餘滾存	9958987.78
書籍	68111.50	損益	39832746.66
現金	8821660.53		
零用金	88587.05		
存出保証金	41094.00		
應收傳票	1927635.54		
應收款	5442249.88		
應收墊款	12521214.05		
預付款	3368495.31		
暫付款	8054007.82		
在途物資	87173.84		
辦公用品	521768.97		
醫藥用品	2651246.69		
食糧	1265641.42		
材料	55003697.24		
在製品	38887176.90		
成品	4578950.00		
預付費用	255.00		
待攤運輸費	619060.63		
合計	178074489.96	合計	178074489.96

廠長　　會計處長　　覆核　　製表

050

185

兵工署第十工厂各单位一九四三年度建筑费用统计表（一九四四年十月）

此表未送

P2

三十二年度本廠各單位建築費用統計表

單位名稱		面積(M²)		造價(元)		備考
總辦公廳	出納課	43	00	70,088	66	辦公室一座
	事務課	54	00	198,710	50	辦公室一座及新碼頭道路等
	警衛大隊	356	36	893,419	53	營房四座及修理竹籬圍墻等
	共計	453	36	1,162,218	69	計辦公室二座營房四座及道路竹籬等
工務處	第一所	96	00	75,522	18	廠房一座
	第二所	306	25	370,290	99	廠房二座及堡坎等
	第三所	2,358	11	3,481,591	93	廠房七座庫房一座山峒一座及堡坎道路等
	第四所			37,500	00	修整土石方一處
	第五所	72	88	111,837	59	辦公室一座庫房二座
	第七所	59	00	159,473	40	擴充廠房一座
	第八所	825	07	1,755,050	04	廠房五座
	第十所	320	66	803,076	35	水塔三座加高沙濾池一座
	作業課	203	92	347,207	67	半成品庫一座堡坎一座
	材料庫	765	06	1,763,182	02	擴三峒襯砌工程一座及竹籬圍墻等
	共計	5,006	95	8,904,732	17	計廠房十六座庫房四座辦公室一座水池三座山洞一座及道路堡坎等
福利處	事業課	建6289 修1,794	71 83	9,732,848	18	職員住宅九座工人住宅九座工人宿舍四座職員宿舍一座山洞一座及更改修房屋等
	訓育課	建848 修299	60 00	1,233,691	53	教室四座及擴充禮堂改建忠恕堂等
	合作社	建341 修178	81 65	520,341	83	廠房二座營業間一座及修改房屋等
	醫院	建93 修101	58 97	142,976	74	分診所一座及修改房屋等
	農場	建296	38	873,223	81	米倉一座母猪舍一座及豆倉等
	共計	建7,870 修2,374	08 45	12,503,082	09	計住宅十八座宿舍五座教室四座米倉一座合作社廠房二座母猪舍一座及修理
總計		建13330 修2374	39 45	22,570,032	95	房屋零星工程等

本年度計增加廠房18座庫房5座（米倉在內）辦公室9座（營房及合作社營業間医院分診所）水塔3座山峒2座教室4座職員宿舍1座（可容21〇人）工人宿舍4座（可容529人）職員住宅9座（連同修理民房計可容90户）工人住宅9座（連同修理民房計可容92户）及忠恕堂舞台道路堡坎等

以上各工程除山峒工程一座因於三十三年度始完成已將决算呈署請驗外其餘已全部經上級機關驗收備案矣

兵工署第十工廠製

024

軍政部兵工署第十工廠經費會計概述

本廠沿革及主要業務之演變設施已另見報告，本篇僅就會計業務作一簡賅之敘述，俾得悉本廠各項經費之情況。

本廠前身砲兵技術研究處（以後簡稱砲技處）成立之初（廿五年四月—廿四年底），經費預算尚未確立，而若干費用必須支付（如購置器物、租房屋等），故當時由兵工署先行撥發備用金若干（見A卷4-3-2）以為應付。及於廿四年六月間奉　核准株洲兵工廠籌備處（原擬稱株洲兵工廠籌備處，後奉命改稱砲技處）經常費預算每月式萬捌仟餘元（見A卷4-2-1），是項預算僅供砲技處人員俸給、辦公等經常支出，此後預算數雖有若干次增減，但無多大變更，所有須支呈報手續概依照一般軍事機關之經費處理，按月辦發計算送呈核銷，以迄於廿九年底止。三十年初改制成廠，砲技處經常經費之會計亦隨同結束。砲技處之中心工作為籌建株洲兵工廠，所有勘定廠址、滙付地價及訂購機件款項雖已先由部署辦理一部份，但整個建設計劃、建設經費尚無頭緒，及砲技處正式成立，人員逐漸羅致後，經縝密謀計，於廿六年三月擬定株洲兵工廠建設經費（以後簡稱株廠建設費）及火砲試

24-1

造經費（火砲試造亦為砲技處之重要工作）兩項共計概算一千五百四十餘萬元（見A卷21-3-1）呈核（軍委會以款額如是之鉅令飭妥慎重擬，並經面召設計人員詳陳理由，經再次申擬於廿七年五月始奉核准，（見A卷23-2-1）籌建計劃既經確定，雖概算翌年始奉准，但各項經費已由兵工署分案陸續撥付，於廿五年秋間即展開實地工作，成立駐漢駐株兩辦事處，并派員出國驗收機器，當時駐漢辦事處接管漢陽砲廠，除設計試造新砲費用在株廠建設費列支外，尚有餘力担任修械工作，故其經費會計自始即依照一般兵工廠製造經費之辦法處理，所有試造費用俟結算後列支株廠建設經費，其修械經費另行結算請核，該處於武漢告急後經報准遷桂，所需遷建費一部份由砲技處經領轉發，一部份由兵工署直撥，故該處經費自成立起即行獨立成一單位分會計，以迄移交於辰谿第一廠，其與砲技處經費之關係，僅為一往來帳戶而已。當漢辦事處報請遷移之時，（廿八年二月間）奉署令復將該處所轄漢陽砲廠第一分廠（原在桂林）改隸桂林修砲廠（即今之四十三廠）直屬砲技處，該廠工作為修理前綫砲械，其經費會計亦全部獨立，嗣於廿八年五月（見A卷22-2-1）奉令改隸兵工署，與砲技處之經費往來帳戶於卅二年結欠清訖。至於駐株辦事處其工作為建設株廠廠址，所有購地、整理地基及各種建築需費均列在株廠建設費概算內，故其經費無論用金額、支付款項單據，彙呈砲技處由會計組審核後入帳，所有大宗工程支款仍由砲技處在京核付，以迄於抗戰軍興砲技處由京遷株（該時之遷移經費另編臨時費預算在砲技處經常費節餘項下撥支，其帳戶附設於經常費總帳，於遷移結束後即行造報核銷）駐株辦事處結束時為止。出國驗收機器人員所需旅費經編送支出預算（見A卷2-2-1）在株廠建設費內列報，所有國外訂購之機器工具材料等款項均由兵工署撥匯駐德大使館商務專員辦公處代辦，由砲技處在株廠建設費內轉帳收支。該處代辦之訂購案計分Artile（製造火砲機器工具等）及Liang（製造砲彈機器工具材料等）兩批。Arta案已經全部結束，機器工具等項均已運到，其中大部份已移交五十廠，至於Liang案機器工具均已運回，惟材料一項因種類既多，數量亦鉅，受歐戰影響，少數合同貨款未能清結，而一部份合同之材料因分批改裝陸續內運，故與購置數量頗有出入，國境外尚存有若干，此後能否繼續運到，現時均不可知，凡此種種均使會計處理極感掣肘，迄今尚未能作一完全之清算也。

當駐漢辦事處須遷移之初，原由該處担任之新砲試造工作因材料等供應發生問題未竣工作已不克再行繼續，乃決定將半成品等運赴國外繼續製造，經編定預算并

25-1

准核撥鎊款滙歐支付。於廿九年初試造完成，惟因歐戰途阻，造成之火砲迄未能運回，所有國外試造經費業經全數專案造報（見B卷3011）並經奉准核銷，此項經費仍在株廠建設費總數内撥支。

砲技處於遷祇株洲後，為利用已到廠地之製槍彈機器以應當時軍需，經趕建臨時廠房，擬定臨時槍彈廠建設費預算（見A卷2-1-3.2）於極短期内開工出品。上項建設經費既屬臨時性質，而槍彈製造工料又必須另行設帳登記，且所需經費係由株廠建設費墊付，故為簡捷計，即在株廠建設費帳内立一科目，以登記現金之墊付數額，一面為使臨時槍彈廠之經費帳户清楚起見，另設分類帳登記之。槍彈廠開工未及數月，因戰局逆轉，砲技處又奉命西遷，故當時倉卒將甫行裝就之機器拆卸西運，所有槍彈製造機、熔銅鐵、軋銅機、一部份工具機及大部份槍彈材料奉令運渝，移交二十五廠，故臨時槍彈廠經費處理又成尾声。此後經整理後，即將帳户清結。在決定西遷之後，即另擬遷移費預算專案辦理（見A卷424）。此項遷移費用包括發交二十五廠員工之旅費及機、料之運費，故日後彼此結算費時實多，於卅二年方將此項費用全部結束，專案造報。株廠建設工作於決定西遷時既告停頓，乃將原概算內列有之臨時事務費、臨時人員薪俸、附屬事業之農林費、衛生費等分別編造計算呈核，均奉令知核銷（見B卷4-4-5 4-4-6 4-3-5）所有初期建築工程如平基、開河、築堤岸、橋樑、山洞等項皆告完成，並經驗收。至於廠房建築合同已訂立數批，而各工程於是時僅完成一部份，中途廢約停工，極感週折，幾經洽商，始在不使公帑靡費、並兼顧承造建築商不致虧蝕之情形下予以解决。株洲廠址經另設留守處，保管存料、地產，其編制組織及經費預算於廿七年十月間奉准（見A卷015）所需經費在砲技處經常費節餘項下撥支，及卅年砲技處改制成廠，經常費結束後，改由製造費盈餘項下撥支，均逐年另編計算呈報，至卅六年奉准改在製造費內核實支報，不再另編預算計算，以省手續。

砲技處遷渝之初，暫設駐渝辦事處，其實任務為勘測廠址，征收廠地，購辦建築材料交商趕建廠房，冀於極短期內開工製造，所有渝地建廠需費另編預算呈准核撥，當時以此項建設實為株廠建設之遞嬗，故經費帳務仍併入株廠建設費依照專案繼續經費處理，未予劃分歲出，至廿八年鑒於建設部份尚須補充，乃呈請追加渝廠建設經費原預算，惟當時兵工建設專款已改照年度劃分，故於廿九年將渝廠建設費與株廠建設費劃分處理，於

261

廿九年底復將歲出亦依照規定按年結算，惟若干工程（如山洞廠房）因建設期間較長，整個工程經費必須經費陸續分年列支，俾歲計帳務不至因而延擱。至廿九年初，廠房既大部完工，而機器亦相繼安裝竣事，惟材料迭滯留滇越路間，祗能利用一部份機力壓製炸藥包及鋤櫻彈另件等，廠型初具，故經費處理，除建設費外，另設製造經費帳户以處理之。

砲技處建設計劃既數經變更，所歷任務亦至繁複，於遷移之時，會計事務無法清理，與物品會計有關帳户尤感紛繁，國外購辦之材料則因單據寄遞遲誤，料價無從計算，迁移時接收移交之材料復因時機倉卒，難免品質混雜，於遷移既定之後，一面整辦積壓舊帳，一面規劃新帳，材料帳户經數年之久始清理竣事，及令材料之會計帳册與庫儲登記已能盡符，而其餘經費亦均相率結報矣。

自砲技處改制成廠後，會計業務之重心已由普通公務會計而變為工廠成本會計，惟當茲物價劇變，普通之成本會計已不克把握實際情形，故一面遵照奉頒之兵工會計推行，一面則予補充，著重部別成本之確計，俾得從謀節省，使製造業務能合理經濟。

至於會計事務程序，自廿六年度起遵照主計處規定採用特種序時帳簿以登記現金收支之賬户以來，迄無多大更變，盡量在遵照法令符合理論及記録詳確之原則下簡化手續，俾以簡馭繁，而及時編造會計報告，以供上級機關及業務主管官之查核參攷也。

附件

(一)現行出納事務處理程序圖
(二)現行財物購置領用處理程序圖
(三)現行營繕工程處理程序圖
(四)現行簿記組織系統圖
(五)現行成本計算程序圖

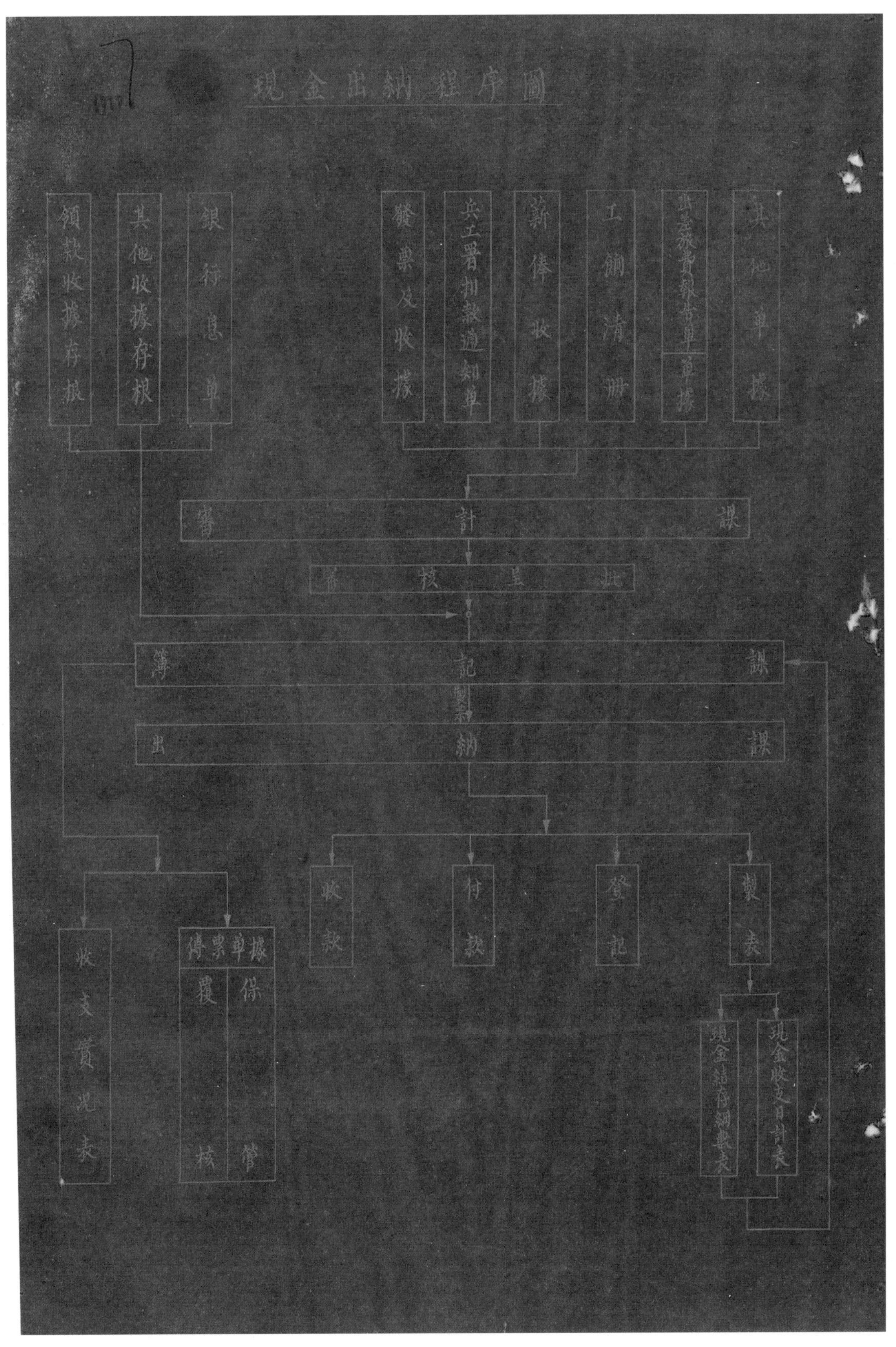
現金出納程序圖
領款收據存根
其他收據存根
銀行息單
發票及收據
兵工署撥款通知單
薪俸收據
工餉清冊
出差旅費報告單
單據
其他單據
審計課
簽核呈批
簿記課
記賬
出納課
收款
付款
登記
製表
現金結存細數表
現金收支日計表
收支資況表
傳票單據
保管
覆核

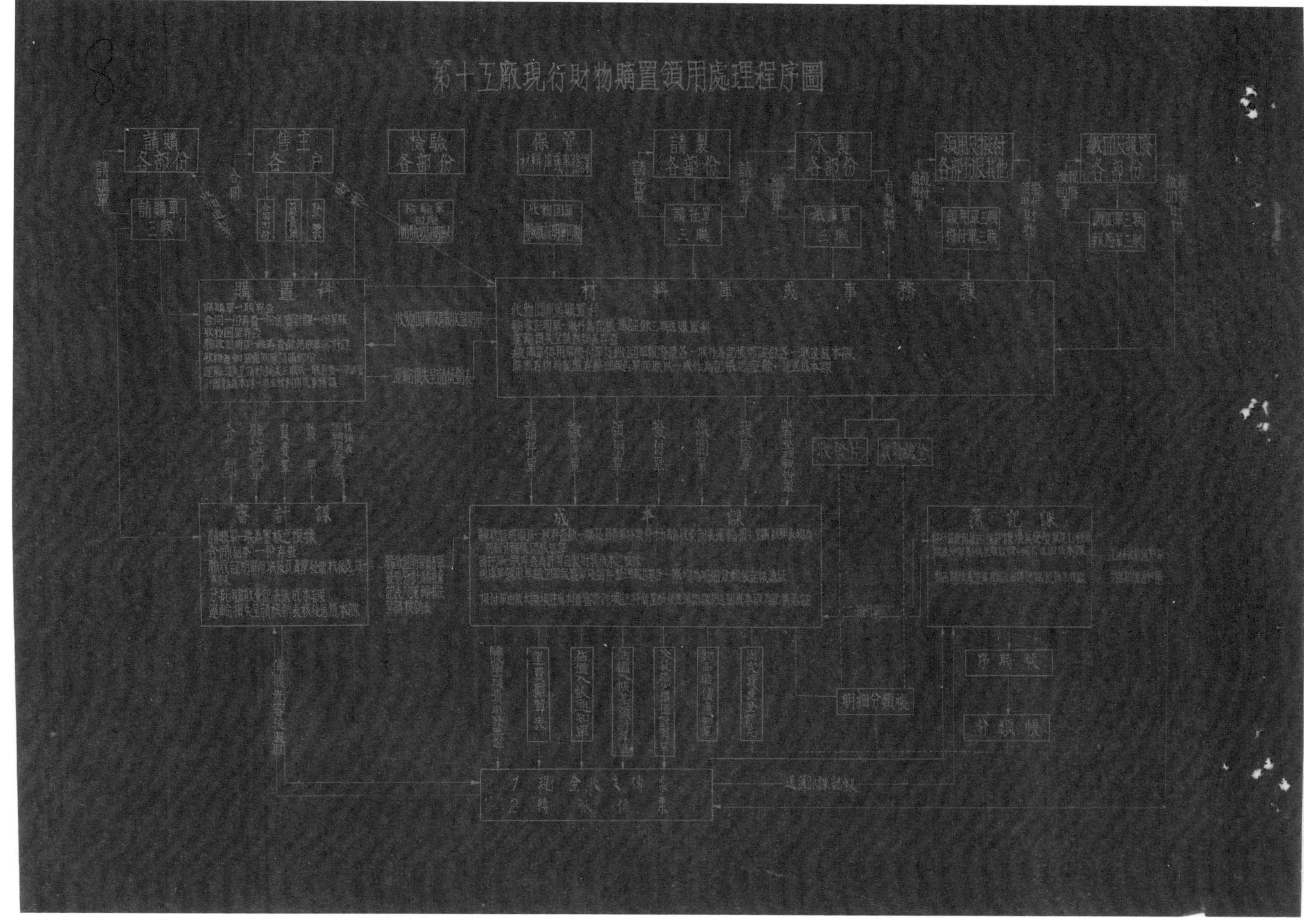
第十五廠現行財物購置領用處理程序圖
請購各部份
售主各户
檢驗各部份
保管
請製各部份
承製各部份
領用及撥付各部份及其他
繳回及報廢各部份
購置科
材料庫或事務課
審計課
成本課
簿記課
收發站
廢料總站
明細分類帳
序時帳
分類帳

第十工廠現行成本計算程序圖
人工
費用
材料
製造費用明細帳
依照下列費用科目並分別細目登帳
運輸費用
營繕費用
工務費用
公益
管理費用
間接人工
間接材料
工人作工日報表
領用單
(月終結算後)
製造費用分配表
製造費用明細表
各科目及細目結算總額
領料明細表
間接材料
直接材料
工人作工時間分類總記表
直接工時
間接工時
製造費用攤派表
成本匯記片
材料
人工
攤費
成件
在製品帳戶
材料
人工
攤費
借項
貸項
借項
貸項
借項
貸項
(直接工資總額)
(直接材料總額)
分品生產報告
以每一工作命令為單位
成品繳庫單
製成品帳戶
成品
借項
貸項
成件帳戶
成件
借項
貸項
解繳通知單
成品解繳時填具

軍政部兵工署第十工廠經費會計概述(二)

三十三年度

本廠成立之初原係製造2cm及3.7cm小口徑砲彈、及三十三年下半年上項砲彈需用材料存量用罄、國內無法自謀補給、乃奉命改造6cm迫擊砲及砲彈以應軍需；此種改變對於製造技術、工作方式及工具、設備等等，策劃極費周折、經過頗不簡單、機械雖可大部利用原有者、但熔鑄作業之設備則須全部另行籌建、其餘附屬添置亦復不少；當時政府預算不敷建設經費未准核列、各項資本支出乃不得不勉從歷年械彈淨價賸餘內撥支、總額達四千萬元以上約當全年製造費用一億二十萬元總額三分之一。更因彼時物價騰漲不已、為謀成本之減低不得不盡財力之可能大量購儲物料、總計全年購入材料達二億二千萬元之鉅(內中一億六千萬係由署及所屬機關價撥尚有價款二千八百萬元未能支付、增列短期負債)總計本廠三十三年全年現金支出四億三千萬元、估全年收入百分之九十如此鉅額負荷、以所餘資金百分之十應付週轉深感困難也。

工廠會計當以成本計算為主要、本廠早具決意、促其實行、無如在通貨膨脹之經濟下、實際成本之涵義擴展、正統之成本計算方法因佔成本大部份之材料價值係採用過去之進價計算(不論先入先出、或後入先出)故就工廠繼續經營、應維持再生產成本之理論觀之、材料成本表示欠符現實、尤於大量購儲材料之工廠為然、蓋其材料進價各期均有、價值之表現極為複雜、果欲依照計算則徒具形式與手續、無裨實效，再貫價值之計算方法、雖理論健全、但實行則諸多困難。按之工廠經營應以提高產品質量、減低產品成本為鵠的、成本計算廠為後者之尺度、自不能忽而略之、故本廠衡量事實、乃決將出品之單位成本計算暫緩、而專注於部別成本之計算、一因部別成本為單位成本之原始、如部別成本能節省則單位成本必定減低、設有歧異、要為攤派問題、此增彼減、對於以全部出品均繳由政府價購之兵工廠、此種增減故無多大關係、二因部別成本係以部份為對象、計算簡單、責任分清、研析便捷、非如單位成本須對數以千計之另件（如分道生產則更須以每一製造程序）為對象、更須有極繁複之計算及分析過程、方能用之考查成本增減及其原由。本廠部別成本每月均有報表表示、以供統計考查、至於出品單價、雖不為準確之計算、但須參照部別成本詳列工料、估算報核、以為兵工署核定單價發給價款之參攷。

三十三年度帳面盈餘達一億五千萬元、驟視之以為兵工署核定單價過高（或謂本廠報估單價過高、因核定價係參攷估價者）、但此項盈餘大部份為料價差額、如以實際資產言、則不特無所盈餘、且有虧耗、附表(6)之數字即為明確之佐証

本廠自砲兵技術研究處創始時以迄於三十二年底之全部建

設專欵及製造經費帳户均於本年十一月間由審計部軍政部兵工署派員會同查核清訖。本年度建設專欵未奉核撥、經費處理僅有製造經費一項、為使逐月成本確實起見、故製造費用每月結賬、但工料計算均有相當程序、故斟酌實際情形簡化手續、俾能迅速按期結帳、乃於七月份起將所有每月結帳應具分錄予以詳細之規定、凡能彙集轉帳者均一併辦理、實物資產均依照權責發生制轉帳、經此規定後頗著成效、登記查核均感便捷、而實物資產帳户亦能與各保管部份實物之報表完全符合、以收帳户統馭之效、會計事務處理程序歷年均有多少改進、此後如一般業務無多更張、則普通財務會計當可依限結報也。

131

附表：

(一)三十三年度現金收支結存統計表

(二)三十三年度現金收支分類統計表

(三)三十三年度製造費用分類統計表

(四)三十三年度製造費用分季比較表

(五)三十三年度製造費用分部統計表

(六)三十三年度庫存材料差額統計表

(七)四年來生產數值統計表

(八)四年來入員及給予統計表

(九)四年來資力負担增加統計表

(十)四年來成本統計表

三十三年度	
財務類	二

逐月現金收支結存統計表

月份	收入		支出			結存
	金額	佔總額%	金額	佔總額%	佔收入%	金額
1	17,523,338	3.63	18,553,743	4.29	105.88	8,444,909
2	17,049,168	3.54	17,070,301	3.95	100.12	8,423,776
3	22,872,281	4.74	17,200,287	3.98	75.20	14,095,770
4	13,854,620	2.87	14,611,471	3.38	105.46	13,338,919
5	21,282,925	4.41	21,917,324	5.06	102.98	12,704,520
6	36,720,513	7.61	31,067,366	7.18	84.60	18,357,667
7	19,980,711	4.14	21,250,390	4.91	106.35	17,087,988
8	10,414,044	2.16	21,284,808	4.92	204.39	6,217,224
9	87,695,264	18.18	69,783,475	16.13	79.57	24,129,013
10	85,600,702	17.74	68,117,360	15.75	79.58	41,612,355
11	5,768,201	1.20	41,440,302	9.58	718.43	5,940,254
12	143,680,855	29.78	90,266,780	20.87	62.82	59,354,329
全年總額	482,442,622	100.	432,563,607	100.	89.66	——
平均每月	40,203,552	——	36,046,967	——	——	——

資料來源：現金結存表。

附　註：上列現金包括三十三年度建設經費餘款（於三十三年法幣現金存留暫借期間內消耗）及全年度業務經費兩項。

收入金額不包括上月結存。

本表金額元以下不列。

15

現金收支分類統計表

三十三年度	
財務類	五-922

項目	區別	類別	上半年	下半年	合計	%
1	收入	三十二年度十二月份製造費	200,000.00		200,000.00	.04
2		署撥製造費	96,513,000.00	292,198,782.00	388,711,782.00	80.57
3		其他營業收入	111.14	1,250,900.00	1,251,011.14	.26
4		署撥周轉金	5,000,000.00	15,000,000.00	20,000,000.00	4.15
5		暫收款	96,769.51	125,137.98	221,907.49	.05
6		保管款收入	209,704.61	413,055.91	622,760.52	.13
7		暫付款收回	2,357,823.60	7,962,088.94	10,319,912.54	2.14
8		墊付款收回	15,171,147.06	9,700,749.03	24,871,896.09	5.16
9		預付款收回	30,850.00	143,315.20	174,165.20	.03
10		存出保證金收回	124,915.72	668.00	125,583.72	.02
11		備用金收回		160,000.00	160,000.00	.03
12		其他收入	1,953,632.86	3,580,047.04	5,533,679.90	1.15
13		其他支出收回	7,644,891.79	22,505,032.26	30,149,924.05	6.25
14		合計	129,302,846.29	353,139,776.36	482,442,622.65	100.
15	支出	薪餉	5,246,357.35	7,341,763.71	12,588,121.06	2.91
16		工資	14,973,963.10	27,520,140.64	42,494,103.64	9.82
17		辦公費	3,349,058.24	6,575,679.55	9,924,737.79	2.29
18		旅運費	992,414.88	9,831,332.49	10,823,747.37	2.50
19		什項購置	36,525.00	19,384.00	55,909.00	.01
20		修理費	203,336.30	3,268,100.89	3,471,437.19	.80
21		其他開支	1,569,519.20	4,612,643.46	6,182,162.66	1.43
22		增加固定資產支出	6,487,899.58	22,731,785.29	29,219,684.87	6.76
23		購辦食糧支出	946,806.96	6,053,275.66	7,000,082.62	1.62
24		購辦材料支出	33,436,161.92	110,665,468.47	144,101,630.39	33.31
25		暫付款	19,239,906.20	51,126,475.91	70,366,382.11	16.27
26		預付款	11,896,674.20	40,385,416.28	52,282,090.48	12.09
27		墊付款	21,631,841.73	5,115,370.00	26,747,211.73	6.18
28		存出保證金	1,000.00	4,040.61	5,040.61	.01
29		備用金劃撥	73,000.00	275,000.00	348,000.00	.08
30		暫收款退回	258,196.38	360,952.44	619,148.82	.14
31		保管款退回	75,706.90	211,433.30	287,140.20	.07
32		其他支出	2,125.24		2,125.24	—
33		其他收入退回		16,044,852.56	16,044,852.56	3.71
34		合計	120,420,497.18	312,143,115.16	432,563,608.34	100.

資料來源：各月現金收支狀況表總編製。
附　　註：類別係依照六二署規定區分。

16 製造費用分類統計表 021

卅三年度 財務類

費別	運輸費用 金額	運輸費用 % 本類	運輸費用 % 本項	公益費用 金額	公益費用 % 本類	公益費用 % 本項	營繕費用 金額	營繕費用 % 本類	營繕費用 % 本項	管理費用 金額	管理費用 % 本類	管理費用 % 本項
01 薪給				259.61	9.59	30.36	60.33	16.63	7.06	199.77	17.89	23.36
02 辦公費				2.56	0.10	12.48	.74	0.20	3.59	8.00	0.71	38.83
03 膳務							36.15	8.58	90.97	3.09	0.28	9.03
04 間接工資	90.60	18.19	9.12	205.37	7.59	20.66				27.82	2.49	2.79
05 米貼	192.43	38.63	6.36	750.35	27.73	24.79	6.55	1.80	0.22	107.14	9.59	3.54
06 郵電	14.78	2.97	1.08	262.73	9.71	19.16	80.11	22.08	5.84	227.82	20.40	16.61
11 文具印刷				59.22	2.19	22.92	4.73	1.31	1.83	117.20	10.50	45.38
12 郵費										3.70	0.33	94.93
13 旅費	2.63	0.53	1.57	33.44	1.24	20.00	22.90	6.31	13.70	34.46	3.09	20.61
14 運費				63.68	2.35	43.83	.08	0.02	0.05	44.99	4.03	30.97
15 匯兌				.40	0.01	70.15				.16	0.01	28.54
16 稅捐										.17	0.01	21.83
17 租費	.17	0.03	2.14	.73	0.03	9.38	.03	0.01	0.38	.19	0.02	2.44
19 醫藥費	.05	0.01	0.01	375.54	13.88	96.35	.46	0.13	0.12	2.08	0.19	0.54
21 消耗材料	182.19	36.57	8.08	378.58	13.99	16.78	50.72	13.98	2.25	43.29	3.88	1.92
22 什項購置				27.57	1.02	79.26	.13	0.04	0.37	4.51	0.41	12.95
23 盤存損失				7.63	0.28	8.65				.70	0.06	0.80
24 什項損失				2.18	0.08	2.32						
32 水電燈費				132.65	4.90	15.05	9.70	2.67	1.10	4.76	0.43	0.54
41 修配費	15.32	3.07	1.08	110.18	4.07	7.77	51.43	14.17	3.63	232.27	20.80	16.38
52 什費				33.54	1.24	18.97	43.81	12.07	24.78	54.48	4.88	30.82
合計	498.17	100	4.08	2705.96	100	22.14	362.87	100	2.97	1116.60	100	9.13

費別	工務費用 金額	工務費用 % 本類	工務費用 % 本項	物料購運費用 金額	物料購運費用 % 本類	物料購運費用 % 本項	服務費用 金額	服務費用 % 本類	服務費用 % 本項	製造部份費用 金額	製造部份費用 % 本類	製造部份費用 % 本項	合計 金額	合計 % 本類	合計 % 本項
01 薪給	126.39	18.66	14.78	47.93	8.43	5.61	52.03	2.69	6.08	109.06	2.31	12.75	855.12	7.00	100
02 辦公費	2.74	0.40	13.32	1.06	0.19	5.15	1.20	0.06	5.83	4.28	0.10	20.80	20.58	0.16	100
03 膳務													34.24	0.28	100
04 間接工資	54.63	8.07	5.50	13.18	2.32	1.33	205.73	10.65	20.70	396.50	9.09	39.90	993.83	8.13	100
05 米貼	119.39	17.63	3.94	52.25	9.19	1.72	385.85	19.97	12.75	1413.27	32.39	46.68	3027.23	24.76	100
06 郵電	187.93	27.75	13.71	63.63	11.20	4.64	136.80	7.08	9.98	399.46	9.11	28.98	1371.26	11.22	100
11 文具印刷	59.43	8.78	23.02	10.45	1.84	4.04	2.41	0.12	0.93	4.85	0.11	1.88	258.29	2.11	100
12 郵費				.20	0.03	5.07							3.90	0.03	100
13 旅費	5.33	0.80	3.19	61.57	10.83	36.81	3.01	0.16	1.80	3.88	0.09	2.32	167.22	1.37	100
14 運費				34.79	6.12	23.95	1.74	0.09	1.20				145.28	1.19	100
15 匯兌				.01	—	1.31							.57	—	100
16 稅捐	.16	0.02	20.49	.45	0.08	57.68							.78	0.01	100
17 租費	.89	0.13	11.43	.11	0.02	1.39	.67	0.03	8.59	5.01	0.12	64.25	7.80	0.06	100
19 醫藥費	.95	0.14	0.24	1.84	0.32	0.47	2.45	0.13	0.63	6.39	0.15	1.64	389.76	3.19	100
21 消耗材料	57.52	8.49	2.55	62.24	10.95	2.76	254.32	13.17	11.27	1227.17	28.12	54.39	2256.03	18.46	100
22 什項購置	1.90	0.28	5.46	.71	0.12	2.04	.01	—	0.02	0.04	—	0.01	34.79	0.28	100
23 盤存損失				79.83	14.04	90.55							88.16	0.72	100
24 什項損失				91.60	16.11	97.68							93.78	0.77	100
32 水電燈費	5.73	0.85	0.65	3.21	0.56	0.36	315.99	16.35	35.87	409.10	9.37	46.43	881.14	7.21	100
41 修配費	35.41	5.23	2.50	29.88	5.27	2.11	567.77	29.39	40.05	375.46	8.60	26.48	1417.72	11.60	100
52 什費	18.79	2.77	10.62	13.52	2.38	7.64	2.19	0.11	1.24	10.48	0.24	5.93	176.81	1.45	100
合計	677.19	100	5.54	568.46	100	4.65	1932.17	100	15.80	4362.87	100	35.69	12224.29	100	100

1127-2000-34.6.24原/事

製造費用分季比較表

三十三年度　財務類

費別		第一季 1	2	3	均數	指數	第二季 4	5	6	均數	指數	第三季 7	8	9	均數	指數	第四季 10	11	12	均數	指數
01	薪給	33.21	31.32	32.52	32.35		31.07	33.63	92.07	52.26		65.33	65.42	60.41	63.72		139.47	126.20	114.46	136.71	
02	辦公費	1.35	1.38	1.38	1.37		1.38	1.39	1.38	1.38		1.35	1.35	1.35	1.35		1.35	3.46	3.46	2.76	
03	伙膳	2.25	2.14	1.99	2.13		1.82	2.64	2.26	2.26		2.55	2.17	2.04	2.25		4.04	5.69	4.65	4.79	
04	間接工資	62.67	53.23	50.85	55.58		51.31	49.57	50.50	50.45		118.49	112.54	108.87	113.30		112.86	107.01	115.93	111.93	
05	米貼	159.17	152.06	134.31	148.51		268.91	266.03	278.13	271.02		280.63	282.71	287.50	283.61		301.44	303.87	312.47	305.93	
06	郵費	28.04	31.36	28.95	29.45		27.50	29.66	145.99	67.71		75.91	67.76	60.59	68.09		89.81	89.59	696.10	291.83	
	人員給與合計	216.69	271.50	250.00	269.39	100	281.99	382.92	570.32	445.08	1652	544.26	531.98	520.76	532.32	1976	648.97	635.82	1277.07	853.95	3170
11	文具印刷	.10	1.43	48.22	16.58		15.24	14.29	30.16	19.90		13.45	13.60	34.96	20.67		12.81	22.77	49.26	28.95	
19	醫藥費	30.79	33.16	32.88	32.28		31.87	30.96	32.08	31.63		32.65	32.38	32.94	32.66		33.75	33.41	32.89	33.35	
21	間接材料	90.10	211.85	163.63	155.20		79.34	203.21	196.46	159.67		153.90	112.36	220.56	165.60		298.70	288.30	227.62	271.54	
22	雜項購置	.01	.07	4.55	1.54		.21	1.53	2.52	1.42		.89	.81	.62	.77		4.76	14.52	4.29	7.86	
23	盤存損失	4.47	4.39	4.62	4.44		5.48	5.92	6.62	6.01		8.07	8.32	9.19	8.53		10.08	10.21	10.89	10.39	
24	雜項損失								33.14	11.04		.39	3.45	21.57	8.47		10.78	3.49	20.96	11.78	
	物料合計	125.47	250.80	253.90	210.06	100	132.14	255.91	300.98	229.67	1093	209.35	170.92	329.84	236.70	1127	371.88	373.71	345.91	363.83	1732
13	旅費	3.54	7.06	6.49	5.69		6.36	9.01	8.81	8.06		14.17	9.88	11.56	11.87		16.99	40.90	32.45	30.11	
14	運費	3.91	4.56	3.45	3.97		5.29	17.83	9.24	10.79		15.91	18.11	10.81	14.94		10.71	26.00	19.46	18.72	
	旅運費合計	7.45	11.62	9.94	9.66	100	11.65	26.84	18.05	18.85	1951	30.08	27.99	22.37	26.81	2775	27.70	66.90	51.91	48.83	5054
12	郵電	.12	.14	.23	.16		.59	.23	.14	.32		.18	.11	.21	.16		.26	1.22	.47	.65	
15	匯兌		.01	.41	.14		.02		.02	.01			.04		.01		.02	.05		.02	
16	規捐		.35		.12		.04		.13	.06		.01		.01	.01		.08		.16	.08	
17	租費	.51	.43	.40	.44		.52	.54	.53	.53		.54	.55	.91	.67		.93	.92	1.02	.96	
41	修理費	42.43	40.18	90.79	57.80		48.60	74.22	77.71	66.84		68.39	121.98	60.72	83.70		40.18	307.99	444.52	264.23	
52	雜費	3.67	3.69	13.17	6.84		10.23	9.39	11.28	10.30		13.94	12.28	13.33	13.18		16.64	18.02	51.17	28.61	
	雜項費用合計	46.73	44.80	105.00	65.50	100	60.00	84.38	89.81	78.06	1192	83.06	134.96	75.19	97.72	1492	58.11	328.20	497.34	294.55	4497
32	外購電費	45.38	40.68	59.14	48.40		51.63	51.68	59.57	54.29		55.95	69.16	83.48	69.53		149.58	119.76	95.13	121.49	
	電費合計	45.38	40.68	59.14	48.40	100	51.63	51.68	59.57	54.29	1122	55.95	69.16	83.48	69.53	1437	149.58	119.76	95.13	121.49	2510
總計		511.72	619.44	627.98	603.01	100	637.44	801.73	1028.74	825.95	1370	922.70	934.98	1031.64	963.09	1597	1256.28	1524.39	2267.36	1682.65	2790

1127—2000—34.6.24原／車

18　019

製造費用分部統計表

三十三年度　財務類

費別	第一所	第二所	第三所	第四所	第五所	第六所	第七所	第八所	第九所	第十所	擦拭所	造砲所	辦公廳	工務處	福利處	會計處	購置科	土木科	統計科	株州辦事處	總計
01 薪給	12.18	13.96	28.27	16.99	12.23	0.49	15.82	37.73	7.94	15.51		7.46	151.18	149.02	262.18	71.36	29.10	27.30	17.90	1.08	825.70
03 餉糈													31.15							3.09	34.24
04 間接工資	44.03	36.92	90.25	39.08	26.48	1.53	27.49	115.45	46.60	49.20	14.23	69.59	18.57	148.08	234.03		22.75	3.21	5.70	0.04	993.83
05 米貼	100.56	135.64	324.33	107.17	119.25	7.25	181.97	215.12	123.45	79.70	100.32	203.03	99.42	305.63	816.06	1.61	83.75	4.13	6.46	2.08	3027.23
06 卹賞	33.35	43.29	87.62	43.03	39.06	0.44	50.69	98.73	33.31	35.69	17.92	48.75	174.82	233.36	264.94	81.14	33.15	29.02	21.27	1.68	1371.26
11 文具印刷	0.54	0.48	1.52	0.59	6.51		0.47	1.80	0.23	0.62	0.39	0.11	46.68	65.51	59.22	23.66	4.37	8.69	41.30	1.60	258.29
13 旅費		0.46	0.22	0.44	0.24	0.01	0.74	0.42	1.58	2.59		0.19	39.70	9—	33.44	0.02	57.55	1.79		18.83	167.22
14 運費										1.74			44.98		63.08		34.75			0.18	145.28
17 郵電稅捐費	0.64	0.43	0.13	0.70	0.40	0.01	0.78	0.37	0.94	0.10	0.86	0.13	3.86	1.22	1.33		0.74	0.01		0.40	13.05
19 醫藥費	0.30	0.65	0.74	0.75	0.45	0.10	1.15	1.30	1—	0.80	0.45	0.80	0.76	1.30	375.79	1—	1.64	0.31	0.30	0.17	389.36
21 間接材料	196.39	328.56	103.43	99.40	205.24	0.11	11.15	192.98	79.73	60.20	68.71	134.45	90.71	88.07	379.71	0.53	213.89	3.14	0.13		2256.03
23 盤存損失													0.83	79.70	7.63						88.16
24 什項損失															2.18		91.60				93.78
32 電費	50.23	159.16	43.59	51.24	21.88	1.13	14.46	167.15	22.35	148.84	9.67	35.39	12.70	7.90	132.64	0.91	1.05	0.48	0.37		881.14
41 修繕費	113.87	17.85	59.16	6.37	54.03	0.23	17.09	107.23	55.30	317.46	1.41	50.15	80.57	40.39	252.24	1.91	40.24	201.18		0.04	1413.22
52 雜費	0.83	0.26	0.18	0.09	0.25		6.74	2.01	0.35	0.18	0.06	1.69	53.41	22.33	61.11	5—	11.87	1.36	10.93	3.25	211.60
合計	553.22	737.66	749.44	363.85	480.02	11.30	328.55	940.29	372.78	712.63	214.02	552.04	878.39	1151.51	2947.18	187.14	636.45	280.62	104.36	32.44	12,234.29

1 佔本部%　2 佔本項%

費別	第一所 1	第一所 2	第二所 1	第二所 2	第三所 1	第三所 2	第四所 1	第四所 2	第五所 1	第五所 2	第六所 1	第六所 2	第七所 1	第七所 2	第八所 1	第八所 2	第九所 1	第九所 2	第十所 1	第十所 2
01	2.20	1.39	1.89	1.59	3.77	3.73	4.12	1.71	2.54	1.40	4.34	0.06	4.82	1.81	4.01	4.31	2.13	0.91	2.19	1.77
03																				
04	7.96	4.43	5.01	3.71	12.04	9.10	10.74	3.94	5.52	2.66	13.54	0.15	8.37	2.77	12.30	11.62	12.50	4.68	6.90	4.95
05	18.23	3.33	18.29	4.48	44.62	11.04	29.45	3.54	24.84	3.94	64.15	0.24	55.39	6.01	22.88	7.11	33.12	4.08	11.18	2.63
06	6.03	2.43	5.87	3.15	11.69	6.39	11.83	3.14	8.13	2.85	3.89	0.03	15.43	3.70	10.50	7.20	8.94	2.43	5.01	2.60
11	0.10	0.21	0.67	0.19	0.20	0.59	0.16	0.22	0.16	0.20			0.14	0.18	0.19	0.70	0.06	0.09	0.09	0.24
13			0.06	0.28	0.03	0.13	0.12	0.26	0.05	0.14	0.09	0.01	0.22	0.44	0.04	0.25	0.42	0.95	0.36	1.55
14																			0.24	1.20
17	0.12	4.90	0.06	3.29	0.02	1—	0.19	5.36	0.08	3.07	0.09	0.07	0.24	5.98	0.04	2.84	0.25	7.20	0.01	0.77
19	0.05	0.08	0.09	0.17	0.10	0.17	0.21	0.19	0.09	0.11	0.90	0.03	0.35	0.30	0.14	0.33	0.27	0.25	0.11	0.21
21	35.50	8.71	44.52	14.56	13.80	4.58	27.33	4.41	42.75	9.10	0.97	0.01	3.39	0.49	20.52	8.55	21.39	3.53	8.45	2.67
23																				
24																				
32	9.08	5.70	21.58	18.06	5.82	4.95	14.08	5.82	4.55	2.48	10.—	0.13	4.40	1.64	17.77	18.97	5.99	2.54	20.88	16.89
41	20.58	8.03	2.42	1.26	7.89	4.17	1.75	0.45	11.26	3.81	2.03	0.02	5.20	1.21	11.40	7.56	14.84	3.90	44.55	22.39
52	0.15	0.39	0.03	0.12	0.02	0.09	0.02	0.04	0.05	0.12			2.05	3.18	0.21	0.95	0.09	0.16	0.03	0.09
合計	100	4.52	100	6.04	100	6.13	100	2.98	100	3.93	100	0.09	100	2.69	100	7.70	100	3.05	100	5.82

費別	擦拭所 1	擦拭所 2	造砲所 1	造砲所 2	辦公廳 1	辦公廳 2	工務處 1	工務處 2	福利處 1	福利處 2	會計處 1	會計處 2	購置科 1	購置科 2	土木科 1	土木科 2	統計科 1	統計科 2	株州辦事處 1	株州辦事處 2	總計 1	總計 2
01			1.35	0.85	17.20	17.26	12.94	17.02	8.90	29.94	38.13	8.45	4.64	3.32	9.73	3.12	17.15	2.04	3.33	0.12	7.16	100
03					3.54	90.98													9.53	9.02	0.28	〃
04	6.65	1.44	12.66	7.03	2.15	1.90	12.86	14.90	7.94	23.55			3.63	2.28	1.14	0.32	5.46	0.57	0.12	—	8.13	〃
05	46.88	3.31	36.78	6.71	11.31	3.28	26.54	10.09	27.70	26.95	0.86	0.05	13.37	2.77	1.47	0.14	6.19	0.31	6.41	0.07	24.76	〃
06	8.37	1.31	8.83	3.56	19.89	12.75	20.27	17.02	8.99	19.32	43.36	5.91	5.29	2.42	10.34	2.12	20.38	1.55	5.18	0.12	11.22	〃
11	0.18	0.15	0.02	0.04	5.31	18.07	5.69	25.36	2.01	22.92	12.64	9.16	0.70	1.69	3.10	3.36	39.58	15.99	4.93	0.62	2.11	〃
13			0.03	0.11	4.52	23.74	0.78	5.38	1.13	20.—	0.01	0.01	9.19	34.42	0.64	1.07			58.05	11.26	1.37	〃
14					5.11	30.93			2.16	43.83			5.55	23.92					0.56	0.12	1.19	〃
17	0.40	6.59	0.02	1—	0.44	29.58	0.10	9.35	0.05	10.19			0.12	5.67	0	0.07			1.23	3.07	0.11	〃
19	0.21	0.12	0.15	0.21	0.09	0.20	0.11	0.33	12.75	96.51	0.53	0.25	0.26	0.42	0.11	0.08	0.29	0.08	0.52	0.04	3.19	〃
21	32.10	3.05	24.36	5.96	10.37	4.—	7.65	3.90	12.88	16.83	0.28	0.02	33.61	9.48	1.12	0.14	0.13	0.01			18.46	〃
23					0.09	0.94	6.92	90.40	0.26	8.66											0.72	〃
24									0.07	2.32			14.62	97.68							0.77	〃
32	4.52	1.10	6.41	4.02	1.45	1.44	0.69	0.90	4.50	15.05	0.49	0.10	0.17	0.12	0.17	0.05	0.35	0.04			7.21	〃
41	0.66	0.10	9.08	3.54	9.17	5.68	3.51	2.85	8.59	17.87	1.02	0.13	6.42	2.84	71.69	14.19			0.12	0	11.59	〃
52	0.03	0.03	0.31	0.80	9.46	39.28	1.94	10.55	2.07	28.88	2.67	2.36	1.90	5.61	0.49	0.64	10.47	5.17	10.02	1.54	1.73	〃
合計	100	1.75	100	4.52	100	7.20	100	9.42	100	24.11	100	1.53	100	5.11	100	2.29	100	0.85	100	0.27	100	100

資料來源：製造費用明細帳總編表

附註：本表金額以萬元為單位，其後小數表示千百。

1127—2000—34.6.24原／專

18

三十三年度	
財務類	VI

庫存主要材料差額統計表

項目	品名	單位	期初盤存		期末盤存		補充購置價格	帳面增值	虚盈	實虧
			數量	總價	數量	總價				
1	炭素鋼	公斤	243372	5099524.83	236644	13808315.65	160.	8708790.82	8708790.82	1081280.00
2	鋒鋼	〃	6533	290649.98	5966	390849.72	500.	100199.74	100199.74	283500.00
3	合金鋼	〃	324474	5675416.07	283514	11386028.14	180.	5710612.07	5710612.07	7372800.00
4	鋼板、鋼皮	〃	128820	2906116.71	105744	3341205.20	200.	435178.49	435178.49	4615200.00
5	鋼管	〃	28143	847197.00	12889	416598.00	180.	430599.00	——	2315121.00
6	鐵條	〃	25141	26678.86	19884	772063.04	160.	745384.18	745384.18	841120.00
7	銅塊	〃	99506	2388829.50	71021	1691318.90	150.	697510.60	——	3575230.40
8	銅條	〃	142680	5271460.80	173009	26726341.20	220.	21454871.40	14782491.40	——
9	代汽油	加侖	2692	484596.00	2879	2744352.00	1350.	2259756.00	2007306.00	——
10	柴油	〃	900	104400.00	142	142134.14	1100.	37734.14	37734.14	833800.00
11	代柴油	〃	2184	497052.00	600	551699.80	700.	53747.80	53747.80	1108800.00
12	黑藥砲藥	公斤	68020	1389355.00	64070	2514067.90	200.	1124712.90	1124712.90	790000.00
13	T. N. T.	〃	16397	655880.00	14550	1746084.00	120.	1090204.00	1090204.00	221640.00
14	菜油	〃	10771	269286.38	14508	2515512.97	500.	2246226.59	377726.59	——
15	鳥槍彈殼	只	444579	340027.39	471570	1023087.39	7.	683060.00	494060.00	——
16	酒精	加侖	6.790	2104900.00	4003	2082036.18	1000.	22863.82	——	2764136.18
17	硝酸	公斤	6.210	446573.80	7326	1981728.94	500.	1535155.14	977155.14	——
18	機油	加侖	1504	53672.00	630	306966.50	240.	235294.50	253294.50	209760.00
19	合計			28852525.32		74140470.67		45287954.35	36898597.77	26012396.58
20	庫存材料總值			53601668.10		143317366.73		89625608.54	——	——
21	佔帳面盈餘%		——	盈餘總額：8	106211097.07			84.38%	34.74%	24.49%

資料來源：庫存材料收發年報。

附　　註：在物價繼續增高之情形下，因損費帳户内材料消耗係照購入價計算，故在資產負債表上顯出鉅額的虛數盈餘及流動資産顯著增加，尤以材料等盤存帳户各科目為最，但如作一數量之研討，不特資產之增加全屬子虛，僅以平衡損益帳户，更有鉅額之虧折也。此表僅將佔盤存總額50%之主要材料作一試算，結果為帳面增加資產100.則80%為漲價差額，更有50%將暗中虧折。工廠經營如就再生產之立場，必須顧及上列之事實。按上列材料均係兵工署價發，其漲估比例與市價相較何啻倍蓰，而結果已如此，其由市場補充之材料則虛盈實虧將更大矣。

20

四年來生產數量統計表

三十年度起至三十三年度止

財務類　Ⅲ

項目	區	別	單位	30	31	32	33	合計
1	生產數量	6cm迫擊砲	門				700	700
2		6cm迫擊砲彈	枚				304,500	304,500
3		3.7cm砲彈	〃	700	27,700	163,941	41,702	234,043
4		2cm砲彈	〃	190,981	305,300	50,000	2	546,283
5		擲榴彈具	套	68,000	46,000	53,000	30,200	197,200
6		信號槍彈銅壳	枚			1,000	46,700	47,700
7		信號槍彈	〃				60,000	60,000
8		引信體	〃		34,200	15,800	600	50,600
9		傳爆管	〃	24,294	17,450			41,744
10		藥包	〃	91,000	241,350	99,000	63,285	494,635
11		#1火帽	〃	10,000	40,000		5,000	55,000
12		#2火帽	〃	17,000	36,170	108,460	114,254	275,884
13		雷管	〃	252,000	281,101	141,000	108,400	782,501
14		其他	件	10,090	56,490	127,524	507,465	701,569
15	生產價值		萬元	904	3,210	8,018	35,624	47,756
16	生產指數			100	171.15	270.52	385.15	——
17	價值指數			100	355.14	886.90	3940.04	——

資料來源：本廠出品解繳數量月報表。

附　　註：生產指數係照產品之標準分數編製，標準分數則按各種產品製造工時多寡而定。生產數量內其他一項包括種類甚多，大部為臨時性者，並未核定分數，故生產指數內未予計入。

四年來人員及給與統計表

21

三十年度起至三十三年度止

財務類 VIII

016

項目	區		30	31	32	33
1	I 年底靜態人数	A. 職	300	375	379	392
2		B. 工	1346	1459	2051	1950
3		C. 兵	110	218	304	159
4		D. 小計	1756	2052	2734	2501
5	II 平均每月人数	A. 職	294	319	372	376
6		B. 工	1255	1389	1698	1779
7		C. 兵	112	217	261	196
8		D. 小計	1661	1925	2331	2351
9	III 每年總所得	A. 職員薪津	513822.18	1296490.33	2780520.33	8551134.57
10		B. 工人工資	1110555.77	2487270.78	5496241.53	15709910.90
11		C. 士兵餉項	33933.53	56770.91	187407.05	342302.86
12		D. 小計	1658311.48	3840540.82	8464168.91	24603447.33
13	IV 每人每月平均所得	A. 職	145.64	338.69	622.88	1895.20
14		B. 工	73.74	149.23	269.74	735.90
15		C. 兵	25.25	21.80	59.84	145.58
16		D. 全廠	83.20	166.26	302.59	872.09
17	I	A	17.1	18.3	13.9	15.7
18		B	76.7	71.1	75.0	78.0
19		C	6.2	10.6	11.1	6.3
20		D	100.	100.	100.	100.
21	II	A	17.7	16.6	15.9	16.0
22		B	75.6	72.1	72.8	75.7
23		C	6.7	11.3	11.3	8.3
24		D	100	100	100	100
25	III	A	30.9	33.7	32.9	34.8
26		B	67.1	64.8	64.9	63.8
27		C	2.0	1.5	2.2	1.4
28		D	100.	100	100.	100.
29	I	A	100	125	126	131
30		B	100	108	154	145
31		C	100	198	276	145
32		D	100	117	156	142
33	II	A	100	109	127	128
34		B	100	111	135	142
35		C	100	194	233	175
36		D	100	116	140	142
37	III	A	100	231	541	1669
38		B	100	224	495	1414
39		C	100	168	553	1010
40		D	100	232	510	1484
41	IV	A	100	232	429	1301
42		B	100	202	365	1000
43		C	100	86	234	577
44		D	100	200	364	1048

資料來源：各期靜態人数統計及製造成本内之薪工餉總額.

附　註：凡實物給予如車糧，車鹽，服裝及眷糧（或代金）不包括在所得額内.

015

三十年度起至三十三年度止

財務類 五

四年來資力負擔情況統計表

22

項目	區別	30	31	32	33	合計
1	資本 建設專款及其他	8,299,865.49	9,831,316.32	7,578,362.80	1,998,113.09	27,707,661.70
2	加：建設基金撥入	——	——	12,439,661.41	14,221,088.68	26,660,750.09
3	小計	8,299,865.49	9,831,316.32	20,018,024.21	16,219,201.77	54,368,412.79
4	建設基金 製造盈餘撥入	——	——	12,439,661.41	49,791,734.44	62,231,395.85
5	減：資本支出轉入資本	——	——	12,439,661.41	14,221,088.68	26,660,750.09
6	小計	——	——	——	35,570,645.76	35,570,645.76
7	材料基金 材料專款及費 及材料溢價款	——	——	——	18,629,394.04	18,629,394.04
8	未支配盈餘	4,433,382.22	17,984,960.22	27,373,391.00	106,211,097.07	156,002,831.51
9	加：轉入建設基金	——	——	12,439,661.41	49,791,734.44	62,231,395.85
10	各期盈餘淨額	4,433,382.22	17,984,960.22	39,813,052.41	156,002,831.51	218,234,227.36
11	製造盈餘	4,011,791.63	17,437,934.36	34,478,564.66	154,725,178.89	210,653,509.54
12	業務盈餘	349,450.27	159,138.72	3,494,292.49	2,301,342.27	6,304,223.75
13	其他收益	90,480.01	387,847.14	1,859,889.53	966,085.52	3,304,302.20
14	減：臨時費用	18,338.69	——	19,694.25	1,989,775.17	2,027,808.11
15	負債 預收貨款及其他	7,939,201.19	15,089,988.30	67,054,355.01	66,888,462.79	157,022,007.29
16	減：預付貨款及未收款項	3,549,348.94	6,462,218.69	21,921,350.60	15,239,418.58	47,172,336.81
17	銀行存款及庫存現款	3,212,889.40	3,265,460.01	3,343,311.12	50,532,667.85	59,354,328.38
18	暫付款項應收保證金及其他	68,308.45	102,042.45	41,069.85	2,056,172.41	2,185,853.46
19	小計	1,158,254.40	6,260,267.15	41,830,763.14	939,796.05	48,309,480.64
20	資力總計	13,891,502.11	34,076,543.69	89,222,183.35	175,690,547.59	312,880,777.74
21	購置設備	3,008,911.85	2,755,338.57	28,430,324.67	47,117,081.09	81,311,656.18
22	儲備物料	6,757,658.15	25,809,148.04	26,962,721.47	106,840,398.05	166,369,926.21
23	製品周轉金	4,124,932.11	5,512,057.08	33,829,136.71	21,733,063.45	65,199,190.35
24	負擔總計	13,891,502.11	34,076,543.69	89,222,183.35	175,690,547.59	312,880,777.74

資料來源：逐年資產負債表及損益計算書。

附　註：30年度數額包括29年，因29年本廠已著手試造出品，且有製造經費帳，但為數甚少，為使合計數適等於33年度終之資產負債總額，故予併入。

四年來成本統計表　　23

三十年度起至三十三年度止	
財務類	工

016

項目	區	別	30	31	32	33	合計
1	I 料	A.直接材料	4,062,614.79	10,232,558.03	38,979,119.88	114,321,920.21	203,486,031.42
2		B.間接材料			13,329,396.38	22,560,422.13	
3		C.小計	4,062,614.79	10,232,558.03	52,308,516.26	136,882,342.34	203,486,031.42
4	II 工	A.直接工資	1,110,555.77	2,487,279.78	1,785,291.35	5,771,600.50	24,803,996.98
5		B.間接工資			3,710,950.18	9,938,319.40	
6		C.小計	1,110,555.77	2,487,279.78	5,496,241.53	15,709,919.90	24,803,996.98
7	III 費	A.薪餉	547,755.71	1,352,270.04	2,967,927.38	8,893,527.43	13,761,480.56
8		B.米貼	1,181,419.98	2,404,519.60	8,292,364.71	30,272,281.89	42,150,586.18
9		C.辦公用品	229,853.31	710,619.91	1,617,288.45	2,930,842.66	5,488,604.33
10		D.電費	335,669.16	783,156.71	3,067,933.40	8,811,317.39	12,998,076.66
11		E.修船	69,513.46	690,622.47	5,306,856.54	14,177,140.99	20,244,133.48
12		F.旅運	156,513.56	343,643.41	745,893.81	3,125,088.42	4,371,139.20
13		G.醫藥衛費	282,435.92	820,495.82	4,640,265.14	17,610,290.71	23,353,487.59
14		H.雜支	154,161.33	315,377.44	1,616,792.68	3,923,653.70	6,009,985.15
15		I.小計	2,957,322.45	7,420,705.40	28,655,322.11	89,744,143.19	128,777,493.15
16	IV 合	計	8,130,493.01	20,140,543.21	86,460,079.90	242,336,405.43	357,067,521.55
17		I	49.97	50.81	60.96	56.48	57.10
18		II	13.66	12.35	6.36	6.48	6.95
19	III	A.	18.52	18.24	10.50	9.91	10.72
20		B.	39.95	32.40	29.35	33.73	32.83
21		C.	7.77	9.58	5.73	3.27	4.28
22		D.	11.35	10.55	10.86	9.82	10.12
23		E.	2.35	9.31	18.78	15.80	15.77
24		F.	5.29	4.62	2.64	3.48	3.41
25		G.	9.55	11.05	16.42	19.62	18.19
26		H.	5.22	4.25	5.72	4.37	4.68
27		I.	100. 36.37	100. 36.84	100. 32.68	100. 37.04	100. 35.95
28		IV	100.	100.	100.	100.	100.
29		I	100	252	1298	3365	
30		II	100	224	495	1415	
31	III	A.	100	247	542	1624	
32		B.	100	204	702	2562	
33		C.	100	309	704	1275	
34		D.	100	233	914	2625	
35		E.	100	994	7634	20395	
36		F.	100	219	477	1996	
37		G.	100	290	1643	6235	
38		H.	100	206	1049	2545	
39		I.	100	251	955	3025	
40		IV	100	248	1063	2981	

資料來源：　本年製造費用明細表及出產製品帳戶。

附　註：　三十二年以前工料消耗未區分直接及間接，故列一總額。

兵工署第十工厂资本产量与成本调查表（一九四五年三月）

170

分類 表

軍政部兵工署第十工廠

工礦事業機關[illegible]調查表

民國三十四年三月 日

1	經過略史	本廠前為砲兵技術研究處二十三年[illegible]二十六年八月奉令遷湘二十七年五月復奉令遷川[illegible]三十年一月奉令正式改組為第十工廠[illegible]				
2	資本及週轉資金	初次資本（註明年月）	加增資本（註明年月）	銀行借款（註明年月）		
		13,120,342.59元（[illegible]）	26,673,285.09元（[illegible]）			
3	設備	機器總部數（註明新舊及種類）	動力機數（以馬力單位計）	總價值（購置時之價值／折合目前之價值）	敷地面積	
		697部三分之一為本國製造[illegible]	[illegible]1000H.P.	21,254,058.28元	1639市畝	
4	員工	管理人員名額	技術人員名額	工人名額		
		截至二月底止共管理人員188名	截至二月底止共有技術人員190名	截至二月底止總數共計2,185名		
5	原料（礦業免填）	主要原料（註明運輸距離）	數量	價值		
		[illegible]62公里	(1)鋼料180噸 (2)[illegible]450噸 (3)[illegible]840噸 (4)其他五金材料100噸 (5)化學品及火藥料90噸共為1910噸	[illegible] $120,000,000.—		
6	單位成本並說明其構成因素	本年2月份主要出品單位成本：	直接材料	直接工資	間接材料	間接工資	其他費用
		(1)6公分迫擊砲 每門 $218,000.—	16.56%	5.12%	31.96%	17.24%	29.12%
		(2)6公分迫擊砲彈 每發 $ 2,530.—	58.76%	2.48%	15.92%	8.70%	14.23%
		(3)3.7公分[illegible]彈 每發 $ 2,390.—	58.10%	2.72%	19.08%	8.62%	16.45%
		(4)[illegible] 每套 $ 1,570.—	35.58%	4.20%	24.92%	12.73%	22.57%
7	每年產量	最大限度之可能產量（主要產品產量）	最大限度之可能產量（次要產品產量）	實際產量（主要產品產量）	實際產量（次要產品產量）	兩者相差之原因（主要產品產量）	兩者相差之原因（次要產品產量）
		6公分迫擊砲1,500門 6公分迫擊砲彈120,000發	[illegible]60,000發 [illegible]240,000[illegible] [illegible]48,000套	1,500門 360,000發	60,000發 120,000個 24,000套		
8	產品	主要產品種類名稱	次要產品種類名稱	運銷主要地點	現在存貨數量		
		1.六公分迫擊砲 2.六公分迫擊砲彈	1.三七破甲彈 2.[illegible] 3.[illegible]	部撥指定之軍械庫	隨時解繳		
9	管理費分配	上年度分配情形	本年度分配情形				
10	事業費分配	上年度分配情形	本年度分配情形				
11	事業費流用情形	流用數額（上年度）	流用數額（本年度）	流用原因（上年度）	流用原因（本年度）		
12	管理費對營業總值之比率						
13	事業費對營業總值之比率						
14	礦床存量	無					
15	三種計政推行情形	審計（有無駐審有何困難）	會計（主管人員是否由主計處委派）	公庫（[illegible]有何困難）			
		無	未由主計處委派				
16	對三種計政有何意見及建議	審計	會計	公庫			
17	備考	(1)本表9—13各項因兵工署現行之兵工會計制度對於兵工廠之製造經費係以出品單價為範圍並不劃分管理費與事業費故難分別填報實際上全廠經費均為事業費[illegible]均隨事業之變化而增減也 (2)機器設備有三分之一由本國自造其餘[illegible]於抗戰前向外國購來					

附註：(1)請附送上年度資產負債表損益表及盈餘撥補表（[illegible]）

(2)凡數量以量計者以公噸為單位[illegible]以件為單位

(3)如本表不敷填寫時可用[illegible]

(4)本表所謂「本年度」[illegible]

廠長莊 權

兵工署第十工厂关于报送一九四四年度会计报表致兵工署的呈（一九四五年五月十六日）

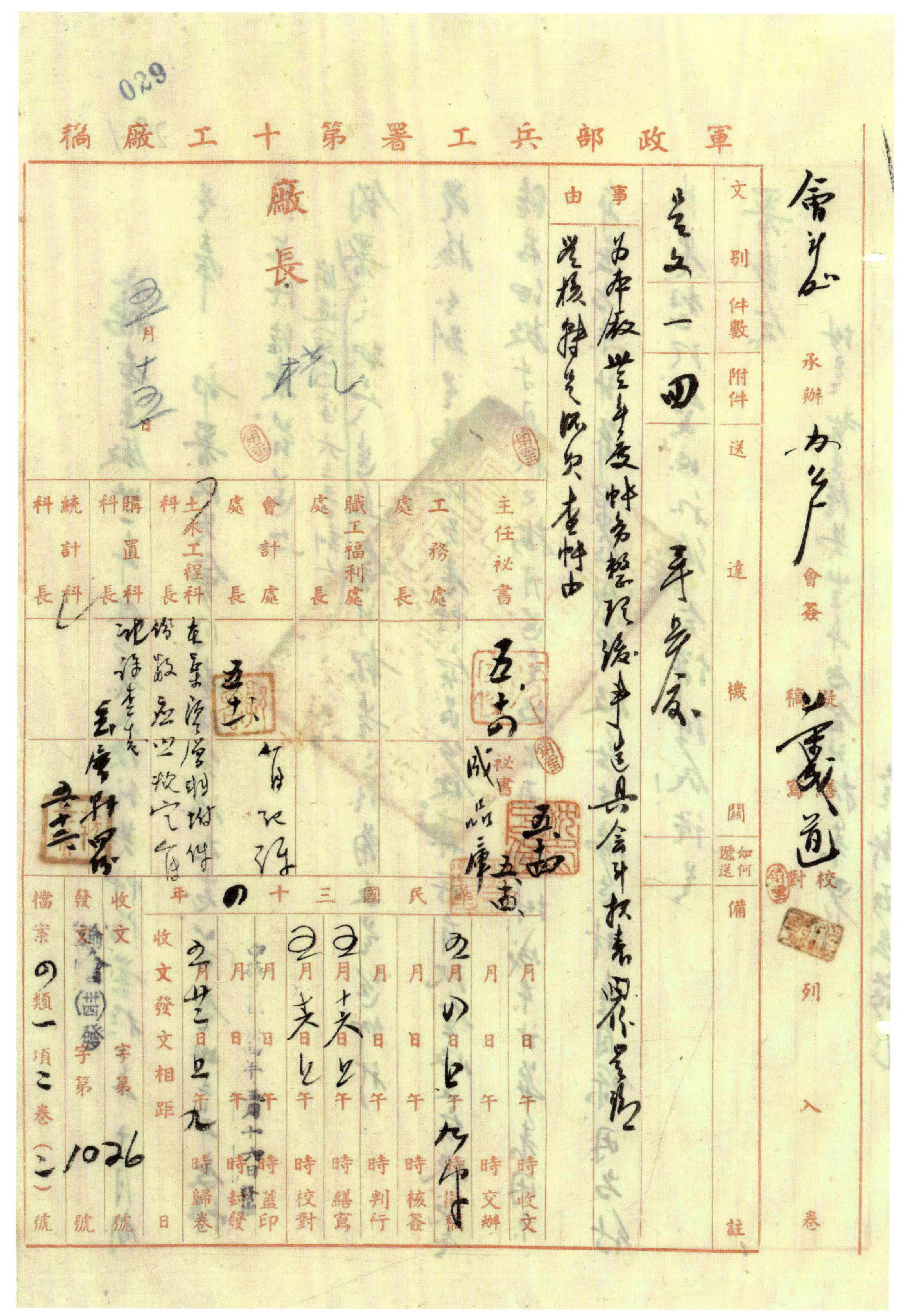
軍政部兵工署第十工廠稿

文別：呈文
件數：一
附件：四
事由：為本廠三十三年度財務整理後（？）年度會計報表四冊（？）呈請鑒核轉呈（？）由

民國三十四年

29-1

窃查本厂卅二年度以前各项经费物料核业于上年十月间呈奉

部署派员会同查核完竣在卷。兹查卅三年度物料核算清结束,兹依照

钧署（济造（33）乙字六三五四训令）之规定,造具会计报告表,备文呈送,仰祈

鉴核,分别呈报派员来厂实查为荷。再所有现金收支实况,现在结存细数,业于月报已按月送呈,故不再编制成本计算表;因本年度尚未计算半成本,故未能编造财产目录,因尚待俟整理完竣后补编,合并陈报!谨呈

署长俞

附呈:制造经费卅三年度会计报表四份

全衔厂长庄权

30 120 存底

軍政部兵工署第二十工廠製[illegible]

會計報表

中華民國 33 年度（自 33 年 1 月 1 日至 33 年 12 月 31 日止）

目錄

發出日期　年　月　日　收到日期　年　月　日

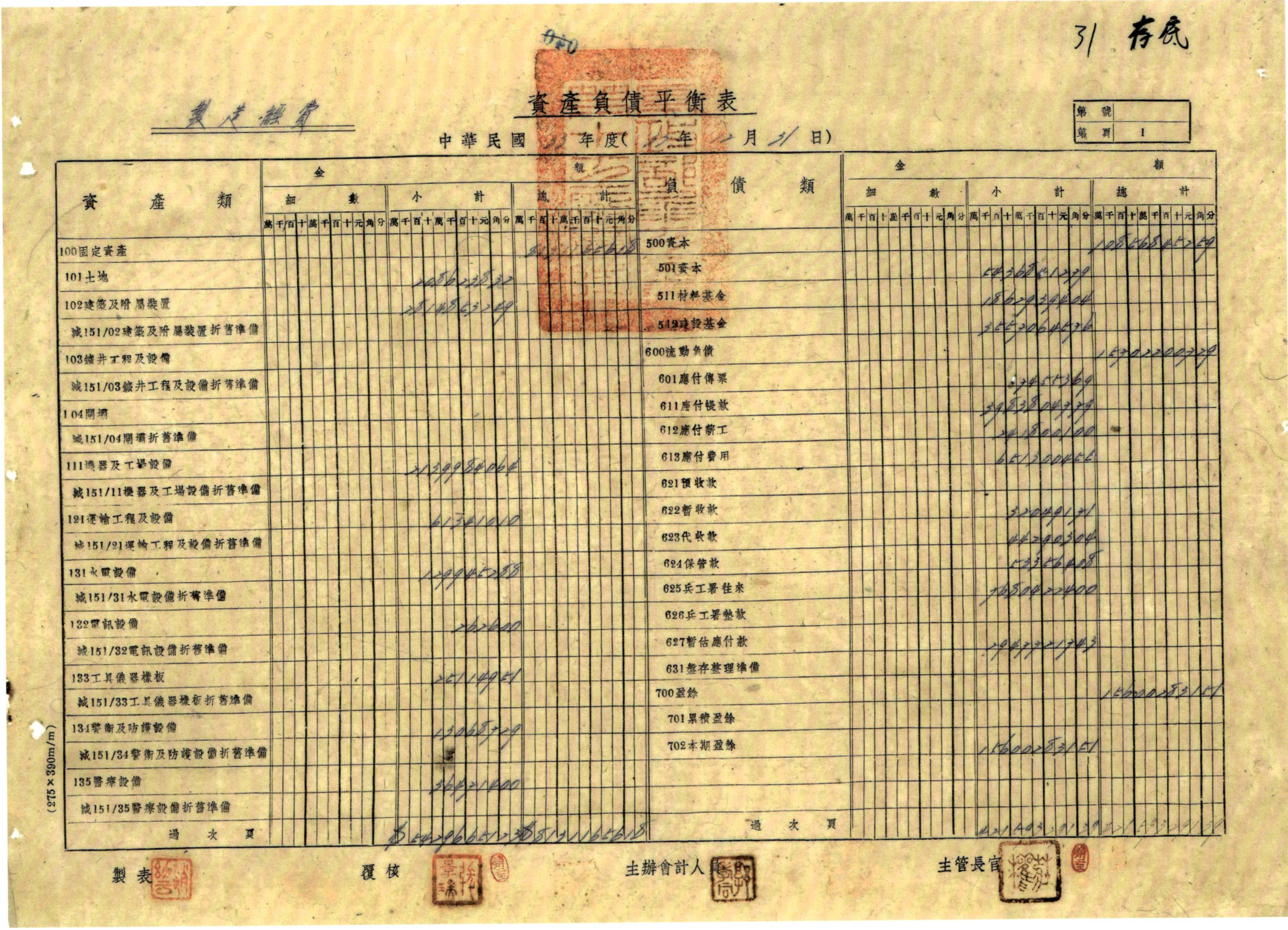

31 存底

資產負債平衡表

中華民國　年度（　年　月 31 日）

第號	
第頁	1

資產類	細數	小計	總計	負債類	細數	小計	總計
100固定資產			8131166618	500資本			10856845729
101土地		205622832		501資本		5436841229	
102建築及附屬裝置		2514863249		511材料基金		1862939404	
減151/02建築及附屬裝置折舊準備				512建設基金		3552064476	
103鑛井工程及設備				600流動負債			15702200729
減151/03鑛井工程及設備折舊準備				601應付傳票		334541369	
104開辦				611應付帳款		3983804729	
減151/04開辦折舊準備				612應付薪工		241800100	
111機器及工場設備		2159984064		613應付費用		6513004466	
減151/11機器及工場設備折舊準備				621預收款			
121運輸工程及設備		61341010		622暫收款		32049171	
減151/21運輸工程及設備折舊準備				623代收款		44790304	
131水電設備		129945288		624保管款		15356408	
減151/31水電設備折舊準備				625兵工署往來		1650422400	
132電訊設備		262600		626兵工署墊款			
減151/32電訊設備折舊準備				627暫估應付款		2947721743	
133工具儀器標板		25114951		631盤存整理準備			
減151/33工具儀器標板折舊準備				700盈餘			15600253151
134警衛及防護設備		13065729		701累積盈餘			
減151/34警衛及防護設備折舊準備				702本期盈餘		15600253151	
135醫療設備		36421000					
減151/35醫療設備折舊準備							
過次頁		[illegible]	8131166618	過次頁		[illegible]	[illegible]

製表　　覆核　　主辦會計人員　　主管長官

(275×390m/m)

32

軍政部兵工署第十工廠

資產負債平衡表

中華民國　[illegible]　年度（　[illegible]　年　[illegible]　月 31 日）

第號	
第頁	2

資產類	金額 細數	金額 小計	金額 總計	負債類	金額 細數	金額 小計	金額 總計
承前頁		24429665123	81[illegible]	承前頁		42219932939	42219932939
133傢具及辦公用具		3669192203					
減151/36傢具及辦公具折舊準備							
137模型樣品							
減151/37模型樣品折舊準備							
138圖案書籍		40242733					
減151/38圖案書籍折舊準備							
141未完工程		2293838545					
200投資							
201附屬事業投資							
300流動資產			34028163421				
301現金		5934432838					
302週轉金		6361729					
303存出保證金		3963600					
304證券		4200000					
311應收傳票		60573619					
321應收帳款		516124138					
322職工除欠		82036982					
323應計收益							
331辦公用品		122182100					
332藥品		3266289644					
333糧食		6393200684					
過次頁		14324401983	82114932913[illegible]	過次頁		42219932939	42219932939

(275×390m/m)

製表　　覆核　　主辦會計人員　　主管長官

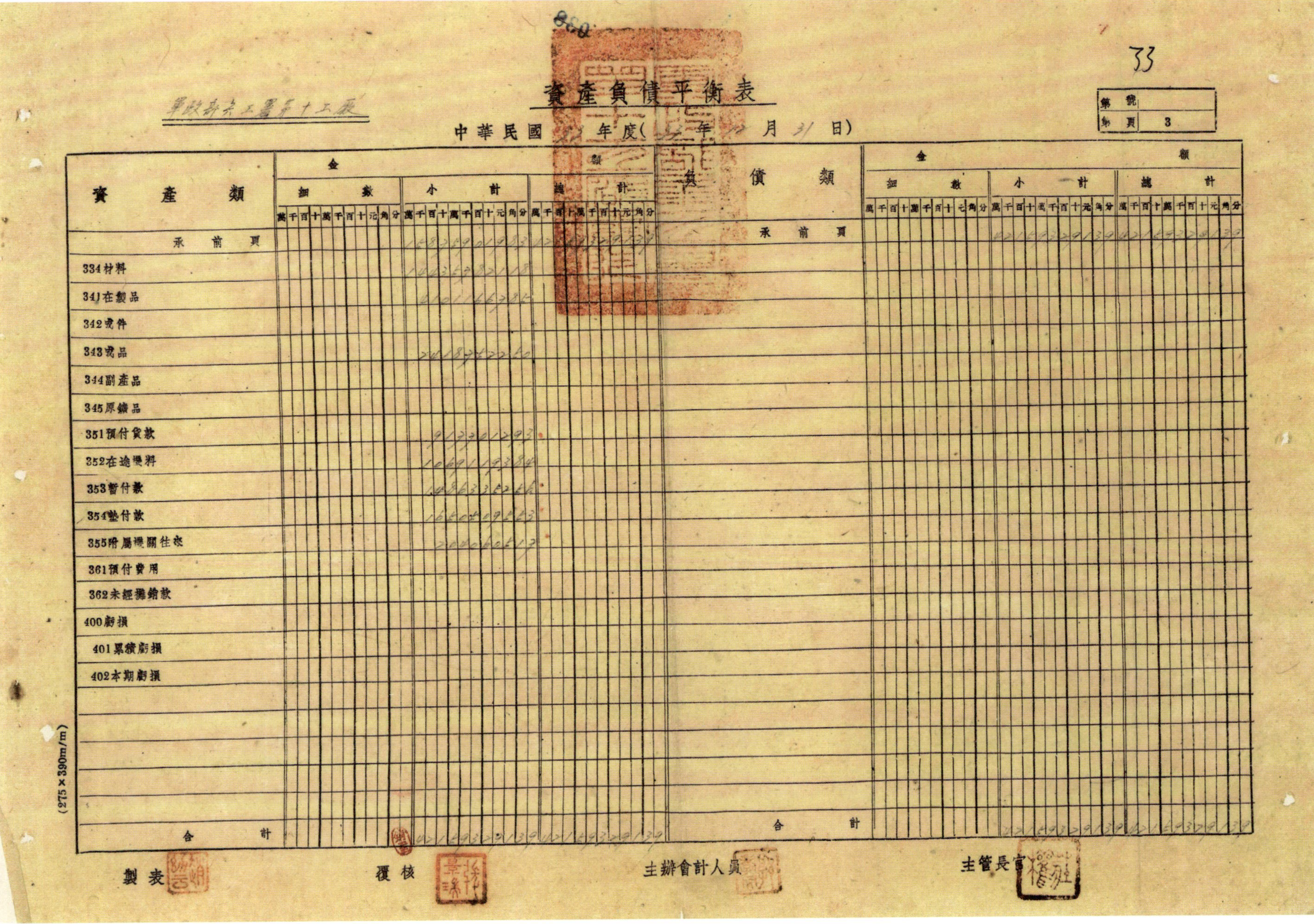

軍政部兵工署第十工廠

33

資產負債平衡表

中華民國 33 年度（ 33 年 12 月 31 日）

第　號	
第　頁	3

資產類	金額 細數	金額 小計	金額 總計	負債類	金額 細數	金額 小計	金額 總計
承前頁		158759014.83	421493291.39	承前頁		421493291.39	421493291.39
334材料		144357871.18					
341在製品		41011667.85					
342零件							
343成品		24187522.60					
344副產品							
345原鑛品							
351預付貨款		9172017.93					
352在途機料		10691193.84					
353暫付款		14863357.66					
354墊付款		16508095.63					
355附屬機關往來		2000605.13					
361預付費用							
362未經攤銷款							
400虧損							
401累積虧損							
402本期虧損							
合計		421493291.39	421493291.39	合計		421493291.39	421493291.39

製表　　覆核　　主辦會計人員　　主管長官

(275×390m/m)

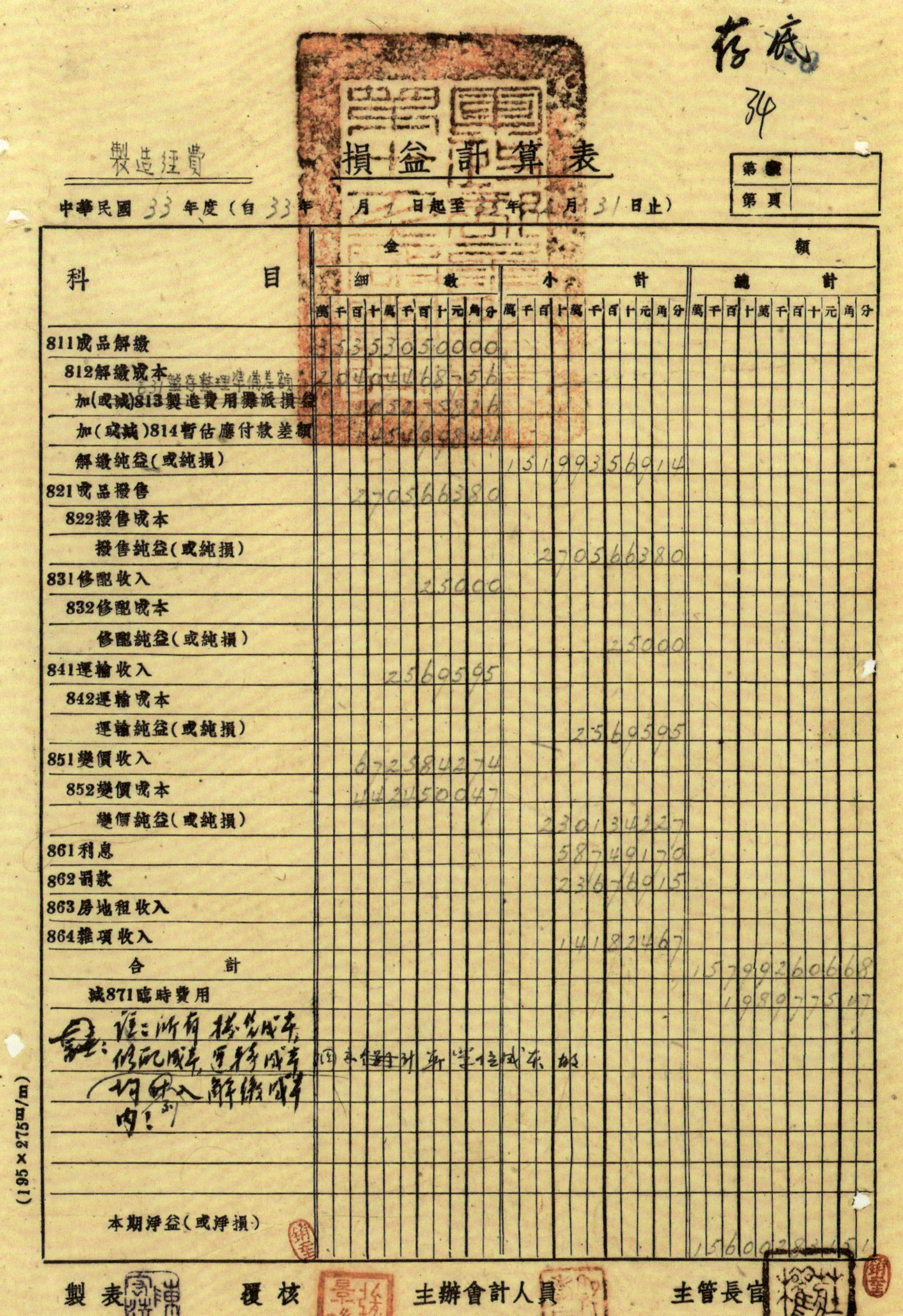

存底

34

製造經費

損益計算表

第	號
第	頁

中華民國33年度（自33年1月1日起至33年12月31日止）

科目	金額 細數	金額 小計	金額 總計
811成品解繳	35353050000		
812解繳成本	20494468756		
加（或減）813製造費用攤派損益	[illegible]		
加（或減）814暫估應付款差額	[illegible]		
解繳純益（或純損）		15199356914	
821成品撥售	270566380		
822撥售成本			
撥售純益（或純損）		270566380	
831修配收入	25000		
832修配成本			
修配純益（或純損）		25000	
841運輸收入	2569595		
842運輸成本			
運輸純益（或純損）		2569595	
851變價收入	672584274		
852變價成本	442450047		
變價純益（或純損）		230134227	
861利息		58749170	
862罰款		23678915	
863房地租收入			
864雜項收入		14182467	
合計			15799260668
減871臨時費用			198977547
註：所有撥交成本，修配成本，運輸成本（因未健全計算單位成本故）均歸入解繳成本內！			
本期淨益（或淨損）			1560028[illegible]151

（195×275耗/m）

製表 覆核 主辦會計人員 主管長官

軍政部兵工署第十工廠成品解繳表

中華民國33年1月1日至33年12月31日（33年度第　號）共4頁第1頁

飭造命令 字	飭造命令 號	名稱	單位	單價	飭造 數量	飭造 總額	本年前解繳累計 數量	本年前解繳累計 總額	本年解繳 數量	本年解繳 總額	本年解繳 收械證明單號數	欠繳 數量	欠繳 總額	備註
額	963	信號槍彈	顆	50	60000	3000000.00			60000	3000000.00	✓			
	1074	6cm迫擊砲彈	〃	300	20000	6000000.00			20000	6000000.00	✓			
	1097	〃	〃	450	40000	18000000.00			40000	18000000.00	✓			
	〃	6cm迫擊砲	門	27000	300	8100000.00			300	8100000.00	✓			
	1112	〃	〃	27000	100	2700000.00			100	2700000.00	✓			
	〃	6cm迫擊砲彈	顆	450	30000	13500000.00			30000	13500000.00	✓			
	1131	蘇羅通37榴彈	〃	525	30000	15750000.00	25000	13125000.00	5000	2625000.00	✓			
	1208	擦槍器具連皮套	套	500	24000	12000000.00			24000	12000000.00	✓			
	1211	蘇羅通37破甲彈	顆	525	22300	11707500.00			20000	10500000.00	✓	2300	1207500.00	
	1233	〃	〃	525	22300	11707500.00			15000	7875000.00	✓	7300	3832500.00	
	1260	6cm迫擊砲	門	36000	100	3600000.00			100	3600000.00	✓			
	〃	6cm迫擊砲彈	顆	600	20000	12000000.00			20000	12000000.00	✓			
	1281	6cm迫擊砲	門	36000	100	3600000.00			100	3600000.00	✓			
	〃	〃彈	顆	600	20000	12000000.00			20000	12000000.00	✓			
	1300	竹板爆破器	具	4100	5	20500.00			5	20500.00	✓			
	1305	6cm迫擊砲	門	36000	100	3600000.00			100	3600000.00	✓			
	〃	〃彈	顆	600	20000	12000000.00			20000	12000000.00	✓			
	1327	6cm迫擊砲	門	54000	100	5400000.00						100	5400000.00	
	〃	〃彈	顆	900	20000	18000000.00			20000	18000000.00	✓			
		過次頁				172685500.00		13125000.00		149120500.00			10440000.00	

會簿—38—200—32.2,13.

廠長　成品庫長　會計處長　覆核員　製表員

軍政部兵工署第十工廠成品解繳表

中華民國33年1月1日至33年12月31日（33年度第　　號）共4頁第2頁

飭造命令 字	飭造命令 號	名稱	單位	單價	飭造 數量	飭造 總額	本月前解繳累計 數量	本月前解繳累計 總額	本年月解繳 數量	本年月解繳 總額	本年月解繳 收械證明單號數	欠繳 數量	欠繳 總額	備註
		承上頁				172685500.00	25000	13125000.00		149120500.00			10440000.00	
額	1348	6cm迫擊砲	門	54000	100	5400000.00						100	5400000.00	
〃	〃	〃彈	顆	900	20000	18000000.00			20000	18000000.00	✓			
〃	〃	擦槍器具	套	800	8000	6400000.00			3200	2560000.00	✓	4800	3840000.00	
	1370	〃	〃	800	8000	6400000.00						8000	6400000.00	
	〃	6cm迫擊砲	門	54000	100	5400000.00						100	5400000.00	
	〃	〃彈	顆	900	20000	18000000.00			20000	18000000.00	✓			
	1305	37平射砲空包彈	〃	525	1000	525000.00			1000	525000.00	✓			
	1397	6cm迫擊砲	門	108000	100	10800000.00						100	10800000.00	
	〃	〃彈	顆	1700	40000	68000000.00			40000	68000000.00	✓			
	1420	6cm迫擊砲	門	108000	100	10800000.00						100	10800000.00	
	〃	〃彈	顆	1700	17500	29750000.00			17500	29750000.00	✓			
	〃	6cm迫擊砲填沙彈	〃	1600	13500	21600000.00			7000	11200000.00	✓	6500	10400000.00	
	1450	6cm迫擊砲	門	108000	150	16200000.00						150	16200000.00	
	〃	〃彈	顆	1700	30000	51000000.00			30000	51000000.00	✓			
加	1232	#8雷管	枚	3	204000	612000.00	150000	450000.00	54000	162000.00	✓			
〃	1302	擦槍器具	套	180	50000	9000000.00	47000	8460000.00	3000	540000.00	✓			
	1352	T.N.T.藥柱	個	85	50	4250.00			50	4250.00	✓			
	1356	蘇羅通37cm曳光高爆榴彈剖面模型	件	3100	1	3100.00				3100.00	✓			
		過次頁				450579850.00		22035000.00		348864850.00			79680000.00	

會籌—38—200—32.2,13.

廠長　　成品庫長　　會計處長　　覆核員　　製表員

軍政部兵工署第十工廠成品解繳表

中華民國 33 年 1 月 1 日至 33 年 12 月 31 日（33 年度第　號）共 4 頁第 3 頁

鈁造命令 字	鈁造命令 號	名稱	單位	單價	鈁造 數量	鈁造 總額	本月前解繳累計 數量	本月前解繳累計 總額	本月解繳 數量	本月解繳 總額	本月解繳 收械證明單號數	欠繳 數量	欠繳 總額	備註
		承上頁				450579850.00		220350000.00		348864850.00			79680000.00	
加	1356	蘇羅通2cm破甲彈剖面模型	件	3100	1	3100.00			1	3100.00	✓			
	〃	37榴彈剖面模型	〃	3100	1	3100.00			1	3100.00	✓			
	〃	37破甲彈剖面模型	〃	3100	1	3100.00			1	3100.00	✓			
	1366	T.N.T.无形药包	個	34	60000	2040000.00			60000	2040000.00	✓			
	〃	1公斤爆發罐	〃	400	2000	800000.00						2000	800000.00	
	1378	37砲半装药填沙彈	發	1200	100	120000.00			100	120000.00	✓			
	〃	〃強〃	〃	1200	100	120000.00			100	120000.00	✓			
	〃	〃正〃	〃	1200	500	600000.00			500	600000.00	✓			
代	431	第七式傳爆管	個	75	23744	35616.00	23744	35616.00						
	571	信號槍彈銅壳	〃	26	110000	2860000.00	1000	26000.00	46700	1214200.00	✓	62300	1619800.00	
	585	管套	〃	2.20	50000	110000.00	10550	23210.00				39450	86790.00	
	〃	管帽	〃	.40	50000	20000.00	10550	4220.00				39450	15780.00	
	〃	第二式火帽	〃	3.20	50000	160000.00	44630	142816.00				5370	17184.00	
	〃	小銅管	〃	.70	50000	35000.00	20000	14000.00				30000	21000.00	
	650	第七式傳爆管小銅圈	〃	.30	50000	15000.00	30000	9000.00				20000	6000.00	
	800	擦槍器具	套	180	20	3600.00						20	3600.00	
	850	電氣雷管	個	50	2500	125000.00						2500	125000.00	
	904	#8雷管	枚	13	500	6500.00			500	6500.00	✓			
		過次頁				457960410.00		226104060.00		352974850.00			82375154.00	

會簿-38-200-32.10.22

廠長　　成品庫長　　會計處長　　覆核員　　製表員

軍政部兵工署第十工廠成品解繳表

中華民國 33 年 1 月 1 日至 33 年 12 月 31 日（33 年度第　　號）共 4 頁第 4 頁

飭造命令 字	號	名稱	單位	單價	飭造 數量	飭造 總額	本月前解繳累計 數量	本月前解繳累計 總額	本月解繳 數量	本月解繳 總額	收械證明單號數	欠繳 數量	欠繳 總額	備註
		承上頁				457960410.00		22610406.00		352974850.00			82375154.00	
代	904	T.N.T.元形藥包	枚	27	100	2700.00			100	2700.00	✓			
	〃	〃方〃	〃	37	100	3700.00			100	3700.00	✓			
	〃	特磺包〃	〃	33	50	1650.00			50	1650.00	✓			
	〃	〃元〃	〃	44	50	2200.00			50	2200.00	✓			
	905	#8雷管	個	13	1000	13000.00			1000	13000.00	✓			
	〃	T.N.T.有孔药柱	〃	140	110	15400.00			110	15400.00	✓			
	〃	〃元形〃	〃	120	2800	336000.00			2800	336000.00	✓			
	943	#8雷管（電雷）	〃	75	2500	187500.00			2500	187500.00	?			
	1010	药柱	枚	78	11000	858000.00						11000	858000.00	
	〃	#8雷管	〃	37	11000	407000.00						11000	407000.00	
冬	30102	T.N.T药柱	個	156	20	3120.00						20	3120.00	
						6500.00				6500.00				內轉上年入帳數轉入此品撥售
		合計				459784180.00		22610406.00		353530500.00			83643274.00	

會簿 38-200-32.10.22

廠長　　成品庫長　　會計處長　　覆核員　　製表員

五〇一

軍政部兵工署第十工廠成品解繳表

中華民國33年1月1日至33年12月31日（33年度第　號）共2頁第1頁

飭造命令字	飭造命令號	名稱	單位	單價	飭造數量	飭造總額	本月前解繳累計數量	本月前解繳累計總額	本年解繳數量	本年解繳總額	收械證明單號數	欠繳數量	欠繳總額	備註
		小銅管	只	0.70	120700	84490.00			120700	84490.00				代50廠造
		管帽	〃	0.40	69772	38708.80			69772	38708.80				〃
		銅圈	〃	0.20	72585	14517.00			72585	14517.00				〃
		牛皮圈	〃	0.40	5423	2169.20			5423	2169.20				〃
		雷管套	〃	2.20	241	530.20			241	530.20				〃
		炸藥体	〃	8.40	40300	338520.00			40300	338520.00				〃
		第二式火帽壳	〃	2.40	114254	274209.60			114254	274209.60				〃
		傳爆管	〃		16100				16100					係由50廠自給不計價
		蓋片	紛	24.-	1945	46680.00			1945	46680.00				代50廠造
		37cm破甲彈引信	個	120.-	100	12000.00			100	12000.00				〃 1 〃
		第一式火帽	〃	6.-	5000	30000.00			5000	30000.00				〃 50 〃
		37砲彈引信	套	27.04	500	13520.00			500	13520.00				〃 21 〃
		信號彈底火	枚	.80	80000	64000.00			80000	64000.00				餘數註銷
		37裝藥火帽座	只	3.90	500	1950.00			500	1950.00				代彈道研究所造
		外徑样板	块	1200.-	120	144000.00			36	43200.00		84	100800.00	代順昌鐵工廠造
		T.N.T.有孔药柱	枚	140.-	25	3500.00			25	3500.00				代30廠造
		皮楓心子及壳子	套	2000	2	4000.00			2	4000.00				代順昌鐵工廠造
		銑銅板用鋒鋼銑刀	把	9500.-	6	57000.00			6	57000.00				〃
		軍用指北針M2x4.0	只	0.68975	41870	28880.00			41870	28880.00				代53廠造
		過次頁				1158674.80				1057874.80			100800.00	

會鑄-38-200-32.10.22

廠長　　成品庫長　　會計處長　　覆核員　　製表員

軍政部兵工署第十工廠成品解繳表

中華民國 33 年 1 月 1 日至 33 年 12 月 31 日（33 年度第　　號）共 2 頁第 2 頁

飭造命令 字	飭造命令 號	名稱	單位	單價	飭造 數量	飭造 總額	本月前解繳累計 數量	本月前解繳累計 總額	本年解繳 數量	本年解繳 總額	本年解繳 收械證明單號數	欠繳 數量	欠繳 總額	備註
		接上頁				1158674.80				1057874.80			100800.00	
		軍用指北針 M2×3.6	只	.665050	40418	26880.00			40418	26880.00				代53廠造（餘數註銷）
		皮棍心子	件	37.-	2000	74000.00			2373	87801.00				代順昌鐵工廠造
		皮棍殼子	〃	18.50	4000	74000.00			4168	77108.00				〃
		甲乙丙丁四種雷管	枚	13.-	400	5200.00			400	5200.00				代彈道研究所造
		#6雷管	顆	29.-	50000	1450000.00			50000	1450000.00				代25廠造
		信號彈底火	枚	.80	1000	800.00			1000	800.00				代應用化學研究所造
		合計				2789554.80				2705663.80			100800.00	

會簿 - 38 - 200 - 32.10.22

廠長　　成品庫長　　會計處長　　覆核員　　製表員

3041

軍政部兵工署第十工廠

乙種製造費用明細表

中華民國卅三年度（卅三年一月一日至卅三年十二月卅一日）

編號	
第頁	全

摘要＼部別	公益費用	管理費用	工務費用	物料購運費用	一所	二所	三所	四所	五所	六所	七所	八所	九所	十所	機槍所	迫砲所	合計
01 薪給	2,596,052.35	2,600,964.84	1,458,189.36	285,006.94	115,879.73	133,561.33	276,694.31	143,874.29	116,292.81	4,115.94	152,210.86	371,253.75	73,392.30	149,055.13	—	74,590.03	8,551,134.57
02 特別辦公費	25,680.00	83,296.00	32,000.00	6,000.00	6,000.00	6,000.00	6,000.00	6,000.00	6,000.00	802.00	6,000.00	6,000.00	6,000.00	6,000.00	—	—	205,776.00
03 [illegible]	—	342,392.86	—	—	—	—	—	—	—	—	—	—	—	—	—	—	342,392.86
04 間接工資	2,340,332.39	278,186.73	1,480,812.15	227,516.19	440,309.86	269,171.09	902,453.35	390,839.59	264,394.26	15,253.06	274,585.30	1,154,473.84	466,042.02	491,983.81	162,323.50	698,928.28	9,938,317.40
05 米貼	8,160,643.81	1,136,850.58	3,006,316.81	837,534.47	1,008,609.87	1,356,387.47	2,343,276.07	1,071,663.86	1,192,490.27	72,534.31	1,819,601.80	2,151,245.27	1,234,524.37	793,039.37	1,003,162.36	2,030,346.52	30,272,281.89
06 物料費	2,649,428.87	3,079,334.45	2,333,547.85	331,505.68	333,473.69	437,899.28	876,223.65	430,251.62	390,612.60	445.30	506,853.72	987,305.31	333,108.29	356,893.69	179,206.20	457,521.54	13,712,611.75
11 文具印刷	592,168.32	1,219,303.18	655,101.87	43,667.62	5,374.26	4,376.95	15,247.07	5,940.60	5,141.19	—	4,735.50	18,004.83	2,305.31	6,117.30	3,931.85	1,104.00	2,582,921.13
12 郵電	—	37,227.30	—	1,765.50	—	—	—	—	—	—	—	—	—	—	—	—	38,992.80
13 旅費	334,411.30	603,429.80	90,025.00	575,465.85	—	4,575.00	2,200.00	4,422.00	2,402.00	35.00	7,400.50	4,256.00	15,845.00	25,926.00	—	1,873.00	1,672,314.45
14 運費	636,275.10	451,079.00	—	347,537.37	—	—	—	—	—	—	—	—	—	17,382.50	—	—	1,452,273.97
15 燃光	3,964.00	1,613.00	—	74.00	—	—	—	—	—	—	—	—	—	—	—	—	5,651.00
16 稅捐	—	1,701.00	1,596.95	4,494.92	—	—	—	—	—	—	—	—	—	—	—	—	7,792.87
17 租費	9,285.00	2,210.00	10,592.00	1,090.00	6,400.00	4,348.00	1,306.00	6,950.00	4,010.00	45.00	7,800.00	3,690.00	9,360.00	1,030.00	8,600.00	1,285.00	77,981.00
19 醫藥費	3,757,932.60	25,825.00	13,000.00	16,385.00	3,045.36	65.00	7,391.00	2,500.00	4,500.00	1,010.00	11,500.00	13,000.00	10,000.00	8,000.00	4,500.00	8,000.00	3,897,678.96
21 間接材料	3,797,074.37	940,206.87	880,682.97	2,138,943.53	1,963,870.16	3,255,534.67	1,034,264.60	994,017.30	2,052,414.25	1,137.81	111,479.72	1,929,816.42	797,256.81	602,107.90	687,124.66	1,344,866.26	22,560,422.13
22 雜項購置	235,765.24	46,342.58	19,018.45	3,101.79	27.77	11.00	11.00	—	264.34	—	—	55.00	11.60	—	—	—	347,921.53
23 盤存損失	76,280.66	8,321.76	797,019.44	—	—	—	—	—	—	—	—	—	—	—	—	—	881,621.86
24 雜項損失	21,760.00	—	—	916,012.03	—	—	—	—	—	—	—	—	—	—	—	—	937,772.03
31 外購電費	1,326,453.64	144,549.81	78,969.06	10,459.16	502,305.98	1,591,587.59	435,885.35	512,434.49	218,265.75	11,203.02	144,633.13	1,631,485.67	223,457.49	1,488,366.37	96,317.66	353,950.82	8,811,317.39
41 修配	2,532,200.21	2,826,978.97	403,863.66	402,390.61	1,138,749.62	128,457.07	591,587.39	63,736.71	540,263.72	2,323.53	170,898.46	1,092,360.98	552,998.68	3,134,592.19	14,099.30	501,489.54	14,137,140.99
52 雜費	335,361.36	990,152.94	204,288.44	111,563.14	8,830.62	2,590.44	1,924.36	940.07	2,832.85	—	67,396.10	20,063.86	3,534.30	1,558.36	551.38	16,878.92	1,768,066.14
總計	2949,365.22	14,833,366.50	11,815,014.01	6,264,571.80	5,532,319.36	3,376,462.19	7,494,264.75	3,638,274.53	4,800,181.64	113,032.97	3,285,461.10	9,402,938.88	3,979,134.07	7,136,261.02	2,140,331.29	5,520,429.69	122,242,882.72

備註：

一、公益費用內包括：[illegible]

二、管理費用內包括：[illegible]

三、工務費用內包括：[illegible]

四、物料購運費用內包括：[illegible]

(390×550 m/m)

製表　　覆核　　主辦會計人員　　主管長官

兵工署第十工厂关于报告与永利公司订约抢运滇缅线器材运输费收支情况致兵工署的呈（一九四五年五月二十五日）

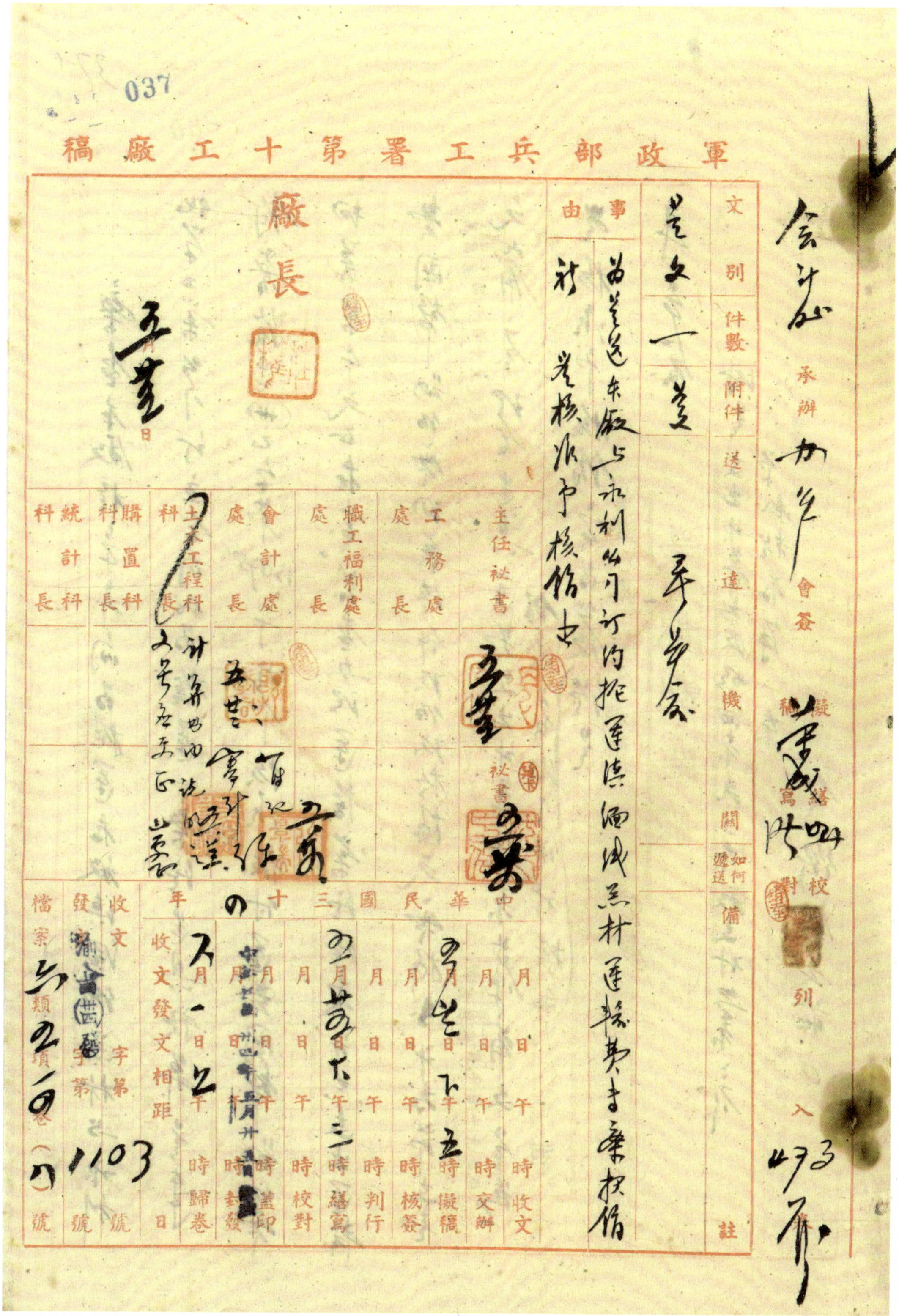

軍政部兵工署第十工廠稿

文別	
件數	
附件	
送達機關	
如何遞送	
備註	
事由	
廠長	
主任秘書	
工務處處長	
職工福利處處長	
會計處處長	
土木工程科科長	
購置科科長	
統計科科長	

中華民國三十　年　月　日　午　時收文　月　日　午　時交辦　月　日　午　時擬稿　月　日　午　時核簽　月　日　午　時判行　月　日　午　時繕寫　月　日　午　時校對　月　日　午　時蓋印　月　日　午　時封發　月　日　午　時歸卷

收文發文相距　日

收文　字第　號

發文　字第　號

檔案　類　項　卷　號

承辦　會簽　擬稿　繕寫　校對　列入

37-1

窃查本厂於本年向昆明抢运存放滇缅线兴林与永利化学工业公司订立合同代为抢运一案，所造具预算呈奉钧署沪造(卅)乙字第13075号指令核准拨付运费国币捌万柒千元正在案。兹查本项运输业经结束，计共支出运输费国币捌万零伍佰零伍元伍角伍分，计为节支壹元六角六分，理合造具运费支出计算书表共叁件，备文（并检发单据粘存簿另件计检呈）呈请核准予核销，实为公便。谨呈

署长俞

附呈支出计算书及附件细表各三本、收支对照表三本

单据粘存簿一本

全衔厂长庄○

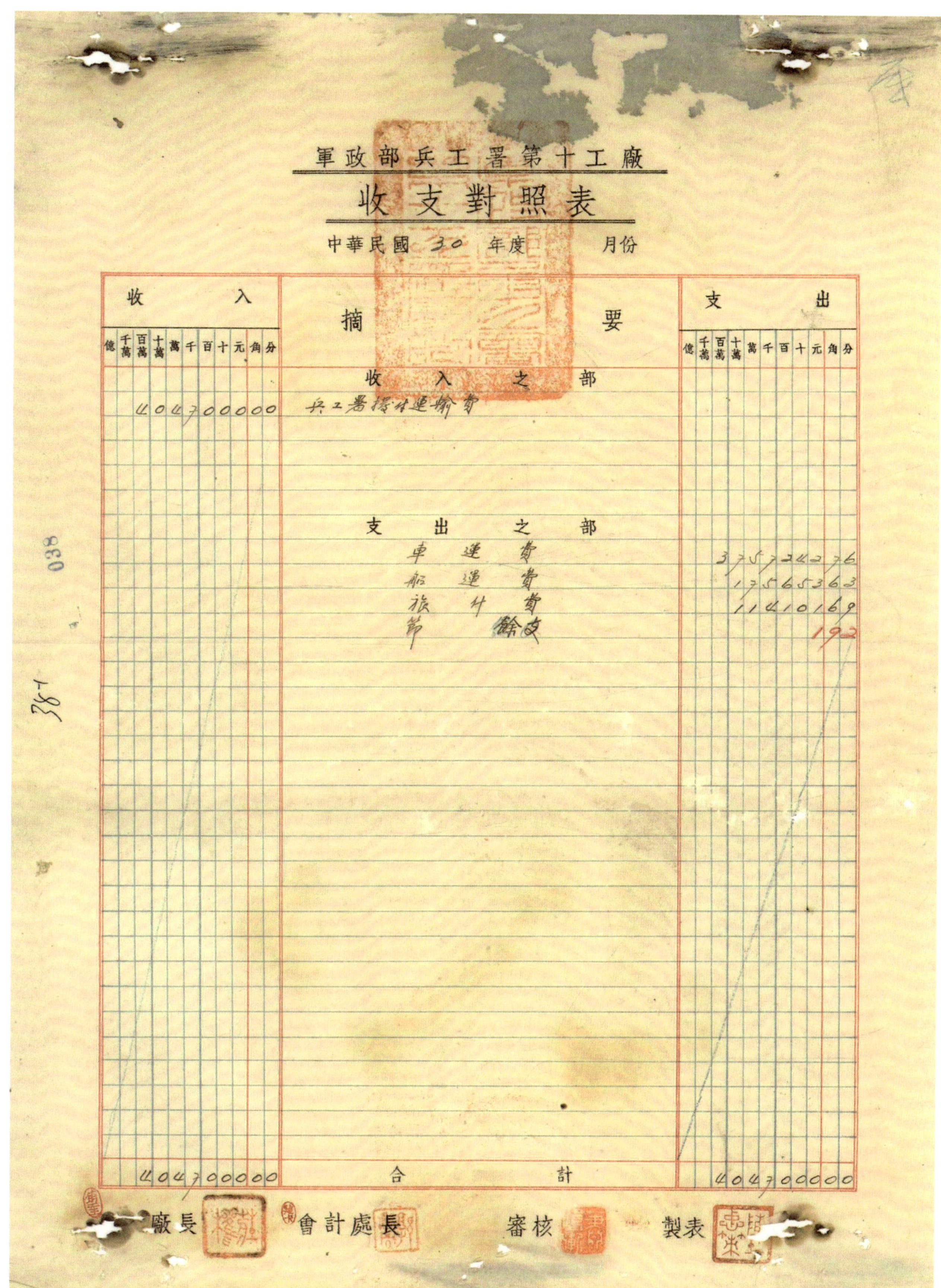

軍政部兵工署第十工廠

收支對照表

中華民國 30 年度 月份

收入	摘要	支出
	收入之部	
4047000.00	兵工署撥付運輸費	
	支出之部	
	車運費	3757242.76
	船運費	175653.63
	旅什費	114101.69
	節餘	1.92
4047000.00	合計	4047000.00

廠長 會計處長 審核 製表